水門《みなと》

言葉と歴史 28

水門の会 編

小特集 季語の生成と四季意識
——東アジアから世界へ

勉誠出版

目　次

《小特集》季語の生成と四季意識——東アジアから世界へ——

＊　＊　＊

《小特集》

季語の生成と四季意識
東アジアから世界へ

安保博史
波戸岡旭
藏中しのぶ
新間一美
ジェフェリー・ジョンソン
トウンマン武井典子
東　聖子

水門の会東京例会第三回国際シンポジウムが、二〇一七年三月五日（日）、大東文化会館において、「季語の生成と四季意識――東アジアから世界へ――」のテーマのもと、第Ⅰ部「研究報告」、第Ⅱ部「パネルディスカッション」の二部構成で開催された。

第Ⅰ部では、安保博史の趣旨説明のもと、各氏による研究報告があった。波戸岡旭氏「自然美と四季意識――上代日本漢詩の世界――」は、中国文学論における四季意識について説いた上で、『懐風藻』の自然描写が、中国古典中の宮廷遊戯文学の典故を多く踏まえ、その類型を重用しながら、それに匹敵する時空を現出すること、風雅の典型を描くことに主眼が置かれたことを指摘した。藏中しのぶ氏「『和漢朗詠集』絵入り版本と季語」は、『和漢朗詠集』の貞享元年刊「絵入」刊本及び元禄二年刊「図解」刊本を紹介し、『和漢朗詠集』版本の絵がきわめて俳諧的であり、詩歌の表現素材が画題となり、連想的に展開している可能性を提示した。新間一美氏「芭蕉の『行く春』と白居易の季節意識――『送春』『三月尽』をめぐって――」は、『万葉集』から『和漢朗詠集』に至る四季意識の展開について概観し、九世紀後半以降、日本において、白居易の「三月尽」詩を受容して、「三月尽」（送春）や独自に展開した「九月尽」（送秋）の漢詩と和歌を展開させ、その過程で「行く春」や「行く秋」の語が生まれたことを指摘し、芭蕉が白氏文集や平安朝の文学を通じてそれを継承し、新しい表現を生んでいく文学史的意味について論じた。安保博史「拡大する四季の詞――縦題と横題――」は、「四季の詞」において「縦題」と「横題」の二種類がある事実を指摘し、其角の「四季の詞」の新しみについて、数句を掲げて検証した。ジェフェリー・ジョンソン氏「ジャック・キャロアクの詩学と俳句」は、ジャック・キャロアクの俳句の実作を例示し、比較詩学の視点から考察を試みた。トウンマン武井典子氏「スウェーデン俳句と季語」は、スウェーデンの俳句実作の現状を概説し、スウェーデン独特の気候風土や季節の変化、民族の文学的風土や言語的特質を背景とした詩語としての「季語」生成の可能性について論じた。東聖子氏「国際俳句の可能性――四季の詞と歳時記――」は、海外の国際俳句では、「瞬間の美」を簡潔に詠む「世界で最も短い詩」とする俳句観が広く共有されている現状を報告した上で、歳時記の起源と展開について、「東アジアから世界へ」のグローバルな視座のもとに考察し、欧米各国では、歳時記は試行錯誤の段階にあり、一般の俳句作者は季語自体の必要性をほとんど認識していない実態を指摘した。

第Ⅱ部パネルディスカッション「季語の生成と四季意識――東アジアから世界へ――」では、第Ⅰ部の研究報告の場において、東アジアの気候風土や文化的土壌を基盤として、日本独特の「四季意識」に基づく「四季の詞」が詩語として磨き上げられていった文学史的意義について確認し、各国の「ハイク」（HAIKU）を含めた文学・芸術創作の分野で、「ハイク・モーメント」の言語化が世界的に広がる一方で、季語についてはさまざまな模索が試みられている現状が報告されたことを受けて、パネルディスカッションが始まった。司会は安保博史が務め、波戸岡旭氏・藏中しのぶ氏・新間一美氏・トウンマン武井典子氏・東聖子氏の五氏による活発な討議が行われ、季語や俳句の本質そのものを深く洞察する発言が相次いで生まれたことは、本シンポジウム開催の意義を象徴する慶事である。

今回の小特集を通して、季語の生成と四季意識との関わりについて、多様な視点と世界的な視野から検証し、短詩系文学としての「俳句」の世界的な存在像や国際俳句の可能性について探る。

自然美と四季意識

――日本古代漢詩、特に『懐風藻』を中心に――

波戸岡　旭

一　前言

東アジアにおける四季意識には、『礼記』「月令」の「二十四節気・七十二候」に見えるとおり、いわゆる天文・人文相関説がはたらいており、また、「耕・耘・収・狩」の農耕文化との深いかかわりがあった。そして四季の巡りによって、宮廷の年中行事、祭事、民間の農事暦などが定められてきたのであった。文学における四季意識は、中国の『詩経』『楚辞』以来、また我が国の記紀歌謡、『万葉集』以来、韻文の世界においても連綿と顕著に見られるのは言うまでもないが、いわゆる季語・季題の細分化は、和歌、連歌、俳諧連歌、連句、俳句などの世界において、伝統を継承しながらも著しく分別化及び精密化していった。漢詩の世界では、句題詩などにおいて季節をあらわす語句の題詠はあるものの、和歌・俳諧のような「季節を表わす語」の細かな分別化はなされてはいない。しかし、漢詩における季節表現は多彩・多様であったのであり、和歌・俳諧がそれらを享受しながら、四季意識がさらに洗練されていったことは言うまでもない。

そこで、以下に、まず、中国古典の文学論に見える四季意識について述べ、ついで、日本漢詩の最古の詩集である『懐風藻』における季節表現について概観したい。

二　『文心雕龍』「物色篇」に見える四季意識

中国六朝の文学論書である、梁の劉勰（四六五頃―五二〇頃）の『文心雕龍』「物色篇」には、四季意識について以下のように説く。

春秋代序、陰陽惨舒。春秋は代序し、陰陽は惨舒す。

物色之動、心亦揺焉。物色の動くや、心も亦た揺《うご》く。

物色とは、自然の風物の意味である。すなわち、四季は順序正しく移り変わり、陰気（秋冬）は万物を傷め陽気（春夏）は万物を育てる、とまず四季の順序を述べるとともに、四季を陰陽思想で分類し、陽気（春夏）は万物を育て、陰気（秋冬）は万物を傷めるというのである。そして、自然の風物が移り替わるにつれて、人の心情もまたその影響を享ける、と説く、さら

に、

蓋陽気萌而玄駒歩、　蓋し陽気萌して玄駒歩し、
陰律凝而丹鳥羞。　陰律凝りて丹鳥羞す。
微虫猶或入感、　微虫すら猶ほ或は感に入る、
四時之動物深矣。　四時の物を動かすこと深し。

春のきざしが見えると蟻は地中を歩きだし、秋の気配が迫るとカマキリは餌を蓄えるという。小さな虫けらでさえこのように敏感なのであって、四季の変化が、万物に及ぼす影響は深く大きいのである、と四季の移ろいの万物への強い影響力を強調する。

若夫珪璋挺其恵心、　夫の珪璋は其の恵心を挺んで、
英華秀其清気、　英華は其の清気を秀んづるが若き、
物色相召、人誰獲安。　物色相召けば、人誰か安きを獲ん。

玉がにじみ出るように美しかったり、花が清らかな香りをただよわせるなど、自然の風物が人の心を刺激すれば、どんな人だって心高ぶることであろう。

「物色篇」は、以下、四季それぞれの風物とそれに応じて発する人の情とを細かに叙述する。

是以献歳発春、悦予之情暢、　是を以て歳を献め春を発すれば、悦予の情暢び、
滔滔孟夏、鬱陶之心凝、　滔滔たる孟夏には、鬱陶の心凝り、
天高気清、陰沈之志遠、　天高く気清めば、陰沈の志遠く、
霰雪無垠、矜粛之慮深。　霰雪垠無ければ、矜粛の慮深し。
歳有其物、物有其容。　歳に其の物有り、物に其の容有り。
情以物遷、辞以情発。　情は物を以て遷り、辞は情を以て発す。
一葉且或迎意、　一葉も且つ或は意を迎へ、
虫声有足引心。　虫声も心を引くに足る有り。
況清風与明月同夜、　況んや清風と明月と夜を同じうし、
白日与春林共朝哉。　白日と春林と朝を共にするをや。

右の文意は、要するに、「歳に其の物有り、物に其の容有り。情は物を以て遷り、辞は情を以て発す」。すなわち、四季それぞれに風物があり、風物にはまたそれぞれのすがたがある。人の情感は風物に応じて変わり、文辞は情感からあらわれるものである、というものである。

それゆえ『詩経』の詩人たちも、

是以詩人感物、　是を以て詩人は物に感じ
聯類不窮、　類を聯ねて窮まらず、
流連万象之際、　万象の際に流連し、
沈吟視聴之区。　視聴の区に沈吟す。

それゆえ、詩経の詩人たちは、風物に感動すると、それからそれへと連想が無限に拡がり、森羅万象の中に居続けて、視るもの聴くものすべてを詩作した、と山水自然の変化が詩興を生み出すことを説いている。

「物色篇」は、ついで、『詩経』と『詩経』以後の、四季の風物の文辞表現の変遷を述べ、風物描写の技法と心得を詳述する。結局のところは、「詩騒の標する所は、並びに要害に拠る」という。すなわち『詩経』と『楚辞』とが我らに示した手本は、いずれも要所を押さえたものである、と説き、結びに、

然屈平所以能洞監風騒之情者、　然らば屈平の能く風騒の情を洞監するゆえんの者は、

抑亦江山之助乎。　抑そも亦た江山の助あればか。

すなわち、「屈平（屈原）が、十分に詩情を己のものとなしえたのは、山水自然の助けがあったからではないか」と、結論付けているのである。

以上、『文心雕龍』「物色篇」を抄出しながら、詩文において自然および四季意識がいかに重要なはたらきをするかということを略述した。詩文における自然美及び四季意識について、その重要性を詳細且つ明確に説いたものは、この『文心雕龍』「物色篇」が、古代中国の文学論史上、最初にして最大の論であったのである。

三　『懐風藻』の季節表現

『懐風藻』中に見える自然美・庭園美の象徴的語彙を掲げると、「清風明月」「風前月下」「物候」「風月」「煙霞」などの詩句が散見する。

『懐風藻』詩に見える自然描写の特長は、中国古典中の宮廷遊戯文学の典故を巧みに踏まえ、その詩的表現の類型を重用しながら、なお新たなる表現によって現前の詩宴の時空を現出すること、そしてそれが風雅の典型を描きだすということに主眼がおかれていた。『懐風藻』は、宮廷宴詩が多くを占める詩集であるが、その宴詩は、六朝の公宴詩の流れをくむ以下のような構造を基本としていた。

例えば、藤原史（30）「春日侍宴応詔」を挙げて見てみよう。

淑気天下に光り　薫風海浜に扇る　1天子讃徳（催宴の時季）

春日春を歓ぶ鳥　蘭生蘭を折る人　2景物描写

塩梅の道尚ほ故り　文酒の事猶ほ新たし　3宴会描写

隠逸幽藪を去り　没賢紫宸に陪る　4詠懐（天子讃徳）

上記のような構造が『懐風藻』の宴詩の基本構造となっているのである。これは、時に、「景物描写」と「宴会描写」とが入れ替わったり、1〜4のどれかの要素の句数が幾倍か多かったりすることはあるが、概ねこれが基本構造といえるものである。そのうちの「景物描写」の要素が、『懐風藻』の季節表現にあたるものである。この「景物描写」は、御苑や庭園の景色、または宴の場から見える遠景などであるが、総じて、六朝・初唐の公宴詩を典拠とし、且つ実景を活かしながら、いわば中国古典詩の典型的用語と実景を踏まえた詩句とが二重構造的に描かれ、そこにさらに新たな修辞技巧・創意工夫を凝らすことが重んじられたのであった。その際、古典の詩句の類型・類想的な面は、これを踏まえ用いることが、当時の詩の本流であったことを見逃してはいけないのである。大いなる典型を基盤とし

てその上において、各詩作者たちが新味のある修辞表現を試みることが要求されたのであった。すなわち『懐風藻』中に見られる類型・類想的表現は、その意味において積極的に評価すべき文学思潮であって、模倣とか六朝・初唐詩の模倣などという消極的評価は当たらないのである。むしろそれは作詩の本格的技巧の一つ、典故語の問題でもあったのであるから。

さて、本題に入って、『懐風藻』の詩中に、自然を描写する詩句が見える最初は、河島皇子の（3）「山斎」であろう。

河島皇子（3）「山斎」

塵外年光満ち　林間物候明るし

風月遊席に澄み　松桂交情を期す

右の傍線部が自然を表わす詩句である。「年光」は春の光の意であるが、「風月」「松桂」は実景とはいうものの、さして季節感を帯びたはたらきはしていない。「風月」は、「清風明月」をつづめた詩語で、『懐風藻』を代表する自然美の象徴語であり、饗宴の場の象徴でもあるが、この清風明月は春秋を通じて用いられる。また「松桂」は、山中の実景であるとともに、この詩においては、「風月」と対をなし、かつ「松風」「桂月」を想起させる縁語的な用法であって、これらも厳密には季節を表わす詩句とはいえないのである。

次に、大津皇子の（4）「春苑言宴」の詩も、

大津皇子（4）「春苑言宴」

澄清苔水深く　晻曖霞峰遠し

驚波絃と共に響き　哢鳥風と与に聞こゆ

と、庭園の描写はあるが、繊細な感性によって、池の清澄と苑の周辺の晻曖とを隔句対による緻密な構造をもたせるという優れた表現力のわりには、春の季節感はほとんどうかがえない。春らしいのは「哢鳥風と与に聞こゆ」と、小鳥の囀りを表現した句のみである。「霞峰」は、夕映え時分の山の意であって季節語ではない。同じく大津皇子（5）「遊猟」の詩の「月弓谷裏に輝き　雲旌嶺前に張る」も狩場の風景をみごとに描き出してはいるが、季節感は乏しい。『日本書紀』に「我が国の詩興は大津に始まれり」とあるが、大津皇子によって、詩が観念的語彙の羅列でなく、叙景・抒情を帯びる詩性豊かな作品が詠まれるようになったのではあった。だが、季節の細やかな描写は、入唐僧の釈智蔵の詩からである。

A　春宴に見える「自然（景物）描写」

釈智蔵（8）「翫花鶯」

此の芳春の節を以て　忽ち竹林の風に値ふ

友を求めて鶯樹に嬌《わら》ひ　香を含みて花叢に笑《さ》く

詩題からして「花鶯を翫す」とあって、春という季節を満喫しようという主旨の詩である。春の景物を感覚的に描写しつつも「友を求めて」（『詩経』「伐木」）「香を含みて」には、自然の中に意味性を踏まえる。この詩のように、『懐風藻』には、自然の風物を描写するとともにその内に人為的な意味を読みとる詩が少なくない。

同じく釈智蔵（9）「秋日言志」の「気爽かに山川麗しく

風高くして物候芳し　燕巣夏色辞り　雁渚秋声を聴く」は、「帰燕」と「雁来る」との対句で、季節の移ろいを視聴覚を用いて描写するが、「燕巣」「夏色」「雁渚」「秋声」いずれも、六朝・初唐詩には頻出する詩句であるが、日本古代漢詩においては初出の詩句である。

葛野王（10）「春日翫鶯梅」の「素梅素靨を開き　嬌鶯嬌声を弄ぶ　此れに対ひて懐抱を開けば　優に愁情を暢ぶるに足る」は、「素梅素靨」「嬌鶯嬌声」と六朝に流行した双擬対を用いて、「鶯梅を翫ぶ」華麗に描述している。この詩全体は王羲之の「蘭亭序」の世界の一部を踏まえるが、無常感的な深刻には陥らず、春觴を酌む喜びで結んでいる。

なお、『懐風藻』中には、「春日応詔」「春日侍宴」詩十二首をはじめ春景色を詠む詩が多く、それらは、以下のように、梅・桃・桜（ゆすらうめ）・蘭・柳・松・竹などが詠まれ、これに鶯・蝶が配されている。

以下、春の景物描写の詩句を簡潔に説明を加えながら列挙しておこう。

紀麻呂（14）「春日応詔」。

階梅素蝶と闘ひ　塘柳芳塵を掃らふ

階前の「梅花」と「白蝶」と、「柳葉」と「芳塵」との組み合わせである。

巨勢多益須（15）「春日応詔」。

松風雅曲を催し　鶯哢談論添ふ

犬上王（21）「遊覧山水」。

吹台哢鶯始め　桂庭舞蝶新たなり
沐鳧双びて岸を廻り　窺鷺独り鱗を銜ふ
雲罍烟霞を酌み　花藻英俊誦す

「哢鶯」と「舞蝶」とを動的に描き、林池の景を細かに描いた詩である。

美努浄麻呂（24）「春日応詔」。

曲浦嬌鶯戯れ　瑤池潜鱗躍る
階前桃花映え　塘上柳條新たなり
軽煙松心に入り　囀鳥葉裡に陳なる

「軽煙」は春霞であろう。この詩も御苑の描写で類型的な庭園美である。

調老人（28）「三月三日応詔」の詩には、

花を折る梅苑の側　醴を酌む碧瀾の中

と、「花を折る」行為が詠まれている。

藤原史（30）「春日侍宴　応詔」。

春日春を歓鳥ぶ　蘭生蘭を折る人

この詩も、「蘭を折る」とあり、双擬対である。

大石王（37）「侍宴応詔」。

淑気高閣に浮かび　梅花景春に灼く

田辺百枝（38）「春苑応詔」。

松風の韻詠に添ひ　梅花の薫身に帯ぶ

采女比良夫（42）「春日侍宴応詔」。

葉は緑なり園柳の月　花は紅なり山桜の春

安倍首名（43）「春日応詔」

湛露仁智に重く　　流霞松筠に軽し

は、「湛露」と「流霞」とで、露も霞も本来は季節を問わない自然の現象であるが、この詩においてはどちらも春景の景物として用いられている。

境部王（50）「宴長王宅」。

雪を送りて梅花笑き　　霞を含みて竹葉清し

ただし、この句の「霞」も「竹葉」も濁酒の意であろう。

春日老（59）「述懐」。

花色花枝を染め　　鶯吟鶯谷に新たなり

水に臨みて良宴を開き　　爵を泛かべて芳春を賞す

これも双擬対で、花と鶯との対である。

背奈王行文（61）「上巳禊飲応詔」。

竹葉禊庭に満ち　　桃花曲浦に軽し

長屋王（67）「元日宴応詔」。

玄圃梅已に故り　　紫庭桃新ならんとす

柳糸歌曲に入り　　蘭香舞巾に染む

同じく長屋王（69）「初春於作宝楼置酒」。

松烟双びに翠を吐き　　桜柳分かちて新しきを含む

安倍広庭（70）「春日侍宴」。

花舒きて桃苑香しく　　草秀でて蘭筵新たなり

堤上糸柳飄り　　波中錦鱗浮かぶ

百済和麻呂（75）「初春於左僕射長王宅讌」。

帝里春色浮かび　　上林景華開く

芳梅雪を含みて散り　　嫩柳風を帯びて斜く

庭燠かくして将に草滋らんとし　林寒くして未だ華笑かず

この詩句は、早春の草萌える頃を繊細に描述し得て趣き深い。

大津首（84）「春日於左僕射長王宅宴。

日華水に臨みて動き　　風景春の墀に麗し

庭梅已に笑を含めども　　門柳未だ眉を成さず

この詩句も、早春の兆しを繊細に描述し得ていよう。

塩屋古麻呂（106）「春日於左僕射長王宅宴」。

柳條の風未だ煖かならず　梅花の雪猶ほ寒し

総じてこれらは正対によって、円満具足の春たけなわの情景を描いた詩句が多く見られる。風雅な色彩を利かせて視聴覚と、さらに花の香りや松風などの嗅覚・触覚にまで及ぶ表現力をもつものである。

B　秋宴の「自然（景物）描写」

先に、釈智蔵の（9）「秋日言志」を掲げたが、春の次に多いのは、秋の詩であり、やはり宴詩が多い。以下、秋の景物描写の詩句を列挙する。

紀古麻呂（23）「秋宴」

明離昊天を照らし　　重震秋声を啓く

気爽かにして煙霧発し　　時泰らかにして風雲清し

玄燕翔りて已に帰り　　寒蟬嘯きて且た驚く

忽ちに逢ふ文雅の席　　還りて愧づ七歩の情

明離（太陽）が空に照り、重震（頻りに鳴る雷）は秋の声となる、で始まるこの詩は、燕は南方に去り、ひぐらしが秋の到来に気づいて鳴くと詠んで、先の釈智蔵の詩と同じく、晩夏から秋の到来という季節の移行を詠む。「気爽やかにして煙霧発し時泰らかにして風雲清し」に、秋気を描述している。

伊予部馬養（36）「従駕　応詔」。

雨晴れて雲は羅を巻き　霧尽きて峰は蓮を舒く
庭に舞ひて夏槿を落とし　林に歌ひて秋蟬を驚かす

「羅を巻く」は薄雲の例えであり「蓮を舒く」は、晴れ上がった峰の頂き形状を比喩的に述べたものであろうが、晩夏の山岳を涼しく述べている。「夏槿」は、秋の「花木槿」であろうが、この詩に初出である。

大神安麻呂（39）「山斎言志」。

浮沈す烟雲の外　攀翫す野花の秋
稲葉霜を負ひて落ち　蟬声吹を逐ひて流る

「浮沈」「攀翫」は、類型的だが、「稲葉」は、『懐風藻』にはこの詩だけである

また、道首名の（49）「秋宴」は、

望苑商気艶ひ　鳳池秋水清し
晩燕風に吟ひて還り　新雁露を払ひて驚く

「晩燕」が還り「新雁」が訪れることを詠んで、これも晩夏から秋への移行である。「望苑」は漢武帝の博望苑のことでここは「鳳池」とともに宮廷御苑を指す。「秋水清し」が、庭園美を象徴していよう。

秋の宴詩は、長屋王の邸宅宴詩が十三首ある。そのほとんどは、新羅の使節の送別の詩である。

境部王（50）「宴長王宅」

峰に対して菊酒を傾け　水に臨みて桐琴を拍つ
帰るを忘れて明月を待つ　何ぞ憂へむ夜漏の深きを

「菊酒」がここにも詠まれている。「明月」もここでは秋の景である。

山田三方（52）「秋日於長王宅宴新羅客」の序に、

時に露旻序に凝り、　風商郊を転ず。
寒蟬唱して柳葉飄り、　霜雁度りて蘆花落ち、
小山の丹桂、　彩を別愁の篇に流し、
長坂の紫蘭、　馥を同心の翼に散らす。

と、長屋王宅の秋の庭園を描くが、「寒蟬」と「霜雁」とは、他の秋の詩と同趣向である。ただし「柳葉飄り」と「蘆花落ち」は、秋の凋落の景であり、送別の悲哀と秋の悲愁とが融合された表現である。

同時の詩には、

白露珠を懸くる日　黄葉風に散る朝
対揖す三朝の使　言に尽くす九秋の韶

とあって、「白露」と「黄葉」と正対をなす。

下毛野虫麻呂（65）「秋日於長王宅宴新羅客」の序は、「楚辞」宋玉の「九弁」と晋の張翰の故事を踏まえ、中国の悲秋文学の系譜を色濃く享受した文である。ただし、この序の文章構造及び語彙は、初唐の王勃の序を範とするものであり、悲秋と遊宴とが融合する点においても、六朝・初唐の遊戯文学の影

響を受けるものである。

　夫れ秋風の已に発てるは、張歩兵が帰らんことを思ひし所以、
　秋気の悲しむべきは、宋大夫の焉に志を傷ましめしなり。
　然らば則ち、歳光の時物、事を好む者賞して憐れむべく、
　勝地の良遊、相遇ふ者懐ひて返るを忘る。

また、同じ序の以下のくだりは、晋の潘岳の「秋興賦」を踏まえる。

　此の日や、溽書間に方ひ、長皐晩に向かはんとす。
　寒雲千嶺、涼風四域。
　白露下りて南亭粛にして、蒼烟生じて北林靄なり。
　草よ樹よ、揺落の興緒窮まること難く、
　觴よ詠よ、登臨の送帰遠ざかること易し。

ことに「揺落の興緒」「登臨の送帰」は、そのまま、「秋興賦」の冒頭を想起させる措辞である。

同時の下毛野虫麻呂の詩には、

　寒蟬葉後に鳴き　朔雁雲前を渡る

の詩句があり、「葉後」「雲前」という創意の措辞はあるが、秋への移ろいの表現としては類型的である。

田中浄足（66）「晩秋於長王宅宴」の詩は、

　苒苒秋云に暮れ　瓢瓢葉已に涼し
　水底に遊鱗戯れ　巌前に菊気芳し

とあり、長屋王宅の庭園美を描述する。

長屋王（68）「於宝宅宴新羅客」にも、

　金襴の賞を愛づる有りて　風月の筵に疲るる無し
　桂山余景下り　菊浦落霞鮮やかなり

また、安倍広庭（71）「秋日於長王宅宴新羅客」の詩には、

　蟬は息む涼風の暮れ　雁は飛ぶ明月の秋
　斯の浮菊の酒を傾けて　願はくは転蓬の憂へを慰めん

と、はじめて「菊酒」が詠まれ、蟬と雁とは類型的対句だが、「涼風の暮れ」と「明月の秋」に工夫が見える。「涼風」は、言うまでもなく、「肌寒い風」の意味である。

百済和麻呂（77）「秋日於長王宅宴新羅客」の詩には、

　勝地山園の宅　秋天風月の時

とあり、ここも「清風明月」は、秋の宴の象徴美として用いられている。

藤原総前（86）「秋日於長王宅宴新羅客」の詩には、

　山中猿吟断ち　葉裏蟬音寒し

とある。「寒蟬」に対して「猿吟」（猿の声）が配されているが、これは総前の詩嚢から発想されたもので、実景とは考えられない。おそらく中国の詩に、旅愁をつのるものとして猿声が詠まれるので、ここは新羅の使節たちの旅愁を思い遣ってのものであろう。

藤原宇合（90）「秋日於長王宅宴新羅客」の詩には、

　帝里の烟雲季月に乗り
　王家の山水秋光を送る
　蘭を霑す白露未だ臭ひを催さず
　菊に泛かべる丹霞自づから芳ひ有り

「蘭」と「白露」、「菊」と「丹霞（濁酒）」とを組み合わせ、秋の庭園美及び宴の様子を、花・露・酒で描述している。

以上のように、長屋王宅の秋の宴詩の季節の描写は、晩夏の蟬・燕と雁との組み合わせの類型が多く見られるが、類型に基づきながら個々に創意工夫がなされていることも見逃せないところではある。なお、『懐風藻』の「蘭」は、「蘭交」「蘭蕙」などの君子の交わりという概念で用いられている詩が多く、必ずしも「藤袴」の異名の「蘭」とは限定できない詩もある。

C　望雪詩及び元日宴の「自然（景物）描写」

「望雪」は、一首のみ。

紀古麻呂（22）「望雪」

落雪霏霏一嶺白く　斜日黯黯半山金なり
柳絮も未だ飛ばず先づ舞ひ　梅芳猶は遅く花早く望む
夢裏鈞天尚涌き易く　松下の清風信に斟み難し

雪山の白さと、それが夕陽に金色に染まる景色が美しい。「柳絮」も「梅芳」も、雪の見立てで常套的であるが、それぞれの後の詩句に繊細な工夫が見られる。そして、雪景色の中の「松下の清風」の自然美に焦点を合わせて結んでいる。藤原史の（29）「元日宴」は、典故は『論語』『毛詩』などまた『文選』語を踏まえるが、感性に富んだ景物描写ではない。

藤原史（29）「元日宴」。

年華已に古きに非ず　淑気も亦た惟れ新し
鮮雲五彩に秀で　麗景三春に耀く

格調の高さを意識して、感性が活かされてはいないと言える。長屋王（67）「元日宴応詔」は、すでに、春の宴詩で述べたところである。

その他「三月三日・曲水宴・上巳禊飲の詩」そして「七夕」詩、さらに吉野詩があるが、それらの景物描写は、概ね限られた画一的な景物描写であり、元日宴詩も、多くはない。したがって、『懐風藻』自然感及び四季意識の主要は、春宴詩と秋宴詩に含有されていると言えるであろう。

四　結語に代えて

以上、『懐風藻』における景物描写を概観したが、これは、次の嵯峨天皇の時代の宮廷詩壇において急展開を遂げて行くものである。嵯峨朝の自然美の追求は、宮廷文学特有の耽美主義的文学観と相俟って、優美繊細な表現技巧を発達させていったのであった。その自然描写は耽美的でかつ抒情性が増す。

例えば、嵯峨天皇「神泉苑花宴落花篇」は、以下のようである。

過半の青春何の催す所ぞ
和風数重して百花開く
芳菲歇尽せば駐むるに由しなし
爰に文雄に唱へて賞宴来たらす
見取す花光林表に出づるを
造化寧ぞ仮らん丹青の筆
紅英落つるとき鴬乱鳴し

紫萼散るとき蝶群供す
借門す濃香何れにか独り飛ぶ
　飛び来たり座に満ちて衣に襲くに堪へたり

　嵯峨天皇には「花宴落花篇」「神泉苑九日落葉篇」「重陽節神泉苑賦秋可哀」「重陽節菊花賦」などの詩賦作品にも見られるように、「飛花落葉」の美意識による鮮明な四季意識が窺えるが、これらの作品によって、「春愁」と「悲秋」とをテーマとする宮廷遊戯文学の画期がもたらされたのである。

　これに加えて、中唐の王昌齢の『詩格』における「論文意」の文学論に基づく、空海の『文鏡秘府論』地巻に見える「九意」の章の「春意、夏意、秋意、冬意、山意、水意、雪意、雨意、風意」についても再度論じてみたいし、また白居易の詩文を享受した菅原道真の「花前月下・月前花下」にまで言及したかったが、稿を改めたい。

　以上、本稿は、日本古代漢詩のうち、特に『懐風藻』の世界における自然美及び四季の移り変わりへの詩的関心の深さについて概観してみた。しかし、冒頭で述べたように、その四季意識及び季題・季語の細分化については、和歌の世界において顕著となっていったのであり、更に俳諧の世界において繊細緻密に分類され意識されるようになっていったのである。つまるところ漢詩の世界は、その根幹部の一つに位置して、それらの培養の一役を担ったといえるのであろうと思われる。

関連拙稿

・「懐風藻」の侍宴詩について――作品構造とその類型――（『上代漢詩文と中国文学』所収）
・「『懐風藻』に見える「烟霞」――六朝及び初唐詩との関連――」（『上代漢詩文と中国文学』所収）
・「『懐風藻』の自然描写――長屋王邸宅宴関連詩を中心に――」（『奈良・平安朝漢詩文と中国文学』所収）
・「『文鏡秘府論』「九意」考――四季意識の諸相――」（『上代漢詩文と中国文学』所収）
・「嵯峨天皇と重陽の詩賦」（『上代漢詩文と中国文学』所収）
・「「花前月下――道真詩と雪月花――」（『宮廷詩人・菅原道真』所収）

はとおか・あきら――元國學院大學教授。専門は日本漢文学・日中比較文学。主な著書に、『上代漢詩文と中国文学』（一九八九年）、『宮廷詩人　菅原道真』（二〇一五年）、『奈良・平安朝漢詩文と中国文学』（二〇一六年）（以上、笠間書院）。『遊心・遊目・活語――中国文学論から試みる俳句論』（三樹書房、二〇〇九年）、『日本漢詩文選』（笠間書院）、句集『父の島』等六冊他。

《小特集》季語の生成と四季意識――東アジアから世界へ――

芭蕉の「行く春」と白居易の季節意識
――「三月尽」「送春」をめぐって――

新間　一美

はじめに

芭蕉四十四歳の時から翌年に掛けての紀行の『笈の小文』に、

風雅におけるもの、造化にしたがひて四時《しいじ》を友とす。

とある。芭蕉は、「風雅」を考える時に「四時」（春夏秋冬・四季）を友とすべきだとしていたのである。芭蕉にとって俳諧は風雅の表現の一つの形であり、四時とともにあるべきものであった。

四十六歳の時の旅を記した『奥の細道』では、李白の言葉を引き、「天地は万物」の「逆旅」（旅館）であり、流転する「年」や「四時」は天地を宿とする「過客」（旅人）であるとの意を冒頭で記した。[1]そして、芭蕉は陸奥《みちのく》に旅立つに際し、「行く春や鳥啼き魚《うを》の目は泪《なみだ》」の句を詠んだ。自らを「春」と同じく旅人として旅に生きる姿を示したのである。

白居易も四時を愛しその推移に心を動かした詩人であり、特に惜春の情を詩想とする「三月尽《さんげつじん》」詩を多く詠んだ。[2]その中で春を擬人化し、旅人と見なして見送るのが「送春」詩である。見送る自らも旅人として生きていることを自覚し、時節の交代の中で深く老いを嘆いた。

九世紀後半以降、わが国の菅原道真のような詩人や多くの歌人は、その「三月尽」「送春」詩を受容して、「三月尽」「送春」や独自に展開した「九月尽」「送秋」の漢詩と和歌を発展させた。[3]「行く春」や「行く秋」の語もそこから生まれている。この場合の「行く」は旅人としての春や秋が人間界を離れて自らの世界に帰ることを言い、人間はそれを見送ることになる。「行く春や」の句も基本的には「送春」の句なのである。

芭蕉は『白氏文集』や平安朝の文学を通じてそれを継承し、新しい表現を与えた。[4]『万葉集』の四季意識から始めて、その流れを追って行くこととする。

一　四季意識とは――万葉集と白氏文集

儒教を基調とする律令国家としては、『礼記《らいき》』「月令《がつりょう》」に見られる四季意識が根底にある。そこには、月の運行から来る十二箇月を立てる暦月意識と、太陽の運行から来る二十四節気を立てる節月意識という基準を異にする意識があり、二元的四季観と呼ばれる(5)。春を例にとると、暦月意識上では、孟春之月（正月・むつき）・仲春之月（二月・きさらぎ）・季春之月（三月・やよひ）の三箇月であり、正月朔日《ついたち》（一日）で始まり、三月晦日《つごもり》（大の月は三十日、小の月は二十九日）で終わる。この春が終わる日を「三月尽」と呼ぶ。節月意識上では、二十四節気の内、立春・雨水（正月節）、啓蟄・春分（二月節）、清明・穀雨（三月節）の六節気を立て、立春で始まり、立夏の前日で終る。

この二元性が和歌に表われたのが、延喜五年（九〇五）成立の『古今和歌集』（古今集）巻一の巻頭歌であり、「年内立春」の歌として知られている。

旧年《ふるとし》に春立ちける日詠める　在原元方

1 年のうちに春は来《き》にけりひととせを去年《こぞ》とやいはむ今年
とや言はむ(6)

立春が来てそれを春の初めと考えるのではあるが、暦（暦月）の上ではまだ年内（十二月）なので、この一年を新しい春から見て去年と言おうか、それとも年内なので今年と言おうか、と迷っていることを詠んでいる。

天平宝字三年（七五九）の最終歌を持つ『万葉集』では、暦に対する感覚は『古今集』と比較すると大まかであり、この二元性に対する意識は薄いと言えよう。古く季節感を詠んだ歌として額田王に「春山万花之艶」と「秋山千葉之彩」の憐れを競わせた長歌があり、「春」と「秋」の季節の美を対比して、秋をより評価している。

全二十巻中の部立《ぶたて》では、巻八、巻十に明確な四季意識が見られる。

巻八、作者名有り　春雑歌・相聞、夏雑歌・相聞、秋雑歌・相聞、冬雑歌・相聞

巻十、作者名無し　春雑歌（人麻呂歌集・その他）、相聞
（人麻呂歌集・その他）
夏雑歌（古歌集・その他）、相聞
秋雑歌（人麻呂歌集・その他）、相聞
（人麻呂歌集・その他）
冬雑歌（人麻呂歌集・その他）、相聞
（人麻呂歌集・その他）

巻十では夏以外は人麻呂歌集の歌が含まれており、この歌集が季節感豊かであったことが知られる。集全体では節月意識の歌は少なく、立春の歌などがわずかに見られる。

九世紀に入ると唐では、白居易（字《あざな》は楽天、七七二〜八四六）が詩人として名をなし、その自撰の詩文集の『白氏文集』がさまざまな形でわが国に入って来る。渡来の知られている初期の主立ったものを次に挙げる。

白氏長慶集五十巻本、長慶四年（八二四）十二月成立
↓日本へ（日本国見在書目録に「白氏長慶集廿九巻」とあり）

白氏文集六十七巻本（蘇州南禅院へ奉納）、開成四年（八三九）二月成立

会昌四年（八四四）日本僧恵萼写↓日本へ（転写、金沢文庫本白氏文集の一部）

白氏文集七十巻本、会昌二年（八四二）成立
↓日本へ（日本国見在書目録に「白氏文集七十〈巻〉」とあり）

こうして渡来した白居易作品の影響は大きいが、その一つが「三月尽」関係の作品である。行く春を惜しむ「三月尽」「送春」の詩想は、わが国の漢詩や和歌に受容され、延いては、行く秋を惜しむ「九月尽」「送秋」の詩想が発達する。

二　新撰万葉集から和漢朗詠集までの部立と「三月尽」

『古今集』は、わが国の和歌の歴史の行方を決定した勅撰和歌集であるが、それに先立って伝菅原道真撰の『新撰万葉集』（二巻）が宇多天皇の寛平五年（八九三）に成立している。和歌に七言絶句を配する特異な歌集であるが、序文に、

当今、寛平の聖主、万機の余暇に、宮を挙げて、方《まさ》に歌を合《あは》する事有り。後進の詞人、近習《きんじう》の才子、各《おのおの》四時の歌を献じ、初めて九重の宴を成す。又余興有りて同じく恋思の二詠を加ふ。

とあり、「寛平御時后の宮の歌合」に基づいて編纂されたとされる。その内容は、「四時の歌」に「恋思の二詠」を加えたものであった。現存の『新撰万葉集』の部立は、巻上（春・夏・秋・冬・恋）、巻下（春・夏・秋・冬・恋〈思〉）となっている。

その中で「三月尽」に関わる歌を挙げよう。

○上巻・春（原文では歌の表記は万葉仮名）

39 鶯のすみかの花や散りぬらむわびしき声にうちはへて鳴く

40 残春欲尽百花貧　残春尽きむと欲して百花貧し
寂寞林亭鶯囀頻　寂寞たる林亭鶯囀ること頻りなり
放眼雲端心尚冷　眼を雲端に放てども心尚し冷《すさ》まじ
従斯処処樹陰新　斯《こ》れより処処に樹陰新たなり

○下巻・春（漢詩省略。以下271のように「行く春」「行く秋」の語例には傍線を付す）

269 待てといふに駐《と》まらぬものと知りながらしひて恋しき春の別れか

271 行く春のあとだにありと見ましかば迅《と》くかへり来《こ》といはましものを

同じく『古今集』に先立つ歌集に『句題和歌』（大江千里集）がある。宇多天皇の命により、大江千里が白居易等の漢詩句の題で和歌を詠んだものであり、寛平六年（八九四）の成立とされる。部立は、「春・夏・秋・冬・風月・遊覧・離別・述懐・詠懐」となっている。この内、「詠懐」部は句題を持たない。

春部の後半は、白居易の「三月尽」詩からの句題が多い。春部二十一首の後半から数首を取り上げる。（以下○で囲む算用数字は後掲の白詩であることを示す）

送春争得不慇懃（白⑤「春去」（一〇二二））

15 あかずのみ過ぎ行く春をいかでかは心に入れて惜しまざるべき

春光只是在明朝（原詩不明）

16 かねてよりわが惜しみこし春はただ明けむ朝《あした》ぞ限りなり

ける

両処春光同日尽（白②「望駅台」〔〇七六七〕）

17 春をのみここもかしこも惜しめども皆同じ日に尽きぬるがうさ

惆悵春帰不レ留レ得（白①「三月三十日題二慈恩寺一」〔〇六三一〕）

20 歎きつつ過ぎ行く春を惜しめども天《あま》つ空からふり捨てて去《い》ぬ

一歳唯残半日春（白「三月晦日聞二鳥声一」〔三一三一〕）

21 一年《ひととせ》にまた再びも来《こ》じものをただひる中ぞ春は残れる　（春部最終歌）

醍醐朝の延喜五年（九〇五）成立の『古今集』二十巻の部立は四時と恋を柱にして、次のように組み立てられている。

巻一・二（春上・下）、巻三（夏）、巻四・五（秋上・下）、巻六（冬）、巻七（賀）、巻八（離別）、巻九（羇旅）、巻十（物名）、巻十一～十五（恋一～五）、巻十六（哀傷）、巻十七・十八（雑上・下）、巻十九（雑体）、巻二十（大歌所歌…東歌）

巻一と巻二は春歌の上下で、先に挙げた節月意識の年内立春歌から始まり、ほぼ時間の流れに沿って進み、暦月意識の「三月尽」の歌で終わっている。[7] 春の終わりの巻二巻末の五首と、秋の終わりの巻五巻末の「九月尽」の歌三首を挙げよう。

弥生の晦日《つごもり》方に、山を越えけるに、山河より、花の流れけるを、よめる　深養父

129 花散れる水のまにまに尋《と》めくれば山には春もなくなりにけり

春を惜しみて、よめる　元方

130 惜しめどもとどまらなくに春霞帰る道にし立ちぬと思へば

寛平御時、后の宮の歌合の歌　興風

131 声たえず鳴けや鶯一年《ひととせ》に再びとだに来《く》べき春かは

弥生の晦日の日、花摘みより帰りける女どもを見てよめる　躬恒

132 とどむべきものとはなしにはかなくも散る花ごとにたぐふ心か

亭子院の歌合に　（躬恒）

133 今日のみと春を思はぬ時だにも立つことやすき花のかげかは

秋の果つる心を、竜田河に思ひやりて、よめる　貫之

311 年ごとにもみぢ葉ながすたつた河みなとや秋のとまりなるらむ

長月の晦日の日、大堰《おほゐ》にてよめる　（貫之）

312 夕づく夜をぐらの山になく鹿の声のうちにや秋は暮るらむ

同じ晦日の日、よめる　躬恒

313 道しらばたづねもゆかむもみぢ葉を幣《ぬさ》とたむけて秋は去《い》にけり

これらの歌は暦月意識に基づく「三月尽」「九月尽」を詠んでおり、白居易詩の影響下に生まれ、独自に展開したものと言

える。

紀貫之撰で承平四年（九三四）頃成立の『新撰和歌』（四巻）では、各巻歌合形式である。序に、「爰以二春篇一配二秋篇一、…各又対偶。惣三百六十首、分二四軸一。蓋取三三百六十日関二於四時一耳」とあるように、四時を基準とした部立で、各巻は、巻一（春・秋）、巻二（夏・冬）、巻三（賀・哀）、巻四（別・旅、恋・雑）となっている。巻一の巻末六首（三番）は、主に「三月尽」と「九月尽」の歌が番《つが》えられている。

115 花もみな散りぬるのちは行く春のふるさととこそなりぬべらなれ

116 道知らばたづねもいなむ紅葉ばをぬさと手向けて秋はいにけり

117 年ごとに鳴きてもなにぞ呼子鳥《よぶこどり》よぶにとまれる花ならなくに

118 竜田川もみぢ乱れてながるめり渡らば錦なかや絶えなむ

119 声たえでなけや鶯一年《ひととせ》に再びとだに来べき春かは

120 夕づく夜をぐらの山に鳴く鹿の声のうちにや秋は暮るらむ

『新撰和歌』と同じ頃成立した大江維時撰の外来七言詩の佳句撰『千載佳句』（二巻）の部立を見てみる。巻上は、「四時部（立春・早春・…暮春・送春・首夏・…歳暮）」、「時節部（元日・寒食・三日・七夕・十五夜・重陽）」、「天象部…」と続く。「送春」部が立てられ、主に白詩句が並んでいて白詩の影響の大きさが知られる。外来佳句撰なのでわが国で発達した「送秋」の詩句を収める部立はない。

藤原公任撰で漢詩文の佳句に和歌を配した十一世紀初頭頃成立の『和漢朗詠集』（二巻）は、後世に大きな影響を与えた。その部立は、巻上・四時部（春・夏・秋・冬）、巻下・雑部《ぞう》（風・雲…恋・無常・白）となっており、春部には「三月尽」、秋部には「九月尽」の部が設けられている。『千載佳句』の「送春」部が「三月尽」部に変わり、「九月尽」部が新たに設けられているところが注目される。「三月尽」部の所載作品をすべて挙げよう。

50 留春春不駐、春帰人寂寞。厭風風不定、風起花蕭索
春を留むれども春駐まらず、春帰りて人寂寞たり
風を厭へども風定《しづ》まらず、風起ちて花蕭索たり
（白「落花」〔二二四〇〕）

51 竹院君閑銷永日、花亭我酔送残春
竹院に君閑にして永日を銷し、花亭に我れ酔ひて残春を送る
（白「酬二皇甫賓客一」〔二八二九〕）

52 惆悵春帰留不得、紫藤花下漸黄昏
惆悵す春帰りて留まることを得ず、紫藤の花の下に漸く黄昏たり（白①「三月三十日題二慈恩寺一」〔〇六三一〕）

53 送春不用動舟車、唯別残鶯与落花
春を送るに舟車を動かすことを用ゐず、ただ残鶯と落花とに別る
（菅原道真「送レ春」）

54 若使韶光知我意、今宵旅宿在詩家
若し韶光をして我が意《こころ》を知らしめましかば、今宵の旅

宿は詩が家に在らまし　（同）

55 留春不用関城固、花落随風鳥入雲
春を留むるに関城の固めを用ゐず、花は落ちて風に随ひ鳥は雲に入る　（尊敬「三月尽」）

56 今日とのみ春を思はぬときだにもたつことやすき花のかげかは　（躬恒・古今〔一三三〕）

57 花もみな散りぬる宿は行く春のふるさととこそなりぬべらなれ　（貫之・拾遺〔七七〕）

58 またもこんときぞと思へどたのまれぬ我が身にしあれば惜しき春かな　（貫之・後撰〔一四六〕）

主に白居易、菅原道真、紀貫之の作から成り立っている。なお、九月尽部には、唐人の作は含まれない。この『和漢朗詠集』の部立は、藤原基俊撰の『新撰朗詠集』に継承されて行く。

以上の例から、撰集の上で『万葉集』では部分的であった四時を基準とする意識が、『新撰万葉集』以後の歌集や佳句撰では支配的になること、春の終わりや秋の終わりには、白詩の影響から「三月尽」「九月尽」の作品が並ぶことが当然になったことなどが言える。

三　芭蕉の「行く春」と「行く秋」

芭蕉は、元禄二年（一六八九）の春から秋に掛けての旅を『奥の細道』として作品化した。前節で見た「三月尽」「九月尽」の意識は、紀行全体を組み立てる上で、基本的なものとなっている。「序章」「千住（旅立）」「大垣（終着）」の三段を引用する。(8)

〔序章――漂泊の思い〕

月日は百代の過客にして、行きかふ年も又旅人なり。舟の上に生涯を浮べ、馬の口とらへて老を迎ふる者は、日々旅にして、旅を住みかとす。古人も多く旅に死せるあり。予もいづれの年よりか、片雲の風にさそはれて、漂泊の思ひやまず、…やや年も暮れ、春立てる霞の空に白河の関越えんと、そぞろ神の物につきて心を狂はせ、

〔千住――旅立〕（元禄二年三月二十七日）

弥生も末の七日、あけぼのの空朧々として、月は有明にて光をさまれるものから、富士の峰かすかに見えて、上野・谷中の花のこずゑ、またいつかはと心ぼそし。むつましきかぎりは宵よりつどひて、舟に乗りて送る。千住といふところにて舟をあがれば、前途三千里の思ひ胸にふさがりて、幻のちまたに離別の泪《なみだ》をそそぐ。

行く春や鳥啼き魚《うを》の目は泪(9)

これを矢立の初《はじめ》として、…

〔大垣――終着・蘇生の思い〕（秋九月六日）

旅のものうさもいまだやまざるに、長月《ながつき》六日になれば、伊勢の遷宮拝まんと、又舟に乗りて、

蛤《はまぐり》のふたみに別れ行く秋ぞ　（『奥の細道』末尾）

千住での「行く春や」の句が旅の始めの句であり、「蛤の…行く秋ぞ」の句が大垣での最後の句である。この旅は、「行く春」で始まり、「行く秋」で終わっているのである。このこと

について、尾形仂《つとむ》氏は、次のようにまとめている。(10)

> 「行く春」は刻々と移り過ぎてとどめることのできない春。空に囀る鳥、水に遊ぶ魚は、直接には千住で目にした嘱目の風景に発想し、また、「別レヲ恨ミテハ鳥ニモ心ヲ驚カス」（杜甫「春望」）といった漢詩に詠まれている鳥や魚に発想したものかも知れませんが、同時に、この天地間に芭蕉と漂泊の悲しみを分かち合うものとして取り上げられたものでしょう。
>
> 一句は、行く春の名残を惜しんで、空の鳥、水の魚も嘆き悲しんでいる、と言って、春を惜しむ気持ちに、別れを惜しむ悲しみの気持ちを託したのです。
>
> 『おくのほそ道』という作品は、この「行く春」「行く秋」の照応を通して、人生は永遠に続く旅なのだ、というテーマを大きく語りかけているといえます。

「行く春」「行く秋」の照応を通して、人生は永遠に続く旅であることを語りかける、というまとめは説得力があるが、これは平安朝以来の「三月尽」「九月尽」の季節意識を踏まえたものである。(11) それを念頭に置かなければ、作品の意味の理解も不十分になるのではないか。その点の考察が重要なので以下検討したい。

「序章」の冒頭では李白の「春夜宴㆓桃李園㆒序」（以下、「李白の序」）を引いている。

> 夫天地者、万物之逆旅。光陰者、百代之過客。而浮生若夢、為歓幾何。古人秉燭夜遊、良有以也。
>
> 夫れ天地は、万物の逆旅。光陰は、百代の過客たり。而して浮生は夢の若し、歓を為すこと幾何《いくばく》ぞ。古人燭を秉りて夜遊するは、良《まこと》に以《ゆゑ》有るなり。

ここでの「光陰」は、大空をめぐる太陽と月の意である。(12) そのことを芭蕉は「月日は百代の過客」と言っている。続いて「ゆきかふ年」も旅人であると言う。「ゆきかふ」は、あるものが行って、代わりに他のものが来る、の意で、「時移り、事去り、楽しび悲しび行きかふとも」(13)（古今集仮名序）、「夏と秋と行きかふ空のかよひぢはかたへ涼しき風や吹くらむ」（古今集・夏〔一六八〕）などの例がある。(14)

本稿冒頭で『笈の小文』を引用したように、芭蕉の考えでは季節と「風雅」とが密接に関わる。旅においては、季節と共に行動することが風雅に従うことになる。「三月尽」に関わる句を挙げる。

草臥《くたび》れて宿借るころや藤の花

（『笈の小文』貞享五年（元禄元年〈一六八八〉）

この句は、白居易の「三月尽」詩の句「紫藤の花の下《もと》漸く黄昏たり」（①「三月三十日、題㆓慈恩寺㆒」）を踏まえたものである。以下、丸で囲った算用数字は、次節に掲げる白詩を示す。

「行く春」の句としては、次のような例がある。「三月尽」に春を送る「送春」の句である。

行く春に和歌の浦にて追ひつきたり

（『笈の小文』貞享五年〈一六八八〉）

行く春や鳥啼き魚の目は泪

（『奥の細道』元禄二年〈一六八九〉）

行く春を近江の人と惜しみける

（『猿蓑』元禄三年〈一六九〇〉、『去来抄』）

中でも「和歌の浦」の句では、季節と共に旅をしたいと願う芭蕉の気持ちがよく窺える。

芭蕉の先達としては西行が有名であるが、さらに西行の先達の能因（九八八～一〇五二頃）も芭蕉の重要な先達であった。その能因歌を芭蕉は『奥の細道』の序章で「春立てる霞の空に白河の関越えん」と引いている。

みちのくににまかり下《くだ》りけるに、白河の関にて詠み侍りける　（能因法師）

都をば霞とともに立ちしかど秋風ぞ吹く白河の関　（後拾遺・羇旅〔五一八〕）

この歌は通常都を春に出発したと解釈されているが、「霞とともに立」つというのは、前節で引いた『古今集』の三月尽の歌「惜しめどもとどまらなくに春霞帰る道にし立ちぬと思へば」〔一三〇〕を踏まえている。三月尽に霞と共に都を出発したという意味なのである。[15]

能因に先立つ『源氏物語』若紫の巻においても、弥生の晦日《つごもり》の翌朝（四月一日）の歌に「夕まぐれほのかに花の色を見て今《け》朝《さ》は霞の立ちぞわづらふ」とあり、春と共に春霞（光源氏）が立ち去るさまが詠まれている。[16] 芭蕉が「行く春や」の句を詠んだのも、能因と同じく春の終わりに春と共に江戸を旅立つ気持ちである。

芭蕉の「行く春」「行く秋」に先行する和歌には、次のような例が見られる。

行く春のたそかれ時になりぬれば鶯の音《ね》もくれぬべらなれ　（古今六帖〔六一〕）

行く春を一声なきて鶯は夜のまなみだをたむるなりけり　（伊勢集〔三〇一〕）

行く秋の風に乱るるかるかやはしめ結ふ露もとまらざりける　（順集〔二九〕）

行く秋の今は限りの夕暮れにいと心なき松の風かな　（拾玉集〔四四九〕）

「行く春のたそかれ」は白詩①に基づく。その時に鶯などの鳥が春を惜しんで鳴くのも白詩⑥などに基づくのである。

芭蕉は、白居易についてどう見ていたであろうか。『奥の細道』の旅の翌年七月に近江の膳所《ぜぜ》で書かれた『幻住庵記』には、

たどりなき風雲に身をせめ、花鳥に情を労じて、しばらく生涯のはかりごととさへなれば、つひに無能無才にしてこの一筋につながる。「楽天は五臓の神を破り、[17] 老杜は痩せたり。賢愚文質の等しからざるも、いづれか幻の住みかならずや」と、思ひ捨てて臥しぬ。

と、白居易を杜甫と並べ、詩に生きた先輩として推奨している。

元禄四年（一六九一）四月十八日に芭蕉は嵯峨野の向井去来の落柿舎に遊んだ。そこで記された『嵯峨日記』には、

机一つ、硯、文庫、白氏（文）集、本朝一人一首、世継物語、源氏物語、土佐日記、松葉集を置く。

とある。芭蕉は、落柿舎に『白氏文集』を持ち込んでいるが、庵の内部と持ち込んだものを描くこの叙述は、白居易の「草堂ノ記」〔一四七二〕の「堂中設㆓木榻四、素屏二、漆琴一張、儒道仏書各三両巻㆒」に倣っている。また、『源氏物語』須磨の巻の「またさるべき書《ふみ》ども文集《ぶんじふ》など入りたる箱、さては琴《きん》一つぞ持たせたまふ」とあるのは、同じく「草堂記」に倣ったものであるが、「文集」とあるところは、より『嵯峨日記』に近い。芭蕉落柿舎には『源氏物語』も持ち込んでいるのであるから、芭蕉は「草堂記」ばかりでなく、『源氏物語』も意識して行動していることになる。

翌四月十九日には、大堰《おおい》川北岸の小督の局の墓を尋ねている。

墓は三軒屋の隣、藪の内に有り。しるしに桜を植ゑたり。かしこくも錦繡綾羅の上に起き臥しして、つひに藪《そう》中の塵《ちり》芥《あくた》となれり。昭君村の柳、巫女廟の花の昔も思ひやらる。

ここは、白居易の⑧詩（後述）を引いている。

四　白居易と菅原道真の「三月尽」「送春」詩

芭蕉は「白氏文集」をどのように読んだであろうか。明版に基づく明暦三年（一六五七）刊の『白氏長慶集』が通行していたので、一応それを落柿舎に持ち込んだと考えてみる（以下の引用本文はこの刊本によるが、一部を改めた。訓読は私に付した）。

「行く春」に関わる「三月尽」「送春」詩を巻二十までの配列の中で見てみよう。白居易自身の分類に掛かる「諷諭」（巻一～四）、「閑適」（巻五～八）、「感傷」（巻九～十二）、「律詩」（巻十三～二十）の順で巻が並んでいるために、必ずしも制作順に詩が読めるわけではないが、題詞、自注や詩の内容などから白居易の人生の動向が分かる。

主な事件として、元和十年（八一五）春三月尽に通州に左遷される元稹を見送ったことがあった。その秋に白居易自身が揚子江南岸の江州の司馬に左遷される。同十二年春、南の廬山に草堂を作り「草堂記」を書く。同十四年に左遷を解かれ忠州刺史となり、揚子江を遡って赴任している。その途次、春三月に峡谷で元稹と偶然再会している。

「三月尽」「送春」に関わる詩を詠作順に①～⑦とする。江州左遷前に①～③が詠まれ、左遷中に④～⑥が詠まれ、忠州赴任の途次に⑦が詠まれている。⑧はそれに続く。（以下、千載佳句と和漢朗詠集の所載句は「千」「和」の略号で注記する）

巻一～巻四「諷諭一～四」、巻五～巻八「閑適一～四」
巻九「感傷一、古調詩、五言、凡五十五首」
巻十「感傷二、古調詩、五言、凡七十八首」

③送春　春を送る〔〇四八七〕
三月三十日　三月三十日
春帰日復暮　春帰りて日復た暮る
惆悵問春風　惆悵して春風に問ふ
明朝応不住　明朝応に住《とど》まらざるべしやと
送春曲江上　春を送る曲江の上《ほとり》
眷眷東西顧　眷眷として東西に顧りみる

但見撲水花　但だ水を撲つ花を見るに
紛紛不知数　紛紛として数を知らず
人生似行客　人生行客に似たり
両足無停歩　両足歩を停むること無し
日日進前程　日日前程に進む
前程幾多路　前程幾多《いくばく》の路ぞ
兵刀与水火　兵刀と水火と
尽可違之去　尽《ことごと》く之れを違《さ》けて去るべし
唯有老到来　唯だ老いの到来する有りて
人間無避処　人間《にんげん》避くる処《ところ》無し
感時良為已　時に感じて良《まこと》に已《や》めりと為し
独倚池南樹　独り池南の樹に倚《よ》る
今日送春心　今日春を送る心
心如別親故　心は親故に別るるが如し

巻十一「感傷三、古調詞、五言、五十三首」
巻十二「感傷四、謌行曲引、雑体、凡二十九首」

④送春帰元和十一年三月三十日作
　春の帰るを送る元和十一年三月三十日作〔〇五九二〕

送春帰　春の帰るを送る
三月尽日日暮時　三月尽日日暮るる時
去年杏園花飛御溝緑　去年杏園花飛びて御溝緑なり
何処送春曲江曲　何れの処か春を送る曲江の曲《ほとり》
今年杜鵑花落子規啼　今年杜鵑花落ちて子規啼く
送春何処西江西　春を送る何れの処か西江の西
帝城送春猶怏怏　帝城春を送るも猶怏怏たり
天涯送春能不加惆悵　天涯春を送るも能く惆悵を加へざらむや
莫惆悵送春人　惆悵すること莫れ春を送る人
（四句略）
好去今年江上春　好し去れ今年江上の春
明年未死還相見　明年未だ死せずんば還た相見む

巻十三「律詩、五言、七言、自両韻至一百韻、凡九十九首」

①三月三十日、題慈恩寺
　三月三十日、慈恩寺に題す〔〇六三二〕

慈恩春色今朝尽　慈恩の春色今朝尽く
尽日徘徊倚寺門　尽日徘徊して寺門に倚る
惆悵春帰留不得　惆悵す春帰りて留むること得ざることを
紫藤花下漸黄昏　紫藤の花の下《もと》漸く黄昏たり
　千〔送春・一二五〕、和〔三月尽・五二〕

巻十四「律詩、五言、七言、自両韻至一百韻、凡一百首」

②望駅台三月三十日〔〇七六七〕

靖安宅裏当窓柳　靖安の宅裏窓に当たる柳
望駅台前撲地花　望駅台前地を撲《う》つ花
両処春光同日尽　両処の春光同日に尽く
居人思客客思家　居人客《たびびと》を思ひ客家を思ふ

巻十五「律詩、五言、七言、自両韻至一百韻、凡九十九首」
巻十六「律詩、五言、七言、自二韻至一百韻、凡一百首」

⑥酬元八員外三月三十日慈恩寺相憶見寄

元八員外三月三十日慈恩寺にて相憶ひ寄せらるるに酬ゆ〔〇九九〇〕

悵望慈恩三月尽　悵望す慈恩に三月尽く
紫藤花落鳥関関　紫藤花落ちて鳥関関たり
千〔送春・一一七〕、和〔藤・一三三〕
誠知曲水春相憶　誠に知りぬ曲水に春相憶ふを
其奈長沙老未還　長沙に老いて未だ還らざるを其奈《いかん》せむ
赤嶺猿声催白首　赤嶺の猿声白首を催す
黄茅瘴色換朱顔　黄茅の瘴色朱顔を換ふ
誰言南国無霜雪　誰か言ひし南国に霜雪無しと
尽在愁人鬢雪間　尽く愁人鬢雪の間に在り
千〔感歎・五二二〕

巻十七「律詩、五言、七言、自両韻至五十韻、凡一百首」

潯陽春三首。元和十二年作。
春生（一首略）　春生ず〔一〇二〇〕
春来（一首略）　春来《きた》る〔一〇二一〕

⑤春去　春去る〔一〇二二〕

一従沢畔為遷客　一たび沢畔に遷客為りしより
両度江頭送暮春　両度江頭に暮春を送る
白髪更添今日鬢　白髪更に添ふ今日の鬢
青衫不改去年身　青衫改めず去年の身
百川未有回流水　百川未だ回流の水有らず
一老終無却少人　一老終《つひ》に却少の人無し
千〔老・五三二〕
四十六時三月尽　四十六の時三月尽
送春争得不殷勤　春を送るに争《いかで》か殷勤ならざるを得む
千〔送春・一一三〕

⑦十年三月三十日、別㆓微之於澧上㆒。十四年三月十一日夜、遇㆓微之於峡中㆒。停㆓舟夷陵㆒、三宿而別。言不㆑尽者、以㆑詩終㆑之。因賦㆓七言十七韻㆒以贈。且㆑欲㆘記㆔所㆑遇之地、与㆓相見之時㆒、為㆗他年会話張本㆖也。〔一一〇七〕

澧水店頭春尽日　澧水店頭春《の》の尽くる日
送君上馬謫通川　君が馬に上りて通川に謫せらるるを送る
夷陵峡口明月夜　夷陵峡口明月の夜
此処逢君是偶然　此の処に君に逢ふは是れ偶然
一別五年方見面　一別五年方に面を見る
相携三宿未廻船　相携へて三宿するも未だ船を廻さず
（八句略）
往事渺茫都似夢　往事渺茫として都て夢に似たり
旧遊零落半帰泉　旧遊零落して半《なかば》は泉に帰す
千〔感歎・五一七〕、和〔懐旧・七四二〕
酔悲灑涙春盃裏　酔ひの悲しび涙そそぐ春の盃の裏《うち》
吟苦支頤暁燭前　吟苦して支頤《つらづえ》く暁の燭の前
（十六句略）

⑧題峡中石上　峡中の石上に題す〔一一〇八〕

巫女廟花紅似粉　巫女廟の花は紅《くれなゐ》にして粉《ふん》に似たり
昭君村柳翠於眉　昭君村の柳は眉よりも翠《みどり》なり
和〔柳・一〇四〕

誠知老去風情少　誠に知りぬ老い去りて風情の少なきことを
見此争無一句詩　此れを見ては争《いかで》か一句の詩無からむ
（巻末）　和（柳・一〇五）

巻十八「律詩、五言、七言、…凡一百首」～巻二十「律詩、五言、七言、凡一百首」

巻十の③は、元和十年（八一五）三月三十日、四十四歳の三月尽の作で、長安の曲江のほとりで詠まれている。後の⑦の題詞によれば、この日の朝、通州に左遷される元稹を灃水のほとりに見送り、長安の街に帰ったあと夕方この詩を詠んだことが分かる。春を親しい友人のように見送る日は、かけがえのない詩友を見送った日であった。春との別れに心を込めるのは、親友との別れの印象が強く残っていたからであろう。

巻十二の④は、翌元和十一年（八一六）左遷先の江州で詠まれた三月尽詩であることが注と内容から知られる。前年に曲江のほとりで詠んだ③が回想されている。

巻十三の①は、永貞元年（八〇六）三十四歳の時に曲江池に近い慈恩寺で詠んだ作である。のちの⑥から、慈恩寺の藤は文人仲間で共有された風景であったことが分かる。①の後聯を芭蕉が用いて「草臥《くたび》れて宿借るころや藤の花」の句を吟じた。

巻十四の②は、元和四年（八〇九）三十九歳の時に蜀の東川に使いした元稹（三十二歳）と唱和した時の作である[18]。旅先で三月尽日を迎えた元稹の気持ちを推測して詠んでいる。

巻十六の⑥は、元和十二年（八一七）四十六歳の時、左遷先の江州で詠まれた作である。元八（宗簡）から送られた詩に唱和した作で、元八が共に慈恩寺や曲江池で遊んだ時に詠まれた①詩を思い出して詩を詠んで白居易に送り、それに応えて詠まれていることが内容から分かる。

巻十七の⑤も同年の作で、江州での春をきざしから到来、辞去までの三首連作で描いている中の一首である。左遷先での二度目の春の別れを友人との別れのように述べる。

同巻の⑦は、元和十四年（八一九）四十八歳の時、左遷を解かれ、江州から揚子江を遡って忠州に至る途次の峡谷中で元稹と偶然再会した時の作である。題詞から、③から四年後の三月十一日に出会ったことが分かる。この詩の「酔悲灑涙春盃裏」の句は、『源氏物語』須磨の巻の光源氏と頭の中将（この時参議）の再会の場面に引かれていることでも有名であり、芭蕉はその引用をよく知っていたと思われる。

同巻の⑧は三月尽の詩ではないが、⑦に直接続く作であり、芭蕉は『嵯峨日記』に「昭君村の柳、巫女廟の花」と用いている。このことから、芭蕉は⑦⑧をまとめて読んでいたと推測されるのである。⑦からは、三月尽が元稹との友情に関わることが知られるので、「行く春や」の句についても門人との別れを惜しむ気持ちの由来が分かる。須磨の巻に引かれる「涙そそぐ」も千住での「離別の泪をそそぐ」に移されたと思われる[19]。

白詩の影響を受けた菅原道真も「三月尽」「九月尽」に関わる詩を多く作っている。特に左遷とも言える讃岐守時代に不遇を意識した「送春」詩を作っている。次の作は、光孝天皇の仁和二年（八八六）四十二歳、讃岐の守として赴任する途次の三月尽を詠んでいる。

中途送春　中途に春を送る〔一八八〕

春送客行客送春　春は客《たびびと》の行くを送り客《たびびと》は春を送る
傷懐四十二年人　懐《おも》ひを傷ぶ四十二年の人
思家涙落書斎旧　家を思ひては涙落つ書斎旧《ふ》りたらむ
在路愁生野草新　路《みち》に在りては愁へ生ず野草新たなる
花為随時余色尽　花は時に随はむが為に余色尽く
鳥如知意晩啼頻　鳥は意《こころ》を知るが如くして晩啼頻りなり
風光今日東帰去　風光今日東《ひむがし》に帰り去る
一両心情且附陳　一両の心情且つ附け陳べむ

旅人としての春が旅人の道真を送り、道真は旅人としての春を見送っている。

次の作は、翌仁和三年（八八七）四十三歳の時の作で、讃岐での二度目の三月尽を迎え、前年馬上で春を送ったことを回想している。

春尽　春尽く〔二二四〕

風月能傷旅客心　風月能く旅客の心を傷ましむ
就中春尽涙難禁　中に就きて春尽くるは涙禁ずること難し
去年馬上行相送　去年馬上に行くゆく相送る
今日雨降臥独吟　今日雨降りて臥して独り吟ず
花鳥従迎朱景老　花鳥朱景を迎ふるより老いむとし
鬢毛何被白霜侵　鬢毛何ぞ白霜に侵さるる
無人得意倶言咲　人の意を得て倶に言咲するもの無し
恨殺茫々一水深　恨殺す茫々として一水の深きことを

翌仁和四年（八八八）、讃岐での三度目の三月尽を迎える。四十四歳になっている。

四年三月廿六日作。到任之三年也
四年三月廿六日の作。任に到るより三年なり〔二五二〕

我情多少与誰談　我が情の多少を誰《たれ》と与《とも》にか談《かた》らむ
況換風雲感不堪　況むや風雲を換へて感堪へざらむや
計四年春残日四　四年の春を計るに残日 四《よつか》
逢三月尽客居三　三月尽に逢ひて客居すること三たび
生衣欲待家人著　生衣は家人を待ちて著むと欲す
宿醸当招邑老酣　宿醸は当に邑老を招きて酣《たけなは》なるべし

和〔更衣・一四五〕

好去鶯花今已後　好し去れ鶯花今より已後
冷心一向勧農蚕　冷《すさま》じき心もて一向に農蚕を勧めむ

これらの白居易や道真の作は、不遇の時代において人生の一年一年を春と共に歩み、その帰り去る日に当たって、心を込めて春を見送る心情を詠んでいる。その時に同じ春を惜しむ気持ちで鳥は鳴いている。鳥はわが国では主に鶯であるが、それが和歌の世界にも継承されている。「行く春や」の句においても、鳥の鳴き声や魚の涙は友としての春との切実な別れの心情を含んでいる。

『菅家文草』については、寛文七年（一六六七）に刊行されているので、芭蕉が道真の詩を読んでいた可能性がある。

終わりに――人生と「旅」

白居易は、三月尽の日に左遷される元稹を灃水のほとりに見送ったあとの③詩で、帰り行く春の花の散る光景の中で、「人生行客に似たり」と、人生を老死に向かう旅と観じている。過ぎ去り行く時を強く意識し、去った友人の如くの春を愛惜して見送るのである。

また、その四年前の元和六年（八一一）四十歳の時に、十年ぶりに渭水のほとりの旧居を訪れてその余りの変化に驚き、人生は旅ということを意識した詩を詠んでいる。

重到渭上旧居　重ねて渭上《ほとり》の旧居に到る〔〇四二三〕

旧居清渭曲　旧居清渭の曲
開門当蔡渡　門を開けば蔡渡に当たる
十年方一還　十年方《まさ》に一たび還れば
幾欲迷帰路　幾《ほと》んど帰路に迷はんと欲す
追思昔日行　追思す昔日の行
感傷故遊処　感傷す故遊の処《ところ》
挿柳作高林　柳を挿して高林と作《な》り
種桃成老樹　桃を種ゑて老樹と成る
因驚成人者　因つて驚く人と成る者
尽是旧童孺　尽《ことごと》く是れ旧童孺なり
試問旧老人　試みに問ふ旧老人
半為繞村墓　半ば繞村の墓と為る
浮生同過客　浮生過客に同じ
前後遞来去　前後遞《たが》ひに来去す
白日如弄珠　白日珠を弄ぶが如し
出没光不住　出没して光住《とどま》らず
人物日改変　人物日に改まり変はる
挙目悲所遇　目を挙げて遇ふところを悲しむ
回念念我身　念ひを回《めぐ》らして我が身を念へば
安得不衰暮　安《いづ》くんぞ衰暮ならざることを得む
朱顔銷不歇　朱顔銷して歇《や》まず
白髪生無数　白髪無数を生ず
唯有山門外　唯だ山門の外に有りて
三峰色如故　三峰色故《もと》の如し

第七、八聯で、この頼りない「浮生」は「過客」（旅人）のようであり、人は前後して来たっては去る、「白日」（太陽）は「弄珠」（お手玉）のように出ては沈んでとどまることがない、と言う。この「浮生」「過客」は李白の序に見えた語であり、白居易も李白の序に拠ったのであろう。大きな自然の時の流れの中で老死を自覚している。

このような老死の自覚の源流は、『文選』（巻十六）に見える西晉の文人陸機（字《あざな》は士衡、二六一～三〇三）が四十歳の時に作った「歎逝賦」にある。白居易も四十歳という年齢を迎えて、「歎逝ノ賦」を意識したに違いない。

唐の李善は、その題について、「歎逝者、謂嗟逝者往也。言、日月流邁人世過往。[20] 傷歎是事而作賦焉」（歎逝は、逝く者の往くを嗟くを謂ふなり。言《いふこころ》は、日月流邁して人世過ぎ往く。是の事を傷歎して賦を作るのみ）と注している。

この注は、賦の冒頭に、「伊天地運流、紛升降而相襲。日望空以駿駆。節循虚而警立」（伊れ天地の運《めぐ》り流るるは、紛として升り降りて相襲《よ》る。日は空を望みて以つて駿《と》く駆《は》す。節は虚《そら》を循《めぐ》りて警き立つ）とあるのを踏まえて注されている。天における太陽の早い動きと四季のめぐりが人に老死を自覚させるのである。

賦の後段に、「託末契於後生、余将老而為客」（末契を後生に託《つ》けたり、余《われ》将に老いむとして客為《た》り）とある。この「客」について李善注は「古詩曰、人生㆓天地間㆒、忽如㆓遠行客㆒」を引く。この「古詩」は、文選（巻二十九）の「古詩十九首」の第三首を指す。この「遠行客」の李善注には、

尸子、老莱子曰、人生於天地之間寄也。寄者固帰。列子曰、死人為帰人、則生人為行人矣。韓詩外伝曰、枯魚銜索、幾何不蠹。二親之寿忽如過客。（尸子《しし》に、老莱子曰く、人天地の間《あひだ》に生まるるは寄《やど》るなり。寄る者は固《もと》り帰すと。列子に曰く、死人を帰人と為すときは、則ち生人は行人たるのみと。韓詩外伝に曰く、枯魚索《いと》を銜《くは》ふ、幾何《いくばく》たること蠹《と》ならざらん。二親の寿《いのち》忽として過客の如しと。）

とあって、普通の人生が旅人のようであると見なしている。「過客」の語もここに見える。

李白の序に見え、白居易も受け継いだ太陽や月の運行によって時の流れを知り、人生を旅と見て老死を見つめるという発想のもとが「歎逝賦」にある。

白居易にとっては仕官が人生であり、不遇の時代に人生が旅であるという自覚を強く持った。しかし、元和十四年（八一九）四十八歳の時に忠州で「蕭処士」を詠んだ詩は、漂泊の人生を詠んでいる。「処士」は仕官しない者を言う。

送蕭処士遊黔南
　蕭処士の黔《けん》南に遊ぶを送る〔一一四二〕

能文好飲老蕭郎　文を能くし飲を好む老蕭郎
身似浮雲鬢似霜　身は浮雲に似て鬢は霜に似たり
生計抛来詩是業　生計抛ち来つて詩は是れ業なり
家園忘却酒為郷　家園忘却して酒を郷と為す
　千〔詩酒・八〇〇〕、和〔酒・四八二〕
江従巴峡初成字　江は巴峡より初めて字を成す
猿過巫陽始断腸　猿は巫陽を過ぎて始めて腸《はらわた》を断つ
　千〔行旅・九四六〕、和〔猿・四五五〕
不酔黔中争去得　酔はずんば黔中に争《いかで》か去ることを得む
磨围山月正蒼蒼　磨围山の月正に蒼蒼たらむ
　千〔送別・九一二〕、和〔月・二五四〕

生業を捨てて詩作に生き、「浮雲」のような放浪の人生を送る蕭処士の姿は理想的に見えたのである。

この詩は、四聯中三聯が『和漢朗詠集』に摘句されていることからもよく知られていたことが分かる。また、『江談抄』（巻四）に、文集第一の詩を献ぜよとの村上天皇の命を受け、大江朝綱と菅原文時が共にこの詩を選んだ、という逸話が残る有名な詩でもある。旅に生き、歌を詠むことに生きた能因やそれを受け継ぐ西行のような歌人が生まれたことについては、白居易

のこうした作が影響を与えたこともあった。芭蕉は『白氏文集』や『和漢朗詠集』を通じてこの事情を理解したであろう。

「片雲の風」に誘われて「漂泊」の思いを抱いた芭蕉は、「舟の上」に生涯を浮かべる船人や漁師を人生の典型の一つと見ている。道真も旅の途次の舟の上で人生は旅であると自覚した。讃岐に赴任した道真は、一時帰京するが、その旅の途次で「宿二舟中一」（二三五）を詠んでいる。詩中に「客中重旅客、生分竟浮生」（客中に重ねて旅客たり、生分は竟《つひ》に浮生たり）とある。人生そのものが旅である上に旅をしている、自分の運命（生分）は結局「浮生」であるというのである[22]。ここでの「浮生」は、頼りなくはかない自分の生であり、舟に乗り、水に浮かぶ自らの姿も意識している。この語は李白の序にも白居易の「重到二渭上旧居一」にも用いられていた。李白の序を引いた芭蕉は、この「浮生」を意識していたに違いない。

『奥の細道』は、「舟の上に生涯を浮べ」に始まり、大垣の「又舟に乗りて」で結ばれている。旅に生き、旅に死ぬことを覚悟した芭蕉は、「浮生」を生き、舟に乗る姿を強調して描くことにより、自らの俳人としての姿を示した。先達であった盛唐の杜甫や李白のほかに、中唐の詩人白居易の「三月尽」の発想やそれを受け継いだ王朝を代表する道真の作品が芭蕉を導いたと考えられる。

注

（1）蓑笠庵梨一（一七一四～一七八三）の『菅菰後考』（萩原恭男校注『おくのほそ道』所収、岩波文庫）に「日月百代之過客、而四時亦一歳之征夫也」（日月は百代の過客にして、四時も亦た一歳の征夫なり）と漢訳する。

（2）平岡武夫氏「三月尽――白氏歳時記――」（『研究紀要』一八号・日本大学人文科学研究所・一九七六年三月、同氏『白居易――生涯と歳時記』朋友書店・一九九八年）、小島憲之氏「四季語を通して――「尽日」の誕生――」（『国語国文』一九七七年一月）参照。

（3）太田郁子氏「和漢朗詠集の三月尽・九月尽」（『言語と文芸』復刊一六号・一九八一年三月）参照。

（4）関連する拙稿に、「白居易と菅原道真の三月尽詩について――「送春」の表現――」（『女子大国文』一四八号・二〇一一年一月）、「『奥の細道』と白居易の三月尽」（『女子大国文』一五三号・二〇一三年九月）、「白居易・能因・芭蕉の三月尽――白河の関へ――」（『白居易研究年報』一五号・二〇一五年三月）、「『奥の細道』と能因の「数奇」――白河の関で――」（『台大日本語文研究』二九期、二〇一五年六月）、「白居易・道真・芭蕉と旅――「浮生」を生きる――」（『東アジア比較文化研究』一六号・二〇一七年六月）がある。

（5）田中新一氏『平安朝文学に見る二元的四季観』（風間書房・一九九〇年）参照。

（6）番号は『新編国歌大観』所収のものについては同書による。白居易作品・千載佳句・菅原道真詩については、それぞれ、花房英樹氏『白氏文集の批判的研究』所載の綜合作品表、金子彦二郎氏『平安時代文学と白氏文集――句題和歌・千載佳句研究篇――』、川口久雄氏『菅家文草　菅家後集』による。

(7) 田中幹子氏「古今集における期の到来と辞去について――三月尽意識の展開――」(『中古文学』三十周年特集号・一九九七年三月、同氏『『和漢朗詠集』とその受容』和泉書院・二〇〇六年)参照。

(8) この見出しは富山奏氏『芭蕉文集』(新潮日本古典集成・一九七八年)による。以下の『奥の細道』の引用も同書による。

(9) 初案は「鮎の子の白魚送る別かな」である。

(10) 尾形仂氏『「おくのほそ道」を語る』(角川選書・一九九七年)。

(11) わが国の「三月尽」「九月尽」の詩や歌は、尽日に詠まれたものではない場合がある(注3の太田論文参照)。この場合も千住での出発は三月二十七日、大垣での伊勢への出発は九月六日となっている。

(12) 『魁本大字諸儒箋解古文真宝』(寛文元年〈一六六一〉刊)に「日月如二流行過客一」とあり、「光陰」は「日(太陽)」「月」の意と解せる。

(13) 「時移事去、楽尽悲来」(陳鴻「長恨歌伝」)による。

(14) 漢詩での季節の推移については主に「換」字で表現される。「早涼晴後至、残暑暝来散。方喜炎燠銷、復嗟時節換」(白居易「曲江早秋三年作」〔〇三九八〕)、「我情多少与レ誰談、況換二風雲一感不レ堪、計二四年春一残日四、逢二三月尽一客居三」(菅原道真「四年三月廿六日作。到レ任之三年也」〔二五一〕)の「換」字などが「ゆきかふ」に相当しよう。

(15) この歌の第三句を「出でしかど」とする異文があり、より明確に春の終りに春霞と共に都を旅立つの意と読める。服部土芳の『三冊子』はこの異文で引く。

(16) 須磨の巻では、「咲きてとく散るは憂けれど行く春は花の都を立ち帰り見よ」(王命婦)と、須磨に旅立つ光源氏が「行く春」に喩えられている。

(17) 白居易「思レ旧」〔二九八二〕の「詩役五臓神、酒汨三丹田」(詩は五臓の神を役《やぶ》り、酒は三丹の田を汨《みだ》る)を引く(明暦三年刊本の訓)。

(18) 元稹「望駅台三月尽」詩は、「可レ憐三月三旬足、悵望江辺望駅台。料得孟光今日語、不二曾春尽一不二帰来一」であり、旅の空で三月尽を迎え長安の妻の思いを思うという内容である。白居易の三月尽に先立って元稹の三月尽詩が詠まれているので、白居易の三月尽詩に対する好尚は、元稹によりもたらされたのかも知れない。なお、元稹には「九月尽」詩もあるが、この題は以後唐では発展しなかった。

(19) 杉浦正一郎氏『おくのほそ道評釈』(東京堂・一九五九年)によれば、其日庵錦江『奥の細道通解』は、千住の場面の「前途三千里の思ひ胸にふさがりて」とあるところに、須磨の巻の「三千里のほかのここちするに」を引く。

(20) 注12で引いた『古文真宝』の李白の序の注「日月如二流行過客一」は、この李善注に近い。

(21) 「節」について五臣注は、「四節謂日所迫」(四節は日の迫まるところを謂ふ）と注する。

（22）　拙稿「源氏物語の「浮舟」と白居易の「浮生」――荘子から仏教へ――」（『白居易研究年報』一六号・二〇一五年十二月）、「源氏物語における荘子受容――「浮生」と「空蟬」「夕顔」「浮舟」など――」（『京都語文』二三号・佛教大学国語国文学会・二〇一六年十一月）参照。

付記　本稿は、水門の会東京例会・第四回国際シンポジウム「季語の生成と四季意識――東アジアから世界へ――」（平成二十九年〈二〇一七〉三月五日、於大東文化会館）における研究発表「芭蕉の「行く春」と白居易の季節意識――「送春」「三月尽」をめぐって――」に基づき、加筆したものです。なお、本稿は、日本学術振興会科学研究費助成事業（学術研究助成基金助成金）基盤（C）（課題番号16K02373）の成果です。

しんま・かずよし――関西学院大学大学院非常勤講師。専門は和漢比較文学、中古文学。『平安朝文学と漢詩文』（和泉書院、二〇〇三年）、『源氏物語と白居易の文学』（和泉書院、二〇〇三年）、『源氏物語の構想と漢詩文』（和泉書院、二〇〇九年）などがある。

季語に関する断章（一）

――超長寿時代の俳句と季語――

波戸岡　旭

平成のこの長寿の時代、現今の俳句界は、未だかつて経験したことのない超長寿俳句という極めて奇蹟的な情況を呈している。近・現代俳句は、かつて青春俳句、社会性俳句、療養俳句、根源俳句とかと称される画期を有しながら史的展開をしてきたが、最近年、長寿時代を迎えるにつれ「介護俳句」、「生き甲斐俳句」という傾向が顕著であるといえる。

俳句界における高齢化については、すでに平成二年、「俳句研究年鑑」の「巻頭随想」に、能村登四郎が「齢甲斐ある仕事――高齢化の時代の中で――」という一文で言及している。それはとくに阿波野青畝・右城暮石・永田耕衣・山口誓子などの功績を挙げて、「当代は、高齢俳人の作品が高い評価を受けている」とある。登四郎のいう「齢甲斐」とは、「肉体の枯渇と精神力の旺盛なこのアンバランス」ということであって「要するに今まで生きてきた年齢を無駄にしてはいけない。その土台の上に腰を据えて仕事をしなければいけない」という主旨であった。

いまやその長寿時代の平成も三十年である。現今の俳壇はさらに「超長寿俳句」の段階に入っているといえよう。八十、九十代の高齢にして優れた独創性のある作品を創作する人が、有名無名を問わず数多く活躍している時代はいまだかつてなかったことである。このような文芸における超長寿時代は、国内のみならず、世界的に見てもきわめて珍しいことと言えるのではなかろうか。

俳句人口の高齢化を嘆く向きは多いが、むしろこの超長寿という現象は大いに多とすべきものであろう。著名な俳人の活躍に加えて、俳壇的にはほとんど無名の高齢の俳人が、多数活躍をし、数多く秀句をものしているのである。それも高齢であるがゆえに詠み得る境地の作品なのである。

かつて阿部みどり女（明治十九年―昭和五十五年、享年九十三）という著名な俳人は、九十歳を過ぎて、

九十の端《はした》を忘れ春を待つ　　みどり女

という名句を詠んだ。長寿ならではのめでたさを「端を忘れ」と瓢然と詠んでみせたのであった。昭和五十年代には九十歳代の現役の俳人は珍しい存在と言えたであろう。ところが、いまや、米寿・白寿・百寿の人で俳句を嗜む人は多く、長寿ならではの優れた句が輩出している。一例を挙げよう。以下は、荻原透葉子《とよこ》（九十八歳）著『初暦』（ふらんす堂・二〇一七）刊の句である。

九十の端数うやむや初湯かな

この句は、先のみどり女の句意に似るが、長寿であるがゆえのまったくの偶然で、あって独創句なのである。「端数」という漢語もしくは数学用語を遣った洒落、むろん、己が年齢を知らないはずはないのだが、あえて「うやむや」と詠んでみせるその茶目っ気と韜晦ぶり。そうして、句全体をめでたい季語の「初湯かな」という五感にゆきわたる季語を効かせたまとめ方。この手腕には驚くほかかない。また、

初暦九十八歳こはれもの

この句も、すごい。「こはれもの」というのは、荷物などに印される「毀れものに付き要注意」を効かせた表現で、一種の心地よい居直りの良さがうかがえるであろう。これも「初暦」がうまく効いているのである。

マスカット孫より若き友増えて
年寄りが好む花見のカツサンド
ミッキーと夜長のパレード握手して
枝豆や補聴器つけて仲間入り

どの句も季語がしっかりと効いている。ことに、「枝豆」の句。「補聴器」などを句に持ち出せば、即、老醜無惨に陥るところなのだが、「仲間入り」と詠むことでその心持ちの若々しさが伝わってくる。はじめは話の輪から少し距離を置いていたのだが、あんまり楽しそうなので本腰で仲間入りしたのである。この前向きな姿勢が、句を輝かせるのである。なにしろこの「枝豆」のという季だけで、その場の賑わいぶりがよく分かるのである。

なお、俳句という短詩型の詩は、季語のはたらきと五七五の定型の韻数律とを基本原則とする韻文である。とりわけ季語のもつ力は絶大であって、季語の本意が一句の独創性を支える基となっている。逆に季語が活かされていないものは、詩的昇華を遂げていないものなのである。

「超長寿俳句」の句境を瑞々しく支え得る季語の底力。まさに無限の可能性を秘めているのである。

《小特集》季語の生成と四季意識——東アジアから世界へ——

『和漢朗詠集』絵入り版本と『俳諧類船集』
——付合語における縦題と古典回帰——

藏中しのぶ

はじめに——俳諧と『和漢朗詠集』

季語と四季意識の萌芽は『万葉集』『懐風藻』に溯る。『古今和歌集』四季部の構成原理として、春夏秋冬の「時の推移による構造」を指摘されたのは松田武夫氏であった(1)。新井栄蔵氏はこれを深め、『古今和歌集』に循環的構造と対立的構造が内在することをあきらかにされた(2)。三木雅博氏は『古今集』をはじめとする勅撰和歌集のこの構造が『和漢朗詠集』にも継承されていることを解明し(3)、田中幹子氏をはじめ、その後も詩歌の素材と配列の問題はさまざまに論じられてきた(4)。

後世、『和漢朗詠集』は連歌・俳諧にも多大な影響を及ぼすが、部立から部立へ、詩句から詩句へ、さらに和歌へと、漢詩句・和歌をつなぐものは、ことばの連想による意味の相関性と連続性であろう。それは松田氏が説かれたように、連歌の寄合・俳諧の付合の先蹤とみることができるのではないか。

勅撰和歌集をかういふやうに、組織立て、各々の歌に相関性を持たせるやうに意図的に編纂するといふ意識は、連歌・連俳を生む心にも通じるもので、連歌や連俳の構成が、基本的なプリンシプルに従ひながらも、編纂者の意図によつて、その境地や姿を変えていつたやうに、勅撰集も、かうした基本的な編集の方法の線に添ひつゝ、いろ〱に内容や形を変化させていつたのである(5)。

連歌・俳諧は、連想によって前句に付句を付けてゆく。付句は一読して、前句のなかの事物や詞、題材や情趣・心情との関係が理解されねばならない。連想は詩歌・故事・伝説等に刺激され、素材のもつイメージを大きく膨らませて、より豊かな表現をもたらした。

こうした連歌の連想語は、室町期の連歌の寄合集、一条兼良撰『連珠合璧集《れんじゆがつぺきしゆう》』に集大成され、寄合となる語が二十分類して示された。やがてそれは俳諧の付合語集に受け継がれ、いろは順付合語集が生まれる。正保二年（一六四五）貞門七俳仙の松江重頼撰『毛吹草』七巻五冊は、巻三「付合」に見出し語五三四語をいろは順に配列して付合語を列挙した。これ以降、明暦二年（一六五六）刊皆虚編『世話焼草』（巻三）、寛文二年（一六六二）刊是誰《これたれ》編『初元結《はつもとゆい》』等を経て、貞門七俳仙の高瀬梅盛は寛文九年（一六六九）刊『便船集』に一千数百語を集め、これを増補改訂して延宝四年（一六七六）刊『俳諧類船集』に二千七百余語を収めて解説を付した。俳諧作者層が庶民にまで拡大した元禄期（一六八八〜一七〇四）には、系統を異にする元禄五年（一六九二）刊坂上松春編『俳諧小傘《こからかさ》』が編まれている。

　これら俳諧付合語集のなかでも、高瀬梅盛撰『俳諧類船集』（以下、『類船集』と略称）は広く注目を集め、林進氏は曾我蕭白（一七三〇〜八一）の美人画を『類船集』の付合語によって解読し、河村瑛子氏は『類船集』の連想語群から当時の語義や文化の諸相を解明された(6)。

　一方、季語の生成史における天和・貞享年間の重要性に注目される安保博史氏は、芭蕉や其角、京俳壇の信徳一派の俳諧活動に注目しながら、この時期の俳諧に季語の新しい可能性の発芽を見出された(7)。

　貞享・元禄期に相次いで出版された『和漢朗詠集』絵入り版本の挿絵には、俳諧の季語や付合語集に採られた付合語彙のモチーフが数多く見られ、俳諧における『和漢朗詠集』受容を反映していることが推測される。連想によって意味をつなぐという点において、版本挿絵は絵による寄合・付合であり、「俳諧付合画集」とも称しうる性格をもつのではないか。

　本稿は、俳諧付合語集の連想語彙と『和漢朗詠集』絵入り版本挿絵に注目し、巻上春部「立春」「早春」の挿絵に検討を加える。これによって、俳諧と密接な関係を有する江戸期特有の

図A　27貞享元年（一六八四）刊「絵入A2」挿絵A（架蔵）

『和漢朗詠集』享受の様相の一端をあきらかにすることを目的とする。

一　『和漢朗詠集』絵入り版本の挿絵

江戸期に刊行された『和漢朗詠集』版本は七十四種以上におよぶが(8)、絵入り版本はわずか五種、同版後刷を含めても七種にすぎない。このうち、挿絵として詩句・和歌に詠まれた素材や情景をモチーフとして絵画化したものは、次の「絵入」「図解」および「絵入」に頭書を付した「絵入頭書」の三種のみである(9)。最初の絵入り版本27貞享元年刊「絵入」は、巻上に五丁（表裏計十種）、巻下に五丁（表裏計十種）の挿絵を付す（図A）。

27貞享元年（一六八四）「絵入A１」

・所蔵：宮内庁書陵部・名古屋市蓬左文庫

・刊記：「貞享元年甲子三月上澣日
　　洛下　梅村彌右衛門
　　同　太田勘兵衛　壽梓」

後印無刊記「絵入A２」

・所蔵：架蔵・東京都立中央図書館加賀文庫・慶應義塾図書館渡辺文庫・神戸女学院図書館

・刊記：「　神肆　村上勘兵衛
　　貞享元年甲子三月上澣日
　　洛下　梅村彌右衛門」

その五年後に刊行された32元禄二年刊「図解」は、頭書に半丁に三種の絵を配し［図B］、「絵入」の本文だけでなく(10)、挿絵の素材をも踏襲している(11)。

32元禄二年（一六八九）刊「図解A」

・所蔵：大阪府立中之島図書館・信多純一氏・雲英末雄氏旧蔵（上巻1冊）

・刊記：「元禄二巳六月日
　　京　中村孫兵衛　梓
　　大坂　黒田三良右衛門」

41享保十年（一七二五）刊「図解B」後印

・所蔵：東北大学狩野文庫・早稲田大学演劇博物館・東京大学・無窮会平沼文庫・森正人氏

・刊記：「享保十乙巳歳　京寺町通松原下ル町
　　正月吉日改正　菊屋喜兵衛　版」

挿絵③元方の哥　②立春書懐　①内宴進花

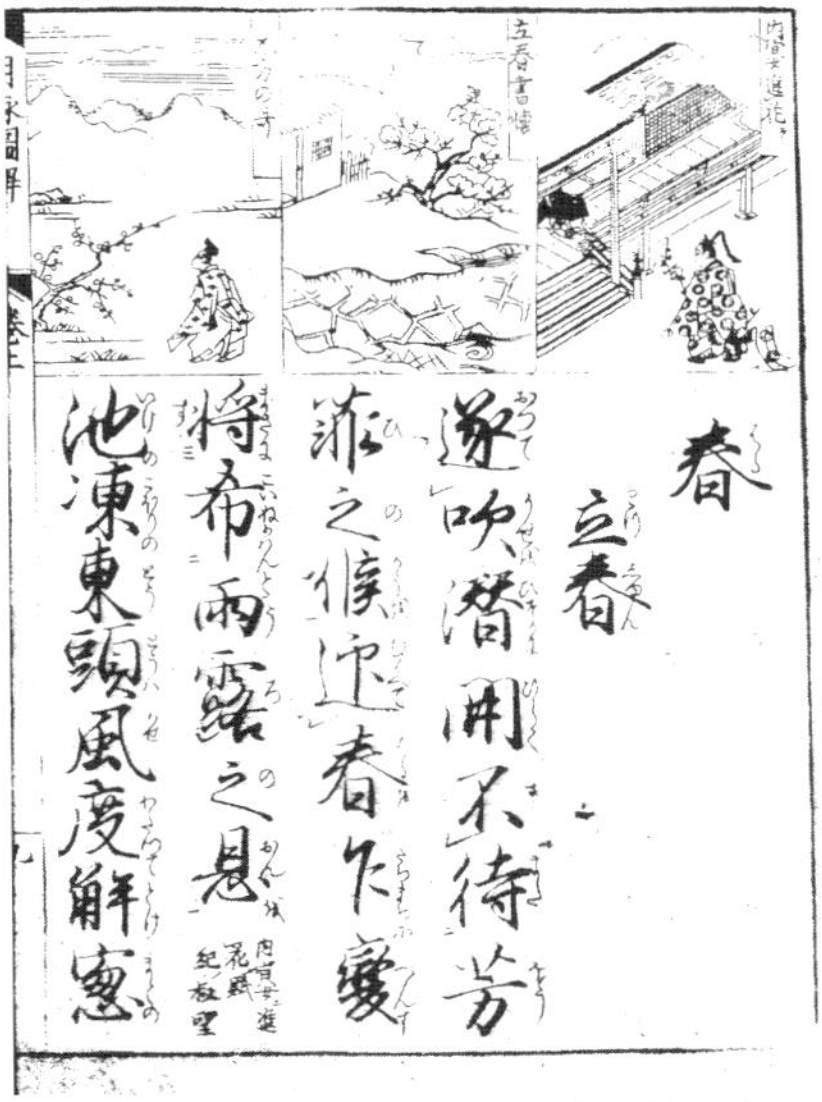

図Ｂ　32元禄二年（一六八九）刊「図解Ａ」挿絵③②①（大阪府立中之島図書館蔵）

旧稿では、「絵入」「図解」の挿絵に共通して描かれたモチーフが、すべて本文中の漢詩句・和歌に詠み込まれた素材であり、両者の意匠が異なることを論じた。すなわち、「絵入」の挿絵は、**図A**が「立春」「早春」二つの部立を対象とするように、複数の部立にわたって詩歌に詠じられた素材を画面に散りばめつつ、多くの素材を統合して一幅の絵に凝縮する（**図A**）。これに対して、「図解」は半丁の頭書に、詩句毎に小さな絵を三種配して画題を付す（**図B**）。その絵は「絵入」の絵から素材を抜きだし、「絵入」の絵を解体しながら踏襲したものである。[12] 各句毎に主要な素材を描くことで、「図解」の絵は詩語・歌語を際立たせる効果を生んだ。これが俳諧の付合語と通じるのであれば、「図解」はより俳諧的な趣向を凝らした版本と見ることができよう。

表1は「絵入」Aが対象とする『和漢朗詠集』上巻巻頭春部「立春」「早春」の十七首について、《詩歌に詠じられた素材》を太字で示し、「図解」の本文・作者名・詩題・画題、「図解」①〜⑰の《挿絵に描かれた素材》を一覧したものである。以下、表1に従って、『和漢朗詠集』本文は1〜17、絵入り版本挿絵「絵入」はA、「図解」は①〜⑰と表記する。

「図解」に描かれた素材は、「梅」（①②③・⑨⑩）と「柳」（④・⑧⑩⑬⑰）の五例を最多例とし、「遠山」「霞」（③⑦・⑭⑯）、「籬」（②⑥・⑨⑪）、「氷」（②⑧・⑬⑯）四例、「蘆」（⑧⑫）、「蕨」（⑫⑮）二例、「雪」（②）がこれに次ぐ。ただし、四例を数える「遠山」「霞」「籬」は本文の意味とは無関係に、絵の背景を埋める素材として使われる傾向にある。[13]「図解」にあっては、部立「立春」①〜⑦は「梅」、部立「早春」⑧〜⑰は「柳」が軸となっていることが看取されよう。「絵入」Aにおいても「梅」「柳」は中心的なモチーフであり、このことは「梅」「柳」が、ふたつの連想の起点となって画面全体を構成することを意味する（**図C**）。

これらのモチーフは、俳諧の付合語とどのような相関性を有するのであろうか。

二 「梅」「梅花」から「窓の梅」へ

そこで、『和漢朗詠集』絵入り版本「絵入」Aの「梅」を軸とした画面中央部に注目したい（**図A・C**）。

三木雅博氏は下巻雑部「仏名」巻末句394の「花」が、

394 香自禅心無用火　**花**開合掌不因春
香は禅心よりして火を用ゐることなし
花は合掌に開けて春に因らず

上巻春部「立春」巻頭句1の春を待たずに開き始める「花」へと連なるとし、下巻巻末句394から上巻巻頭句1への「花」の循環構造を指摘された。[14]

1 吹《かぜ》を逐て潜かに開く　芳菲の候を待たず
春を迎へて乍ちに変ず　将に雨露の恩を希はむとす

この「花」は「梅」である。絵入り版本挿絵において、「梅」は「絵入」Aと「図解」①②③・⑨⑩に描かれる。①は「梅の枝」を手に内裏へ献上する大宮びとを描き、①で献じられた

表1『和漢朗詠集』絵入り版本「図解」上巻春部「立春」「早春」

『和漢朗詠集』絵入り版本「図解」本文	作者名	「図解」の詩題	「図解」の画題	「図解」挿絵の素材
立春				
1 逐吹潜開、不待芳菲之候。迎春乍変、将希雨露之恩。	紀淑望	内宴進花賦	①内宴進花ヲ	梅・内裏・公家男
2 **池凍**東頭**風**度解、**窓梅**北面**雪**封寒。	菅篤茂	立春書懐	②立春書懐	池・氷・宿・窓・梅・雪・籬
3 [古今] としのうちにはるはきにけりひとゝせをこぞとやいはむことしとやいはむ	元方		③元方の哥	梅・遠山・霞・公家男
4 **柳**無気力条先動、**池**有**波文氷**尽開、	白居易	符西池	④符西池	柳・池・氷・水
今日不知誰計会、春**風**春**水**一時来。	同	同		
5 夜向残更寒磬尽、春生香火暁炉燃。	良春	山寺立春	⑤山寺立春	山寺・階
6 [古今] 袖ひちてむすひし**みつのこほれる**をはるたつけふの**かせ**やとくらん	貫之		⑥貫之の哥	霞・籬・水汲み女
7 [拾遺] 春たつといふばかりにやみよしのゝ**やま**も**かすみ**てけさはみゆらむ	忠岑		⑦忠岑の哥	遠山・霞
早春				
8 氷消田地**蘆**錐短、春入枝條**柳**眼低。	元慎	寄楽天	⑧寄楽天ニ	氷・蘆・柳・田
9 先遣和**風**報消息、続教啼**鳥**説来由。	白	春生	⑨春生	梅・宿・鳥・籬
10 東岸西岸之**柳** 遅速不同、	慶保胤	春生逐地形序	⑩春生逐地形	岸・柳・枝・梅・籬
南枝北枝之**梅** 開落已異。			⑪同上	
11 紫塵嫩**蕨**人拳手、碧玉寒**蘆**錐脱嚢。	野相公	和早春晴	⑫和早春晴	蕨・蘆・岸
12 気霽**風**梳新**柳**髪、**氷**消浪洗旧苔鬚。	都良香	春暖也	⑬春暖也	柳・氷
13 庭増気色晴沙緑、林変容輝宿**雪**紅。	紀納言	草樹晴迎春	⑭草樹晴迎春	遠山・霞・雪
14 [万葉] いはそゝくたるひのうへの**さわらび**のもえいつるはるになりにけるかな	志貴皇子		⑮志貴皇子哥	蕨・霞
15 [新撰万葉] **やまかせ**にとくる**こほり**のひまことにうちいつる**波**やはるのはつはな	当純		⑯当純の哥	氷・遠山・霞・岸・木
16 [続後撰] みわたせはひらのたかねに**雪**消てわかなつむへく野はなりにけり	兼盛		×	×
17 みわたせは**やなきさくら**をこきませて**みやこ**そはるのにしきなりける	素性		⑰素性の哥	柳・桜・都人

梅

③「元方の哥」
年のうちに春はきにけりひとゝせを／去年とやいはむ

【参考】㉘「はるの夜」
春の夜の闇はあやなし梅の花色こそみえね

①内宴進花賦」
逐吹潜開、不待芳菲之候
迎春乍変、将希雨露之恩

遠山・霞

貞享元年刊「絵入」挿絵Ａ

⑪「同上（春生逐地形）」
南枝北枝之梅開落已

⑨「春生」
先遣和風報消息
続教啼鳥説来由。

氷・宿・籬

②「立春書懐」
池凍東頭風度解
窓梅北面雪封寒

⑥「貫之の哥」
袖ひちてむすひしみつのこほれるをはるたつけふのかせ

図Ｃ　『和漢朗詠集』「早春」「立春」・「絵入」Ａと　「図解」①～⑰

柳

⑰みわたせは柳桜をこきませて都そ春の錦

⑯山風にとくる氷のひまことにうちいつる波や春の初花

⑭「草樹晴迎春」
庭増気色晴沙緑、
林変容輝宿雪紅。

⑦「忠岑の哥」
春たつといふばかりにやみよしのゝ山もかすみて

⑤「山寺立春」
夜向残更寒磬尽、
春生香火暁炉燃。

遠山・霞

④「符西池」
柳無気力条先動、池有波文氷尽開
今日不知誰計会、春風春水一時来

⑩「春生逐地形」
東岸西岸之柳遅速不同

蕨

⑭「志貴皇子哥」
石そゝくたるひの上のさわらびのもえいつる春に

⑪「和早春晴」
紫塵嫩蕨人拳手、
碧玉寒蘆錐脱嚢。

蘆・氷

⑬「春暖也」
気霽風梳新柳髪、
氷消浪洗旧苔鬚。

⑧「寄楽天」
氷消田地蘆錐短、
春入枝條柳眼低。

「梅の枝」は、②の「雪」に封じられた「北面」の「窓の梅」につながり、

2池の凍の東頭は風度て解く
窓の梅の北面は雪封じて寒し

さらに②「窓の梅」は、③「元方の哥」の「梅」の木へと連なってゆく（図B）。

3［古今］としのうちにはるはきにけり
ひとゝせをこぞとやいはむことしとやいはむ

③はつぼみを付けた「梅」の木越しに「霞」のかかった「遠山」を眺める元方らしき公家の姿を描く（図B）。しかし、この情景は、和歌3の意味からは帰納できない。

「図解」は、どのような趣向を凝らしているのであろうか。「図解」巻頭第一丁オには、①②③の三つの絵が並ぶ（図B）。①②③には「梅」が描かれるが、「梅」は3の和歌本文にはない。③に「梅」の木を描くことによって、巻頭第一丁頭書に「梅」の絵が三つ並ぶことになる。これは巻頭の丁の挿絵を「梅」で統一することを優先した「図解」独自の意匠ではないか。

これに対して、「絵入」Aの「梅」は画面手前の黒い崖に生え、伸びた枝先に「宿」の「窓」が見える（図A・C）。「宿」に「窓」があることで、この梅は「窓の梅」となる。この一本の「梅」は、「立春」2と「早春」10、

10東岸西岸の**柳**　遅速同じからず
南枝北枝の**梅**　開落已に異なり

二句の意味を異時同図法的に担い[15]、画面上部の「遠山」「霞」へと展開する。この「梅」は2においては「窓の梅」であり、10にあっては「南枝北枝の梅」でもある。10に「開落既に異なり」とあるように、Aの「梅」は同じ一本の梅でありながら、南の枝の花はすでに散り果て、北の枝の花は咲き誇る。「図解」⑪の「梅」も同様である（図C）。

一方、俳諧付合語集は「梅」にどのような連想語彙をあげるのか。

見出し語「梅」「梅花」は、貞門七俳仙の松江重頼撰『毛吹草』、同じく貞門七俳仙の高瀬梅盛撰『便船集』、坂上松春編『俳諧小傘』に次のように掲出される。

『毛吹草』「梅」：染物《そめもの》　擇食病《つはりやみ》　數珠　（一三〇頁）
「梅花」：鼓皮《つづみのがは》　杯の曲呑《さかづききよくのみ》

『便船集』「梅」：軒端《ノキハ》　鶯　**窓**　**北面**　択食《ツハリ》　**雪**　煎酒《イリサケ》
山里　天神　春立日《タツヒ》　染物《ソメ》　ⓐ闇《ヤミ》の夜《ヨ》
難波《ナニハ》　ゑびら　暗部山《クラブ》　ⓑ春の夜の月
珠数《シュズ》　（883一六五頁）
「梅ノ花」：鞁《カハ》の皮《カハ》　鶯　囚人《メシウト》　盃の曲呑《キョクノミ》　御即《ゴソク》
位《イ》　ⓒ東風吹《コチフク》　**雪消ユ**　梶原　**垣根**《カキネ》　春
を知　（885一六五頁）

『俳諧小傘』「梅」四：［付心］背戸《セド》　下屋敷　築地《ツイチ》　小宮
御園《ソノ》　糀室《カウシムロ》　気ノ満　朧月《オホロ》　開眼《カイケン》　籠《ロウ》
払《ハラヒ》　荒人神《アラ》　寺家　小鳥　（一八二頁）

『便船集』は傍線部『毛吹草』の付合語五語をすべて継承し、「梅」に十四語、「梅花」に八語を増補する。このうち、「梅」

ⓐ「闇の夜」は『和漢朗詠集』巻上春「春夜」28、

28春の夜のやみはあやなしむめの花　躬恒
いろこそみえね香やはかくるる

「梅」ⓑ「春の夜の月」は『新古今集』春歌上・藤原定家詠、

大空は梅のにほひにかすみつつくもりもはてぬ春の夜の月

「梅花」ⓒ「東風吹」は『拾遺集』雑春・菅原道真の詠に拠るものか。

東風吹かば匂ひおこせよ梅の花主なしとて春を忘るな

同じ高瀬梅盛が『便船集』を増補改訂した『類船集』にいたって、見出し語「梅」「梅花」は「梅」に一括される。『類船集』は「梅」の異名六語「花の兄・春告草・匂ひ草・香散見草・この花・好文木」と次の付合語二八語をあげる。

鶯　**霞の笆《マガキ》**　**雪消**　**ⓓ賤が垣根**　**ⓔ窓の南**　笛の音　庭の月　難波《ナニハ》　初瀬　くらふ山　ⓐ閨の夜　ⓑ春の夜の月　ⓒ東風ふく　**北面《ホクメン》**　春を知《シ》る山里　御即位《ソク井》　皷の皮　囚人《メシフト》　盃の曲吞《きよくのみ》　染物　天神　ⓕ生田ノ森　擇食《ツワリ》　軒端《ノキバ》　煎酒《イリ》　珠数　清見寺　（二三八頁）

『類船集』も『便船集』同様、傍線部『毛吹草』の付合語をすべて継承し、『便船集』の付合語ⓐ「闇の夜→閨の夜」と改め、『山家集』上巻春37に拠ってⓓ「垣根→賤が垣根」と改訂し、

37この春は賤が垣根にふればひて梅が香とめむ人親しまむ

さらに『便船集』をⓔ「窓→窓の南」、歌枕ⓕ「梶原→生田ノ森」に改め、新たに「霞の笆《マガキ》」「笛の音」「庭の月」と歌枕「難波」「初瀬」「くらふ山」「清見寺」の七語を増補する。『類船集』ⓔ「窓→窓の南」は、2「窓の梅の北面は雪封じて寒し」、10「南枝北枝の梅　開落已に異なり」に拠るものか。

また、『類船集』独自の増補語彙「霞の笆《マガキ》」は、②⑥⑨⑪に本文の意味とは無関係に描きこまれた「笆《マガキ》（籬）」が、すべて「霞」らしき雲形を伴うことを想起させる（図C）。絵入り版本挿絵には、詩歌の意味からは帰納できない図柄が、しばしば登場する。「絵入」Aでも「霞」「遠山」と「籬」がそれにあたる。「籬」やⓓ「賤が垣根」は絵入り版本に俳諧風の趣を醸しだすひとつの要素でもあった。

三　「窓の梅の北面は雪封じて寒し」の受容

『便船集』『類船集』「梅」には、ⓔ「窓→窓の南」「雪・雪消→雪消」「北面」が並記されていた。この「窓」「雪」「北面」の三語は2「窓の梅の北面は雪封《ほう》じて寒し」に見える。これを2の連想語彙とみてよいならば、2の影響は高瀬梅盛の『便船集』『類船集』に顕著な現象とみることができよう。

『毛吹草』『便船集』『類船集』は、「窓の梅」を見出し語に立てない。しかし、付合語として「窓の梅」は『便船集』「北面」、『類船集』「北面」「北」「宿」「星」に掲げられる。

第一に、『便船集』『類船集』は、「北面」の付合語「窓の梅」「不消雪」を並記する。『毛吹草』に見出し語「北面」「北」はない。

『便船集』「北面」:**窓《マド》の梅《ムメ》** **不消雪《キエザルユキ》** 侍《サフラヒ》 臣下《シンカ》(239一一七頁)

『類船集』「北面」:**窓の梅** **不レ消《キヘ》雪** 侍 弘法大師 降《フリ》 こむ時雨 臣下 竹田不動 面影 兼 好 (六七頁)

第二に、「北」の付合語として、『便船集』は「雪」「窓」「梅」を掲げる。『類船集』は「窓」「梅」を「窓の梅」一語にまとめ、「窓の梅」の直後に「雪」を配する。

『便船集』「北」:時雨 風祭 **雪** 帰雁《キガン》 **窓** **梅** 星 磁石《ジヽャク》 魂よはひ かも 鞍馬《クラマ》(1588二一七頁)

『類船集』「北」:時雨 **窓の梅** **雪** 磁石《ジヽャク》 帰雁 魂《タマ》よば ひ 祭 風 星 加茂 鞍馬《クラマ》 (四四四頁)

第三に、「星」においても、『便船集』は『毛吹草』から「梅」を採り、『類船集』はこれを「窓の梅」に改訂する。

『毛吹草』「星」:甲《かぶと》 目釘《くぎ》 的《まと》 秤《はかり》 目 佛 菊 鹿《しし》の毛 針図《はりのづ》 象疵癒《ざうのきずいゆる》 **梅** 占 絹 (一一四頁)

『便船集』「星」:甲 目釘《メクキ》 佛 的《マト》 秤《ハカリ》 菊《キク》 **梅** 月 鹿《シカ》の毛 峯《ミネ》の灯《トモシビ》 乱世《ランセイ》 象《サウ》の疵癒《キスイユ》 占《ウラナヒ》 臣《シン》 下《カ》 唐舩《タウセン》 (217一一五頁)

『類船集』「星」:あかつき 夕 北の空 峯の灯 螢 舟 路 **窓《マド》の梅** 菊 晴 五月雨 悟《サトリ》 立春 の暁 霜夜 時雨 神楽 目釘《メクキ》 月 甲 仏 的《マト》 秤《ハカリ》 鹿の毛 乱世《ランセイ》 占《ウラナヒ》 象《ザウ》の疵《キス》 癒《イユル》 臣下 針の図 絹 目病 (六三頁)

傍線部『毛吹草』の付合語は、『便船集』に「目」「針図」「絹」を除いて、また『類船集』に「目→目病」「梅→窓の梅」と改める以外、すべて継承されている。

第三に、『類船集』「宿」は、「窓の梅」を独自に増補する。傍線部は『便船集』と一致する付合語である。

『便船集』「宿」:旅 木《コ》の下陰《シタカゲ》 ぬれわらち 商人《アキンド》 奉公 人 出合《テアヒ》もの ぬす人 ばくち (1143一八四頁)

『類船集』「宿」:花の庭 軒の呉竹 **窓の梅** こすのとの 月 ほとゝきす 主儲《アルジマウケ》 真木の戸 人を 得 はしゐの袖 旅 雪の友 かり枕 よもきふ 木の下陰 葎 舟着《フナツキ》 伊勢 公事日 ぬれわらぢ 商人 奉公人 出 合もの 盗人 博奕《バクチ》 (三〇九頁)

以上のことから、『便船集』を増補改訂した『類船集』は、「窓」「梅」を「窓の梅」の一語に改訂し、「窓の梅」を増補していたことが確認される。この「窓の梅」は2「窓の梅の北面は雪封《ほう》じて寒し」に拠るとみてよいであろう。

ちなみに、「窓の梅」を構成するもうひとつの見出し語「窓」に、『便船集』『類船集』は「梅」、『類船集』は「雪」「花の香」を掲げる。しかし、『毛吹草』『俳諧小傘』「窓」には「梅」「梅花」同様、2の連想語彙「窓」「梅」「北面」「雪」に類する語彙は見えない。特に『俳諧小傘』の異質さが極立つ。

『毛吹草』「窓《まど》」:瓦灯《くはとう》 乗《のり》物 屋形《やかた》船 學文所《がくもんじょ》 矢倉 (一三七頁)

『便船集』「窓」：乗物《ノリモノ》 火桶《ヒヲケ》 石灯篭《トウロ》 数寄屋《スキ》 屋形舩
學問 蔵 風炉 瓦灯《クハトウ》 織機 矢倉 二
階 山 **梅** 蛍 呉竹《クレ》 蛍（重出マヽ）
病をとふ 雪隠 （1175一八六頁）

『類船集』「窓」：学ひ 月を待 蛍 いさゝ村竹 **梅** 松
の下露 **雪** 灯 軒の雨 箔《スダレ》 夕風涼
し **花の香** 蔵《クラ》 高楼《カウロウ》 朝日 乗物 火
桶 石灯篭 数寄屋 井戸 屋形船 風
炉 瓦灯《クハトウ》 矢倉 二階 山 織機《オリハタ》 雪隠
病をとふ さがり蜘 香盤《カウバン》 疱瘡《ホウサウ》 キセ
ル （三二三頁）

『俳諧小傘』「窓」二一：[付心] 似幽霊 針仕事《ハリシコト》 織物《ヲリ》 盗
人 煙《ケムリ》 燕《ツハメ》 干菜ノ戦 月ノ影 月色
織ひめ 雨淋シ □ 屋切 写物《ウツシ》 立聞《キヽ》
変化《ハケモノ》 風ノ音 菊鶏頭《キクケイト》 髪結《カミユフ》 吹矢
（二一〇頁）

したがって、「窓の梅」を重視するのは、『便船集』『類船集』の特徴とみられる。撰者高瀬梅盛は同じ貞門七俳仙の松江重頼撰『毛吹草』の付合語を尊重しつつ、『便船集』を編纂した。七年後の『類船集』増補改訂に際しても、『毛吹草』の付合語は後半に遺し、『便船集』の語彙を適宜『和漢朗詠集』をはじめとする伝統的古典的な漢詩句・和歌によって補い、改訂を施し、解説にはその典拠を示したのである。2「窓の梅の北面は雪封じて寒し」に依拠する「窓の梅」は、その端的な例であった。

四 「柳」と「風」と水辺の連想語彙

三木雅博氏は春の到来を告げる「風」が「立春」の部の基調をなす重要な要素であり、1春の到来とともに「君恩」が身に及ぶことを詠じた「雨露の恩」を巻頭に配するのは、

1**吹**《かぜ》を逐て潜かに開く 芳菲の候を待たず
春を迎へて乍ちに変ず 将に雨露の恩を希はむとす

『和漢朗詠集』が『後撰集』の循環的構造を取り込んだため(16)とし、下巻雑部「風」巻頭句397との対立的構造を指摘された(17)。

397**春風**暗剪庭前樹 夜雨偸穿石上苔
春の風は暗に庭前の樹を剪る
夜の雨は偸かに石上の苔を穿つ

確かに「風」は「立春」1246・「早春」912に詠じられ、画面の中に吹くのであろうが、絵画として可視化しづらい素材でもあり、版本挿絵にはそれらしき図柄は見いだせない。しかし、俳諧付合語集では、「風」は「柳」との関係が密接であり、詳しく細分化されて見出し語に立てられる。

（1）「柳」と水辺の連想語彙

「柳」の枝が春風になびく様子が、「風」を表徴する。『類船集』「枝」は、解説に4「柳気力無クシテ條マズ動く」（三七九頁）を引く。

4**柳**気力無して条先づ動く **池**に波の文有りて**氷**尽く開く
今日知らず誰か計会し **春の風**春の水一時に来たる

図Cに示したように、版本挿絵「図解」④の「池」の傍らには「柳」が生える。「絵入」Aの「柳」も小川が注ぎ込む「池」の辺に描かれ、「蘆」（⑧⑫）が画面下部を埋めるが、「蕨」（⑫⑭）だけは左上に描かれている（図C）。

10の対句によって、「梅」と「柳」は連環する。

10東岸西岸の**柳** 遅速同じからず
南枝北枝の**梅** 開落已に異なり

「絵入」Aの「柳」は「宿」の左に一本、その左にも一本描かれる。二本の「柳」は、小さな川を隔てて両岸に一本ずつ生えている。「図解」⑩⑬も川を隔てた二本の柳を描く。この「柳」は10にあっては「東岸西岸の柳」であり、4においては池の辺の「柳」でもある（図C）。

「柳」を見出し語に立てる『毛吹草』『便船集』『類船集』の付合語には「風」はない。

『毛吹草』「柳」：膏薬《かうやく》 俎板《まないた》 樽《たる》 腰《こし》 （一三六頁）
『便船集』「柳」：樽 腰 鴬 こり 俎板《マナイタ》 膏薬《カウヤク》 川辺《べ》 清水《シミツ》 堤《ツヽミ》 岸《キシ》 塚《ツカ》 遊行《ユキヤウ》 つばめ 観音 鞠場《マリハ》 渕明《エンメイ》 餞別《センヘツ》 かづらき山 佐保《サホ》山 西大寺 （1137一八四頁）
『類船集』「柳」：岸根《キシネ》 堤 川辺 清水《シミツ》 かつらき山 佐保川 西の大寺 吉野川 淀河 鷺《サギ》 つばめ 鴬 蛍 **梅** 桜 茸《タケ》 鞠《マリ》の場 古塚 膏薬《カウヤク》 俎板《マナイタ》 樽 篭覆《コリ》 遊行 陶渕《タウエン》明《メイ》 梅若の墓《ハカ》 観音 さかひ 馬場《ハヽ》 腰 髪 眉《マユ》 餞別《ハナムケ》 昭君 鮫《サメ》 （三一一頁）

『便船集』『類船集』は、傍線部のように『毛吹草』の付合語四語をすべて継承する。さらに『類船集』は、「柳」の「一名」として「根水草・川根草・風見《カザミ》草・春薄・川そひ草・風無《カザナ》草・川高《カハタ》草」を増補し、「柳」と「根」「水」「川」の縁の深さをうかがわせる。『便船集』から『類船集』への改訂は「岸→岸根」「塚→古塚」「鞠場→鞠の場」「渕明→陶渕明」「佐保山→佐保川」、増補語彙は歌枕二語「吉野川」「淀河」と付合語十四語「鷺」「蛍」「梅」「桜」「茸」「篭覆」「梅若の墓」「さかひ」「馬場」「髪」「眉」「昭君」「鮫」である。

『類船集』が「梅」のほかに、「岸→岸根」「堤」「川辺」「清水」等、水辺に関わる付合語を増補する点に注目したい。絵入り版本挿絵に「柳」が「川」や「池」の汀に描かれるのは、こうした俳諧の連想語彙の反映であろうか。「柳」の連想語彙の連環は、自ずと「絵入」Aの画面下部に「氷」「蘆」を描く意匠を導きだすことになったものと思われる。

（2）「風」の連想語彙「氷」「梅が香」

「風」を可視化したモチーフのひとつに「氷」がある。本文では「立春」246は「氷解く」、「早春」812は「氷消ゆ」に春の季節の深まりを託すが、版本挿絵はこれを弁別しない。「氷」の語は「早春」15にもあるが、「氷」を描く「図解」の挿絵は「立春」②と「早春」⑧⑫⑮の四例のみであり、いずれも版本一般によく見られる歪な五角形・六角形で「氷」を表現し、

「絵入」Aも画面左下にこの図形を描く（図C）。

一方、『便船集』は見出し語に「風」「春風」を立て、『類船集』はさらに「東風」を見出し語に加える。特に『類船集』が新たに付合語「氷解く」と「梅が香」「梅匂ふ」を増補することに注目したい。

第一に、「東風」は『類船集』独自の見出し語である。『便船集』に「東風」はない。『類船集』「東風」自体が増補語彙であり、次の付合語七語をあげ、解説ⓒに2を引く。

『類船集』「東風《コチ》」∶春雨　**梅か香**　霧晴る　浦舟　あつら
　　　の浪　魚の名　春の色

ⓐ「春の林の東風にうごき」とうたへり。ⓑ「東風ふかバおもひおこせよ梅の花あるしなきとてはるなわすれそ」。ⓒ「池ノ凍東頭ハ風度テ解ケ」とそ（以下略）。
（三七二頁）

ⓐは世阿弥の謡曲『高砂』所引「（藤原）長能が言葉[18]」、しかるに長能が言葉にも、有情非情のその聲、みな歌に洩るること事なし、草木土砂、風聲水音まで、萬物の籠もる心あり、春の林の、東風に動き秋の虫の、北露に鳴くも、みな和歌の姿ならずや。

ⓑは『拾遺集』前掲菅原道真詠、ⓒは2「窓梅北面雪封寒」の対句であり、両者相俟って「東風」が「梅が香」を運ぶという付合の典拠として働く。したがって、『類船集』は2「池凍東頭風度解、窓梅北面雪封寒」に依拠して「東風」を見出し語に掲げ、「梅が香」を付合語としたものとみられる。

第二に、「春風」の付合語は『便船集』『類船集』でほぼ一致し、共に「氷とくる」を掲げる。

『便船集』「春風」∶花の散　桃李咲《タウリサク》　酔《エイ》をすゝむる　霞は
　　　る〻　**氷とくる**　学者ノ心　吉野の瀧
　　　平家ノ舟　窓障子
（146一四〇頁）

『類船集』「春風《ハルカセ》」∶花のちる　桃李咲　酔をすゝむる　霞
　　　はる〻　**氷とくる**　学者の心　吉野の
　　　滝　平家の舩　窓障子　**梅匂ふ**

『類船集』は独自に「梅匂ふ」の一語を増補し、解説に次の和歌ⓐ・漢詩句ⓑⓒを引く。

ⓐ「春風に霞の衣ほころひてぬくさへみゆる山さくら哉」ともよめり。ⓑ「花飛テ如《コトシ》レ錦幾濃粧織《イクジウソウヲル》著春風未畳箱《タゝマハコニ》」とも。又ⓒ「春風春水一時来《シニキタル》」とも。
（四五頁）

引き歌ⓐは「霞はる〻」の典拠であるが、出典未詳。藤原顕輔の私撰集『続詞花和歌集』には下の句に「柳」を詠じた次の類歌があるが、

春風に霞の衣ほころびて　たえまにみゆる青柳の糸

この本文を採らない『類船集』の付合語に「柳」はない。

漢詩句ⓑⓒ二首はいずれも『和漢朗詠集』所収句、ⓑは巻上「花」120を付合語「花のちる」の典拠として掲げる。

120花飛んで錦の如し幾くの濃粧《ぢようさう》ぞ
　　織る者は春の風未だ箱に畳まず

ⓒの4「春風春水一時来」は、『便船集』『類船集』に共通する付合語「氷とくる」の出典を示す。『類船集』独自の増補語彙「梅匂ふ」の典拠は未詳。『類船集』が4に依拠して「春風」

「氷とくる」を付合語とすることから、「東風」とも連関する『和漢朗詠集』の影響も想定されよう。

第三に、「風」の付合語として、『便船集』『類船集』は次の付合語をあげる。

『便船集』「風」：馬のみゝ　敗毒散《ハイドクサン》　虎《トラ》　扇　舟　脈《ミヤク》　波
汐時《シホドキ》　立秋《タツアキ》　時雨　柳　花　天狗　雨晴《アマバレ》
暑日《アツキヒ》　無常《ムジヤウ》　列子《レツシ》　君《キミ》の徳《トク》　巽《ソン》の卦《ケ》　埃《ホコリ》
火用心　（543一四〇頁）

『類船集』「風」：雲　霧《サム》はるゝ　雨気《アマケ》　雨はれ　時雨《シクレ》　散
花　寒き草の戸　螢《ホタル》みだるゝ　**氷解**《コホリトク》　こ
ぼるゝ露　草葉《クサバ》　木の葉　満汐《ミツシホ》　あら浪
ねられぬ枕　馬の耳《ミヽ》　たゝよふ船　敗毒《ハイドク》
散《サン》　虎《とラ》　扇　舟　脈《ミヤク》　立秋　みたるゝ柳
暑《アツキ》日　天狗《グ》　無常　君子の徳《トク》　巽《ソン》の卦
埃《ホコリ》　火の用心《ヨウジン》　馬いばふ　（一四九頁）

『類船集』は独自に「氷解」を増補し、『便船集』を「波↓あら浪」「柳↓みたるゝ柳」「花↓散花」「君の徳↓君子の徳」と改め、新たに傍線部「雲」「霧はるゝ」「雨気」「寒き草の戸」「螢みだるゝ」「氷解」「こぼるゝ露」「草葉」「木の葉」「満汐」「ねられぬ枕」「たゝよふ船」「馬いばふ」の十四語を増補する。解説に「風をおふは春はやきなり」と付すのは、1「吹《かぜ》を逐て」に依拠するか。付合語に「氷解」を増補するのは、「東風」2「池凍東頭風度解」と「春風」4「池有波文氷尽開」に拠るか。ならば、「柳」を「みたるゝ柳」に改めるのも、4「柳無気力条先動」を響かせたものではないか。

以上のことから、『類船集』「東風」「春風」「風」が、『和漢朗詠集』124を典拠として付合語「氷解」を増補したことが確認される。『類船集』「風」は1「吹《かぜ》を逐て潜かに開く、芳菲の候を待たず」で「風」に運ばれた「梅が香」をとらえ、「東風」は2「池の凍《こほり》の東頭は風度《わた》つて解く」で「風」と「氷とくる」をつなぎ、「春風」は4「池に波の文有りて氷尽く開く」「柳気力無ふして条先づ動く」で「氷」と「柳」をむすぶ。『類船集』は「風」の連想のコードを『和漢朗詠集』「早春」124に依拠して展開していたとみてよいであろう。

（3）「氷」の連想語彙「蘆」

「早春」冒頭には、8「柳」「蘆」の対句が配されて「柳」と「蘆が結ばれ、

8**氷**田地に消へて**蘆**錐短し　春枝條に入りて**柳**眼低し

11には「蕨」「蘆」の対句が見える。

11紫塵の嫩《わか》き蕨人手を拳《にぎ》る　碧玉の寒き**蘆**錐嚢《ふくろ》を脱す

版本挿絵では「絵入」A左下と「図解」⑧⑪に、まだ「氷」の残る水辺に芽吹く「蘆」の新芽が描かれる（図C）。

一方、付合語集は「氷」と「蘆（芦）」をどのように関連づけているのであろうか。

第一に、見出し語「氷」では、『毛吹草』の付合語を『便船集』『類船集』が傍線部のように踏襲する。

『毛吹草』「氷」：硯《すゞり》　六月一日　砂糖《さたう》　餅　魚《うを》　狐《きつね》　鼈

手　　（一四〇頁）

『便船集』「氷」：餅　砂糖　硯　六月朔日　魚　こんにゃく　深渕《シンエン》　蠶《カイコ》　手《テ》　月　泪　親ニ仕ふ　手水鉢　諏訪《スハ》ノ池　地獄《チゴク》　國　志賀の浦　（1326一九八頁）

『類船集』「氷」：**芦辺の霜**　千鳥　柴積《フシツケ》　滝　鴛鴨《ヲシ》　**池水**　汀の月影　辛崎　志賀の浦　こやの池　細谷川　**芦間**　餅　砂糖《サタウ》　硯　魚　こんにゃく　手　深渕　六月朔日　泪　親に仕ふ　国　手水鉢　諏訪《スワ》の池　紅蓮《グレン》の地獄　劒《ケン》　川門《カハト》　（三七二頁）

『俳諧小傘』「氷」二：［付心］鍋釜《ナヘカマ》　花瓶《ヒン》　手水鉢《テウズバチ》　洗髪《アラヒガミ》　軒涕《スヽハチ》　盥《タラヒ》　張絹《ハリキヌ》　小陰　山家　谷間《タニノヒマ》　**枯**《カレ》　**芦**《アシ》　鴨《カモ》　硯　（二三〇頁）

『便船集』『類船集』は、『毛吹草』「狐」を引用しない。『類船集』は、『便船集』が『毛吹草』から継承した「蠶」を削除し、「月↓汀の月影」「地獄↓紅蓮の地獄」に改め、新たに「芦辺の霜」「千鳥」「柴積」「滝」「鴛鴨」「池水」「芦間」「劒」「川門」、歌枕「辛崎」「こやの池」「細谷川」を増補する。「池水」は、2「池の凍の東頭」に拠るものか。『類船集』が新たに付合語「芦辺の霜」「芦間」を増補するのは、「蘆」を詠じる8 11に拠るものか。

第二に、見出し語「蘆」は『毛吹草』にない。『便船集』『類船集』は見出し語に新たに「蘆」を立て、『類船集』は傍線部を増補する。

『便船集』「芦」：田鶴《タヅ》　すゞめ　蛍　粽《チマキ》　鴨　達广　駒　須ま　難波　玉江　三嶋　入江

『類船集』「芦」：入江　沼　澤《サハ》　蛍　鴎《カモメ》　鷺　鴈　鴨　苫《トマ》屋　鵆《チドリ》　深田《フカタ》　柳　舟　真砂の道　菅　みるぶさ　もくづ　難波　田鶴　雀　玉江　三嶋　駒　須ま　達广　粽　すがたの池　（1425二〇五頁）

『俳諧小傘』「芦」：［付心］染帷子《ソメカタヒラ》　八幡堤《ヤハタツツミ》　湖水《コスイ》　伏見　水葵《ミツアフヒ》　小舩　菖蒲《アヤメ》　立花　雑猴《サコ》　簄《エリ》（魞）　隠勢　蒲《ガマ》　植出シ　（二四八頁）　（三九三頁）

『類船集』の増補語彙は十五語「沼」「澤」「鴎」「鷺」「鴈」「苫屋」「鵆」「深田」「柳」「舟」「真砂の道」「菅」「みるぶさ」「もくづ」「すがたの池」であり、解説に8「氷消田地蘆錐短」を引く。8「蘆錐」「柳眼」の対句を典拠として、「蘆」の生える「深田」「柳」を付合語に加えたものか。「図解」⑧には田地に張る「氷」と「蘆」「柳」が描かれている（図C）。ここでも『俳諧小傘』の付合語は異質である。

（4）「風」「氷」の連想語彙にない「蕨」

一方、「蕨」は11・14に詠じられ、

14［万葉］いはそゝくたるひのうへのさわらびのもえいつるはるになりにけるかな

挿絵でも「絵入」Aの中央左と「図解」⑪⑭に描かれるが、構図のうえで、いずれも他のモチーフとのつながりが稀薄である。

付合語集の見出し語「蕨」は次の付合語を掲げるが、11 14を引かず、『俳諧小傘』のみは異質である。

『毛吹草』「蕨《わらび》」：縄《なは》 箒《はゝき》 鏡臺《きやうだい》 笄《かうがい》 餅《もち》 御輿《みこし》 左義長《さぎちやう》

『便船集』「蕨」：縄《ナハ》 箒《ハヽキ》 鏡台《キヤウダイ》 神輿《ミコシ》 笄《カウガヒ》 餅《モチ》 新坂《ニッサカ》 春《カス》日野《ガノ》 むさし野《ノ》 宇治山 左義長 葬《サウ》礼の跡《アト》 （一一九頁）

『類船集』「蕨《ワラヒ》」：片《カタ》山畑《バタ》 外山 谷陰 春の野 山賤 宇治山 世を捨人 春日野 武蔵野 鏡臺《キヤウダイ》 縄 箒《ハヽキ》 神輿《ミコシ》 笄《カンサシ》 左義長 餅 新坂《ニッサカ》 葬礼《サウレイ》の跡 舟岡 富士 裾野《スソノ》 秋田 （443一三三頁）

『俳諧小傘』「蕨」一：［付心］花ノ山 里童《サトワラハ》 虎杖《イタトリ》 豹脊《センマイ》 野遊 菅笠《スケカサ》 里ノ神 尼姿《アマスカタ》 駕《ノリモノ》 春雨《ハルサメ》 仙《ヤマヒト》 （一一八頁）

『類船集』の増補語彙十語「片山畑」「外山」「谷陰」「春の野」「山賤」「世を捨人」「舟岡」「富士ノ裾野」「秋田」のうち、冒頭四語が版本挿絵の情景と通じることを除けば、他のモチーフとの密接な関係は見出せない。つまり、付合語集が『和漢朗詠集』を出典にあげない「蕨」は、版本挿絵においてもモチーフ間のつながりが薄い傾向にある。（一〇七頁）

むすび——高瀬梅盛と『和漢朗詠集』

高瀬梅盛は同じ貞門の松江重頼の撰になる先行付合語集『毛吹草』「付合」を尊重し、『便船集』『類船集』に悉く引用していた。『毛吹草』は、『便船集』『類船集』の母胎であった。さらに梅盛は『便船集』を増補改訂して『類船集』を編纂するが、歌枕の大量の増補とともに、『和漢朗詠集』による大幅な増補と付合語の改訂が施され、解説には付合語の出典として『和漢朗詠集』が幾度も引用された。『類船集』自体が『和漢朗詠集』によって、『便船集』の増補改訂を図り、付合語を増補していたのである。

ただし、『類船集』が付合語の出典を王朝詞華選『和漢朗詠集』に置く以上、その連想語彙はおのずと漢詩・和歌・連歌の古典的伝統を継承する縦題となった。その意味で、『和漢朗詠集』を数多く引用した高瀬梅盛は、伝統詩歌の縦題を志向して『便船集』の増補改訂を行ったとみられる。『類船集』は縦題の大幅な増補によって古典への回帰、ひいては縦題の復興をめざしていたのではないか。

こうした俳諧の新しい流れのなかで誕生した『和漢朗詠集』絵入り版本挿絵には、付合語彙と重なる図柄が多く見られ、あたかも俳諧の付合語を意識的に採り入れているかのような趣がある。付合語同様、絵入り版本の挿絵もまた、連想を生みだす素材として機能していたのではないか。のみならず、俳諧的な挿絵を掲載した『和漢朗詠集』絵入り版本の刊行自体が、俳諧における伝統的な縦題の再認識のひとつの表れであった可能性がある。

江戸期におびただしく版行された『和漢朗詠集』版本の背後には、こうした俳諧における『和漢朗詠集』の再評価があった。そこには安保氏が指摘された貞享初年から元禄期にいたる俳諧の新しい方向が反映しているのかもしれない。

ただし、『類船集』に見るように、『和漢朗詠集』自体が俳諧に多大な影響を与えており、版本挿絵との直接的な影響関係を論ずるには、なお慎重を要する。本稿でとりあげた「立春」「早春」以下の検討を含めて、続稿を期することとする。

※使用テキストは『毛吹草』（岩波文庫、一九四三年十二月）、『便船集』（京都大学蔵潁原文庫選集第三巻、臨川書店、平成二十九年六月）、『俳諧類船集』（近世文芸叢刊第一巻、昭和四十四年十一月）、『俳諧類船集索引　付合語篇』（近世文芸叢刊別巻1、昭和四十八年三月）、『俳諧類船集索引　事項篇』（近世文芸叢刊別巻2、昭和五十年六月）、『俳諧小傘』（近世文学資料類従・参考文献編13、勉誠社、昭和五十四年四月）、「立春」「早春」部以外は『和漢朗詠集』（大曾根章介・堀内秀晃校注、新潮日本古典集成、昭和五十八年九月）に拠る。

注

（1）松田武夫「勅撰和歌集の撰述過程に於ける意識の問題——古今集春歌を中心にして」（『国語と国文学』昭和二十八年十一月号、東京大学国語国文学会）。

（2）新井栄蔵「古今和歌集四季の部の構造についての一考察——対立的機構論の立場から」（『国語国文』昭和四十八年八月号、京都大学国語国文学会）。

（3）三木雅博『和漢朗詠集とその享受』（勉誠社、一九九五年五月）。

（4）田中幹子『和漢朗詠集とその研究』（和泉書院、二〇〇六年三月）、同『和漢・新撰朗詠集の素材研究』（和泉書院、二〇〇八年三月）。

（5）注1の前掲論文。

（6）林進『日本近世絵画の図像学　趣向と深意』（八木書店、二〇〇〇年十二月）、

河村瑛子「「ものいふ」の本義について——資料としての古俳諧」（『国語と国文学』二〇一二年六月号、東京大学国語国文学会）。

（7）安保博史「尾張蕉門成立の俳壇史的意味について——山本荷兮の俳環境追求を軸として」（『連歌俳諧研究』六四号、一九八三年十二月）、「貞享初年の新風——『冬の日』成立の背景をめぐって」（森川昭編『俳諧史の新しき地平』平成四年、勉誠社）、「近世俳諧と白居易諷諭詩——『蠹集』第三歌仙発句考」（『東アジアの知——文化研究の軌跡と展望　東アジア比較文化国際会議日本支部創立二十周年記念論集』新典社、二〇一七年十月）。水門の会研究会席上での御教示による。

（8）鈴木健一「『和漢朗詠集』版本考」（『汲古』汲古書院、一

九八七年十二月）。

拙稿「『和漢朗詠集』版本の本文――和歌の版本独自異文＝寛永三系統を中心に　付、現存『和漢朗詠集』版本書目集覧」（『大東文化大学紀要』第二八号、一九九〇年三月）。

版本に付した番号は、右の拙稿「現存『和漢朗詠集』版本書目集覧」による。

（9）拙稿「『和漢朗詠集』絵入り版本「立春」「早春」の詩題と画題」（田中隆昭先生古稀記念論文集『日本古代文学と東アジア』勉誠出版、二〇〇四年三月）。同「『和漢朗詠集』絵入り版本の版種――貞享元年刊「絵入」と貞享三年刊「絵入頭書」」（『ナオ・デ・ラ・チーナ』第6号、文部科学省科学研究費特定領域研究「東アジア出版文化の研究」事務局、二〇〇四年八月）。

（10）信多純一「春信と『和漢朗詠集』」（『にせ物語絵　絵と文・文と絵』平凡社、一九九五年四月）。

（11）注9の前掲論文。

（12）同右。

（13）「霞」「遠山」についても、『類船集』は『和漢朗詠集』に密着して連想語彙を増補している。「籬」②⑥⑨⑪にも「霞」「遠山」が描かれ、「霞」たなびく「遠山」の遠景はAと③⑦⑬にみえる。⑦「忠岑の哥」本文には「山」「霞」とあり、

7［拾遺］春たつといふばかりにや
みよしのゝ**やま**も**かすみ**てけさはみゆらむ

⑬「草樹晴迎春」にも、「霞」ただよう「遠山」を背景に「林」「庭」を描く。

13庭に気色を増せば晴沙緑なり
林に容輝を変ずれば宿雪紅なり

「遠山」と「霞」は、俳諧の連想語彙でもある。『毛吹草』に見出し語「霞」はないが、『便船集』『類船集』は「霞」を見出し語に立て、次の付合語をあげる。

『便船集』「霞」：関　盃《サカヅキ》　目《メ》　春の山　鏡山《カヾミヤマ》　細字《サイジ》　鐘《カネ》の音《ヲト》
天《アマ》の橋立《ハシタテ》　仙人《センニン》　吉野山《ヨシノヤマ》　（538一三九頁）

『類船集』「霞」：ほのか成春日　薄《キ》月影　帰雁　雨気　花の岑　夕の空　こすのと　春の野　山のは絶る春風　静《シツカ》なる浦半　関　天の橋立　仙人　よしの山　盃　鏡山《カヽミ》　細字《サイジ》　目　鐘の音
（一五一頁）

『類船集』は解説に「霞光明後殿於火とも詠せり」と、『和漢朗詠集』巻上「霞」75を引く。

75霞光曙後殷於火　草色晴来嫩似烟
霞の光は曙けてのち火よりも殷《あか》し
草の色は晴れ来つて烟よりも嫩し

また、『類船集』は見出し語「遠山」に付合語「霞」「窓」を掲げ、解説に⓪ⓑを付す。

『類船集』「遠《トヲ》山」：花かとまかふ白雲　寺の鐘　桜　霞　旅
海渡る舟　武蔵野　紀の海　黛《マユスミ》　都　鹿
の音　座敷　亭《チン》　窓　月を待

ⓐ「山遠雲埋行客跡」と朗詠に有。遠景は貧中ノ富ともいへり。山ハ遠山となり。遠山は近くなりてわひしからずや。ⓑ美人の眉を遠山にたとへたり。
（七九頁）

解説ⓐ「朗詠に有」は巻下雑「雲」405、

405山遠雲埋行客跡　松寒風破旅人夢

山遠くしては雲行客の跡を埋む
松寒くしては風旅人の夢を破る

ⓑ「美人の眉を遠山にたとへたり」は『西京雑記』巻二、

文君遂為富人。文君姣好眉色如望遠山。臉際常若芙蓉。肌膚柔滑如脂。十七而寡。

文君姣好にして、眉の色は遠山を望むが如く、臉の際は常に芙蓉の若く、肌膚の柔滑なること脂の如し。

直接の典拠はこれを踏まえた『和漢朗詠集』巻下雑「妓女」707であろう。

707嬋娟両鬢秋蝉翼、宛転双蛾遠山色

嬋娟たる両鬢は秋の蝉の翼《はね》宛転たる双蛾は遠山の色

(14) 注3の前掲書。『後撰集』冬部巻末「歳暮」の敦忠歌から、

物思ふとすぐるつきひもしらぬまに　ことしはけふにはてぬかときく　藤原敦忠

『後撰集』上巻春部巻頭歌の「春」が「君恩」の比喩となる敏行歌への連環をいう。

ふる雪のみのしろ衣をうちきつつ　春きにけりとおどろかれぬる　藤原敏行

(15) 注3の前掲書。

(16) 注9の前掲論文。

(17) 注3の前掲書。

(18) 岩波日本古典文学大系『謡曲集（上）』補注に『謡曲拾葉抄』を引き、

長能私記云、和歌は是五行の躰也。詞に出すを歌とし、心にしれるを躰とす。春の林の東風に動き、秋の虫の北露に鳴も、皆和歌の躰にもれず、有情非情共に歌の道をばおこす也。云々

「拾葉抄は井筒でも長能私記を引いているが、この書は現在その存在を知られていないようであり、この引用文の内容からはとうてい長能作の歌論書とは思えない。が、世阿弥の頃に、右のような説が長能に仮託して伝えられていたものであろう。（四四三頁）」と述べる。

付記　本稿は水門の会東京例会・第四回国際シンポジウム「季語の生成と四季意識――東アジアから世界へ」における研究発表「『和漢朗詠集』絵入り版本と季語」（二〇一七年三月五日、於大東文化会館）を補訂したものです。安保博史先生はじめ、パネリストの先生方、席上御教示いただいた皆様に深く御礼申し上げます。本稿は日本学術振興会科学研究費助成事業（学術研究助成基金助成金）基盤（C）（課題番号16K02373）の成果です。

くらなか・しのぶ――大東文化大学教授。専門は日本文学（上代・中古）、日中比較文学。主な著書に『奈良朝漢詩文の比較文学的研究』（翰林書房、二〇〇三年）、『延暦僧録注釈』（大東文化大学東洋研究所、二〇〇八年）などがある。

季語に関する断章（二）

――季語とオノマトペ――

波戸岡　旭

オノマトペ（擬語）を用いた近世の名句といえば、

春の海ひねもすのたりのたりかな　与謝蕪村

であろう。春の海原を、とてつもなく大きく得体の知れない生き物のように動的に詠んで、のどかな春の海をまるごと五官に感じさせてくれる。この句のポイントは「春の海」にある。「のたりのたり」の実体は「波」なのであるが、「春の波」では駄句となる。着眼と把握の力が大事。さらに「のたりのたり」は、感覚的だが通俗的な擬語なので「ひねもす（終日）」の雅語を措き格調を保ったところが肝腎なところである。表現が用意周到なのである。

近代俳句では、まず

水枕ガバリと寒い海がある　西東三鬼

がすごい。水枕をしていて、ちょっと首を動かした時に「ガバリ」と水の音がした。水の音がするのはあたりまえだが、あたりまえのその冷たい水の音が、いかにも寒い海の波音のようにきこえた。そのイメージしたものを、すぱっと「寒い海がある」と暗喩で表現したのである。この鋭敏な感性と思いきった想像力によって、「ガバリ」という平凡な擬語が活かされた。暗喩ではあるが「寒い海」の「寒い」は皮膚感覚の鋭い語であるから実感が湧き、高熱に苦しむ作者の心象風景そのものとなっているのである。

また、

をりとりてはらりとおもきすすきかな　飯田蛇笏

の句。芒の穂が「はらり」というだけでは通俗だが、「をりとりてはらりとおもきすすきかな」という音の繰り返しが句の印象を永遠のものにしている。この句の「はらり」の擬語は、句全体に溶けこみひろがって、穂のうごき、穂のおもさ、手応え、穂の光り、それら全部を伝えている。擬語は、絶妙の調べの中でいきづいているのである。

松本たかしは、宝生流の家元の生まれで、

チチポポと鼓打たうよ花月夜

など、いかにも能役者の家の人らしい品格のある句を作る俳人だったが、

雪だるま星のおしやべりぺちやくちやと

という通俗的な擬語を遣った名句がある。

句は、夜の広場に残された雪だるまが中心。昼間は子どもたちの歓声や話し声に満ちていて、それこそ「ぺちゃくちゃ」だった。そのおしゃべりの残響・残像を思い浮かべ、それを星のきらめきのさまに転換させたのであろう。無音の星におしゃべりをさせるという意外性。しかも「雪だるま」だから、冬の星のきらめきで、すこし凍てがゆるみはじめたかという頃合いの星空なのである。「春の星」では、即《つ》き過ぎになる。擬語は、意外性をもった遣い方が効果大なのである。

　川端茅舎という俳人も、擬語の句の名手であった。

雪の上にぽつたり来たり鶯が
ひらひらと月光降りぬ貝割菜
たらたらと日が真赤ぞよ大根引
かはせみの影こんこんとさかのぼり

などがある。この「かはせみ」の句の「こんこん」は、水の湧き出るときの擬音語「滾々《こんこん》」であろう。翡翠《かわせみ》をじっと見ていると、湧水が流れさってゆくので、水に映る翡翠の姿が、逆にさかのぼっていくような錯覚を覚える。「こんこんとさかのぼり」は、ある時間の経過を詠み込んでもいよう。その感覚は聴覚視覚を融合させているのでもある。ふだん我々は、見て、聞いて、味わって、触って、匂いを嗅いでと五感がそれぞれの働きをしながら暮らしているが、とかくこの五感は渾然《こんぜん》と混じり合って働いているのがふつうの状態であろう。これを句作の上でもっと活かしてみたいと思う。すなわち、目で聞き、耳で見、鼻で見聞きするということ。それが感性を開放するということで、おもしろい手応えを感じることができると思うのである。

　なお、漢語・漢詩にもこの「滾々」のような擬語が多いことは言うまでもない。古くは蕪村の「金屏のかくやくとしてぼたんかな」の「赫奕《かくやく》」、また高浜虚子の「爛々と昼の星見え菌生え」の「爛々」、原石鼎の「花影婆娑と踏むべくありぬ岨の月」の「婆娑」など。

《小特集》季語の生成と四季意識――東アジアから世界へ――

山本荷兮「こがらしに二日の月のふきちるか」考

安保　博史

はじめに

「こがらし」は、秋から冬にかけての「さびしさ」を含意する歌語としての本意本情を有する歌語であるが、俳諧では竪題季語に属する。俳諧発句の作例は、寛文・延宝期の談林系俳書に見えはじめるが、興味を惹かれるのは、天和・貞享・元禄期の芭蕉グループの俳諧人士が、「木枯」の詩語としての新しい可能性を模索した作例群である。本稿では、特に、尾張蕉門の雄であった山本荷兮の『あら野』入集句に注目し、その俳壇史的俳諧史的意味について検証してみたいと思う。

一

和歌の世界では、木枯が秋か冬かの論議は古来囂《かまびす》しく、『俊頼髄脳』には「こがらしといへる風あり。冬の初めに木の葉を吹き散らす風なり」とする一方、『野宮歌合』において、但馬の「浅茅生の露吹き結ぶこがらしに乱れても鳴く虫の声かな」に関して、正通が「こがらしとは冬の風をこそいへ、このごろの風をもいはば、雨をもしぐれとやいふべからむ」と難じたのに対して、規子内親王や源順が「こがらしの秋の初風吹きぬるをなどか雲井に雁の声せぬ」、「わが宿の早稲田もいまだ刈らなくにまだき吹きぬるこがらしの風」などの証歌を踏まえて、「冬のあらしを秋の初風にや、そのわたりを定め申したまへ」として但馬の歌を勝としたことは、『袋草子』などに引かれて、よく知られていた。俳諧では、立圃編『はなひ草』（寛永十三年〔一六三六〕奥）「四季之詞」の「十月」の項に「木枯」と見え、季吟編『増山井』（寛文三年〔一六六三〕刊）「増山井四季之詞下」の「冬」に「木枯《コカラシ》　色を結ひても」と見え、冬季または十月の季語として扱われる。作例は、漸く寛文期から延宝期の談林系俳書に散見される。例えば、顕成編『続境海草』（寛文十二年〔一六七二〕刊）「冬部」の「木枯」に、

凩をさらへにやどす落葉哉　堺　正重
凩や木葉天狗のあをち風　同　一武

と見え、言水編『誹諧江戸蛇之鮓』（延宝七年〔一六七九〕成）「冬部」に、

こがらしや身はならはしの障子骨　幽焉

と見え、言水編『誹諧東日記』（延宝九年［一六八一］成）に、

山うばや凩かしぐ朝餉　一ー

火燵して凩に涼む夕べ哉　才丸

などと見えるが、いずれも季語「木枯」は見立てや言語遊戯の具に過ぎず、詩語としての生彩を欠く。「木枯」の詩語としての可能性を種々模索した作例群として注目されるのは、延宝・天和期の芭蕉や、芭蕉グループと親しく交流した信徳・千春ら京衆などの句である。

例えば、其角編『虚栗』（天和三年［一六八一］刊）に、

春ヲ何と凩のごまめ時雨の海老　嵐蘭

というように、「凩」を擬人化した造語が生まれている作例に注目される。このように「こがらしの〇〇」の措辞を用いて、身も心も木枯に吹き曝されるような姿や心境を表す趣向は、当時の芭蕉周辺において流行していたようで、桃青、すなわち芭蕉が編んだ『俳諧次韻』（延宝九年［一六八一］刊）に、

①9慈―悲―犀《サイ》が閑《ツレ》つれ〴〵にして　（其）角

10凩の乞食に軒の下を借《(貸)》ス・　（才）丸

（『俳諧次韻』「鷺の足」五十韻、9句目・10句目）

②52箕を着て寒く雀とるらん　（桃）青

53凩のからしの枝に藁セル　（才）丸

（『俳諧次韻』「春澄にとへ」百韻、52句目・53句目）

など、才丸の二句の作例が見える。①の「凩の乞食」は、木枯に吹かれて貧寒とした乞食のさまを言い立てた例。②の「凩のからしの枝」は、『凩』と語呂を合わせた造語」（『校本芭蕉全集』第三巻［角川書店］）で、「からし」が「（凩が木の枝を）吹き曝す」意と「（凩に）吹き曝されて枯れた（木の枝）」の意を二重に含む。①と②の作者の才丸の「凩」を用いた造語への執着ぶりに注意しておきたい。

二

貞享元年（一六八四）九月、『野ざらし紀行』の旅の途にあった芭蕉は、旧知の美濃国大垣の木因を訪ね、木因同道で尾張国まで曳杖したが、木因は、二人の風狂の道行ぶりを、俳文「句商人」（『桜下文集』所収）の中で、次のように記した。

侘人ふたりあり。やつがれ姿にて狂句を商ふ。しらぬひのつくしに松浦潟ばちにもあらず、清き渚に玉拾ふいせ嶋ぶしにもあらで、紙子かいどりて道行をうたふ。

歌物狂二人木がらし姿かな　木因

右の「歌物狂」の木因句において、「やつかれ姿にて狂句を商ふ」姿を「木がらし姿」と表現し、「こがらし」という冬の自然現象に人生の境涯を重ねたところは、貞享期の季語「こがらし」の用い方の特徴として観察できる点で注目される。すなわち、「木がらし姿」は、名古屋ゆかりの仮名草子『竹斎』の主人公であり、「破れ紙子の体」の扮装のまま、各地で「狂歌」を詠み、滑稽な騒動劇を繰り広げる藪医者竹斎に、世間無用の「狂句」に耽溺するが故に「狂句を商」うしかない「侘人ふたり」の境涯を擬すとともに、その風狂の境涯を「こがらし」に

吹き曝されて尾羽打ち枯らした貧寒の旅姿に象徴させたものなのである。

芭蕉は、「尾張五歌仙」の名古屋連衆への挨拶の意を込めて、このように自らを紹介した。

笠は長途の雨にほころび、紙子はとまり〳〵のあらしにもめたり。侘つくしたるわび人、我さへあはれにおぼえける。むかし狂歌の才士、此国にたどりし事を、不図おもひ出て申侍る。

狂句こがらしの身は竹斎に似たる哉　芭蕉

芭蕉は、木因の俳文「句商人」と同じく、名古屋ゆかりの「狂歌の才士」竹斎の「綴紙子に紙頭巾、取りさがしたる姿にて、」（『竹斎』）と形容される侘び姿に、「我さへあはれにおぼえける」、「侘つくしたるわび人」の竹斎もどきの旅姿を擬えて、名古屋連衆への挨拶の意を示した。

名古屋連衆に披露された「狂句こがらしの身は竹斎に似たる哉」という発句において見落としてはならないのは、「竹斎」の名が詠み込まれていることと、この句でも、「こがらしの身」のように、本稿第一章で注目した「こがらしの○○」という延宝・天和期流行の措辞が用いられていることである。

また、仮名草子『竹斎』の物語世界の架空の人物である「竹斎」の名を「風狂者のシンボル」(1)として詠み込み、その名を単なる滑稽化のための装置ではなく、自己の境涯を盛り、自己表現の具とした作例は、其角編『虚栗』（天和三年［一六八三］刊）には確認できず、芭蕉の「狂句こがらしの身は竹斎に似たる哉」詠を嚆矢とするのである。

「こがらし」の自然の景に、狂句に傾倒する風狂の我が「身」を重ねて、「こがらしの身」としての自己確認を試みた「狂句こがらしの身は竹斎に似たる哉」の芭蕉句は、延宝・天和期に流行した「こがらしの○○」という類型を用いた、貞享元年時の表現の達成点と見ることができよう。

三

こがらしに二日の月のふきちるか　荷兮

右の句は、荷兮編『あら野』（元禄二年［一六八九］芭蕉序）巻五「初冬」掲出句である。『花見車』（元禄十五年［一七〇二］成）巻三では、荷兮の代表作として載る。本句の評判により、「こがらしの荷兮」と称えられた。京俳壇の言水も同じく、元禄三年（一六九〇）成立の言水編『新撰都曲』（元禄三年［一六九〇］言水自跋）下巻「凩の果は」言水独吟歌仙発句「凩の果はありけり海の音」の評判により、「こがらしの言水」と呼ばれた。

岡山藩士の兀峰の編に成る『桃の実』（元禄六年［一六九三］刊）は、荷兮句の当時の評判を、「尾陽の荷兮を此ごろ世に凩の荷兮といへるは、木ごらしに二日の月の吹ちるか、といへる句よりいふ事なるべし。二日の月のぬしになりたる故にや。歌・連歌に物かはの蔵人、日比の正広、あくたれの兼与などいへるたぐひなるべし」と証言する。

辻村尚子氏は、右の「二日の月のぬし」の「ぬし」ということばが、兀峰出府の直前である元禄五年（一六九二）二月刊の其角編『雑談集』に「発句・付句ともに、句の主に成事得がたき也」と始まる句主の論に見えるものであることに徴して、兀峰のいう「此ごろ世に」という物言いが「元禄五年頃の江戸俳壇」を指し、「さらに言えば、なかでも特に其角の周辺ではなかったか」と推定し、この荷兮句の評判自体をひき起こしたのも、「芭蕉ではなく、実は其角であると思われるふしがある」との見解を示した。(2) 確かに、辻村説は、其角編『いつを昔』（元禄三年［一六九〇］刊）の巻頭「天象」の部において、磐城平城主内藤風虎の息の露沾に次ぐ二句目に「こがらしに」の荷兮句が据えられているという重い厚遇に着目しても首肯されよう。(3)

「こがらしに」作者の荷兮は、尾張国名古屋の医師・俳諧師、本名は山本周知という。二十代前半にして、椋梨一雪編『晴小袖』（寛文十二年［一六七二］西武序）に初号「加慶」号で七句入集、名古屋の貞室系俳人である渡辺友意の編に成る『旅衣』（延宝元年［一六七三］自跋）に六十一句入集する一方、江戸談林派の田代松意が編んだ『談林功用群鑑』（延宝七年［一六七九］刊か）に四句入集、同編『談林軒端の独活』（延宝八年［一六八〇］自序）の「百人一句」に松意直門と名を連ねて一句入集するなど、俳壇の時流に即応する動きを見せる。

貞享元年（一六八四）冬、荷兮は芭蕉を名古屋に迎えて、「尾張五歌仙」を興行、『冬の日』として上梓した。『虚栗』（天和三年［一六八三］刊）の編者として名を馳せていた、江戸蕉門の雄である其角は、『冬の日』の新鮮な俳風に共感し、『雑談集』（元禄五年［一六九二］刊）に「皆誹諧の眼《マナコ》を付《つけ》かへしは、『冬の日』といふ五歌仙にて」と記し、その俳諧史的意義を称賛した。

芭蕉に信任された荷兮は、『春の日』（貞享三年［一六八六］刊）、『阿羅野』（元禄二年［一六八九］芭蕉序）と、立て続けに蕉門系俳書を刊行、上掲句「こがらしに」成立時は、『冬の日』『春の日』『阿羅野』の編者の栄に輝く尾張蕉門の雄であった。しかし、新人重視の新風開拓に専心する芭蕉からすれば、近江蕉門の尚白や千那と同じく、過去の存在となりつつあった。其角の『いつを昔』巻頭における「こがらしに」の荷兮句の重い処遇は、其角と荷兮の親しい交流の証左(4)である同時に、元禄五年時の荷兮の俳壇的地位の高さと照応するものであったはずだ。今から見れば、この荷兮句称揚は、全国に拡大する蕉門内に生じていた新旧俳人の分裂の兆し(5)を鋭く察知し、俳壇古参の有力俳人を慰撫する配慮の妙として注目されるのである。

其角は、こうした心遣いができる人であった。

さて、「こがらしに」の荷兮句が詠まれた元禄期、「こがらし」を季語とする句はどのように詠まれていたのか。次に掲げた言水編『新撰都曲』（元禄三年［一六九〇］言水自跋）、北枝編『卯辰集』（元禄四年［一六九一］刊）の作例に注目してみる。

①こがらしの吹落しけん流星《ヨバヒボシ》　如琴（『新撰都曲』上巻）
②こがらしに残りし物や蛇の衣　玔林（同右）
③凩のまだ入たゝぬ祇園かな　我黒（『新撰都曲』下巻）
④こがらしに鴛の雌《ツマ》抱翅《つばさ》かな　松隠（同右）

⑤凩の松笠人の歩みかな　林松（同右）
⑥凩の果はありけり海の音　言水（同右）
⑦木がらしや晩鐘《いりあひ》ひとつ馬十疋　楚常（『卯辰集』第巻四）
⑧凩によりかゝり行馬上かな　春幾（同右）
⑨木がらしや顔のみうごく鳩の声　雨邑（同右）
⑩釣瓶くる音凩と成にけり　梅露（同右）
⑪木枯に咲て見せたる八手かな　林陰（同右）
⑫凩やいづこをならす琵琶の海　牧童（同右）

①は木枯の勢いを「流れ星を吹き落としそうだ」と強調、②は吹きすさぶ木枯の中に木の枝に残った蛇の皮のさま、③は祇園が暖かいのは木枯が吹き込んでいないからだと推測するさま、④は木枯が吹きすさぶ中で雄のオシドリが雌を翅の下に抱いて庇う仲睦まじいさま、⑤は木枯の中で松笠が人の歩みとともに転がるさま、⑥は木枯が陸の木々を吹きからした末に海の彼方で海鳴りの音となったろうと推測する体、⑦は木枯の中に晩鐘の音が聞こえ、曳かれゆく十四の馬のみが見える初冬の夕暮れの景、⑧は木枯に寄りかかるように馬の背に進んでいく景、⑨は吹きすさぶ木枯の中に鳩の顔のみが動いているさま、⑩は屋外の音が井戸で水を汲む釣瓶の縄をたぐる音から木枯の音に替わったことに気づく体、⑪は木枯が吹く中で八手の花が咲いた景、⑫は琵琶湖を激しく吹き渡る木枯は一体この湖のどこを鳴らしているのだろうと推測する体。

①〜⑫は大略、吹き荒れる木枯の激しさを叙した景気の句であるが、注意すべきは、①の「流星《ヨバヒボシ》」の如琴句である。荒れ狂う木枯のために、か細い「二日の月」が吹き散らされてしまうように見える、とした荷兮句と類想である。ただ、荷兮句が①の句より格段に新鮮であるのは、宵の西の空にはかなく見える、糸のように細い「二日月」と、すべてを激しく吹き枯らす「木枯」を取り合わせた趣向である。「二日月」を用いた元禄期の作例は「三日月」と比べて希少であり、か細い二日月の薄明かりのもと、鳴子引きが畑の番をするさまを詠んだ「鳴子引二日の月も便り哉」（去留編『俳諧青葉山』元禄六年［一六九三］刊）という言水の一句を見出すばかりである。

「月」は古来、恋の情にしろ、旅の情にしろ、述懐・哀傷の心にしろ、種々の情が託されて詠まれてきた。「こがらしに」の荷兮の手柄は、西の空にあるかなきに細く輝く「二日の月」にさし向かいあって感じる「かず〳〵のこと」（有賀長伯『初学和歌式』元禄九年［一六九六］刊「月」）、すなわち、「二日の月」に託された数々の人の情さえも、木枯に吹き飛ばされて「二日の月」もろともはかなく消えてゆくイメージを余情として匂わせたところである。取り合わせの妙である。荷兮句は、季語「こがらし」による新しい表現の可能性を提示してくれていたのである。

『去来抄』は、右の荷兮句と去来の「凩の地にもおとさぬしぐれ哉」を並べて、次のような芭蕉との問答を記している。

去来曰、「二日の月といひ、吹きちるかと働きたるあたり、予が句に遙か勝れりと覚ゆ」。先師曰、「兮が句は二日の月といふ物にて作せり。其の名目をのぞけばさせる事なし。汝が句は何を以て作したるとも見えず、全体の好句也。たゞ地迄とかぎりたる迄の字いやし」とて、直したまへり。初は地迄おとさぬ也。

芭蕉は、世評の高い「二日の月に」荷兮句を「二日の月といふ物にて作せり。其の名目をのぞけば、させる事なし」と客観的に評するように、旧来、月の形の細さを釣針や剣などに見立てられて詠まれてきた「三日月」よりさらに細い「二日の月といふ物」が持つ詩性を生かしたところに荷兮の工夫があることは認めているのである。一方、「凩の」の去来句については、「全体の好句」と評した上で、中七を理の臭みがある「地迄おとさぬ」から「地にも落さぬ」と斧正したことを伝えている。後年、「勘当の門人」（許六著『歴代滑稽伝』正徳五年［一七一五］刊）と言い立てられ、芭蕉離反の門人として蕉門人士から軽侮されがちな荷兮の句について、去来を相手に、芭蕉が冷静的確な評価を下している点は貴重である。

荷兮の「こがらしに二日の月のふきちるか」詠は、元禄期の季語「こがらし」の詩語としての到達点を示す句として再評価されてよいのである。

注

（1）楠元六男氏「『桃青門弟独吟二十歌仙』試論――神仙趣味・竹斎趣味を中心として――」（『立教大学日本文学』第四十一号・一九七九年一月）に指摘がある。

（2）辻村尚子氏「其角と荷兮」（大阪大学国語国文学会『語文』第八十六輯・二〇〇六年六月）に指摘がある。

（3）注2上掲論文において、辻村氏は、「こがらしに」の荷兮句が其角編『いつを昔』の巻頭二句目を飾る扱いの意味について、俳壇史的視点から詳述する。

（4）注2上掲論文参照。

（5）例えば、近江蕉門は、蕉門内の新旧俳人の分裂のモデルケースとして注目される。事の経緯は、荻野清「近江蕉門の分裂と芭蕉」（『俳文学叢説』［赤尾照文堂・一九六七年］所収）の論に詳しい。

あぼう・ひろし――群馬県立女子大学文学部教授。専門は近世俳諧、和漢比較文学。主な論文に「貞享初年の新風――『冬の日』成立の背景をめぐって――」（森川昭編『俳諧史の新しき地平』勉誠社、一九九二年）、「蕪村と漢文学――『かなしさや釣の糸ふく秋の風』考――」（和漢比較文学叢書第十六巻『俳諧と漢文学』汲古書院、一九九四年）、「龍草廬――擬することの意味――」（『国文学研究』第二五号、群馬県立女子大学、二〇〇五年）などがある。

季語に関する断章（三）
——季語「色なき風」考——

波戸岡　旭

春は「暖かし・ぬくし」、夏は「暑し」、冬は「寒し・冷たし」であるが、秋は「冷ややか」であって「涼し」ではない。「涼し」は、周知のとおり夏の季語である。これは暑い夏だからこそ涼を求めるからで、「涼み」「納涼」「朝涼」「夕涼」「晩涼」「夜涼」などの季語はすべて夏である。従って秋になっての涼しさは、「新涼」であり「秋涼し」と称するのである。これは、「夜長」「長き夜」が、冬ではなく秋の季語であるのと同じ理由である。実際には、冬の方が夜は長いのだが、「明易」「短夜」の寝苦しい夏も夏至を過ぎると一夜ごとに夜が伸びて涼しくなる。そこを敏感に感じとったのが「夜長」という季語なのである。もの思う秋は、中国では古くより悲秋文学の系譜があるが、日本においても、秋は格別な意識が働く季節である。

「秋風」という季語は、とくに花や紅葉などのような色鮮やかなものの見当たらないところを、ものわびしく吹く秋の風をいう。この秋風を「色なき風」ともいうのは、平安中期の紀友則の

吹き来れば身にもしみける秋風を
　　色なきものと思ひけるかな

の歌に基づいている。秋風は、平安前期の藤原敏行の

秋来ぬと目にはさやかに見えねども
　　風の音にぞおどろかれぬる

のように、「音」で知るものであったが、紀友則は「音」でなく「色なき風」と視覚的な把握をした斬新な発想で詠んだ。これは漢語の「秋風」の別称である「素風（純素な風）」を和風に言い換えたものと思われる。ただし、漢語の「秋風」は、草木を枯らすほどの厳しく冷たい風の意で「悲風」ともいう。また「金風」とか「商風」とも称するのは五行思想に拠るものである。「白秋」の語も五行思想に拠るが、「白」は、「白色」・「白日」のほかにまた「空白」という意もあるので、たとえば『万葉集』に

まけ長く恋ふる心ゆ白風に
　　妹が音きこゆ紐解き往かな

とある「白風」も色なき風・秋風の意であろう。

「色なき風」は、紀友則の歌のように「身にしむ」（季語）という情感をともなう語ではあるが、無常観の「色即是空」とは異なる。また、「風の色」という季語は、秋風の動きまたはそのおもむきを意味する季語である。

《小特集》季語の生成と四季意識——東アジアから世界へ——

スウェーデン俳句と季語

トウンマン武井典子

日本の俳句にとって季語は重要であり、短い詩形のなかで多くを語るための有効な方法であることは多くの実作家の認めるところであろう。無季俳句や前衛的な俳句もあるが、おおくの一般俳人は季語なくして俳句なしと考えておられる方のほうが多いだろう。

それではスウェーデンでは季語はどう考えられているのだろうか。本題に入る前にごく簡単にスウェーデンへの俳句紹介の歴史についてのべたい。そのほうがスウェーデンにおける季語の現状を理解していただけるとおもうからである(1)。

スウェーデンへの俳句紹介は英語の翻訳がスウェーデンに紹介されることからはじまった。チェンバレンが芭蕉についてはじめて書いたのは一九〇二年のことだが(2)、そこでチェンバレンは俳句を「エピグラム」とよんだ。チェンバレンはエピグラムについて、近代で理解されるような、機転の効いた短詩という意味ではなく、もっと昔の繊細な真実を表現するという意味でエピグラムなのだといったのだが(3)、このチェンバレンの微妙なエピグラムへの条件付けは以後忘れられたようである。

いらい俳句は英語圏ではまずエピグラム——その際、機転のきいた近代的な意味で——と理解されたようである。

スウェーデンへの俳句紹介はまず宮森麻太郎の英訳*An anthology of haiku, ancient and modern*(一九三二年)からはじまった。宮森は導入部分で「俳句とエピグラム」について書く。ここで俳句はエピグラムではないと主張するのだが、彼もチェンバレンの言ったエピグラムを「近代的な風刺の短詩」と理解したと思われる。この宮森の翻訳を萩原朔太郎は酷評したが、スウェーデンに俳句という新しいジャンルを紹介するのには先駆的役割をはたしたのである(4)。

この宮森の書評がスウェーデン日日新聞(Svenska Dagbladet)にでたのは一九三三年三月四日であった。書いたのは詩人でアカデミー会員でもあるアンダーシュ・ウステルリングであった(5)。俳句は文学的なジャンルとして幸せなスタートをきったといえる。その後英語圏ではブライスの『俳句』四巻が一九四九年から出版され、宮森とともにスウェーデンへの俳句紹介にはおおきな貢献をしたとかんがえられるのである。

はじめてスウェーデン語で本格的な翻訳、紹介がなされたのはヤン・ヴィンテイレスキュの『俳句――日本のミニチュア詩』（一九五九年）であった。(6) 彼はおおくの英、独、仏語の翻訳からスウェーデン語にした。宮森やブライス、ボノーなどからだった。

スウェーデンの詩人たちが俳句に関心をしめしはじめたのもこのころであった。国連事務総長だったダーグ・ハンマルショルドが百余の十七音節の短詩を書いたのもこのころであった。これは約半分ほどが初代スウェーデン俳句協会の会長だったカイ・ファルクマン氏によって出版されている（二〇〇五年）。詩人ブー・セッテルリンドが和紙の小冊子『いくつかのことば』（*Några ord att fästa på*）を書いたのは一九六一年であった。四三頁で二三の三行詩が、小さな箱に納められリボンで結ばれている。詩人の日本への思いがうかがわれる和紙の装丁だ。トーマス・トラーンストロンメルにも一連の「俳句」という短詩がある。(7)

こうした例に、スウェーデンの一流の知識人、詩人が俳句に関心をしめした歴史がみられる。しかし、日本のように、大多数の現在のスウェーデンの俳人は一般人であり、俳句という「詩」に魅せられた人々である。

では、この人々は「季語」をどう考えているのだろうか。

スウェーデン俳人の情報源として一番重要なのは英・米圏と考えられるのだが、英語圏でも季語の認識ははじめあいまいであった。高浜虚子がロンドンとパリに行ったのは一九三六年のことだが、そのとき英、仏の実作者たちが季語のことをなにも知らないのに驚いたという話しがしられている。(8)

季語はいらい英米の俳人たちの関心はひいても、自分たちにはむつかしいだろうという考えのほうが支配的であった。アメリカでは一九八〇、九〇年代から季語の重要性が注目され、英国で『英国歳時記』がつくられたのは二〇〇四年のことであった。(9)

スウェーデンでも季語が日本の俳句にもっている重要性は理解されているが、スウェーデンに体系化された季語という詩的言語がないのは、英語と同様である。「春雨」といってもスウェーデンと日本ではともなうイメージが違うから、日本の季語体系をそのままつかうには無理がある。スウェーデンの季節感に基づいて季語体系を造るという可能性はあるが、それには国民のおおくがわかちあえる共通の詩的体験を文化的体験として体系化しなくてはならない。端的にいえば、スウェーデン語の『季寄せ』をつくることであろう。一日にしてなりがたいのは明白で、たとえ百年たっても文化的システムとして言葉の周りに詩的共通体験を作り上げていくという国民的「意図」がなければなりがたいであろう。

これが一般的に現在スウェーデンの俳人が「季語」にたいして、スウェーデンの俳句ではあってもなくてもいいと考えている理由だろう。スウェーデン俳人も日本の俳句と「自然」の深い関係は十分理解しているし、それを自分の句で表現しようとしている。季語という詩的イメージの体系がなくとも、スウェーデンにはスウェーデンの季節感があり、習慣、生活がある。季語としてリストをつくらなくとも、詩的共感はえられるのである。ただし、季語のもつ強力な「連想」システムに訴えられないので、短詩から外へのひろがりという点で、不利である。季語の有無より俳句は今日スウェーデンでは「自然と人間の状況を本質的に、客観的な具体的なものにより表現する短詩」と理解されているといえよう(10)。

注

（1） 本文は著者論文"Haiku-A Bridge between Sweden and Japan"とかさなるところが多い。

（2） Chamberlain . *"Bashō and the Japanese Poetical Epigram"* . Tokyo: Transactions of the Asiatic Society of Japan: Vol. XXX, Part II.

（3） Chamberlain, 同上　243.

（4） Falkman. 2005. *En orörd sträng : Dag Hammarskjölds liv i haiku och fotografier*, Stockholm : Ordfront.

（5） Granström, Lars. "Haiku av Anders Österling" in *Haiku* 2003: 1-2 (5-6) .

（6） Vintilescu, Jan. 1959. *Haiku. Japansk miniatyrlyrik*. Stockholm: Almqvist and Wiksell, Gebers Förlag.

（7） Tranströmer, Thomas. 2004. *Den stora gåtan*. Stockholm: Bonniers.

（8） 星野恒彦、二〇〇二『俳句とハイクの世界』早稲田大学出版部　所収の「季題と西洋人」二〇七―二〇九「虚子と国際歳時記」二一〇―二一一、「英国の風土と季語」二一二―二二〇。

（9） 東聖子・藤原マリ子編『国際歳時記における比較研究――浮遊する四季のことば』笠間書院）二〇一二年所収、シェーロ・クラウリー 著マカート純子 訳「アメリカ アメリカの俳句における季語」一七〇―一七七、坂口明子「「英国俳句協会」・「英国歳時記」――デーヴィッド・コブ氏に聞く」二九九―三一六。

（10） Falkman, Kaj. 2012. *Överraskningens poesi*. Stockholm: Atlantis AB.

とうんまん・たけい・のりこ――ヨーテボリ大学名誉教授。専門は近・現代日本文学。主な論文に"Haiku: A Bridge between Sweden and Japan" in *Rethinking: Japanese Studies: from Practices in the Nordic Region*". Eds. L. Jianhui & M. Sano. Kyoto: International Research Center for Japanese Studies, March 2014, 151-174. (ISSN: 0915-2822)、"Place and the site of imagination in Tawada Yoko's *Suspect on the night train*" in (eds.) Ahlstedt. E., Platen. E. & Vidén G. *Motropoler: Reflectioner kring urbana rum i litteratur och kultur*. Göteborgs universitet: Studia interdisciplinaria linguistica et litteraria 2013, 53-66.d などがある。

季語に関する断章（四）
——自然の霊威に感応するということ——

波戸岡　旭

はじめに

「天頂」創刊当初から、私は「自然の中の自分・自分の中の自然を詠む」を提唱し続けていますが、じつは、これは私にとって永遠に解けない命題なのです。解けない命題を提唱しつづけるというのは、大きな矛盾ですが、これは結局、「俳句とはなにか」、「なぜ俳句を作るのか」ということとほとんど同質の問いなのです。ですから、これは、俳句を作り続けるかぎり、たえず問い続けてゆくべき性質の問題なのです。

そして、また、「自然」と「自分」とについて、さらに考えを推し進めてゆくと、「自然の中の自然」「自分の中の自分」というふうに、「自然そのもの」「自分そのもの」の中に分け入って考えを深めてゆかねばなりません。

「自分の中の自分」は、五感に頼るだけでは知り得ないもので、自身の五感を超え、自意識を超えたところのもののように思われます。

そして、「自然の中の自然」は、いま見えているもの、聞こえているもののその奥に、まだ見えていないもの、まだ聞こえていないものとして在るように思われます。それは、ことばでは言い表わしようのない、畏れのようなもので、なにかしら心のふるえの奥の方に潜んでいるもののように思えます。

これを、いまかりに、私は、自然の霊威と言っておきます。

一　神道と日本文化

日本には、古く神道《しんとう》という民俗宗教があります。神道とはなにか。あらためて考えると、じつはよくは分かりません。世に「神道五部書」なるものがありますが、これは、鎌倉中期ごろまでに編まれたもので、伊勢神道の基となった書ですが、これに拠ってみても皆目分かりません。

一般常識として言えば、神道というのは、惟神《かむながら》の道《みち》のこと、すなわち、神代から伝わってきた道で、神慮のままであって、人為を加えない日本固有の道のこと。言いかえれば、なにごとも神の御心のままに生きるということ。と言っても、やはりなんだか混沌としています。

一国の文化というばあい、その文化とは、他国の文化も入り混じった複合文化のことで、日本の文化も、複合文化なのです。しかし、その複合文化の芯のあたりは、日本固有のもので、それは柔らかく混沌としているものなのです。その日本の文化の芯をなすものは、記紀神話の世界にあるのです。

すなわち、それぞれの国にはそれぞれの国の民俗宗教があって、それが文化の芯となっているのです。中国はむろん道教です。朝鮮半島には檀君神話があります。

すなわち、古代日本の文化は、「神なが

らの道」を芯として、これに儒教・仏教などの思想・宗教・哲学が融合しつつ、日本文化を培養させたのだと思われます。

二　神道と俳句
――自然の霊威に感応するということ

神道というと、難しくなりますが、私はその「神ながらの道」に通じることとして、ことばでは言い表わしようのない、畏れのような、なにかしら心のふるえの奥の方に潜んでいるもの、言い換えれば、自然の霊威に感応すること、それを神道的な心と考えています。

いま、名句の鑑賞を通して、神道と俳句との関わりについて思うとき、そのような名句と言えば、まずはだれもが芭蕉の次の句を挙げることでしょう。

あらたふと青葉若葉の日の光　松尾芭蕉

なんともありがたく尊いことだなあ、青葉若葉にきらきらと照り映える日の光は、との句意ですが、この「あらたふと」という俗語は、芭蕉の尊崇の感動を直截的に表現したものです。が、それはただ単に「青葉若葉の日の光」が尊いというのではなく、そこに自然のいのちが輝いていること、その自然の霊威に感応して発せられたものです。むろん「日の光」には、二荒山・日光東照宮が踏まえられてはいますが、その詠法は、初夏の自然美を詠み上げるのみとし、その自然美の中に宗教的な審美性をも響かせたものです。ところで、芭蕉が「あらたふと」と感応した心、すなわち自然の霊威を尊崇する心、それこそが神道の宗教心の根幹をなすものだと言えます。

言うまでもなく神道という宗教は、太古から日本の風土及び人々の生活習慣に基づいて、おのずからに生じた文化に起源を持つ宗教であり、その神観念は、森羅万象には神が宿るというもので、これをわが身に受けるという意味において「惟神の道（かんながらのみち、神とともにある道の意）」と称するのです。その「惟神の道」は、古く民間信仰に発するものですから、ふだんは日本人の意識下にあってはたらいているものと思われます。これを言い換えれば、日本人の自然を敬し風土を愛する心の根源には、おのずからに神道の精神が宿っていると言えるのです。神の宿る森羅万象を畏敬しつつ神とともにあるという心は、時を超えて現代の日本人の風土観・季節感にも浸透しており、俳句における自然諷詠においても、作者の意識下にそれが窺えるものが少なくありません。たとえば、

遠山に日の当たりたる枯野かな　高浜虚子

遠山は暖かそうに日が当たっているがこちらは寒い枯野だ、という意味の叙景句ですが、「日の当たりたる遠山」には、まず温かみ・親しみを感じ、そして明るさ・清白さ、さらには清浄感・崇高感へと読む者の心は高揚してゆきます。それは、もともと読み手の側にも山に対する畏敬の念があって、それが呼び覚まされ、呼応し響き合って高揚するのであろうと思われます。

大いなるものが過ぎ行く野分かな　高浜虚子

この句も、同様です。野分という自然現象を「大いなるもの」と捉えた虚子の想像の意識下には、やはり日本の原初からの自

然の霊威への畏敬の心がはたらいていると読み取れます。

神田川祭の中をながれけり　　久保田万太郎

神田祭の活気を彷彿させる名句。その底流に神と人とのつながりが見えます。また年中の神事・祭事のほとんどは歳時記に載っていますが、ことに祭事というのは、神を迎えて供献し、恩寵に感謝し、悪疫退散などの祈願をするためのものですが、同時に、荒御魂を鎮め和御魂を慰撫して、神と人とのつながりを深めるためのものと言われています。ですから、荒神輿は、荒御魂の鎮撫のためであり、集う人々の雑踏喧騒は、「神とともにある」ことの歓びの表われと解されるのでしょう。

三　夏目漱石『草枕』より

このような、自然の霊威に感応する例を挙げるならば、漱石の『草枕』などに窺える。

うれしい事に東洋の詩歌はそこを解脱したのがある。**採菊東籬下、悠然見南山**。ただそれぎりの裏うちに暑苦しい世の中をまるで忘れた光景が出てくる。垣の向うに隣りの娘が覗いてる訳でもなければ、南山に親友が奉職している次第でもない。超然と出世間的に利害損得の汗を流し去った心持ちになれる。独坐幽篁裏、弾琴復長嘯、深林人不知、明月来相照。ただ二十字のうちに優に別乾坤を建立している。この乾坤の功徳は「不如帰」や「金色夜叉」の功徳ではない。汽船、汽車、権利、義務、道徳、礼義で疲れ果てた後に、すべてを忘却してぐっすり寝込むような功徳である。

二十世紀に睡眠が必要ならば、二十世紀にこの出世間的の詩味は大切である。惜しい事に今の詩を作る人も、詩を読む人もみんな、西洋人にかぶれているから、わざわざ呑気な扁舟を泛かべてこの桃源に溯るものはないようだ。余は固より詩人を職業にしておらんから、王維や淵明の境界を今の世に布教して広げようと云う心掛も何もない。ただ自分にはこう云う感興が演芸会よりも舞踏会よりも薬になるように思われる。ファウストよりも、ハムレットよりもありがたく考えられる。こうやって、ただ一人絵の具箱と三脚几を担いで春の山路をのそのそあるくのも全くこれがためである。淵明、王維の詩境を直接に自然から吸収して、すこしの間までも非人情の天地に逍遥したいからの願い。一つの酔興だ。

もちろん人間の一分子だから、いくら好きでも、非人情はそう長く続く訳には行かぬ。淵明だって年が年中南山を見詰めていたのでもあるまいし、王維も好んで竹藪の中に蚊帳を釣らずに寝た男でもなかろう。やはり余った菊は花屋へ売りこかして、生えた筍は八百屋へ払い下げたものと思う。こう云う余もその通り。いくら雲雀と菜の花が気に入ったって、山のなかへ野宿するほど非人情が募ってはおらん。こんな所でも人間に逢う。じんじん端折の頬冠や、赤い腰巻こしまきの姉さんや、時には人間より顔の長い馬にまで逢う。百万本の檜に取り囲まれて、海面を抜く何百尺かの空気を呑のんだり吐いたりしても、人の臭いはなかなか取れない。それどころか、山を越えて落ちつく先の、今宵の宿は那古井の温泉場だ。

（文中のゴシックは稿者）

陶淵明の「飲酒」の詩からの引用ですが、この詩の結びは、「此の中に眞意有り　辨ぜんと欲して已に言を忘る」とあります。詳しく説明しようと思った途端に、その言葉を忘れてしまった」というのです。これは陶淵明特有の韜晦ですが、この韜晦によって、詩の含蓄は一層深まります。そうして、この世の「真意」は、忘れてしまった、と言いいながら、じつは、直截にはその直前の四句「**菊を採る東籬の下　悠然として南山を見る　山気日夕に佳く　飛鳥相与に還る**」の景が、この世の真意を具象化したものであり、ひいてはこの詩全体が、陶淵明に見えたこの世の「真意」を詠っているのである。

飲酒二十首　其の五　陶淵明

結廬在人境　廬を結んで人境に在り
而無車馬喧　而も車馬の喧しき無し
問君何能爾　君に問ふ何ぞ能く爾るやと
心遠地自偏　心遠ければ地自づから偏なり
採菊東籬下　菊を採る東籬の下
悠然見南山　悠然として南山を見る
山気日夕佳　山気　日夕に佳く
飛鳥相与還　飛鳥　相与に還る
此中有真意　此の中に真意有り
欲弁已忘言　弁ぜんと欲して已に言を忘る

【口語訳】

小さな庵を結んで人里に住んでいるが、役人どもの車馬の音に煩わされることはない。どうしてそうしていられるかと問われるが、自分の心が俗事を離れていればおのずから僻地にいるような境地に達するものだ。東側の垣根の下で菊の花を摘み採り、悠然として南山を見れば、山の空気はことに夕ぐれはすばらしく、小鳥たちもねぐらに帰っていくことだ。この中にこそ、この世の真実の意義があるのだが、それを詳しく説こうと思ったけれど、もはやそのことばを忘れてしまった。

結びにかえて

はじめに言いましたように、私の命題「自然の中の自分・自分の中の自然を詠む」は、永遠に解くことのできないものです。この解けない問題に向かって進むことが私の使命だと思っています。「俳句はむつかしい」「俳句は作れば作るほど分からなくなる」と、だれもが言います。しかし、だからこそ作る。だからこそ面白い。だからこそ作り続けることができるのです。句作の答えが分かったら、即、終了です。分からないからこそ、続けられるのです。そして、時々は、「分かってたまるか」の心意気も大事です。とにもかくにも、「句（苦）あれば楽あり」です。

資料

秋の水淡路島根をかこひけり　向井去来
ざぶりざぶりざぶり雨ふる枯野かな　小林一茶
凩の果はありけり海の音　池西言水
（海に出て木枯帰るところなし）（山口誓子）
冬木立月骨髄に入る夜かな（杜甫『垂老別』）　高井几董
誰彼もあらず一天自尊の秋　飯田蛇笏『霊芝』
水澄むや天地（あめつち）にわれひとり立つ　森澄雄『虚心』
晩秋のはるかな音へ象の耳　有馬朗人『耳順』

《小特集》季語の生成と四季意識──東アジアから世界へ──

国際俳句の可能性

──四季の詞と歳時記──

東　聖子

はじめに

現在、グローバル化にともない、国際俳句が世界各国で創作されている。有馬朗人氏（国際俳句交流協会会長）によれば、約五〇か国、約二〇〇〇万人を超える国際俳人がいると、以前に同交流協会ＨＰで述べておられた。[1]

かつて、一九世紀末から二〇世紀初頭にかけてのジャポニスムの余波として、俳句を海外に紹介したのはフランス人のポール＝ルイ・クーシューであった。一九〇三年（明治36・24歳）九月から翌年五月まで来日し、帰国後、最初に外国語でハイカイを詠んだ句集として『水の流れに沿って』（一九〇五）三〇部を上梓した。その後、一九〇六年に「ハイカイ、日本の詩的寸句《エピグラム》」を書き、のちに一九一六年（大正5・37歳）『アジアの賢人と詩人』に所収、刊行された。また、アメリカ出身のエズラ・パウンドらの欧州詩壇のイマジスト派にも大きな影響を与えた。

それらの国際俳句のはじまりの文学史的状況を確認しつつ、二一世紀の今、国際俳句は、日本の俳句の影響を受けて各国言語で創作され、かつ、各民族の自然風土や言語的特質によって個々に独自に成立している。現在、日本では、有馬朗人氏を中心に俳句をユネスコ世界文化遺産登録へという運動が行われている。

今回は、かつての科研費・国際プロジェクト研究の調査とその後の成果をもとに再考してみたい。

一　国際俳句の主な先行研究

まず、〈日本人の著書〉がある。先駆者である佐藤和夫氏の著書には『菜の花は移植できるか』（桜楓社、一九七八）、『俳句からＨＡＩＫＵへ』（南雲堂、一九八七）、『海を越えた俳句』（丸善ライブラリー、一九九一）などがある。文学性と論理性があり格調高い書として、渡辺勝著『比較俳句論──日本とドイツ』（角川書店、一九九七）がある。随筆風に本質的な問題を考察した好著に、星野恒彦著『俳句とハイクの世界』（早稲田大学出版部、二〇〇二）がある。夏石番矢著『世界俳句入門』（沖積社、二〇〇三）は、脱季節、脱国境そして世界俳句の洗礼によって日本の近代俳句の革新を志向している。国際俳句交流協会初代会長の内田園生氏の詩的な品格のある啓蒙書に『世界に広がる俳句』（角川学芸出版、二〇〇五）がある。

〈外国人の著書〉は数多くあるが、代表的なものを述べる。俳句を紹介した主な外国人としては、W・G・アストン、ラフカディオ・ハーン（小泉八雲）、B・H・チェンバレン、カール・フローレンツなどがあった。そして世界で最初に外国人として「ハイカイ」集を刊行したのは、冒頭に述べたようにフランス人のポール＝ルイ・クーシュー『水の流れに沿って』（一九〇五）であった。その俳句論「詩的エピグラム」は『明治日本の詩と戦争――アジアの賢人と詩人』（一九一六）に再録された。クーシューは日本人の自然観に独自の理解があった。詩人エズラ・パウンドは俳句に魅せられ「イメージは詩人の絵の具」と語った。ハロルド・ヘンダスンは『竹箒』（一九三三）という俳句入門書を刊行し、季語や切字についても触れた。そして、R・H・ブライス『HAIKU俳句』（第一巻東洋文化一九四七、二～四巻四季一九五〇・一九五二刊／邦訳は村松友次・三石庸子共訳『俳句』二〇〇四で第一巻のみ）は、禅に傾倒し、禅的立場からの哲学的俳句論ではあるが、「俳句の技法」として季語を解説した。

これらの著書により日本の俳句が海外にさまざまな形で紹介された。ドイツ人が俳句の魅力をこう語った。

この極東の暗示の芸術、あらゆる非本質的なものの省略の芸術、一滴の露のような小さな形のなかにひとつの完全な世界を把握すること、これが私の心をとらえて放さなかった。

（インマ・ボードマースホーフ、句集『日時計』前書／渡辺勝『比較俳句論』より）

ここには〈一滴の露〉のごとき世界最短の詩型への憧れがあり、また俳句は近現代人の詩情を盛る形式として、有力な存在意義があると考えられている。

二　日本文学における四季の詞と歳時記

四季の詞は日本文学における長い時間の中で醸成されたものであり、その集成が「歳時記」である。尾形仂氏は「世界歳時記」の中でこう語った。

歳時記こそ日本人の生んだ独創的な大発明であり、日本人の美意識のインデックスであると信じてきた。……季語が四季の推移という時間軸に沿った日本人の美意識の結晶であるとするなら、空間軸に即したそれとしては、歌枕・俳枕があげられる。その二つに恋・雑の言葉を併せれば、日本人の美意識について知る綜合的なインデックスができあがるだろう。

（『俳句の周辺』富士見書房、一九九〇）

また、ハルオ・シラネ著『芭蕉の風景・文化の記憶』（角川叢書、二〇〇一）は刺激的な書である。世界最短の形式に類する俳句が詩たりえているのは「詩的連想の核」として「偉大な季節・地誌のアンソロジー」として勅撰集や歳時記などがあり、そこにはコード化された連想の知識があり、それを氏は〈文化的記憶〉と呼ぶ。季語や歌枕・俳枕などは、コード化された「俳諧的想像力」の源泉なのだという。

渡辺勝氏は、日本語では詩の中の「古池」「天の河」などの「物」を表わす言葉が、翻訳した西洋語に比べるとはるかに余情（美的コノテーション）を含んでおり、そのことを最も端的に表すものが「歳時記」であろう、と言われた（『比較俳句論』）。

そして、日本文学における「季語（四季の詞）」は〈美と時間性に祝祭された詩的語彙〉であり、「歳時記」は〈美と時間性に祝祭された詩的語彙の集成〉である。それらは、名吟・佳吟という各時代に生まれたエネルギーの摂取により消長の歴史を辿るのである。

だがこれは、日本文学における独自の詩的言語の状況であり、各国の国際俳句においては、その言語構造や韻文学史や文化背景などによってそれぞれ異なっているだろう。

三　アジア文化圏――歳時記の起源・中国

歳時記の起源は、中国にある。植木久行氏の「中国の歳時記と四季別類題詩集」（『俳句研究』二〇〇八年秋号所収）は、高度でかつ要領を得た解説である。以下、【植木氏解説の概略】を簡潔にまとめる。

守屋美都雄著『中国古歳時記の研究――資料復元を中心として』（帝国書院、一九六三）の説によると、南朝梁の宗懍《そうりん》撰・隋の杜公瞻《とこうせん》注『荊楚歳時記』の書名が最古の用例らしい。六世紀の半ばすぎに、宗懍が『荊楚記』一巻を著した。隋に杜公瞻が増補して、中国全土にわたる歳時風俗資料二巻に改めた。その起源は古くて、『礼記』月令篇に為政者が作ったいわば農業暦のごときものであった。

植木氏は、現存する中国歳時記の類を以下のように挙げている。

①『荊楚歳時記』②隋『玉燭宝典』③唐『歳時紀麗』④南宋初『東京夢華録』⑤南宋末『歳時広記』⑥元初『歳時記麗譜』⑦元『夢粱録』⑧清初『帝京歳時紀勝』⑨清『清嘉録』⑩清末『燕京歳時記』等であり、集大成は六世紀の②『玉燭宝典』と十三世紀の⑤『歳時広記』であるというが、これらは年間の歳時資料であり、日本のような詩文を集めた詞華集的な性格はないという。

だが、ほとんど唯一の中国の大部の四季別類題詩集は、十二世紀半の『古今歳時雑詠』四十六巻だが、歳時に重点があるという。

また現存する最古の主題別詩集は、十七世紀刊行の『唐詩類苑』二百巻、そして『古詩類苑』百三十巻があり、さらに十八世紀初めの清の康熙帝勅撰『佩文斎《はいぶんさい》詠物詩選』四百八十六巻は現存最大の詠物詩集である。

植木氏は「中国では、日本の歳時記のように、恋・雑を除くすべての歌題を、季を統一原理とする秩序の体系のなかに組み入れたものは、結局、誕生しなかったのである」と結ばれる。

中国の一年間の農事暦としての『荊楚歳時記』から、日本は

〈歳時記〉という名称を受容しつつも、日本詩歌における精選された四季の題の語彙集成の書物という独自の発展をしたのである。

四　近世日本の歳時記――季寄せと類題集

日本の近世（江戸時代）には季語・季題の語はまだなくて、「四季の詞・季・季の詞」などと言った。江戸時代には、一般に四季の詞の〈語彙・解説〉による書を「季寄せ」といった。江戸後期に〈例句集〉として「類題発句集」が続出した。この二つが合体して近代（明治以降）の〈語彙・解説・例句〉による書、つまり「歳時記」となった。

植木氏の解説のごとく「歳時記」の淵源は、中国古歳時記の『礼記』月令篇の農事暦などにあり、語源は『荊楚歳時記』が最古の用例と言う。しかし、日本ではそれらを受容しつつも独自の発展をして「詩歌の暦」となった。四季の詞は、和歌・連歌・俳諧の短詩型文学の流れにおいて醸成された。和歌には『古今和歌六帖』の季題別歳時部や勅撰集の部立てや歌論書の季の題等がある。連歌になると、発句（第一句め）に当季が必要で、かつ一巻の変化のために四季は式目化（去嫌などのルール化）され、連歌論書に四季の「詞寄せ」が記載された。

尾形仂氏によれば、江戸時代の歳時記類（季寄せ）は約一五〇部であるという。そして、中世末の連歌論書『至宝抄』約三〇〇語から、近世末の馬琴・青藍『俳諧歳時記栞草』（例句なし）約三四二〇語まで、四季の詞の語彙数は飛躍的に拡大している。

以下、近世の「季寄せ」を、時期と特色を配慮しながら、分類してみてゆく。

①初期貞門書――『はなひ草』『誹諧初学抄』『毛吹草』――近世以前に連歌論書『至宝抄』『無言抄』があり俳論書に影響を与えたが、簡潔で淡々とした四季の詞に、萌芽としての新鮮さがある。立圃『はなひ草』は最初の俳諧式目書で、俳諧季寄せ刊行の嚆矢として流行し、十二か月の語彙がある。徳元『誹諧初学抄』は、式目の後に「四季の詞幷恋の詞」がある。重頼『毛吹草』は広く流布し、俳諧四季之詞（横題）と連歌四季之詞（縦題）を類別し、非季語（雑）も掲出する。岩波文庫等に所収。

②季吟系の書――『山の井』『増山井』（図1）――季吟の処女作『山の井』は〈語彙・解説・例句〉の形式で、まさに現代の歳時記の形式と同じだ。季吟は現代の歳時記の形式の先駆者である。その後、『増山井』は「俳」（横題）の記述があり、〈語彙・解説〉や、「非季語」（雑）もある。『増山井』はその後の季寄せの基準となった。子息湖春の『続山井』（例句集）と合綴して刊行された。

③中期新系統の書――近世中期の『通俗志』（図2）は現実生活的な語を多く掲載して、新機軸をひらいた。『増山井』とは別の新しい系統の起こりとなった。

④ビジュアルな絵入り書――素外『誹諧名知折』は門人の花藍（浮世絵師の北尾重政）による動植物の絵がおおらかに描

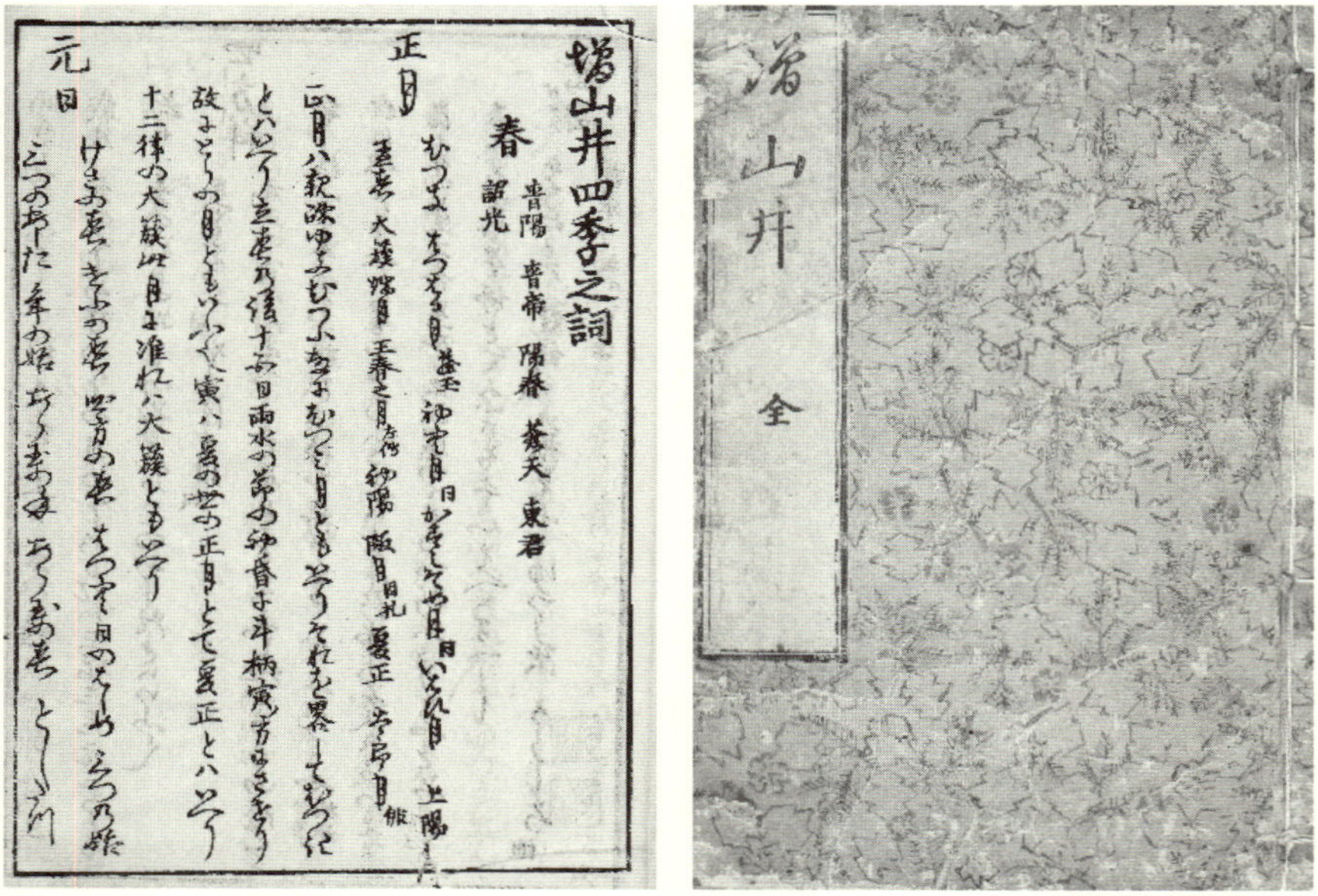

図１　後刷本（安永３年刊）北村季吟編『増山井』（架蔵本）

かれている。

⑤年中行事の書――俳諧書ではないが、年中行事を述べたものに『日本歳時記』や、月岑の『東都歳時記』がある。

⑥後期の浩瀚な考証書――近世後期は考証随筆が多いが、季寄せも和漢の書籍を博捜した大部なものとなった。龜文『華実年浪草』は十五冊で蝶夢の跋がある。馬琴『俳諧歳時記』、青藍『俳諧歳時記栞草』、『改正月令博物筌』等が出た。百科全書的な編集意識がある。

⑦実用的な段組形式――連句から発句独立の時代になって、俳席において実用的なものとして段組形式の季寄がある。『俳諧四季部類』小本一冊や、『季寄新題集』一枚摺（両

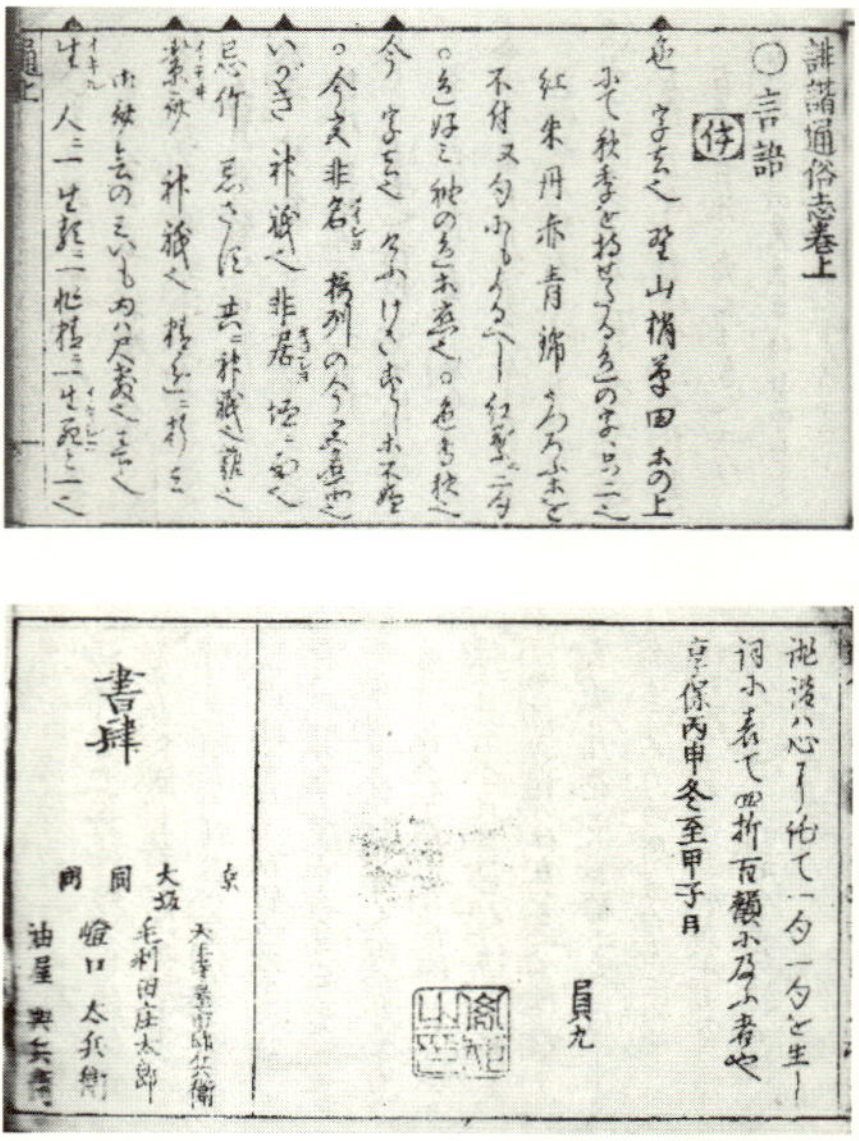

図２　享保２年員九編『通俗志』（架蔵本）

面）などである。

現在、近世の主な歳時記は尾形仂・小林祥次郎編『近世前期歳時記十三種本文集成並びに総合索引』と同書近世後期歳時記編は必見である。

また、芭蕉の季語や類題発句集については拙著『蕉風俳諧における〈季語・季題〉の研究』（明治書院、二〇〇三）を参照されたい。近世の「季寄せ」は近代の「歳時記」へと駆け抜けた。

五　国際俳句における季語——自在な方向性

現在の国際俳句において、季語・あるいは歳時記は必須ではない。数年前に句会を共にした英国俳人たちは「創作時に季語は全く意識していない」と語った。多くの国において、詩において自然を示す語彙の様相は各言語、各個人で異なっている。ましてや、歳時記は日本独自なものである。

各国状況を見るなら、日系人がいる国では、日本語で書かれた歳時記が刊行されている。黄霊之著『台湾俳句歳時記』（言叢社、二〇〇三）や、佐藤牛童子編『ブラジル歳時記』（二〇〇六）があり、これらは日本語で書かれている。後者のブラジルにはポルトガル語の国際俳句も創作されているという。他に、『ハワイ歳時記』もある。

アジアでは、中国に歳時記はない。かつて劉徳有漢俳学会会長は「中国は国土が広大で、自然もかなり異なるので歳時記は無理」と語った。韓国は中国の影響で、年中行事を解説した歳時記はある。だが、伝統的な時調などの独自な短詩型文学があり、国際俳句はなかったが、約十年前から郭大基氏を中心とした韓国俳句研究院などの結社が活躍している。

ヨーロッパは国際俳句が盛んな国もあるが、いずれも季語は意識していない。歳時記の刊行はもちろんないが、英国俳句協会会長のデービッド・コブ氏は私家版で、「英国歳時記」（坂口明子訳）をまとめておられる。コブ氏は「創作時に季語は意識していないが、全集作成時の配列に必要かもしれない」と語った。また、一昨年、逝去された独逸俳句協会・名誉会長の女流俳人、マルグレート・ブァーシャーパー氏もドイツ語歳時記的に四季分類した「現代ドイツ語俳句選集」（竹田賢治訳）をまとめておられた。

アメリカでは、もちろん一般の俳句作者は季語を全く意識していない。だが、米国俳句協会元会長の故ウイリアム・ヒギン

図3　ウィリアム・ヒギンソン著『Haiku World』1996年

図4　佐藤牛童子編『ブラジル歳時記』2006年

ソン氏が『ハイク・ワールド』『ザ・ハイク・シーズンズ』を刊行された。前者はいわば、日本の歳時記を基にした地球歳時記の実験である。

＊

結論を述べるなら、現在、国際俳句が各国で盛んな状況は、日本の現代俳句の活性化のためにも歓迎される。活況の理由は〈世界の最短詩型文学のひとつ〉〈瞬間の美〉が現代人に魅力的であるからだろう。

そこにおける季語・歳時記は日本韻文学独自の発展形態であり、必ずしも各国の国際俳句創作に共通の要素ではない。欧米ではイメージ・シンボル事典があって、ある言葉の背景となる宗教・韻文・散文・伝承・文化・絵画その他の意味をまとめたものである。

短詩型文学の成立要素は各国言語の特性、言語体系や、歴史や文化史的背景など、それぞれの民族・国家・個人で異なるだろう。しかもその違いを超えて国際ＨＡＩＫＵの傑作・名作が生まれることを期待するものである。

注

(1)〈ユネスコ世界文化遺産に俳句の登録を〉という二〇一六年の日本記者クラブの会見で、鷹羽狩行氏は、数字は再調査が必要といわれた。

附記　本編は、東聖子・藤原マリ子編『国際歳時記における比較研究』(二〇一二年、笠間書院)の内容を基に、シンポジウムのテーマに沿って簡潔にまとめたものである。

あずま・しょうこ――十文字学園女子大学名誉教授。専門は日本近世文学(芭蕉の俳論・芸術理論)、比較詩学(日本韻文学と西欧詩学)。『蕉風俳諧における〈季語・季題〉の研究』(明治書院、二〇〇三年)、東聖子・藤原マリ子共編『国際歳時記における比較研究―浮遊する四季のことば』(笠間書院、二〇一二年)、「芭蕉・蕪村・一茶と浜辺の景物」(鈴木健一編『浜辺の文学史』三弥井書店、二〇一七年)などがある。

《小特集》季語の生成と四季意識——東アジアから世界へ——

水門の会東京例会・第四回国際シンポジウム　パネル・ディスカッション

季語の生成と四季意識

——東アジアから世界へ——

はじめに——季語・歳時記・国際俳句

安保博史　本日のシンポジウムは、多様な視点と世界的な視野から、「季語の生成と四季意識」について検証することを目的に開催されることになりました。研究報告の前半部では、季語がいかに東アジアの風土や文化的土壌のもとに生成され、日本独特の発展を遂げてきたかがわかりました。一方、後半部では、国際俳句の現状をスウェーデンの事例や詩学の観点から討究し、その可能性についての御提言や御見解をいただきました。

この一二〇分におよぶ研究発表を踏まえて、六〇分の短い時間ではありますが、パネル・ディスカッションを行いたいと思います。

まずは、ご自身言い足りなかったことや、他の先生方の発表内容に対する感想などを伺えたらと思います。波戸岡旭先生、いかがでしょうか。

波戸岡旭　先ほどの発表では、短歌と俳句と漢詩の構造を図示し、「短歌には流れがある、漢詩は立体的である」ということを指摘しました。俳句は時間も詠みますが、だいたい瞬間を詠む。短歌や漢詩では、そこに立体的な空気が流れる。俳句には、その空気がないんですよ。ところが、季語によって、俳句にこその空気というものが染み込んでくれる。俳句においては、最短の瞬間を詠む時に、ひとつの空気感が必要になってくる。季語というものが発達した原因はこんなところにあるように思います。

安保　ありがとうございました。次に、藏中しのぶ先生、いかがでしょうか。

藏中しのぶ　東先生の御発表のなかで、ハルオ・シラネ氏の〈文化的記憶〉ということばが印象に残りました。コード化された俳諧的想像力、コード化された伝統の知識。私が『和漢朗詠集』の絵入り版本の報告で問いかけたかったのは、まさにこれだと思うのです。俳諧の付合語集『俳諧類船集』の「梅」や「柳」や「窓の梅」「池の氷」といった俳諧のコードが、江戸の『和漢朗詠集』には、絵としてピック・アップして描かれていることを指摘したつもりです。東先生のお話を伺って、ことばを画像化するということは、ことばを超えた普遍性をもつ、あるいはそれをめざすものでもあると思いました。

安保　それでは、新間一美先生、お願いします。

新間一美　ここでは、単に俳句というのではなく、芭蕉の俳句についても考える必要があると思います。例えば、空間論や時間論として、「夫れ天地は万物の逆旅」という李白のことばに注目してみましょう。天地は万物の旅館であり、人間も万物のひとつなのであり、人間も万物と共に生きていくということなのだと思います。

季節も万物とともに流れていくわけであって、そのなかで自分も人生を自覚するということが、芭蕉が到達した原理だと思うのです。その由来は、老荘思想の荘子に求めることができます。「天地」「万物」「逆旅」は、すべて荘子のことばです。『古今和歌集』「仮名序」にある「生きとし生けるもの、いづれか歌を詠まざりける」の「生きとし生けるものが歌を詠む」というのも、やはり荘子的な発想だという風に考えております。

そうした宇宙観のなかから生まれたのが春夏秋冬の季節感であり、そこに目をつけることが生きることである、と。こういうことを芭蕉は認識して、俳諧の本質を考えたのではないかと思います。季語がなくても、宇宙観は多々あるのです。だから、それぞれの宇宙観のなかで作品を育てるということが、俳句ではないかと考えます。

安保　ありがとうございました。トウンマン武井典子先生、いかがでしょうか。

トウンマン武井典子　発表は時間の制約もあって、「国際俳句では季語の扱いは非常に難しい」ということしか言えませんでした。それはもちろんそうなのですが、だからといって、スウェーデン人共通の季節感がないというわけではありません。例えば、クリスマスや夏至祭には共通の季節感があります。ただ、それが体系化されてないというところが問題なわけです。「夏至祭」ということばで言えば、スウェーデン人には、もうそれだけで広がっていくイメージ自体はある。だから、生活のなかで培われてきた共通の、個人を超えるもの、みんなに共通するものはあるのです。それはどこの国にもあると思うのです。

日本の歳時記とは合わないかもしれませんが、個人を超えて、毎年の行事や季節体験に基づく共通の何か、みんなで共有できる季語のようなものをスウェーデンの人もめざしていると思うのです。

安保　東聖子先生、いかがでしょうか。

東聖子　私たちが江戸時代の「季」「季の詞」という意味で、「季語」「季題」という言葉を使うようになったのは明治四〇年前後からです（筑紫磐井氏説。「季語」は明治四一年、「季題」は明治三六年頃）。つまり「季語」という考え方は、かなり近代的な意識の中で作られた概念なのではないか。「季語」が、いわゆる近代化の中で組み換えられている可能性を考えなければならないように思います。

また、国際俳句について、ひとつだけ言い忘れたことがございます。世界各国の国際俳句の何人かの会長たちは、歳時記の意義をよく理解していて、自分でフランスにしろ、イギリスにしろ、歳時記の作成を試みています。大所高所から見て、「俳句を撰集にするときは、俳句だけでは並べにくい。やはり、構成面で歳時記が必要になる」と、トップは考えているようです。しかし、一般の外国の俳人の方々は全然考えていないということがございます。

安保　東先生の御指摘のように、「季語」は近代になって用いられるようになった用語です。例えば、内藤鳴雪はエッセイにおいて、「季の景物」が俳句のいのちの大部分を支配しているという認識を示して、「季語」ではなく、「季の景物」ということばを使っています。「季の景物」、すなわち「季語」「季題」が、読者それぞれの季節の種々相にまつわりついている豊饒な世界を連想せしめるからこそ意味があるのだと言っています。

一方、国際俳句についても一言。高浜虚子が台湾の歳時記を作ろうとしたことがありました。『熱帯歳時記』です。日本とは気候が違うけれども、台湾においても、季節現象はあるわけです。それに注目して、台湾歳時記を作っていこうという試みを行ったのです。

台湾なら台湾で、日々の季節の変化に日々感動し、自己表現、言語表現する楽しさがあり、その営みから形成されていく季語があり、その台湾独自の季語の集まりとしての歳時記もあり得たわけです。海外は日本と気候が違うから、日本の歳時記は通用しないので、そんなものを海外で作っても仕方がないのだ、というような価値観を墨守していては駄目だと思うのです。

国際俳句において、世界各国における独自の季節現象にそれぞれ価値があり、それに応じた季語や歳時記があっていいのだ、そんな共通認識があってもいいのかな、と考えています。

一　季語の可能性と中国文学

安保　さて、本日のテーマは、「季語」「四季意識」の問題です。俳句が俳句であるためには、季語というものがDNAに組み込まれている必要があるのか、ないのか。ワン・ショットの、ワン・モーメントの瞬間の感動を保存するための記憶装置としての俳句という面ばかり注目されがちでありますが、季語は二の次で良いのだろうか。こういった点からも、季語の可能性について、少し煮詰めてまいりましょう。

研究報告でも、季の詞の縦題・横題について触れたわけでありますが、いわば各国における横題（俳諧にだけ取り上げられるやや俗な題）といったことがあっても良いのかどうか。そのような可能性はないのか。日本独特の季節現象に基づく本意本情（題材に本来備わる本質、本来あるべきさま）を踏まえた縦題（漢詩・和歌・連歌にも通じて詠まれる伝統的な正式の俳諧の題）とは別に、各国における新しい季語の可能性ということも考えたいと思います。

新間　季節感ということを考えると、『古今集』が生まれる前に、『新撰万葉集』などがあって、春夏秋冬を重視する考え方が強く働いたと思うのですね。菅原道真が中心になったと思いますけれど。それが『古今集』で結実し、『和漢朗詠集』などで広まっていったという流れがあると思うのです。

　俳句はその上で季語を用いているわけですけれども、それはやはり日本の文学の一千年以上の伝統の上に立って、そうなっているわけですね。だから、日本人としては、独自の伝統文化に立って季語を主張し、俳句とはこういうものだという言い方をする。

　今日のシンポジウムでは、各国の文化的伝統、新しい文化などに注目して考えていけば、共通する話ができるのではないかという気がします。

安保　私は、日本人が季節の情趣や季節の変化の瞬間などというものに興味や関心をもって、それを文学の素材として四季別に整えるあり方は、中国に学び、日本独自に磨いていったように理解しておりますが、こうした認識でよろしいでしょうか。

新間　中国の文化、文学、ヴィジョンを取り入れることによって、それが先鋭化したということはあるでしょうね。

安保　なるほど、先鋭化。

新間　はい。先鋭化され、さらに細分化されていく動機になったということはあるでしょう。ただ、日本の和歌の方でいえば、季節の流れを歌っているわけですから、その四季意識がもともと日本になければ、そのような文化は育たなかったと思いますね。

安保　もともとあった、と。

新間　それは要するに、中国文化をはじめ、東アジアすべてがそうですけれども、文化が一種の培養材になっているわけですね。それを摂り入れて、それを根付かせて育てたのではなくて、日本の土地に生えたものを育てていく培養材として、中国の文化が入ってきたわけですから。そこの複合性は考えなければいけない。

安保　四季意識がもともと日本人にあったればこそ、中国の漢詩文の伝統を受け入れて、四季意識をブラッシュ・アップできたということですね。

波戸岡　ちょっとごめんなさい、そうでもない面もある。例えば、「秋風《あきかぜ》」「あきかぜ」のことでいえば、これは中国と日本とで違います。「秋風《しゅうふう》」という場合には、中国では非常に厳しい北風のことをいう。けれども、日本の「あきかぜ」というと、うららかなそよそよ吹く風をいうのです。それから、「紅葉」「もみじ」もそうですよね。そういう意味での日本の風土に合ったことばの概念の転換を、日本人は非常に巧みに行っているわけですよね。

安保　つまり、和習ということですね。

波戸岡　和習化とか、和習味があるという言い方をすると、マイナス評価で意味がないんですけれど、プラス思考で考えれば、中国の文化や伝統を日本の風土に合うように摂り入れているということだろうと思うのです。

二　国際俳句の地平で――四季意識の形成と言語化

安保　一千年の時間をかけて、日本独特の四季意識が育まれ、自然に対する様々な体験が文化コード化され、言語化されて、和歌や連歌や俳句になっていったわけですが、こうした四季意識の形成と言語化ということが、世界各国にあっても良いのではないか。

長い長い時間をかけていけば、例えば、スウェーデンならスウェーデンの風土に基づいて、雪とか氷に対するさまざまな共通体験や共通感覚が育まれ、それが文化コード化され、言語化されていけば、スウェーデンならスウェーデン独特の四季意識が生まれ、この国独自の季語が紡がれていく可能性だってあるのではないか。トウンマン先生、いかがでしょうか。

トウンマン　そうですね、可能性はありますね。ただ、スウェーデンは人口が少なくて、東京より少ない人口です。俳句人口は日本とは比べられないくらい少ないのです。学校では授業で俳句を作らせたりしますが、俳句を知らない子もいます。でも、スウェーデン俳句協会の俳人たちは季語も意識していますし、そういう人たちを中心としてスウェーデン季語がだんだん作られていく可能性はあると思います。

東　「なぜ、俳句か？」と考えてみると、まずひとつは季語、切れ字、あるいは地名、人名などを短詩型文学の小さな器の中に盛っていくわけです。そのように重層化して、芸術性の高いものにするにはいろいろな仕掛けが必要です。

日本において俳句を作る場合は、五七五という形を採用していますけれども、海外で作る三行詩、あるいは各国の言語で作るものについては、「それはもうご自由に」ということで、詠む対象は別に季節でなくても、自然でなくてもかまわないと思います。各国の言語で、スウェーデンならスウェーデンでというように、それぞれの国でお好きなように、しかも民族性、国民性というものをいかして創作されれば良いのではないでしょうか。歳時記も必要であると思った場合は、ある国ないしある集団で独自にお作りになれば良いでしょう。

安保　そうですね。日本では温帯モンスーン気候のもと、四季意識が明確な東アジアならではの季語の発生と展開があり、それが短い詩形の俳句文芸において活かされてきたわけです。全世界的に「ＨＡＩＫＵ」の可能性を考えていった場合に、各国独自の季節感に応じて季語が育まれていっても良いし、季語に代わるものだってあって良いのだろうと思います。俳句が俳句足り得るＤＮＡというものを、僕らが新しく培っていくことだってあり得るのでしょう。

俳句結社「天頂」の主宰者でもある波戸岡先生、何かございましたら。

波戸岡　ちょっと一言だけ言わせていただくと、私の小さい結社は、今年で十八年になりますが、会員は百人くらいいるんですね。その中に台湾の方がお二人いらっしゃる。毎月作品を送ってくるんだけれども、それを間に仲介する人がいる。一人は台湾人で、もう一人は台湾に住んでおられる先住民族の方なんです。このお二人が作品を日本語訳して、その日本語の作品が送られてくるわけです。私はそれを見て、それで台湾の風土も考えながら、自分の結社の俳句ですから、やはり自分の結社の人たちにわかるように添削しなきゃいけない。

国際俳句ってことで言うと、小さな話ですけども、そういう人たちをどう扱うかっていうことには、もっと注意を払いたい。『天頂』は日本の自分が出している雑誌だから、やっぱり海外の方も日本の風土に、なるだけすり寄ってもらいたい。そういう意味で「季語は使わなきゃだめですよ」っていうことを、私は言うんですけれども。

もう一方で、また別に日本人で漢俳をやってる人がいる。その人は、私の雑誌では漢俳は設けていないんだけれども、読者の「声」欄に毎回漢俳を書いて送ってくる。それはそれで雑誌に載せてあげるわけです。それはだから、相寄れないものがある。ですから、お互いに、自分の結社の中で俳句をやる場合には日本語をやってもらわなきゃ困るわけだけれども。

今日のシンポジウムでは、お三方が国際俳句の事例を日本語訳でおっしゃっていたけれども、その国のことば自体に韻律があるわけで、それを抜きにしたら、もう詩じゃなくなってるわけですね。我々は「ああ、そういうものか」と口にするけれど、本当はわかってない。本当はスウェーデンの方がどういう俳句を作っているのか、わかってない。そのことがわかるためには、スウェーデン語がほんとにわからないと、わからない。これ、いつも翻訳の時に迷いますよね。そういう意味で難しいところはあるだろう。

でも、国際俳句という存在は、それぞれの国で、それぞれのことばで、その国に住む人々が「瞬間を短い詩に詠む」ってことに目覚めた方がおられることを示しているわけです。俳句はそういう意味で、国際的な先導役の働きをして引っ張ってもいくし、後押しもするというところに目を向けるべきです。

三　歌枕・地名のもつ力

安保　この点について、東先生、いかがでしょうか。

東　それはシラネ先生と違う言葉でおっしゃってるような気はするのですけれども、とても大事なものだと思います。例えば、芭蕉は季語について、「地名がそこにあれば、季語はいらない」と言っています。つまり、一句の中で、平泉とか、富士山といった重層的なイメージを持った強いことばである地名があれば、季語はいらない、なくても構わない、というのです。実際には入れておりますけども、そういう風に言っています。

ですから、芭蕉はものすごく自覚的に、「どうやったら、この短詩型文学を芸術的に価値あるものにできるのか」ということを考えていた、ということはあると思います。

安保　なるほど。確かに、文学語としての地名にも注目されますね。そう言えば、名著『ことばの内なる芭蕉』（未来社）で知られる故・乾裕幸先生は、「『おくのほそ道』・歌枕の想像力」（『国文学』第三四巻六号・一九八九年五月）という論文の中で、延宝四年（一六七六）刊の高瀬梅盛著『俳諧類船集』に立項され

藏中　新間先生から、空間論・時間論・宇宙論のお話があって非常に刺激的でした。『座の文学』（講談社学術文庫）の尾形仂先生は、季語は時間軸、歌枕は空間軸と捉えておいでです。これについて、お話を伺いたいと思います。

た歌枕の数の多さに言及されています。こうした地名の付合語の飛躍的な増加という現象が、単に実用面で地名による俳諧付合の便を図る以上に、地名の文学的意味に対する関心の高まりを象徴するものではなかったか、と安保は思っております。

近年、気鋭の俳文学者である稲葉有祐氏が、寛文期から延宝期、高野幽山・内藤風虎らが奥州の「名所」に注目した和歌集・句集を相次いで刊行し、奥州の名所意識を育んでいた事実に光をあて、地名による文芸性の再構築を模索していく潮流の実態を明らかにしています。今後、このような視点からの俳句における地名や季語に関する研究の発展も期待されます。

四　対象との一体化、自然との一体感

安保　最近、私と同世代の読売文学賞受賞俳人の小澤實氏と、文化人類学者の中沢新一氏が『俳句の海に潜る』（KADOKAWA）という俳句の本を出しました。「俳句はアース・ダイバーの文芸である」として、詩とアミニズムの新しい地平を開拓しようとする視点や示唆に溢れた、斬新な対談集です。俳句の基本は対象と一体化することだ、動物でもいい、無生物でもいい、一体化することだ、芭蕉だって「松のことは松に習へ、竹のことは竹に習へ」と言ってるじゃないか。そんな具合に対談が展開しているわけです。

ここで想起されるのは、北原白秋の『雀の生活』（新潮社）という長編散文詩です。読んでみると、白秋が紫烟草舎での赤貧の思索生活の中で、ずぅーっと雀の暮らしを見ていて、「雀は僕だ」「僕は雀だ」などと言い出すのです。特に、冒頭の「小序」に白秋が「雀を観る。それは此の『我』自身を観るのである。雀を識る。それは此の『我』自身を識る事である。雀は『我』、『我』は雀、畢竟するに皆一つに外ならぬのだ」と述べていることには注目されます。この一節は、芭蕉が私意を離れて、自分と物と一体化することの大切を説いた「習へといふは、物に入りてその微の顕れて情感ずるや、句となる所也」（『三冊子』）の一節と重なって印象に残りました。

白秋にしても、芭蕉にしても、あのような物我一如の考え方は、中沢さんの言うアミニズムじゃないか。「中沢さん、鋭い！」なんて思ったのであります。

その意味で、さきほど、ジョンソン先生は、欧米の国際俳句の中に、眼前の物の動きや現象を、神の手とも違い、自分の手とも違う、何か不思議なものによって導かれた結果として捉える考え方・感じ方が内在していることを指摘されました。これにもアミニズムに近いものを感じます。

全世界の方々には、そういう科学の知識とか、合理的な精神からでは理解し得ないような動きや現象やものごと、あるいは心情というものを、俳句に表現するようなことがあるのかなぁーと、中沢新一さんの意見に共感したのですが。こうした眼前の自然と人間との関係性の視点から、パネリストの波戸岡先生の『自然の中の自分、自分の中の自然―私の俳句実作心得』（ウエップ）という本に注目されるわけです。この本は「自分と自然が対立しているんじゃない」という認識から出発して

いますが…。

波戸岡　そう、自分と自然との一体感という認識。

安保　自分と自然が対立しているのではなく、自分の中に自然がある、自然の中に自分が生かされている、ということですね。眼前の自然の対象が発する本質的な情趣や感興というものと自分が一体化し、その一瞬の光のように看取された情趣や感興が消えないうちに素早く言語化すべきだ、という風に芭蕉は言ってますよね。

藏中　波戸岡先生がおっしゃった「私の中の自分、自然の中の私」、もう少し詳しく俳句実作の観点から勘所をお聞きしたいと思います。

安保　波戸岡先生、少し、お一言。

波戸岡　これ、わかれば、私、俳句辞めますよ（笑）。

一同　（笑）。

波戸岡　それは、私の一生を賭けての命題なんですよ。「自分の中の自然」を考えていると、「自然の中の自然」が出てくる。「自分」を考えていると、「自分の中の自分」が出てくるんですよ。無限軌道なんです、これは。だから、「自分」も変化してくし、「自然」も変化していく。

俳句は、いつか尽きるだろうってのはあり得ないわけです。自分も年齢を重ねていくわけで、今日の自分と明日の自分は違う。違うわけですから、「自分の中の別の自分」がまた出てくるわけですね。だから、その意味で、俳句っていうものの無限性を、私はこれで言っているのです。同じようなことは、いろんな方がおっしゃってますよね、ちょっとすぐ出てこない。直入だとか、なんだとかね。

安保　斎藤茂吉の「実相観入」とか。

波戸岡　そう、実相観入。私の考えは、平たく言えばこういうことなんです。自分と自然とがあって、その自然の中に自分が生かされていて、そして、自分の中に、自分の中にある自然を詠む。

見たまま、聞いたままを詠むということは、「季語の説明」になってしまうんです。「季語の説明」は、いちばん駄目なんです、俳句としては。自分の心を詠んだなかに、季語がうまく生きてるのが良い句なのです。だから、その兼ね合わせが難しいですけど。そういう意味で、もちろん、「自然」ということばの中に季節も入ってますけど。あの、だから私…、話止まんなくなっちゃった（笑）。

安保　いえいえ（笑）。

波戸岡　私は、俳句は家で、大体あまり作らない。句会で、その場で作っちゃう。そういう癖ができてしまってますけれども、その瞬間に出てくるものを非常に大事にしたいんです。それをお話すると、また時間がかかりますから、これぐらいで。

安保　はい、波戸岡先生、ありがとうございました。

五　フロアからの発言

安保　予定の終了時刻も迫ってまいりましたので、ここでフロアの皆さんからの御質問や御感想をお受けしたいと存じます。

オレグ・プリミアーニ　大東文化大学非常勤講師のオレグ・プリミアーニです。私は未熟者で、俳句については勉強したことがないのですが、さきほどのジョンソン先生の御発表で、国際俳句の実作のありかたを知ることができました。日本語に限らず、英語でも、ひとつの瞬間の美を描くという技術が実際にあるということを、今日、初めて実感しました。とても勉強になりました。

安保　オレグ先生はイタリアから来日し、大東文化大学博士課程で日光東照宮の三十六歌仙について研究し、博士号を取得されています。ありがとうございました。

菅野友巳　世田谷美術館の菅野と申します。大東文化大学にも非常勤講師として勤めております。私は出身が演劇の方で、ほんとに俳句について不勉強なんですね。瞬間、空間、眼前の対象の一瞬の美を切り取るということについて伺いながら思い浮かべたのは、シェイクスピアのことばです。例えば、『ハムレット』の「自然のことばを偽らざる聞く」ということばです。

私は日々身体や演劇の空間におりましたので、文字というものに対して、ちょっとこう、違う壁のようなものを感じていたのですが、今日のこのシンポジウムをお聴きしておりまして、そういうものに壁はないんだな、と感じました。自然と自分との関わりが、いかに表現の上で大切であるか、大変刺激を受けました。

安保　菅野先生、ありがとうございました。

乙部修平　上智大学文学部国文学科一年の乙部修平といいます。僕は、この二月に三週間ほどインドに行っていました。今日は「俳句というのは、瞬間を切り取る」という、「移り気なものを捉える」っていうものだっていうことを、すごく学ばせていただきました。

日本でその意識が生まれた理由には、日本に四季が存在することもあると思うのですが、インドでは日本と違って季節的に四季がないうえに、人々に前世があって、現世があって、来世があってという輪廻の中で生きているという感覚があると思うのです。そこに「何か一瞬を切り取るという俳句の意識というものが、生まれるのだろうか」と、ちょっと疑問に思いながら興味深く聴いていました。以上です。

安保　乙部君、ありがとうございました。はい、東先生、お願いします。

東　国際俳句では、やはり宗教・思想性、時代性、それから自然や社会環境、さまざまなものが絡んでくるのです。私の友人で、著名な政治学者になった方がいますが、かつて、その彼女が「最もナショナルなものは、最もインターナショナルである」と言ったんですね。日本にとっては、最もナショナルなもののひとつが俳句であるけれども、スウェーデンならスウェーデンで自国の文化にとって最もナショナルなものを表現して、インドならインドで最もナショナルなものを表現して、国際俳句をお作りになれば良いと思うのです。そのお手伝いはいくらでもいたしますが、ただ余計な口は出さないということかな（笑）、と考えております。

安保　東先生のおことばが、本シンポジウム全体の願いを象徴するように、ピシッとキマッて良かったです（笑）。そうですね、かつて国際俳句を外交上の社交辞令とか、外交の道具にする時期がありましたけれども、今や国際俳句は各国の風土や文化や歴史などに応じた、各国独自の短詩型文学として展開していく段階に入ってきたのですね。

結――俳句の国際化と「座の文学」――

安保　結びの時間となりました。最後に、パネリストの先生方から一言ずついただきたいと存じます。東先生から一言ずつ。

東　私はもう、言い過ぎましたので（笑）。私どもはプロジェクトで本を出しましたが（『国際歳時記における比較研究―浮遊する四季のことば』）、まったく反響がなかったのです。本日は、皆さまに熱心に聴いていただけただけでも、それからスウェーデンのことも、諸作家の作品もうかがえて、大変有意義でした。このような機会に呼んでくださって、ありがとうございました。

トウンマン　東先生が本をお出しになって反響がなかったとおっしゃいましたが、とんでもない。私は世界の、そしてスウェーデンの俳句を考えるうえで、先生の本を参考書として熟読しましたし、論文を書く時にも参考にさせていただきました。

東先生がおっしゃるように、「押し付けない」っていうのが大切ですね。「訳では通じないものがある」って、波戸岡先生がおっしゃってましたけれども、季語がどうっていうより、やはりスウェーデンで書いてる人たちは「詩を書こう」と思って書いているのですよね。「詩としての感銘があるものを書こう」と思って書いている。だから、季語のあるなしにかかわらず、そういうレベルで交流できたら良いな、と思います。

新間　俳句というものを考えるうえで、句会がありますよね。句会は、いわゆる「座の文学」というものであり、俳句はそういう性質を持っているということを、世界に広げる時には非常に重要な点だということを強調したいと思います。

藏中　句会も、集団的な文学活動ですね。文学を生みだす場これを支えたネットワークを考えるうえで、時間軸と空間軸という視点は有効だと思いますが（古代文学と隣接諸学２『古代の文化圏とネットワーク』）、今日もまた新たに、空間を切りとる地名や歌枕、一瞬の時間をとらえる季語の重層性と可能性、これからの文学を生みだしてゆく国際俳句の未来の展望まで教えていただけたのが大変刺激的でした。ありがとうございました。

波戸岡　句会というのは、非常に緊張するんです。句会の後は、たいてい居酒屋へ行ったり、喫茶店へ行ったりして寛ぎます。ちょうど良い時間です。あとは懇親会でやりましょう。

一同　（笑）。

安保　パネリストの先生方、ありがとうございました。句会の場に行けば、別々のものが寄り添って、身分とかそういうもの全部取っ払って、自由に自己表現できる幸いを味わえます。それが「座」であったわけです。そういう「座の文学」的なありかたで全世界がつながっていって、国際俳句が作られてほしいと思います。いろいろな国が、地理や風土、歴史や文化、別々に違ったものであったとしても、寄り添うような感じで、自国の言語の特性・韻律を活かしながら、俳句のような短詩型の表現の可能性を模索していく、そんな未来が、俳句にあったら良いなと、安保は思っております。

このような点を認識できただけでも、本日のシンポジウムは意味があったのではないでしょうか。シンポジウムの後も、懇親会場で寛ぐことが大切です（笑）。駅前の「桂林」の方で、言い足りなかったことや、じっくり語り合いたかったことなどを存分に話しあう、談論風発の楽しい時を過ごしましょう。では、パネル・ディスカッションを終了させていただきます。皆さま、お疲れ様でした（拍手）。

［文責・安保博史］

付記　本稿は日本学術振興会科学研究費助成事業（学術研究助成基金助成金）基盤（C）（課題番号16K02373）の成果の一部です。

古代「白堂」考

藤本　誠

はじめに

古代史料にみえる「白堂」という表現については、一九六七年に出された遠藤嘉基・春日和男校注『日本霊異記』頭注において、「堂前に白す、つまり、祈禱する人々の願を仏の堂に申して取次ぐ、の意か。[1]」との見解が出され、その後『日本国語大辞典』において、「仏堂の前で物をいうこと。祈禱する人々の願いを仏の堂に申して取りつぐこと。[2]」との見解が出された。その根拠史料としては、『日本霊異記』下巻第三「沙門の十一面観世音の像に憑り願ひて、現報を得し縁」（A）と『類聚三代格』弘仁九年五月二十九日太政官符「応レ許下昼日男入二尼寺一女入中僧寺上事」（B）を引用しているが、内容はAのみの理解に基づいている。近年では古代仏教史の立場から、吉田一彦氏がAに基づき、「白堂とは、おそらくは、堂前に跪き、堂の扉をあけて仏像に対面し、祈願の言葉を申しあげる、という行為であったろうと私は思う。[3]」と指摘し、上記の見解が現段階での通説的な位置を占めていると思われる。

上記の見解は主にAをもとに論じられてきたもので、Bについては、古くは狩谷棭斎の『日本霊異記攷証』においてAの類例としての指摘があるが、近年中村史氏によって、Bに基づき「白堂」とは「悔過法会のこと[4]」と指摘され、更に寺川眞知夫氏により、A・Bから「本尊への祈願・誓約を意味している[5]」との見解が示されている。ただし中村説は十分に論証されているとは言い難く、寺川説についても、Aを中心に論じられたものでBの内容が十分に踏まえられているとは思われない。

ところで古代の「白堂」の史料については、A・Bの他に東南院文書として残された東大寺の別当・三綱や造東大寺所の知事等の任牒（C）があることは看過できない。Cについて論じた橋本政良氏は、「白堂とは就任の儀式[6]」であるとし、近年石田実洋は、「後の史料には「拝堂」とみえる、別当就任儀礼のことを指す[7]」とし、いずれも上記とは異なる見解を提起している。そこで本稿では、主にCを中心として考察し、その結論を踏まえてA・Bに基づく見解についても再検討することにより、古代の「白堂」の特質の一端を明らかにすることを目的としたい。

一　東大寺別当・三綱・知事等の任牒と「白堂」

東南院文書に残された東大寺役職者の任牒については、皆川完一氏によれば、印蔵文書として伝来した五櫃のうちの第一櫃にあり、第二～第七巻に成巻されて収められていたが、この櫃（公験唐櫃）は仁平三年（一一五三）までに東大寺別当寛信が印蔵文書を修補し、収集した散逸文書も合わせて整理をした時の分類に基づいて久安・仁平頃に作製されたもので、弘安三年（一二八〇）に聖守が櫃を造り替えた時も分類は継承されたことが指摘されている(8)。したがって、文書自体は、概ね十二世紀半ばに寛信が収集整理したものと考えられる(9)。管見の限り、任牒一九八件中、三八件に「白堂」の書き入れが見られ（表1。なお「白堂」の記載はないが、「白堂」が行われたと推測される用例が七例ある。）、それらは全て東大寺の別当・三綱や造東大寺所の知事等の補任に関わる史料である。「白堂」の初見は承和五年（八三八）であり、その後天慶七年（九四四）の太政官牒まで約百年にわたって継続して確認できる。

このような東大寺の役職者の補任については、以下の史料がある（傍線・太字は筆者による。以下、同じ）。

【史料一】『延喜式』玄蕃寮式60別当三綱闕条(11)

凡諸大寺別当三綱有レ闕者、須下五師大衆簡二定能治廉節之僧一、別当三綱共署申送上、僧綱覆審具レ状牒二送寮一、寮申レ省、省申レ官、然後補任、若薦挙不レ実、科二責挙者一、兼解二却見任一。**東大寺知事亦同。**

本史料からは、東大寺の別当・三綱・知事は「五師大衆」の「簡定」で「薦挙」される役職であり、僧綱が覆審の上、玄蕃寮に牒送し、太政官により「補任」されることが規定されている。東大寺の役職者補任の僧綱牒は承和五年から、太政官牒は貞観十二年（八七〇）から残されており、少なくとも貞観十二年以降『延喜式』に規定された方式で行われていたことが推察される。ただし傍線部の選任方式については、『僧尼令』の任僧綱条において「所挙徒衆。皆連署牒官」とあることと類似することが指摘されており(12)、選任方法自体は八世紀段階より存在していたことが推定される。別当・三綱の選任は寺院により一様ではなかったが(13)、少なくとも『延喜式』で対象となった諸大寺や東大寺内部においては『延喜式』以前に遡る選任方法であった可能性が推測されよう。

以上を踏まえた上で、まず「白堂」記載のある太政官牒をみてみよう（「　」は異筆による書き入れを示す。①・②は筆者による。以下、同じ）。

【史料二】貞観二年（八六〇）正月三日太政官牒(14)

僧綱牒東大寺別当三綱幷造司知事

住位僧令基

牒、件僧補二任彼寺造司所知事僧忠純死闕之替一如レ件、寺所二承知一、牒到任用、故牒、

貞観二年正月三日　従儀師「寵秀」

僧正　大威儀師「正義」

大僧都　　　　　　威儀師
少僧都「明詮」　　威儀師「敬勝」
律師「寿良」
「①月九日到来、
②十日白堂、
以十五日著坐、」

本史料は、貞観二年に忠純の死闕の替りとして、令基を造東大寺司所知事に補任した太政官牒である。任牒の端書に記された書き入れ（傍線部）をみると、太政官牒の「到来」→「白堂」の実施→「著坐」（就任）という順序があり、（一）「白堂」とは就任儀礼の一部であること、（二）就任には太政官牒の「到来」が必要であったこと、（三）「白堂」が実施された後に、正式な就任（着坐）と考えられていたことが窺える。以上から「白堂」が東大寺役職者の就任儀礼の一部であったことが改めて確認される。また土谷恵氏は、貞観年間における僧綱の役割の縮小に伴い、貞観十二年制を画期として僧綱牒による補任から太政官牒による補任に変更、定例化されたことを指摘しているが、(15) **表1**によれば「白堂」はそのような制度的な変遷に関わらず一貫して記載されている。上記の指摘が認められるとすれば、「白堂」とは制度的なものではなく、東大寺の寺院社会内部における役職者の就任儀礼として行われていたことが推測されよう。

史料二に戻ると、傍線部①と②以下については筆跡と内容から同一人物の筆跡であっても同時記載ではなかったと推測される。このように「到来」と「白堂」の筆跡時が異なると考えられる事例は、他にも表1（備考参照）に十例（4・7・9・11・13・14・19・22・26・27）ある。これは太政官牒が「到来」した時と「白堂」がおこなわれた時にその都度、任牒に書き入れられたためと考えられ、かかる事実は、任牒が補任儀礼と密接に関わっていたことを物語るものと思われる。

「白堂」と太政官牒との関係を考える上で注目されるのが、つぎの史料である。

【史料三】 貞観十四年（八七二）六月二十一日太政官牒

太政官牒東大寺
　伝燈住位僧禎杲
右、大納言正三位源朝臣融宣、件僧禎杲、宜ㇾ補二知事僧長維秩満之替一者、寺宜二承知一、依ㇾ宣行ㇾ之、牒到准ㇾ状、故牒、
　貞観十四年六月廿一日正六位上行左少史伴連「貞宗」牒
正五位下守右中弁判少納言藤原「朝臣」
「以七月廿日白堂已了、
即日続納之、」

本史料は、貞観十四年に伝燈住位僧禎杲を長維の秩満の替りとして知事に補任した任牒であるが、傍線部によれば「白堂」の実施後、即日「続納」したと記されている。「続納」は「続収」(16)と同じで、おそらく「継文のかたちに貼り継いで」納めることを意味すると思われる。「白堂」が終わってから太政官牒を「続納」したと記されていることは、「白堂」の場に任牒が

持ち込まれていた可能性を示すと考えられる。この推測を補強するものとして、元慶四年（八八〇）以降の任牒の多くにみえる奉行文言が「白堂」文言と同時に記載されていたことがあげられる。奉行文言とは、渡辺滋氏により、「下達文書（場合によっては平行文書）が、発給元の官司から別の官司へと送付された際、受取り側で情報を受信した事実を明確にするために」(17)、下達文書を受信した官司で四等官が集まり、少録が「読申」し「共知」した上で自署を加える行政処理であり、古代以来後世まで文書に見え続けていることが指摘されている(18)。東大寺役職者補任の官牒をみると、「奉行」文言と「白堂」の書き入れが同筆の事例が四例（表1―25・32・33・39）あり、ここに「白堂」の場で太政官牒の読み上げとほぼ同時に「奉行」する行為がなされていた可能性が認められるのである。「奉行」の処理が確認できるのは元慶四年以降の事例であるが、「白堂」に太政官牒の「到来」が不可欠であるとすれば、それ以前から太政官牒の読み上げが行われていた可能性も想定されるのではなかろうか。

つづいて「白堂」の特質を示すものとして、以下の史料が注目される。

【史料四】元慶四年（八八〇）二月十四日太政官牒

「**同月十七日到来、即白堂、都那**」

「**同月廿七日 到**（墨消し）、**白堂了、寺主**」

太政官牒東大寺

伝燈大法師位峯澄〈年五十四　臈卅二〉

右、寺主伝燈大法師位長玄秩満之替、

伝燈満位僧情簡〈年四十二　臈廿一〉

右、都維那伝燈法師位増宥秩満之替、

以前、従二位行大納言兼左近衛大将源朝□（臣）多宣、件等法師宜｣補者、寺宜承知、依｣宣行｣之、牒到准｣状、故牒、

元慶四年二月十四日従六位下行左少史山田宿禰「時宗」

左少弁正五位下兼行大学頭巨勢「朝臣」

本史料は、元慶四年に長玄の秩満の替りとして峯澄が寺主に、同じく増宥の秩満の替りとして情簡が都維那に補任された時の任牒である。傍線部では、太政官牒が十七日に「到来」しているにも関わらず、都維那と寺主の「白堂」が別日（十七日と二十七日）に行われたと考えられる。その要因は不明であるが、可能性としては補任者自身が参加できなかったことが想定されよう。貞観十八年（八七六）二月五日の官牒(14)には、「以五月二日巳時、秋知事付坐」とあるが、このときの官牒では済慶と命秋の二人が知事に任命されているにも関わらず、命秋のみの着座が記されていることも同様の事例と考えられる。寛平二年（八九〇）閏九月二十二日官牒(23)には、①「十月一日到来、同日白堂拝座」、②「上座、寺主、知事朝宗、性可」と補任者された知事の僧名記載がみられる。かかる記載は、補任者自らが参加して行われていたことを傍証するものではなかろうか。したがって、「白堂」には補任者自身の参加が必要であったことが推測されるのである。

ところで昌泰四年（九〇一）六月三日官牒(29)には、「白堂」とおそらく同じ意味で、「拝堂」とも記されていることが注意される。かかる記述は、「白堂」が拝礼を伴う儀礼であったことを意味すると思われるが、合わせてこの頃には「白堂」は「拝堂」とも呼称されるようになっていたことが窺える。前述の寛平四年の任牒(23)に、「白堂拝座」とあることは、役職を拝命し、同時に拝礼も行われていた可能性が考えられる。実際、「白堂」が最後にみえる天慶七年（九四四）八月十九日官牒(45)から約半世紀経った寛弘九年（一〇一二）九月二十二日の澄心の別当重任の官牒の中に、「別当少僧都澄心、着任年浅、成功節深、拝堂即未収寺物以前」とあるように、別当就任儀礼としての「拝堂」が確認できる。また十一世紀後半の儀礼を記した『江家次第』には、「東大寺拝堂」という別当就任儀礼が確認できる。ここからおそらく「拝堂」が「白堂」の系譜を引いた儀礼であることが予測されよう。以上、東大寺役職者の任牒の書き入れから、「白堂」とは、①太政官牒を用いたこと、②補任者自身の参加を必要としたこと、③拝礼を行っていたこと、④別当就任儀礼の拝堂に継承された可能性が高いことの四点を指摘した。次章では、『江家次第』の「東大寺拝堂」の儀礼内容を確認し、そこから「白堂」の意味を考えてみたい。

二　「拝堂」の儀礼内容とその特質

本章では、『江家次第』巻第十三の「東大寺拝堂」の前半部を手がかりとして、「拝堂」の内容について考察を加えたい。

なお、本史料については、石田実洋氏により、別当が仁和寺から東大寺に赴いていることや、天仁三年（一一一〇）四月八日から永長二年（一〇九七）まで権寺主であったことが確認できる威儀師暹慶が権寺主として現れることから、十一世紀末の嘉保二年（一〇九五）六月二十二日付任牒により別当になった経範の拝堂儀に基づくものであったと推定されている(19)。拝堂儀礼の概要は、A食堂、B竈殿、C上司庁、D八幡宮、E大仏殿、F別当房の順番に儀礼が行われ、食堂では官符の読み上げと仏像への拝礼・誦経、竈殿では奉幣、上司庁では印鎰の進上を受けて吉書を成し、八幡宮では奉幣、大仏殿では誦経を行い、最後に別当房に戻って、印鎰を受けとるなどの諸儀礼を行い、饗宴を行うというものである。以下に史料を掲出しよう（A～Fは筆者による）。

【史料五】『江家次第』巻第十三「東大寺拝堂(20)」

次拝堂次第

A先以㆓吉時㆒立㆓食堂南面砌㆒、有㆓作法㆒

①次読㆓官符㆒〈権寺主威儀師暹慶賜㆓被物一重㆒〉

②次別当入㆑堂拝㆑仏

次別当著㆓床子㆒

③次導師著座、啓白〈賜㆓被物一重㆒〉

誦経百疋、導師擬講行㆑禄

④次東西床衆僧引㆓與袋米㆒〈数千〉

但左右一床五師賜㆓米袋絹㆒、堂供畢

次別当下㆑床出㆑従㆓正面戸㆒、廻㆑自㆑西従㆓後石橋下㆒際

〔降カ〕
B次拝二着竈殿一、大膳末正於二竈殿一令レ申二事由一奉幣、
次舞四度〈左右各二度〉
C次着二上司庁一
次開二御蔵一進二印鎰等一、即成二吉書一
次主座之時置二銭袋米一石一下レ文、坐レ下立レ吉
D次参二詣八幡宮一奉幣、舞二度
E次還二入大仏殿一行二誦経一、絹百疋
導師五師行秀〈布施絹三十四〉
F次還二着本房一着座
次上司三綱等進二印鎰一
次下政所々司等幷目代前立、並進二印鎰一、其後
目代等各開二封印鎰箱一、経二御覧一、即成二惣返抄等一
次上司所司等御前庭並座、給絹各七疋
次同司職掌小綱等、令三並着二庭中一〈同給二絹各二疋一〉
次下司所司等如レ前、職掌同レ前
次舞四度〈左右各二度〉各賜二被物一重一、又惣禄絹百疋
〈舞人・楽人等〉
次三日厨饗始
参法華会

本史料で注目されるのは、Aの食堂での儀礼（以下、食堂儀）である。まず①にあるように「官符」（太政官牒）が読み上げられていることが重要である。これは前章で指摘した「白堂」においても太政官牒が不可欠のものと位置づけられていたことと関わるものであろう。

つぎに②では、別当自らが参加する儀礼であったことがわかり、食堂内の本尊[21]に拝礼を行っていることが確認できる。すなわち、東大寺の別当就任儀礼である「拝堂」は、最初に食堂で行われたことがわかる。東大寺の食堂の位置付けを示す史料としては以下のものがある。

【史料六】『東大寺要録』巻四諸会章第五[22]

正月
政所朝拝〈所司小綱職掌。列二参政所一。在二酒肴禄物等一〉
食堂礼拝〈上下所司小綱職掌参二会食堂一。請二五師一人一令レ着二東一座南頭一、名事順令レ祈レ之。上下所司引率、**正面間礼拝之中所司表白〉**（中略）
三月
三日節供。〈於二食堂一行レ之〉（中略）
五月
（中略）
五日節供。〈於二食堂一行レ之〉（中略）
九月
（中略）
九日節供。〈於二食堂一行レ之〉（中略）
十二月
八日温室節〈於二食堂一行レ之〉七賢供（後略）

本史料によれば食堂の本尊を「礼拝」し「表白」を行う儀礼が正月の政所朝拝のつぎに行われており[23]、上下所司小綱職掌が

食堂の本尊に拝礼するとともに、一年の年頭に何らかの願意を「表白」していたことがわかり、少なくとも東大寺において食堂の本尊は重要な位置を占めていたことが窺える。また三月・五月・九月の節句や十二月の温室節も食堂で行われ、食堂には寺院大衆が集まる場であったことが確認できる。近年、吉川真司氏は、古代寺院の食堂は、共食儀礼を軸にして、寺僧集団の秩序を維持し、その共同性を体現する空間であったと指摘されている。(24) そのような食堂の重要性から、別当就任儀礼である「東大寺拝堂」においても、まず最初に行われるべき場であったと考えられよう。

また③からは、食堂内の仏像に対して導師による「啓白」がなされたことがわかる。「拝堂」が別当就任儀礼であることからすれば、食堂の仏に対して別当就任の願意を申上していたと考えられる。

さらに④からは、「五師」と「衆僧」の拝堂儀への参加が確認できる。史料一において、別当も含む東大寺の役職者は、「五師大衆」の「薦挙」により決められたことを確認したが、拝堂では「五師大衆」の「薦挙」を前にして太政官符の読み上げと本尊への「啓白」を行うことにより、別当就任を寺院大衆全員で確認・承認する儀礼が、まず第一に行われていたものと推定できよう。

以上、「東大寺拝堂」の中の食堂儀をみてきたが、諸要素に注目すると、その前身儀礼と推測される「白堂」と共通部分が多いことに気づく。まず①の官牒の読み上げについては、「白堂」で太政官牒の「到来」が必須の要件であったことを思い起こせば、「白堂」においても行われていたであろうことが推察される。また「白堂」の場についても、上記のように東大寺の食堂が重要な位置を占めるものであるとすれば、「拝堂」と同様に食堂であった可能性が推測される。(25) ②の別当の参加と本尊への拝礼についても、「白堂」に補任者自身が参加していたことに加え、「白堂」が「白堂拝座」、「拝堂」とも呼称されるものだったことからすれば、「白堂」において本尊への拝礼が行われていたことが推定できる。③の本尊への「啓白」については、「白堂」が字義的にも通説的にも、「仏に申し上げる」という意味であることが注目される。「白堂」の儀式の中核は、その表現からしても、東大寺の役職に着任のための仏に対する「啓白」にあった蓋然性が高いといえよう。最後の④については推測に頼らざるを得ないが、「白堂」が制度的な変化に関わらず東大寺内部で継続されていた儀礼であり、史料一に見たように諸大寺と東大寺においては「五師大衆」による「簡定」・「薦挙」によって役職者が選定されていたことからすれば、「白堂」の場にも五師大衆が一堂に会して行われるものであったことも想定可能なのではなかろうか。以上、「東大寺拝堂」冒頭の食堂儀は、それ以前の「白堂」の儀礼と共通部分が多く、おそらく「白堂」の儀礼を吸収して成立した可能性を指摘することができよう。

「白堂」から「拝堂」へと変容の要因については、東大寺の役職者に行われていた「白堂」から東大寺別当のみの就任儀礼の「拝堂」に変化していることからも東大寺別当の位置付けの変化を含む多様な要因が推測されるが(26)、ここでは更に時代の下った拝堂との比較から、変容の意味について注目してみたい（Ⅰ～Ⅲは筆者による）。

【史料七】『東大寺続要録』拝堂篇・仁治二年（一二四一）「新熊野法務〈定親〉拝堂記(27)」食堂儀部分

次食堂。〈故大和尚堂也。〉

御仏観音。〈磬・礼盤立二儲之一。〉

令レ立二正面外一之間。**Ⅰ上座法橋範慶請二取官符一。入二堂内一読レ之**。退出之時賜レ録。綾被物一重。〈惣持王取レ之。〉

次御着座。

正面内。足高切床高麗二枚敷レ之。〈小文向レ東〉

次三綱着座。〈南床。〉下司所司着座。〈北床。〉

御誦経導師着二北中床一。〈但兼参儲二高麗一。〉

Ⅱ御誦経物一裹。〈仏前置レ之。在二諷誦文一。大鐘槌レ之。〉

導師定慶擬講。〈法服。青甲。〉

Ⅲ御誦経事畢。導師復二本座一之時。給レ禄。綾被物一重。

有王取レ之。裹物一。乙鶴取レ之。

次床下僧等引レ袋。〈近年後日引レ之。〉

其後御退出。（後略）

本史料は、『江家次第』の「東大寺拝堂」より百五十年ほど下った仁治二年の拝堂儀であるが、食堂儀をみると、Ⅰで別当が食堂に入る前に三綱によって食堂内で太政官牒の読み上げが行われていたことや、導師の誦経が行われていること、誦経終了後に僧たちに袋米が配布されていたことなど、基本構造は継承されている。ただし、導師が「御誦経導師」という名称になっており、「食堂」での導師による「啓白」が行われなくなっていたことが確認できる。この点については、Ⅲで導師への被物が「啓白」に対するものではなく「誦経」に対するものになっていることからも傍証することができよう。この要因は不明とせざるを得ないが、内容から推測すれば、その名称からも「白堂」の儀礼から重視されてきた音声による仏への祈願の機能が衰退した可能性を示唆するものといえよう。また「五師」や「東西床衆僧」の参集が記されず、「三綱」と「下司所司」の着座のみが記され、わずかに衆僧的な存在として「床下僧」のみが記されていることも看過できない。かかる事実は、古代以来、五師大衆の確認・承認によって着任してきた東大寺別当の位置付けが変容し、異なる原理によって継承されることになったことを意味するものといえるのではなかろうか。

おわりに

本稿では、古代史料にみえる「白堂」という表現について、東大寺役職者の任牒にみえる「白堂」を中心として考察を行った。東大寺役職者就任儀礼としての「白堂」は、衆僧が集まる「食堂」で、本尊に願意を「啓白」し、本尊と衆僧の承認のもとで役職を拝命する儀礼であった蓋然性が高く、十世紀末から十一世紀初めに別当就任儀礼に特化した拝堂に変容したと推断した。また拝堂儀の最も古い史料である『江家次第』の「東大寺拝堂」は十一世紀末の史料であるが、『江家次第』の食堂儀には、「白堂」の系譜を引く儀礼の多くが吸収された形で残されたものと推定した。

ところで通説的な見解では、主にAに基づき「白堂」とは、単に仏に申し上げる行為という理解であったが[28]、加えて本稿の考察からすれば、古代寺院社会においては大衆を前にして、本尊に音声により祈願する儀礼としての意味があり、誓約儀礼的な意味合いをもつものであったと考えられる。この見解が認められるとすれば、「はじめに」で触れたBについても若干の言及が可能となるように思う。

【史料八】『類聚三代格』弘仁九年五月二十九日太政官符

応レ許下昼日男入二尼寺一女入中僧寺上事[29]

（前略）又緇徒志レ道須レ勤二清静一。而或住二閭里一未レ免二姧疑一。凡僧綱講師者僧尼之師表也。慇懃教喩唯不二順行一。自今而後。如有二此類一。**挙レ衆白堂咸令二懺悔一**。三告不レ悛依レ法還俗。自余之事一同二先符一。（後略）

本史料は、僧尼が「閭里」に住むことによって「清浄」でなく仏道修行をしていない状態になり、「姧疑」（＝戒律を欠如・「淫犯」の疑）がある状況を問題とし、その対応として、①僧綱と講師による教喩、②①に従わなければ衆を挙げて「白堂」し「懺悔」をさせる、③「三告」しても改めない場合は還俗とするというものである。②では内律を犯した僧尼に対しての科罰として、「挙レ衆白堂咸令二懺悔一」と記されており、「懺悔」との関わりが考慮される。

古代寺院の懺悔の場については、最澄の『顕戒論』巻中・大乗上座の像の明拠を開示す・十五によれば、「天竺の法に順じて文殊上座を食堂に安置し、晨朝・日中、二時に礼敬せば、二十四億劫の生死の罪を除却せん。あに懺悔せざらんや。浄住の義、深く説戒に契ふ。[30]」とあり、古代寺院における浄住（＝布薩）・懺悔の場は「食堂」であったことが知られ[31]、寺院大衆が集まる場で行われたと考えられる。また懺悔と関わる悔過については、『令集解』僧尼令第十二不得輙入尼寺条「古記」に、「斎戒功徳、謂斎会幷造二作仏経一之類。聴学。謂学問也。皆云二白日之間一。経宿亦科。唯徒衆悉集二一堂院内一。悔過者非。若離レ衆。別房止宿。亦科也。[32]」とあるように、古代の悔過（＝懺悔）は、「衆僧」が「一堂院内」に悉く集まって行われるものであるとする認識が窺える。ここから寺院大衆が一堂に会する場で行われるという意味において、「白堂」と懺悔は密接に関わっていたといえる。

以上からすれば、Bの「挙衆白堂」は懺悔儀礼と一体化し、寺院内の衆僧の集まる場で堂の本尊を前に罪を「白」し懺悔する儀礼であったと推測されよう[33]。Bの罪を犯した僧尼への科罰としての「白堂」とCの東大寺役職者の補任に伴う「白堂」とは方向性は異なるが、いずれも寺院社会内部において、僧の破戒や役職就任という重大事において、大衆を前にして本尊へ祈願・誓約するという観念・慣行を前提とする儀礼という意味では、共通するものであり、Aも同様であったと考えることができよう。このような寺院社会内部における「白堂」のあり方は、文永元年（一二六四）の『台明寺文書』「台明寺本文書惣目録案文」に「一、大衆白堂状　一通」とあることから、少なくとも中世まで継承された儀礼行為であったとみられる。(34)

以上、本稿では、東大寺役職者の就任儀礼としての「白堂」儀礼の復元と、「白堂」から「拝堂」という役職者就任儀礼の変容の一端を示したことに加え、「白堂」の特質として、寺院社会内部において行われた、大衆を前にして行う本尊へ祈願・誓約儀礼であることを示したことにより、寺院社会内部の観念・慣行の一端を指摘した。したがって、本稿の考察から、これまで別個に論じられてきた史料A～Cの「白堂」が、仏に対する共通の観念と慣行に基づく行為であったと考えることができよう。なお論じ残した点は少なくないが、一まず擱筆し、ご叱正を請いたい。

注

（1）遠藤嘉基・春日和男校注『日本霊異記』〈日本古典文学大系七〇〉岩波書店、一九六七年）三二三頁。

（2）『日本国語大辞典　第二版』（小学館、二〇〇一年）、「白堂」の項、一二六頁。

（3）吉田一彦「寺と古代人」（『日本古代社会と仏教』吉川弘文館、一九九五年）二三二頁。

（4）中村史『日本霊異記』観音悔過と法会唱導」（『日本霊異記と唱導』三弥井書店、一九九五年。初出は一九九二年）。

（5）寺川眞知夫「大安寺関係説話」（『日本国現報善悪霊異記の研究』和泉書院、一九九六年。初出は、一九九四年）。

（6）橋本政良「古代寺院運営における三綱の役割とその選任について」（『ヒストリア』第九五号、一九八二年）。

（7）石田実洋「東大寺道別当任牒の基礎的考察」（『正倉院文書研究』第七号、二〇〇一年）。

（8）皆川完一「公験唐櫃と東大寺文書」『東京大学史料編纂所報』第七号、一九七三年）。

（9）前掲注（7）石田論文。文書の紙幅が必ずしも一定していないのも、おそらく寛信の整理によるものと推察される。

（10）本表の書き入れ・異筆部分の確認と作成にあたっては、東京大学史料編纂所正倉院文書マルチ支援データベースを使用した。

（11）虎尾俊哉編『訳注日本史料　延喜式』中（集英社、二〇〇七年）。

（12）前掲注（6）橋本論文、二二頁。

（13）前掲注（6）橋本論文、二二頁。

（14）『大日本古文書』（家わけ第十八―ノ一、東大寺文書之一（東南院文書之一）、一九四四年）。以下の太政官牒も同じ。

（15）土谷恵「平安前期僧綱制の展開」（『史艸』第二四号、一九八一年）。

（16）前掲注（7）石田論文、二〇四頁。ただし石田氏は、国司の任符の整理・保管に関しては、『類聚三代格』承和十一年（八四四）十一月十五日付太政官符で僧尼の度縁・戒牒が国司の任符を「続収国庫」していることに准じて処理されたことを例に挙げ、「続収国庫」を「継文のかたちに貼り継いで国庫に収めることであると推定」されているが、東大寺道別当の任牒の場合は、「多くの任牒のちょうど真ん中ほどのところに折れ目が確認できる」（一九四頁）ため、「当初は一通ずつ二つ折りにして保管されており、それがある時点で成巻された」（一九五頁）ものと推定されている。なお、天慶四年（九四一）七月十五日付太政官牒（東南一―二七）の前には、表題見返と同筆で「伝燈大法師位寛救、被補明珍僧都替之任牒可続之、而不見之、」（別紙）「僧珍海請文」との書き入れがあり、表題と見返しは、仁平三年（一一五三）に整理した時に加えられたと考えられるが、「続」が貼り継ぎを意味することが確認できる。

（17）渡辺滋「官符―」（『日本古代文書研究』八木書店、二〇一四年）四二頁。

（18）渡辺滋「「文書主義」の導入と情報処理」（『古代・中世の情報伝達』八木書店、二〇一〇年）三四頁。

（19）前掲注（7）石田論文、一九八頁。吉川真司「古代寺院の食堂」（栄原永遠男・西山良平・吉川真司編『律令国家史論集』塙書房、二〇一〇年）四七〇頁。

（20）神道大系編纂会編『江家次第』（朝儀祭祀編四、一九九一年）。

（21）食堂の仏像については、寛平年中日記の年中節会支度（『東大寺要録』巻五諸会章）に「一斗九升二合〈布薩仏供〉」（一月用）、「八斗四升〈食堂仏供〉」（一・二月用）とあることから、遅くとも九世紀後半以前には安置されていた（前掲注（19）吉川論文、四五九頁）。

（22）筒井英俊校訂『東大寺要録』（国書刊行会、一九七一年）。

（23）大晦日と正月三箇日に衆僧が食堂で礼拝することは、『入唐求法巡礼行記』巻第一・十二月二十九日条にもある。

（24）前掲注（19）吉川論文、四六七頁。

（25）拝堂儀の儀初に礼拝する仏堂については、吉川氏により、「寛助（大仏殿）を例外として、勝覚（天治二年任）から覚成（建久七年任）まで十二世紀はずっと食堂であり、一三世紀に入って大仏殿が一般化したことが知られる。」と指摘されており（前掲注（19）吉川論文、四七〇頁）、拝堂以前の「白堂」についても食堂で行われていた可能性が高いと考えられる。

（26）東大寺別当については、十世紀半ば以降十一世紀にかけて「能治」の別当による伽藍修造が期待され、別当の役割が大きくなっていたことが指摘されている（永村眞「東大寺別当・政所の成立」『中世東大寺の組織と経営』塙書房、一九八九年。新井孝重「東大寺の修造構造」『東大寺領黒田荘の研究』校倉書房、二〇〇一年）。その一方で同時期に、十世紀半ばから知事の勤務緩怠と知事僧の転出により造東大寺所の修造能力が弱まり、組織そのものを空洞化させ（前掲新井論文）、造寺所は十一世紀中頃に修理所に転化し、文書形式からも東大寺政所に吸収されるなど（大河直躬「造東大寺所と修理所」『建築史研究』第三五号、一九六四年）、造東大寺所知事の役割は低下していたことなども指摘されており、別当以外の役職の機能低下により東大寺別当のみに権限・役割が集中した結果として、東大寺別当に特化した拝堂儀が成立した可能性がある。

(27) 筒井寛秀監修『東大寺続要録』（国書刊行会、二〇一三年）。

(28) なお、「白堂」の「堂」が仏を意味することの背景としては、『延喜式』巻第五・斎宮5忌詞条に、「凡そ忌詞、内の七言は、仏を中子と称い、…別の忌詞に、堂を香燃と称い」とあるように、「仏」は堂の中心にいる存在であり、「堂」が仏を供養するための香を燃やす空間と意味づける古代的な観念が存在したためと推測される。

(29) 『新訂増補　国史大系　類聚三代格前篇』（普及版、一九九〇年）。

(30) 薗田香融編『最澄』〈日本思想大系四〉岩波書店、一九七四年）。

(31) 古代の布薩の場が食堂であったことについては、藤井恵介「醍醐寺における布薩と仏堂」（佐藤道子編『中世寺院と法会』法蔵館、一九九四年）も参照。

(32) 『新訂増補　国史大系　令集解第一』（普及版、一九八五年）。

(33) 寺院社会における「白」という行為については、玄奘訳『瑜伽師地論』巻第九十九に、「云何二羯磨一。謂一切羯磨略有二四種一。一者単白羯磨。二者白二羯磨。三者白四羯磨。四者三語羯磨。」とあり、授戒・懺悔などの戒律に関する作法である羯磨についての説明の中で、「白羯磨」・「白二羯磨」・「白四羯磨」とみえるように、戒律と関わり、衆僧がいる場での表白を意味すると考えられる。

(34) 鹿児島県維新史料編さん所編『鹿児島県史料　旧記雑録前編1』（鹿児島県、一九七九年）、六七七号。

附記　本稿は、二〇一六年度三田史学会大会（二〇一六年六月二十五日）での報告の一部を成稿したものである。

ふじもと・まこと――慶應義塾大学文学部助教。専門は日本古代仏教史。主な著書・論文に『古代国家仏教と在地社会――日本霊異記と東大寺諷誦文稿の研究――』（吉川弘文館、二〇一六年）、「日本古代の在地社会の法会――『東大寺諷誦文稿』「卑下言」を中心として」（『仏教史学研究』第五八巻第一号、二〇一五年）、「『日本霊異記』の異界・冥界説話をめぐる諸問題」（水門の会編『水門』二十七号、勉誠出版、二〇一六年）、「官大寺僧の交通・交流・ネットワークと在地社会の仏教」（蔵中しのぶ編『古代の文化圏とネットワーク』〈古代文学と隣接諸学二〉竹林舎、二〇一七年）などがある。

補任者	文書冒頭文言	文書末文言	紙幅(cm)	出典	備考
安智	①「以二月一日白堂了」②「三月一日就任始」		41	東南1-93	①②とも異筆。①と②の墨色が異なる。
承安	「以十二月廿六日白堂」		46.5	東南1-94	異筆
令超	「四月廿一日到来、即日白堂了、」		47.5	東南1-96	異筆
僧恵	①「天安三年正月七日到来」、②「以同月廿一日戊寅申時許」③「着座」		48.3	東南1-99	①②③とも異筆。①②③の墨色が異なる。③は文は②から続くが、墨色は①に近い。※紙背の異筆部分は三行に分かれており、(一行目) 一文字か二文字・(二行目) 二文字・(三行目) 一文字か二文字の墨痕あり。
令基		「①月九日到来、②十日白堂、以十五日著坐、」	52.9	東南1-101	異筆。①②が同時記載でない可能性あり。「日」の字が異なる。
峯澄		「以四日到来即日白堂既了、就坐之」	51.4	東南1-105	異筆
禎道		①「以同年十一月廿二日到来〔即〈日〉□坐?〕」②「即日□(就)坐、」	48.9	東南1-108	①②とも異筆。②は墨色が異なり、①の〔〕部分の上から記す。
唯心	「貞十二年六月一日到来、即白堂了、」		44.9	東南1-110	異筆。「六」は「二」の可能性あり。
基蔵・長玄	①「到来九月十三日」②「白堂」	③(裏書)「九月十四日就任」	51.1	東南1-64	①②③は異筆。①の後に②を記したか。
増宥	「十一月三日到来、以五日白堂即就座」		51.4	東南1-112	紙幅について、一紙貼り継ぎあり。
基蔵・長審	①「以三月十二日到来」②「〈即白堂了、〉」		47.2	東南1-65	①②は異筆。①の後に②が記された。
禎杲		「以七月廿日白堂已了、即日続納之、」	43.4	東南1-113	異筆
壽操	①「到来四月十五日巳尅」②「即日着座、」		48.1	東南1-115	①②とも異筆。①の後に②が記された。

表1　東大寺役職者補任の僧綱牒・太政官牒にみえる「白堂」

	白堂：拝堂	年号	僧綱牒・太政官牒日付	白堂日付	発給者	宛所	概要	理由
1	●	838	承和五年（838）正月廿六日	承和五年二月一日	僧綱	造東大寺所別当知事	知事任命	前知事法師康船転任寺主之替
2	●	845	承和十二年（845）五月廿日	承和十二年十二月二十六日	僧綱	東大寺別当三綱幷造寺所	知事任命	知事僧峯恵転任都維那之替
3	●	856	斉衡三年（856）正月廿七日	斉衡三年四月二十一日	僧綱	東大寺別当三綱幷造寺所	知事任命	造寺所知事僧眞良転任上座之替
4	△	858	天安二年（858）十二月二十五日	天安三年正月二十一日	太政官	東大寺	造東大寺所権専当任命	
5	●	860	貞観二年（860）正月三日	貞観二年正月十日	僧綱	東大寺別当三綱幷造司知事	知事任命	知事僧忠純死闕之替
6	●	863	貞観五年（863）十一月一日	貞観五年十一月四日	僧綱	東大寺別当三綱幷造寺所専当知事	権知事任命	釐務多端
7	△	867	貞観九年（867）二月五日	貞観九年十一月二十二日	僧綱	東大寺別当三綱幷造寺所専当知事	権知事任命	峯澄秩満之替
8	●	869	貞観十一年（869）二月十一日	貞観十二年六月一日	僧綱	東大寺別当三綱幷造寺所	知事任命	淳舜秩満之替
9	●	871	貞観十三年（871）閏八月二十九日	貞観十三年九月十三日	太政官	東大寺	寺主・都維那任命	信保之替・乗継之替
10	●	871	貞観十三年（871）十月三十日	貞観十三年十一月五日	太政官	東大寺政所	知事任命	徳秀秩満之替
11	●	872	貞観十四年（872）二月十日	貞観十四年三月十二日	太政官	東大寺	上座・寺主任命	承安秩満之替・転任上座之替
12	●	872	貞観十四年（872）六月二十一日	貞観十四年七月二十日	太政官	東大寺	知事任命	長維秩満之替
13	△	873	貞観十五年（873）三月二十七日	貞観十五年四月十五日	太政官	東大寺	知事任命	唯心秩満之替

補任者	文書冒頭文言	文書末文言	紙幅(cm)	出典	備考
濟慶・命秋	①「三月廿三日到来」	②「以五月二日巳時、秋知事付坐、」	38.5	東南1-117	①②とも異筆。①の後に②が記された。濟慶・命秋の就任儀礼が別箇に行われた可能性あり。
長玄・増宥	「到来三月廿三日、白堂了」		45.4	東南1-67	異筆
眞昶	「以二月十六日白堂」		40.1	東南1-7	異筆
峯澄・情簡	①「同月十七日到来、即白堂、都那」②「同月廿七日到〔到は墨消し〕、白堂了、寺主」		40.4	東南1-69	①②は異筆。文書冒頭に欠損あり。
平朝臣季長	「同年四月廿六日到来、即白堂了、」	「奉行　上座　寺主「峯澄」　都維那	44.8	東南1-163	異筆。奉行文言とは別筆。
安軌	①「同五日白堂」②「六月三日到来」	「奉行　上座　寺主「峯澄」　都維那「情簡」」	52.1	東南1-11	①②は異筆。①の後に②が記された。①②は別人の筆か。
祥勢	「九月十三日到来、同日白堂已了、」	「奉行　上座「慶恩」　寺主威儀師代「峯澄」　都維那　」	51.6	東南1-12	異筆
勝皎	①「以四月十五日到来、即日白堂了、」②「専寺」	③「此別当、以同年五月二十■〔墨消し〕一日卒去」	43.3	東南1-13	①②③は異筆。
惠眕	①「潤九月八日到来、」②「即白堂了、」	「奉行　上座　寺主権威儀師「峯澄」　都維那「情簡」」	48.7	東南1-14	①②は異筆。①の後に②が記された。①②は別人の筆か。
賢永・応如・賢澄・朝宗、性可	①「十月一日到来、同日白堂拝座」、②「上座、寺主、知事朝宗、性可」		52.4	東南1-70	①②は異筆。①の後に②が記された。
益良	「以十月廿七日白堂、到任已訖」		42.5	東南1-126	異筆
濟棟	①「専寺」	②「奉行　同年七月五日　白堂了、　別当権律師「惠眕」　小別当権威儀師「峯澄」　上座「賢永」　寺主「應如」　都維那「賢澄」」	48.1	東南1-15	①②は異筆。②の奉行文言と白堂文言は同筆。

	白堂：拝堂	年号	僧綱牒・太政官牒日付	白堂日付	発給者	宛所	概要	理由
14	△	876	貞観十八年（876）二月五日	貞観十八年五月二日	太政官	東大寺	知事任命	禎杲秩満之替・増宥秩満之替
15	●	876	貞観十八年（876）三月七日	貞観十八年三月二十三日	太政官	東大寺	寺主・都維那任命	長審秩満之替・転任寺主之替
16	●	879	元慶三年（879）二月四日	元慶三年二月十六日	太政官	東大寺	別当任命	玄津秩満之替
17	●	880	元慶四年（880）二月十四日	元慶四年二月十七日・二十七日	太政官	東大寺	寺主・都維那任命	長玄秩満之替・増宥秩満之替
18	●	880	元慶四年（880）三月廿九日	元慶四年四月二十六日	太政官	東大寺	俗別当任命	安倍朝臣清行遷任播磨守之替
19	●	880	元慶四年（880）四月九日	元慶四年六月五日	太政官	東大寺	別当任命	眞昶死闕之替
20	●	881	元慶五年（881）八月十九日	元慶五年九月十三日	太政官	東大寺	別当任命	安軌死闕之替
21	●	890	寛平二年（890）三月廿三日	寛平二年四月十五日	太政官	東大寺	別当任命	祥勢之替
22	●	890	寛平二年（890）九月十五日	寛平二年閏九月八日	太政官	東大寺	別当任命	勝皎死闕之替
23	●	890	寛平二年（890）閏九月廿二日	寛平二年十月一日	太政官	東大寺	上座・寺主・都維那・別当任命	慶恩秩満之替、峯満秩満之替、情簡秩満之替、叡玄秩満之替、行安秩満之替
24	●	890	寛平二年（890）十月七日	寛平二年十月二十七日	太政官	東大寺	知事任命	基永任従儀師之替
25	●	894	寛平六年（894）六月廿七日	寛平六年七月五日	太政官	東大寺	別当任命	惠眕秩満之替

補任者	文書冒頭文言	文書末文言	紙幅(cm)	出典	備考
長審・賢永・会遣	①「到来同月十日」、②「即白堂已了、」		50.2	東南1-72	①②は異筆。①の後に②は記された。
紀朝臣長谷雄	①「四月一日到来、」	②「奉行　別当「道義」　上座「長審」　寺主「賢永」　都維那会遣　」(裏書)③「以四月八日、白堂已了、」	42	東南1-169	①②③は異筆。①②は同筆で都維那の会遣の筆による可能性あり。
南秀	「十月十日白堂已了、」		31.4	東南1-73	異筆
良惟・義勢・離世	「以同月十六日、拝堂已了、」		48.1	東南1-74	異筆
峯皎	「以十一月三日白堂、即坐着、」		46	東南1-132	異筆
	「六年正□□白堂□」		28.1	東南1-133	異筆
紀朝臣長谷雄		「奉行　七月一日、即白堂已了、別当「延惟」　上座「慶賛」　寺主「峯皎」　都惟那　」	50.6	東南1-171	異筆。奉行文言と白堂文言は同筆。
智愷		「奉行　以二月三日白堂已了、別当　都維那」	45.3	東南1-19	異筆。奉行文言と白堂文言は同筆。末尾が切断されている可能性あり。
藤原朝臣道明	①「到来、閏五月七日、同九日白堂了、」	②「奉行　別当「智愷」　上座　権上座威儀師　寺主「峯皎」③「同月十四日、白堂了、」　都惟那「寛宙」」	51.3	東南1-173	①②③は異筆・別筆。③は墨色薄い。
会禄・観実・観紹		①「以同十三年正月二日、白堂已了、」②「奉行」	41.7	東南1-77	①②は異筆。奉行文言切断。
忠照	「以八月十一日白堂、即着任、」		35.1	東南1-137	異筆
智愷		①「奉行　②「三月三日」　別当　上座威儀師　寺主「会禄」　都維那「観実」　」	49.1	東南1-20	①②は異筆。奉行文言と到来文言は同時ではない。別人によるものか。①の後に②が記された。

	白堂：拝堂	年号	僧綱牒・太政官牒日付	白堂日付	発給者	宛所	概要	理由
26	●	898	昌泰元年（898）十月五日	昌泰元年十月十日	太政官	東大寺	三綱（上座・寺主・都維那）任命	離辺秩満之替・行安秩満之替・神焉秩満之替
27	●	899	昌泰二年（899）三月廿八日	昌泰二年四月八日	太政官	東大寺	俗別当任命	
28	●	900	昌泰三年（900）九月一日	昌泰三年十月十日	太政官	東大寺	上座任命	長審死闕之替
29	●	901	昌泰四年（901）六月三日	昌泰四年六月十六日	太政官	東大寺	三綱任命	南秀依病辞退之替・賢永選任下野国薬師寺講師之替・良惟転任上座之替
30	●	901	延喜元年（901）十月廿八日	延喜元年十一月三日	太政官	東大寺	造寺所知事任命	太保秩満之替
31	●	905	延喜五年（905）十二月廿六日	延喜六年正月某日	太政官	東大寺	造寺所知事任命	
32	●	910	延喜十年（910）六月十四日	延喜十年七月一日	太政官	東大寺	俗別当任命	
33	●	912	延喜十二年（912）正月廿一日	延喜十二年二月三日	太政官	東大寺	別当任命	延惟辞退之替
34	●	912	延喜十二年（912）五月二十三日	延喜十二年閏五月九日	太政官	東大寺	俗別当任命	紀朝臣長谷雄薨卒之替
35	●	912	延喜十二年（912）十二月十五日	延喜十三年正月二日	太政官	東大寺	寺主・都維那・造寺所知事任命	峯晈秩満之替・寛宙秩満之替・泰蓮秩満之替
36	●	914	延喜十四年（914）七月八日	延喜十四年八月十一日	太政官	東大寺	造寺所知事任命	智春秩満之替
37	△	916	延喜十六年（916）二月廿八日	延喜十六年三月三日？	太政官	東大寺	別当任命	重任

補任者	文書冒頭文言	文書末文言	紙幅(cm)	出典	備考
観紹・昌愷		①「奉行　②「三月二日着坐」　別当律師「智愷」　上座威儀師　寺主　都維那	48.9	東南1-79	①②は異筆。
泰慶		「奉行　同月廿九日白堂、　別当律師「智愷」知事　知事「昌愷」　知事「慧光」　」	42.6	東南1-138	異筆。奉行文言と白堂文言は同筆。
泰慶	①「同年六月十四日白堂、」	②「奉行　別当律師　知事「会安」」	53.2	東南1-142	①②は異筆。奉行文言と白堂文言は同筆の可能性あり。
延儆	①「到来四月十三日、即十四日白堂、」	②「奉行　別当権律師　少別当威儀師「離世」　上座　寺主「元長」　都維那「寛豊」　」	53.6	東南1-22	①②は異筆。一紙分の貼り継ぎあり。
泰宗	①「九月十四日白堂、」	②「奉行　別当権律師　少別当威儀師　知事　知事「泰慶」知事　知事」	47.8	東南1-143	①②は異筆。①の白堂文言と②の奉行文言は同筆の可能性。
寛與	①「到来延長四年十月十日」②「即日着任、」	③「奉行　別当権律師「延儆」　知事　知事　知事「泰慶」　知事「名澄」」	47.8	東南1-144	①②③は異筆。①の到来文言と③の奉行文言は同筆の可能性。②は後筆。
藤原朝臣実頼		「奉行　十二月廿三日、白堂已了、　別当権律師「明珍」　上座　寺主　権寺主　都維那　目代　」	42.8	東南1-179	異筆。奉行文言と白堂文言は同筆。
右大臣実頼		「奉行　同年十一月一日、白堂已了、　別当権律師「明珍」　上座　寺主　都維那従儀師　」	47.5	東南1-181	異筆。奉行文言と白堂文言は同筆。
澄心		「政所　奉行　同五月九日　別当権大僧都　少別当前威儀師「？」　上座　権上座威儀師「？」　寺主大法師「安鑒」　権寺主大法師「仁光」　都維那従儀師「鴻助」　権都維那法師「行好」」	72.8	東南1-44	奉行文言と到来文言が同筆。一紙分を貼り継いでいる。※寛弘九年（1012）九月二十二日の重任の官牒により、「拝堂」が行われたことが確認できる。

	白堂：拝堂	年号	僧綱牒・太政官牒日付	白堂日付	発給者	宛所	概要	理由
38	△	917	延喜十七年（917）二月二十日	—	太政官	東大寺	都維那・造寺所知事任命	観実秩満之替・観紹秩満之替
39	●	918	延喜十八年（918）六月二十日	延喜十八年六月二十九日	太政官	東大寺	造寺所知事任命	忠照秩満之替
40	●	923	延長元年（923）閏四月二十日	延長元年六月十四日	太政官	東大寺	造寺所知事任命	重任
41	●	924	延長二年（924）二月三十日	延長二年四月十四日	太政官	東大寺	別当任命	観宿秩満之替
42	●	924	延長二年（924）八月二十日	延長二年九月十四日	太政官	東大寺	造寺所知事任命	戒秀秩満替
43	△	925	延長三年（925）八月二十日	延長四年十月十日	太政官	東大寺	知事任命	会安秩満之替
44	●	940	天慶三年（940）十二月七日	天慶三年十二月二十三日	太政官	東大寺	俗別当任命	
45	●	944	天慶七年（944）八月十九日	天慶七年十一月一日	太政官	東大寺	検校任命	
46	○	1007	寛弘四年（1007）四月九日	—	太政官	東大寺	別当任命	濟信辞退之替

補任者	文書冒頭文言	文書末文言	紙幅(cm)	出典	備考
仁海		「奉行　同年八月十二日　権別当大法師　少別当大威儀師　権少別当威儀師「□□」　権上座威儀師「鴻助」　上座大法師「安鑒」　寺主　権寺主大法師「念秀」　都維那法師「法政」　権都維那法師「法師聖好」」	77.6	東南1-51	異筆。一紙貼り継ぎ。奉行文言と下の日付は同筆。
経範			56.8	東南1-61	
寛助			55.1	東南1-208	
勝覚			56.1	東南1-209	
定海			48.6	東南1-211	
寛信		「奉行　同年十一月十四日　別当前大僧正　上座大法師「圓尊」　権上座威儀師「順覚」　権上座威儀師「覚仁」　寺主大法師「厳寛」　権寺主大法師「勝賢」　権寺主大法師「浄厳」　権都維那従儀師「源厳」　都維那法師「靜寛」」	89.8	東南1-212	異筆。一紙貼り継ぎ。奉行文言と下の日付は同筆。
顕恵			57.2	東南1-215	
覚成			57.3	東南1-213	

	白堂：拝堂	年号	僧綱牒・太政官牒日付	白堂日付	発給者	宛所	概要	理由
47	○	1029	長元二年（1029）六月二十三日	―	太政官	東大寺	別当任命	
48	○	1095	嘉保二年（1095）六月二十二日	―	太政官	東大寺	別当任命	
49	○	1118	元永元年（1118）四月二十八日	―	太政官	東大寺	別当任命	
50	○	1125	天治二年（1125）七月二十日	―	太政官	東大寺	別当任命	
51	○	1129	大治四年（1129）五月二十日	―	太政官	東大寺	別当任命	
52	○	1147	久安三年（1147）正月十四日	―	太政官	東大寺	別当任命	
53	○	1166	永万二年（1166）七月五日	―	太政官	東大寺	別当任命	
54	○	1196	建久七年（1196）七月九日	―	太政官	東大寺	別当任命	

※「白堂」・「拝堂」の項目の、●は白堂、△は白堂の記載はないが、白堂の実施が推測されるもの。
○は拝堂の実施が他の史料から確認できるもの。
※文書冒頭文言・文書末文言の「　」は異筆を示す。
※□は判読できない文字を示す。

沙羅双樹考

長田　俊樹

日本人にとって、「さらそうじゅ」と聞くと先ず思い浮かべるのが『平家物語』の冒頭部分の一節である。

祇園精舎の鐘の声
諸行無常の響きあり。
沙羅双樹の花の色、
盛者必衰の理をあらはす。

この一節は多くの人が知っている。ところが、「沙羅双樹」がどんな木で、どんな花が咲くのか、と聞かれると答えられる人は少ない。まず、『平家物語』の校注による説明を見ていこう。

日本古典文学大系（以下、大系）

補注2　涅槃経には仏涅槃の光景がつぶさに語られているが、それによると、仏の臥していた七宝の牀の四方に、沙羅樹（印度産の植物の名）が各一雙、併せて八株あったが、仏が涅槃に入った途端に、四方の雙樹が合してそれぞれ1本となって仏涅槃の床に覆いかぶさり、鶴のように白色に変じたよしである。（四三三頁）

新日本古典文学大系（以下、新大系）

三　「沙羅」は梵語サーラの音訳で、日陰をつくる大樹の意。クシナガラの郊外にあり、釈迦が入滅した時に白い花を咲かせたという。（五頁）

同じ岩波書店が出版した校注本でも、沙羅双樹の説明となるとずいぶんとちがうものである。まず、植物としてのサラソウジュは「印度産の植物名」（大系）や「日陰をつくる大樹の意」（新大系）とあり、どんな植物か、これからは全くわからない。他の『平家物語』の注釈でも、詳しい記述はない。鑑賞日本古典文学（以下、鑑賞）は大系と同様、「「沙羅」はインドに産する樹の名」とだけ記されている。日本古典文学全集（以下、全集）、完訳日本古典（以下、完訳）、新編日本古典全集（以下新編）はすべて市古貞次の校注・訳なので、「娑（沙）羅はインド原産の樫に似た常緑樹」と同じ説明があり、ここに樫が登場する。新潮日本古典集成（以下、集成）では、「淡黄色の花をつける常緑喬木であるが」と花の記述があり、日本古典全書（以下、全書）は鑑賞と同じ富倉の校注だが、「沙羅は印度に参する樹の名。高さ三〇メートルにも及び淡黄色の小花を開く」と高さと花の記述がある。なお、「樫に似た」という記述は玄奘の『大唐西域記』に「その樹は槲（かしわ）に類して、皮は青白く、葉は甚だ光沢がある」（東洋文庫版第二巻三〇五頁）とあることによるか。

注釈本の記述にくわえて、『平家物語』を扱った辞典類をみてみよう。

『平家物語辞典』（以下、辞典）をみると、「この木はりゅうのうこう科の常緑樹で、高さは三〇メートルにも達する。葉は大形の長楕円形で、淡黄色の芳香のある小花をつける」と、植物分類上の「りゅうのうこう」科と葉の記述がみられる。ただし、現在の植物分類では「龍脳香」科というのはなく、「龍脳」はフタバガキ科に属し、このサラソウジュもフタバガキ科に属する。さらに、分厚い辞典が『平家物語大辞典』（以下、大辞典）である。それによると、「インド原産の常緑の喬木で、高さは三〇メートルにも達し、花は小さな淡黄色で、材質は堅く建築用材として用いられる（なお、日本ではナツツバキの異名として沙羅樹の名を用いることが多いが、これとは全く別の木である）」と、ここではじめてナツツバキとの関係が示されている。

ここまで、長々と引用したのは「沙羅双樹の花の色　盛者必衰の理をあらはす」という重要な一節なのに、平家物語研究者は植物としてのサラソウジュにあまり関心がないことを示したかったからだ。国文学者は総じてこの傾向にあるのかもしれない。しかし、仏伝の中の沙羅双樹と植物としてのサラソウジュの関係をみていくと、そこには仏教を通して、壮大な国際交流のドラマが隠されていることに気づかされるはずだ。

小論はまず植物としてのサラソウジュについて述べる。つぎに、仏伝の中の沙羅双樹について述べ、涅槃図などで、沙羅双樹を図像化していった経緯に触れ、他の仏教国である東南アジアでの沙羅双樹についてのべる。最後に、サラソウジュを利用する人々がインドやネパールにいることを指摘したい。

一　植物としてのサラソウジュ

『世界有用植物事典』にはこうある。

Shorea robusta。サラソウジュ（沙羅双樹）。英語Sal。落葉高木で、マメ科のムユウジュ（無憂樹）、およびクワ科のボダイジュ（菩提樹）とともに、仏教三大聖木とされる。原産地のインドではサル、その漢名は沙羅といい、釈迦がクシナガラで涅槃に入ったとき、その四方にこの木が2本ずつ生えていたという伝説から、沙羅双樹という。沙羅は娑羅とも書き、サンスクリットのシャーラの音写で、堅固樹の意である。またサラノキ（シャラノキ娑羅樹）ともいう。樹高35～45m、直径1m以上になり、乾季に落葉する。葉は長さ10～25cmの楕円形で互生する。花は淡黄色、径約3cmで、円錐花序に咲く。花弁、萼片各5枚、雄しべ多数。果実は径1.5～2cmのどんぐり状の堅果で、萼片が発達した長さ5～7cmの細長い翼を持ち、そのうち2枚の翼はやや短い。材は気乾比重が0.70～1.00で重硬、心材は濃褐色から赤褐色。耐朽性が高く、インドではチークに次いで重要な木材で、建築、枕木、橋梁などに広く利用されている。また幹上に出る樹脂は宗教的儀礼の香、染料やワニスの原料として用いられる。中部インドからネパールないしアッサムのヒマラヤ山麓地方にかけて広く分布する。北は北緯32度まで、また高さではヒマラヤの１５００ｍにまでみられ、フタバガキ科ではもっとも高緯度にまで分布し寒さに耐える。パラウグループに属する。

　なお、日本で寺院にサラノキ（シャラノキ）として植栽されるのは、サラソウジュとは全然異なるツバキ科のナツツバキである。

　長々と引用したのは、植物学者が執筆した事典でも、仏教に関連した文化的な記述が重要なことを示したかったからだ。平家物語関連図書では、高さがなぜかすべて三〇mとなっているが、筆者自身、五〇m以上するサラソウジュを見たことがある。仏教三大聖木とあるが、植物学的に言えば、サラソウジュはチーク、ヒマラヤスギとともに、木材の需要が高く、三大有用樹種として名高い（満久一九七二）。英国植民地時代、その有用性からサラソウジュに関する研究は進んでいて、英国がインド全土に鉄道を敷く際に、枕木として、橋梁として利用された。なお、世界有用植物事典にならって、植物の名前はサラソウジュとし、サラノキやサラとはしない。

　筆者がここで問題としたいのはサラソウジュの分布だ（図版1）。植物としてのサラソウジュに関する本によると（Tewari一九九五）、大きく分けて、ヒマラヤ山麓と中央インドに分布する。ヒマラヤ山麓では西はヒマーチャル・プラデーシュ州からネパール、ブータンを経て、アルナーチャル・プラデーシュ州まで細長く連なる。中央インドではビハール州、ジャールカンド州、西ベンガル州、オディシャー州、チャッティースガル州に分布している。西はアラカン山脈を越えておらず、インドで

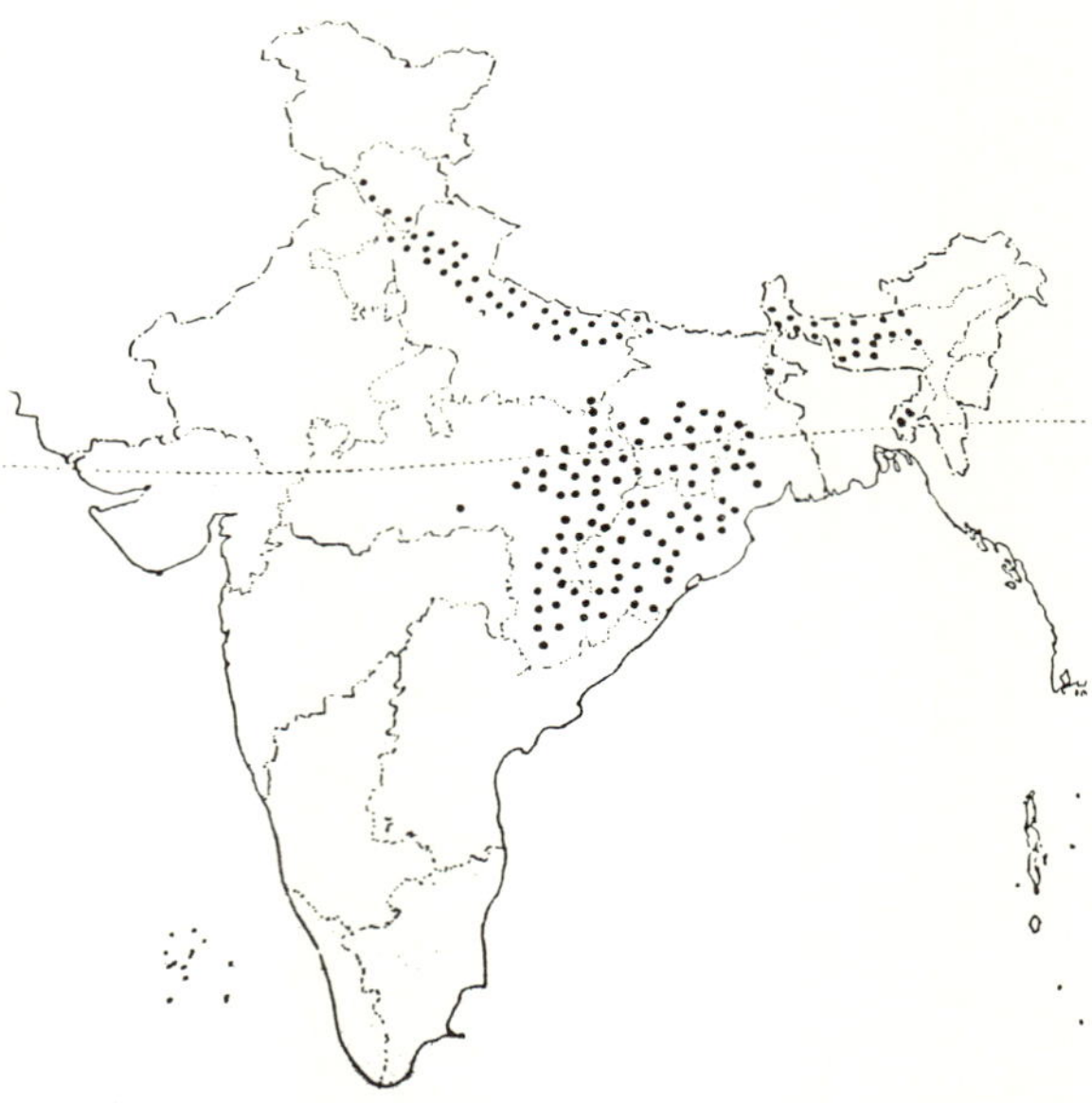

図１　サラソウジュの植物分布図（Tewari1995）

も南インドや西インドには分布していない。

釈迦が主に活躍したのはビハール州からネパールにかけてである。仏陀が生誕したルンビニーはインド・ネパール国境沿いのネパール側にあり、悟りを開いたブッダガヤーはインドのビハール州、初説法の地サールナートと涅槃の場所クーシナガラはいずれもインドのウッタル・プラデーシュ州にある。これらの地はほぼサラソウジュの分布域にあり、上で平家物語の注に出てくるように、涅槃の地クーシナガラではサラソウジュの下で亡くなったとされる。それが仏伝として、仏教の広まりとともに、東南アジア諸国や日本へと伝播していったのである。

ところが、サラソウジュの分布はかなり限られている。分布域の西端はハリヤーナー州で、後述するガンダーラ地方にはみられない。一方、東端をみると、ブータンやアルナーチャル・プラデーシュ州には分布するのだが、アラカン山脈を越えたミャンマーにはない。ミャンマー人の友人に聞いてみても見たことがないという。また、ミャンマーの植物一覧にもサラソウジュは掲載されていない。つまり、仏教が伝わっていったスリランカ、ミャンマー、タイ、カンボジアには、植物としてのサラソウジュは自生していないし、日本など東アジアにもない。

二　仏伝の中の沙羅双樹

仏陀の一生を伝えた仏伝の中で、沙羅双樹はいかに描かれているのであろうか。

『ブッダ最後の旅』にはこうある。

「さあ、アーナンダよ。わたしのために、二本並んだサーラ樹（沙羅双樹）の間に、頭を北に向けて床を用意してくれ。アーナンダよ。わたしは疲れた。横になりたい」と。

「かしこまりました」と、尊師に答えて、アーナンダはサーラの双樹の間に、頭を北に向けて床を敷いた。そこで尊師は右脇を下につけて、足の上に足を重ね、獅子座をしつらえて、正しく念い、正しくこころをとどめていた。

さて、そのとき沙羅双樹が時ならぬのに花が咲き、満開となった。それらの花は、修行完成者に供養するために、修行完成者の体にふりかかり、降り注ぎ、散り注いだ。

（岩波文庫版）

中村元の訳注によると、修行完成者とは仏陀のことで、如来を意味する。また、「沙羅双樹が時ならぬのに花が咲き、満開となった」を元に、冒頭の平家物語の一節が謳われていると指摘している。

平家物語の注釈に戻ると、釈迦が入滅の際の記述も、注釈によって、若干、ことなっている。涅槃と同時に、この沙羅双樹は「白色に変じた」（大系）のか、「白い花を咲かせた」（新大系）のか、同じ岩波の校注本でことなる解釈を示している。別の『平家物語』の注釈を見てみると、「沙羅樹は枯れて白くなったという」（全集）と枯れたことになっている。完訳や集成、新編も枯れた説をとっている。しかし、今みたパーリ本『大パリニッパーナ経』の翻訳である『ブッダ最後の旅』にはこの記述はない。

この違いは何なのか。『岩波仏教事典』（第二版）によると、出典によるちがいだとわかる。パーリ長部経典内の大般涅槃経などによると、「釈尊はクシナガラ郊外の林中、一対の娑羅樹（娑羅双樹）の間に横たわり、涅槃に入ったが、そのときこの樹は季節はずれの花を開き散華して釈尊に供養したという」。これはまさに『ブッダの最後の旅』に記載されていることである。

　また大般涅槃経後分によれば、「〈四双八雙〉、すなわち釈尊の臥床の東南南北に各一対の娑羅樹があり、涅槃に入ると同時に東西の二双、南北の二双が合してそれぞれ一樹をなし、釈尊を覆ったという。そのとき各樹は即時に白変し、あたかも白鶴のようであったと説かれ、ここから〈鶴林〉の語が生まれた」という。さらに、大般涅槃経疏では、「八樹のうち四樹は枯れ四樹は栄えたと説き、これを〈四枯四栄〉」という。伝承の過程で、話しが少しずつ変わっていくことは珍しいことではない。

　サラソウジュが涅槃の際に、重要な役割を果たしたことは『平家物語』の冒頭の一節からもあきらかだ。しかし、サラソウジュと仏陀が関連するのは涅槃だけではない。じつは、仏陀生誕にも登場する。

　一般的に、日本においては仏陀誕生の際は、「マーヤー夫人がアショーカ（無憂樹）の花房を折ろうと右手をあげた瞬間、右の脇から王子が生まれた」とされ、「王子は生まれ落ちるやいなや、七歩歩いて、高らかに「天上天下唯我独尊」と宣言した」という（中村元編一九七五）。有名な仏陀誕生譚の一節である。アショーカとは「ア」が否定辞、「ショーカ」が「憂い、悲しみ」をあらわし、「アショーカ」が「憂いなし」を意味する。つまり、無憂樹とは意訳されて、日本に伝わっていることになる。

　また、渡辺（一九六六）や宮坂（一九九八）では、このアショーカ樹が「プラクシャの樹」となっている。満久（一九七七）によると、プラクシャとは毘陀羅樹とよばれ、クワ科イチジク属の植物である。ただし、こちらは『世界有用植物事典』には掲載されていない。

　さらに、別の伝承においては、無憂樹でも、毘陀羅樹でもなく、沙羅樹が大きな役割を果たしている。その一節をみておこう。仏陀の前世を描いた『ジャータカ』の序文として書かれた、『ニダーナカター』（因縁物語）にはこう書いてある。

> カピラヴァッツとデーヴァダハの二つの都の中間に、ルンビニーとよぶサーラ樹の遊園があった。木々の花はすべて一色に咲き、蜜蜂や鳥の群れが妙なる音を出して飛びまわっていた。マーヤー夫人は、ふと、このサーラ林で休みたいと思った。
> 彼女はサーラ樹の中でも王者と見える木の下にゆき、一本の枝を手にとろうとした。すると、枝は彼女のほうに寄ってきた。枝をつかまえるやいなや、彼女は産気を催した。そこで幕をもってマーヤー夫人を囲み、多くの供の者たちはその場を退いた。彼女はサーラの枝を手にし、立ったままでお産をした。　（早島鏡正『ゴータマ・ブッダ』）

ここで出てくる「サーラ樹」とはサラソウジュをさす。日本では、仏陀は無憂樹の下で生まれ、沙羅双樹の下で入滅する。しかし、東南アジアの仏教国では、この沙羅樹の下で仏陀が生まれ、沙羅双樹の床で涅槃を迎えたとされている。それは『ジャータカ』が小乗仏教を信仰する国々、つまりスリランカ、ミャンマー、タイなどに、広く語り継がれているからである。

三　日本の沙羅双樹——ナツツバキ

植物としてのサラソウジュは日本では育たない。日本の冬が寒くて、冬を越せないのだという。そこで、日本各地の植物園などの温室で、サラソウジュは育てられている。東京では新宿御苑にあるし、京都の植物園にもサラソウジュがある。しかし、サラソウジュを温室で育てても、なかなか花が咲かない。日本で唯一花が咲くのは琵琶湖湖畔にある草津水生植物園だけだと聞く。インドでは三月から四月にかけて開花するが、水生植物園のサラソウジュは五月に咲く（図版2）。一度、花が咲いたサラソウジュを見に行ったことがある。インド留学中、毎日眺めていたサラソウジュだったが、インドのそれとまったく変わらない。仏陀入滅の際に一斉に咲いて、仏陀に降り注いだというサラソウジュの花をご覧になりたい方は一度水生植物園まで足を運んでいただきたい。

では、日本で沙羅双樹と呼ばれているのはどんな植物なのだろうか。すでに述べたように、それはナツツバキである。

禅宗最大のお寺が京都にある。臨済宗総本山妙心寺だ。京都駅から山陰線に乗って、四つ目の駅、花園駅で降りて五分で妙心寺に着く。妙心寺内には塔頭とよばれる小院が三十七院あり、その一つが東林院である。通称、沙羅双樹の寺と呼ばれ、その境内にはナツツバキが沙羅双樹として植樹されている。毎年六月に、沙羅の花を愛でる会がおこなわれ、普段、入れない東林院の中まで行くことができる。

沙羅の花を愛でる会に一度参加したことがある。東林院に咲く沙羅双樹はインドのサラソウジュとは似ても似つかない（図版3）。ナツツバキは大きな白い花に、黄色い雄しべがある。樹高もせいぜい一〇mであるのに対し、サラソウジュは少し黄色がかった小さな花が一つの枝にいくつも咲き、樹高は五〇mにもなる大木である。見た目からしてまったくちがう。インドのサラソウジュをみたことがない人がナツツバキを沙羅双樹といいだしたことはまちがいない。

冒頭の平家物語に戻ろう。「沙羅双樹の花の色、盛者必衰の理をあらはす」と謳われている沙羅双樹ははたしてナツツバキなのだろうか。つまり、平家物語が成立した頃に、すでに日本では沙羅双樹がナツツバキとして理解されていたのだろうか。

大辞典によると、『三宝絵』巻下・八からも知られるように、興福寺をはじめ諸寺で涅槃会が営まれ、『涅槃経』が講説され、その内容はよく知られて」おり、後述する涅槃図には、「娑羅双樹が描かれており、涅槃会においては、涅槃図が掲げられ、講説が行われ」ていたので、「人々は、経典の講説、さらに涅槃図や釈迦八相成道絵によって、釈尊入滅と娑羅双樹が白く変じたことを不可分のこととして理解していた」とある。つまり、

図２　草津水生植物園のサラソウジュの花（筆者撮影）

図３　東林院の沙羅双樹、つまりナツツバキの花（筆者撮影）

この解釈に従うならば、沙羅双樹が植物学的に何を指しているのかは重要ではなく、「沙羅双樹の花の色」によって、涅槃の光景が浮かび、仏様ですら入滅することを「盛者必衰の理をあらはす」といっていることになる。ただし、ナツツバキは朝咲いて夕方には落ちる、一日花である。それが「盛者必衰の理を」あらわしているとみる説もある。平家物語が成立したころに、沙羅双樹がナツツバキであったかどうか、どうもはっきりとしない。

それでは、沙羅双樹がナツツバキをさすようになったのはいつごろからなのだろうか。

それを検証する方法がある。現在の植物図鑑にあたる文献をみる方法だ。さいわいにも、磯野直秀による「資料別：草木名初見リスト」（二〇〇九）がある。それによると、シャラ（沙羅双樹、ナツツバキ）の初出は『草花魚貝虫類写生』（常信）で一六六九年だという。また、初出とされる年の二六年後に出版された『花壇地錦抄』（一六九五）によると、巻三「辛夷（こぶし）のるひ」のなかに、「しやら双じゅ　葉ハ榎ニにて、花白く、大りん。つばき花形なり。花ハ一日也。朝咲たる花、夕ニしぼむ。其次の花、明日又咲て段々也」とある。これはまさにナツツバキのことを示している。すなわち、江戸時代、一七世紀の半ばごろにはナツツバキが沙羅双樹とみなされていたことが文献からあきらかである。裏を返せば、平家物語が成立していたころに、ナツツバキが沙羅双樹と呼ばれていたという文献的証拠はないということになる。

四　涅槃図の沙羅双樹

今みた大辞典に、涅槃会が登場する。涅槃会とは仏陀が入滅されたといわれている旧暦二月一五日に、釈迦の遺徳追慕と報恩のための法要をさす。現在でも涅槃会はおこなわれており、三月一五日におこなわれることが多い。その涅槃会に涅槃図が掲げられる。京都では東福寺と泉涌寺の涅槃会が有名で、巨大な涅槃図が公開される。涅槃図は仏陀の涅槃の姿を図像化したもので、当然そこには沙羅双樹が登場する。

では、涅槃図では、沙羅双樹はいかに描かれているのだろうか。

嵐山の近くに、鹿王院という臨済宗系のお寺がある。開山は室町時代（一三八〇）で、そこに江戸時代中期（一七六三）に建立された舎利殿があり、その舎利殿に常時、涅槃図が掲げてある。実際に足を運び、実見した涅槃図の最初はこの鹿王院のものだ。この涅槃図は江戸時代に書かれたもので、時代的には比較的新しい。この涅槃図に描かれた沙羅双樹は半分が枯れている「四枯四栄」を表現している。この沙羅双樹には残念ながら花がない。しかし、生まれたときからサラソウジュとともに生きてきた妻に聞いてみると、サラソウジュにみえなくはないという返事だった。それ以来、涅槃図の沙羅双樹に焦点を当てて、その木がどんな木なのか、注目するようになった。

涅槃図には二形式がある。中野（一九八二）によると、「第一形式は応徳三年（一〇八六）製作の金剛峰寺本をはじめとする平安時代の作品、およびこの系統を継承したほぼ鎌倉時代前期までの作品をさし、図像学的な特徴から、それ以後の第二形式と区別」している。具体的には、第一形式が釈迦を画面中心に大きく描き、動物を含めた宝台周囲の会衆を少なくするのに対し、第二形式では釈迦を比較的に小さく描き、周囲の会衆を多くする。また、画面も第一形式では横長か正方形に近いのに対し、第二形式では横長よりも縦長の画面が多い。沙羅双樹に関連していえば、「沙羅双樹の梢にいたるまで克明に描こうとして、縦長画面になったことも考えられよう」と中野は指摘している。

涅槃図でもっとも有名なのは、第一形式の代表である高野山金剛峰寺本で、国宝に指定されている。応徳三年（一〇八六）の製作とされ、応徳涅槃図とも呼ばれている。泉（一九九四）はその涅槃図に関する書物であり、巻末にその涅槃図が掲載されている（図版４）。また、涅槃図をあつめた図録がある。九州国立博物館の『大涅槃展』のカタログである。その中の涅槃図を植物に詳しい、龍谷大学の三浦励一准教授に観察してもらった。すると、こんな回答を得た。

高野山涅槃図と大涅槃展収録No.05（岐阜・汾陽寺本）（図版５）および10（命尊筆・九州国立博物館本）（図版６）の沙羅双樹は共通の特徴を持っている。いずれも写実的とはいえないものの、まるきり空想で描いたというわけでもなさそうだ。ただし、インド・ネパールの本家のサラソウジュと日本の沙羅双樹（＝ナツツバキ）のいずれでもないのは確かである。これらに描か

図４　応徳涅槃図　高野山金剛峰寺本（泉 1994）

図５　涅槃図　岐阜汾陽寺（大涅槃展カタログ No.5）

れている沙羅双樹の特徴は、枝先に大きな葉が放射状につくこと、そしてこの放射状の葉の中央に上向きに白っぽい大きな花が咲くことである。日本でこれに近い特徴をもつ木はA・ホオノキ（モクレン科）とB・ヒメツバキ（琉球名イジュ）（ツバキ科）である。ただし、日本の涅槃図の写実性の低さからみても、これらの木がサラソウジュと呼ばれた形跡がないことからしても、これらの木のいずれかを直接モデルにして描いたのではないだろう。

No.04（東京国立博物館本）は枝先ごとに何かが生まれ出しているようにも見え、空想の産物かもしれない。No.06（京都国立博物館本）やNo.11（兵庫・妙法寺本）は植物としての特徴はあいまいになり、入滅を悲しんで枯れたという説話を説明する目的が強くなっているのではないか。鎌倉時代になると、No.09（神奈川・円覚寺本）やNo.12（九州国立博物館本）では、花に赤いものが出てくるが、植物学的にいえば意図はよくわからない。No.04の模写かもしれない（紙数の関係上、No.04以下は図版を掲載しない）。

図６　涅槃図　九州国立博物館本（大涅槃展カタログNo.10）

以上が三浦准教授のコメントだ。これからいえるのは、いずれも、ナツツバキを想定した沙羅双樹が描かれていないということだ。江戸時代には、沙羅双樹がナツツバキを指しているという文献的な裏づけはあるものの、江戸時代以降の涅槃図からは沙羅双樹＝ナツツバキとすんなりいかないことになる。むしろ、涅槃図は一つの作品であって、けっして写実的に沙羅双樹を描いているわけではないというべきなのかもしれない。

五　涅槃図の来た道——ガンダーラから中央アジアへ

ガンダーラは、現在のアフガニスタン東部からパキスタン北西部にかけての地域を指し、ギリシャ、ペルシャ、インドの様々な美術様式を取り入れた仏教美術が有名で、クシャーン朝時代の1世紀〜5世紀にその隆盛を極めた。古い世代の方々には、テレビドラマ『西遊記』の主題歌でゴダイゴが歌った歌の題名としても、よく知られている。

宮治昭はガンダーラ美術研究の第一人者である。宮治（二〇一二）は「釈尊が亡くなった様子を表そう、図像化しようというふうに考えたのは西北インドのガンダーラ（現在のパキスタン北部）において」だとし、「おそらく一～二世紀ぐらいに涅槃図が成立した」と指摘する。そして、涅槃図はガンダーラから中央アジアを経て、中国、朝鮮半島、そして日本へと伝わったことになる。

宮治が「西北インドのガンダーラ（現在のパキスタン北部）」と述べているように、ガンダーラといえば、広い意味ではインドにあたる。ゴダイゴの歌からも、ガンダーラ＝インドという図式が浮かび上がり、実際にあの歌のおかげで、インドを旅行する人が増えたという。ガンダーラはインドだとみると、ガンダーラの涅槃図に掲げられた沙羅双樹は、やはりインドにあり、仏陀が涅槃を迎えた地、クーシナガラのサラソウジュと同じものだと思うのが至極当然である。

ところが、話しはそう簡単ではない。インド亜大陸はとにかく広い。インドとパキスタンにまたがる地域にはタール砂漠があり、年間雨量が一〇〇ミリにも満たない地域があるかと思うと、世界で一番雨が降るアッサム地方があり、その植物分布は当然ことなる。ガンダーラ地方は、インド亜大陸の中では冬雨地帯に属し、乾燥地帯にちかい。一方、サラソウジュは夏雨地帯のインド東部からヒマラヤ山脈の麓に分布し、雨の少ない西インドにはみられない。つまり、今のパキスタンに位置するガンダーラ地方には、サラソウジュは分布しない。そのことを念頭において、ガンダーラの涅槃レリーフをみることが重要である。

では、ガンダーラのレリーフ涅槃図では沙羅双樹はどのように描かれているのだろうか。

宮治（一九九二）は名古屋大学に提出した学位論文を元にまとめられた労作で、涅槃をテーマにした図版が多数掲載されている。そこに、いくつかの沙羅双樹が登場する。宮治があげる図版についてこう述べている（図版7）。

> 沙羅樹（**Shorea robusta**）はヒマラヤ山麓からインド全域によく見られる半落葉樹性の高木で、三月頃白い小花がたくさん咲き、葉が馬の耳に似ているので馬耳樹とも呼ばれる。浮彫の樹葉もみなやや先の尖った馬耳形をしており、明らかに沙羅樹を表している。（宮治一九九二）

宮治は実際のサラソウジュを見ておられないのだろう。何度もいうが、サラソウジュはインド全域には分布していない。サラソウジュをずっとみてきたものには、浮彫に描かれている沙羅双樹はサラソウジュにはみえない。この宮治以前にも、同様の指摘がある。たとえば、林良一（一九九二）はガンダーラのレリーフについて、「長楕円形の葉を対生させた枝を発生するが、枝は分岐しない」とし、「この種の枝葉をつけた樹はガンダーラに非常に多く、マーシャルはこれをシャーラの樹と考えている」とマーシャルの説を踏襲している。ここでいうシャーラはあきらかに植物をさしており、小論のサラソウジュと同じである。インドの考古局局長を務めたマーシャルも林も、実際の植物を見たことがなく、分布についても知らなかったのだろう。

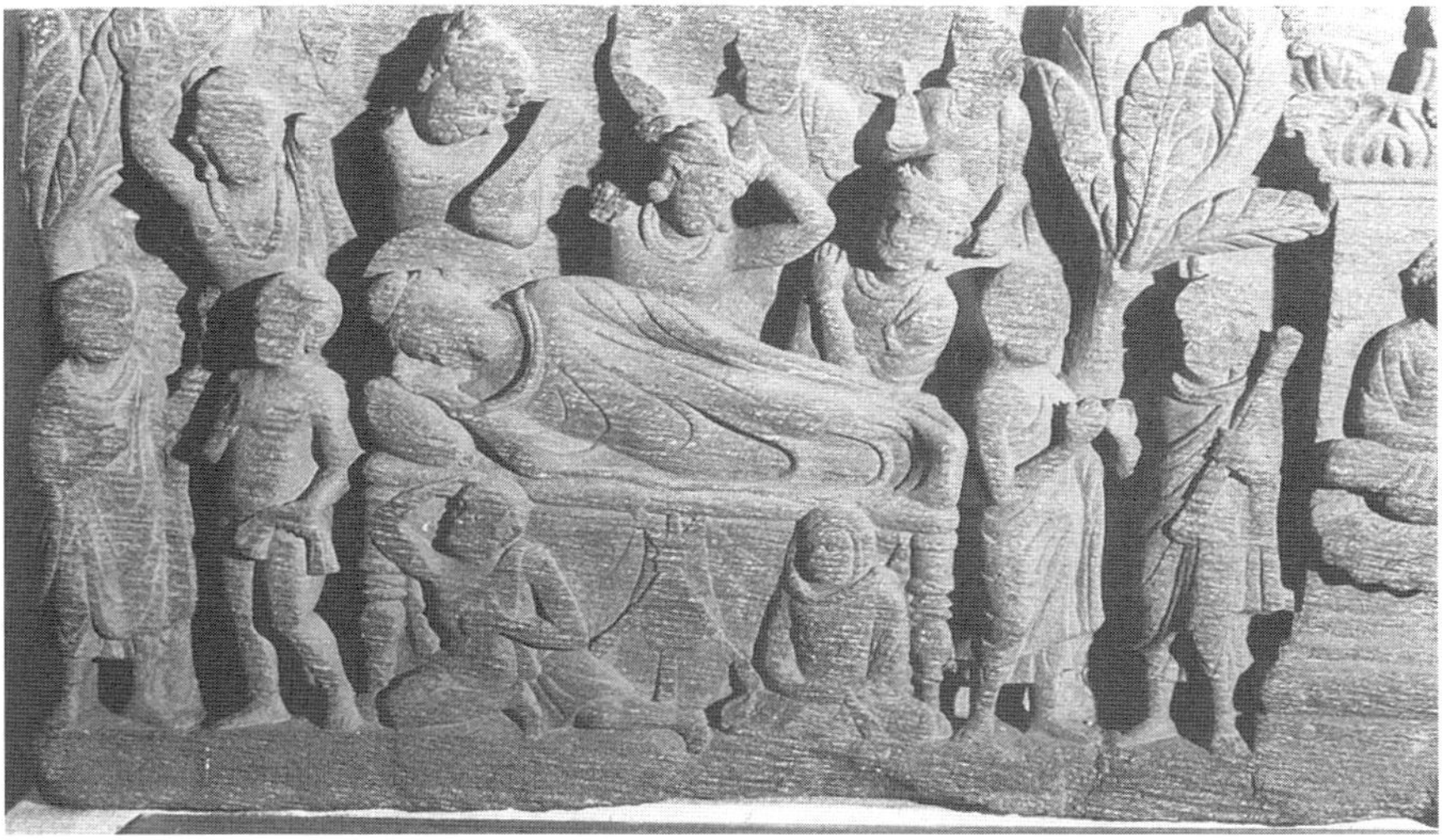
図７　涅槃レリーフ　ガンダーラ・タキシラ博物館蔵（宮治 1992）

平家物語の研究者たちにとって、沙羅双樹がどんな植物なのか、あまり関心がないことをすでに指摘した。これに少し似ているかもしれない。しかし、レリーフとはいえ、ビジュアル化された植物については実際の植物にあたってみるべきではなかったのか。もちろん、サラソウジュを知らなかったとしても、宮治がガンダーラ美術の第一人者であることには変わらない。彼の研究にとっては非常に些末的なことであり、水を差すものでもない。しかし、筆者の関心の中心であるサラソウジュからみると、残念ながら、まちがっている。

では、宮治（一九九二）に掲載されたガンダーラの涅槃レリーフに描かれた沙羅双樹は何の植物だろうか。

植物の専門家に聞くと、これらはどうみてもヤシの類だという。ガンダーラの沙羅双樹をすべてみたわけではないが、少なくとも宮治があげた浮彫の沙羅双樹はヤシの類だ。もし、ヤシとみなすことが正しいとすれば、メソポタミアでナツメヤシが聖なる木とみなされていたことと関係があるかもしれない。ガンダーラは文明が交錯する場所である。ヤシでも少しも不思議ではない。

涅槃図はガンダーラから、中央アジアに広がっていく。かつて西域といわれ、今の中国の新疆ウイグル自治区にあるキジル石窟や敦煌の莫高窟には壁画があり、いくつかの涅槃図が知られている。そのキジル石窟の涅槃図について、宮治が研究をおこなっている。ここでは涅槃図の中の沙羅双樹に絞っていうと、「沙羅樹の表現は省略されることもある」として、あんま

図8　涅槃図　敦煌莫高窟280窟（宮治1992）

りはっきりとした沙羅双樹はみられない。宮治（一九九二）によると、第三八窟に沙羅双樹が描かれているとあるが、キジル石窟はドイツ隊が切り取って本国へ持ち去ったうえに、その後の保存状態も悪く、その図版自体の写りが悪いので、筆者には読み取れない。

一方、莫高窟にはもう少しはっきりとした涅槃図が残っている。宮治が口絵として掲載している、第二八〇窟と第二九五窟である（図版8）。どちらも隋時代に造られたもので、その構図は似ている。沙羅双樹の描かれ方もよく似ている。すこしカエデに似た葉が描かれている。インドのサラソウジュでないことはあきらかだが、はたしてどんな植物が考えられるのだろうか。植物専門家によると、シナトチノキ（中国名：七葉樹）ではないかという。

涅槃図の専門家でもない筆者が涅槃図のことについて述べてきた。的はずれなことを述べているのかもしれない。植物文様が簡略化されて、現実の植物とはずいぶんことなって表されることがあることを知っているつもりだが、涅槃図の沙羅双樹はあまりにもインドのサラソウジュとちがいすぎる。

六　中国の沙羅双樹

一昨年、こんなニュースが中国から報じられた。

このほど、世界で唯一残る玄奘三蔵が植樹した沙羅双樹の木の種を数年かけて栽培し、陝西省西安市の大慈恩寺へ移植することに成功した。（中略）

同省宜君県で生長したこの沙羅双樹の樹齢は一三〇〇年以上、六〇〇平方メートルの面積を占めており、樹冠は丸く大きく茂り、葉の形は手のひらに似ていることから仏教の聖樹の一つとして「生きた文化財」、「生きた化石」として今日に伝えられている。

（「人民網日本語版」二〇一六年五月十八日）

玄奘三蔵がインドから持ち帰った沙羅双樹とは、なんとも悠久の歴史を感じさせる壮大なドラマである。インターネットを検索すると、陝西省宜君県で育っているという、玄奘三蔵が持ち帰ったとされる沙羅双樹の画像がある。植物の名前がわからない人間には大変ありがたいことに、そちらには学名まで表示してある。その学名をみて驚いた。なんとそこには、サラソウジュの学名Shorea robustaではなく、Aesculus chinensis Bungeと書いてあるではないか。

この学名は七葉樹、あるいはシナトチノキをさす。残念ながら、本場インドのサラソウジュではない。どうやら中国で沙羅双樹、もっと一般的には娑罗树（＝娑羅樹）といえば七葉樹をさすようだ。実際、北京の仏教寺院には沙羅樹があるようで、ガイドブックなどにも掲載されているが、これらはいずれも七葉樹をさす。たとえば、北京にある三一六年に建てられたという潭柘寺には樹齢三〇〇年以上の沙羅樹があるというが、これもやはり七葉樹である。また、北京植物園の中に、臥佛寺と呼ばれる寺がある。もともと兜率寺という名前で唐代に建てられた古刹だ。その寺には涅槃仏、つまり臥床した仏像がある。長さ五・三メートル、高さ一・六メートルの涅槃仏は。元代の一三二一年にはじめて造られたとい

図９　涅槃図　隆信忠筆・中国南宋時代（大涅槃展カタログ No.7）

うが、現在の涅槃仏は明代のものだ。この境内にも、樹齢五〇〇年の沙羅樹があるが、こちらも別名七葉樹となっている。うえでみた敦煌の莫高窟の涅槃図に描かれていた沙羅双樹はこの七葉樹に近かった。これを念頭に、中国の涅槃図をみてみよう。

先にあげた大涅槃展のカタログには、No.7に南宋時代の陸信忠筆による涅槃図がある（図版9）。沙羅双樹は二本しかなく、しかも七層からなる樹が描かれている。植物に詳しい人に聞くと、意外と写実的なところがあり、ヒメツバキに近縁な中国産の木荷を思わせるという。高野山の涅槃図などに出てくる沙羅双樹もヒメツバキの類に近い特徴があることをうえで指摘した。日本において、同じツバキ科のナツツバキを沙羅双樹と呼ぶようになるカギがここにあるのかもしれない。ただし、高野山の涅槃図が成立したのは南宋時代以前のことで、時代的な整合性を考える必要がある。また、中国の涅槃図に関する資料を丁寧にみる必要もあろう。

カタログのNo.15は清代の涅槃図である（図版10）。日本の涅

図10　涅槃図　孫億筆・中国清代（大涅槃展カタログNo.15）

槃図とはかなりことなり、涅槃仏は遠景に小さく描かれており、二本の沙羅双樹らしきものが涅槃の床の後ろに描かれている。植物専門家に聞くと、この樹は仏教絵画のイメージにあったものが描かれていて、現実の植物を模したものではないだろうという。なお、この涅槃図の一番手前左に、七葉樹らしき植物が描かれている。中国では仏教寺院に七葉樹ということが、清代において当たり前の光景だったのかもしれない。

中国の涅槃図といっても、ここで紹介したのは日本に将来されたものに限っている。中国にどれだけの涅槃図が残っていて、どんな研究がされているのか。門外漢の筆者がアクセスできる資料は少なすぎる。小論をきっかけに、専門家から御教示賜り、今後も引き続き情報を集めていきたい。

七　東南アジアの沙羅双樹——ホウガンノキ

サラソウジュの学名Shorea robustaをインターネット検索すると、サラソウジュとはまったくことなる花が出てくることがある。それがホウガンノキ（学名Couroupita guianensis）である（図版11）。幹から丸い砲丸のような実を垂らしていて、英語名をCanon-ball treeといい、そこからホウガンノキという和名がついている。ホウガンノキは学名にguianensisとあるように、もともと南米のガイアナ、スリナムあたりを起源とする熱帯の植物だ。この二つの植物を学名ごと間違えたサイトは結構多い。その原因はタイやスリランカでホウガンノキがサラと呼ばれていることにある。タイもスリランカも小乗仏教の国だ。インターネットの複数のサイトからは、どうやらスリランカからタイに導入されたらしい。しかし、今後検証が必要である。

スリランカに仏歯寺と呼ばれる仏教寺院がある。仏陀の犬歯が奉納されていることから仏歯寺と呼ばれている。この寺はキャンディという町にあり、キャンディは王朝時代の最後の王都で町全体が世界遺産に登録されている。世界遺産ということもあって、多くの観光客が訪れる。そのお寺に大きな沙羅双樹の木がある。日本人観光客も多く訪れるので、ネット検索をすれば、すぐにその沙羅双樹の木の写真を見ることができる。この木はスリランカでサラ（＝沙羅双樹）と呼ばれているが、じつはこれがホウガンノキである。

もともと南米にあったホウガンノキがいつスリランカにやってきたのだろうか。スリランカの新聞『ネーション』紙の報道によると、一八八一年、英国植民地時代にはじめてスリランカに移植されたのだという。スリランカに仏教がやってきたのは紀元前三世紀だとされる。仏教伝来とともに、仏伝が伝えられたことはまちがいない。当然、仏陀が沙羅双樹の下で涅槃を迎えたことは知られているはずである。英国植民地時代に導入されたとするならば、なぜホウガンノキが沙羅双樹となったのか、文献で確認できても良さそうだが、そうした文献は示されていない。また、ホウガンノキが導入される以前には、沙羅双樹とされた植物はなかったのだろうか。素朴な疑問が浮かぶ。

じつは、スリランカの対岸インドのタミルナドゥ州など南インドにもホウガンノキがある。これらはシヴァリンガとか、

図11　ホウガンノキ。砲丸のような果実がついているので、この名がある（ミャンマーにて、筆者撮影）

ナーガリンガと言われ、シヴァ神やシヴァが頭に載せている蛇ナーガ、およびシヴァ神の象徴であるリンガに関係する。ヒンドゥー教寺院では聖木とされ、南インドのお寺でよく見かける樹である。南インドにはサラソウジュの木はない。したがって、南インドでもサラソウジュと混同されるような名前が付けられてもおかしくないが、歴としたヒンドゥーの神様シヴァに由来する名前が付けられている。とても、英国植民地時代に導入されたとは思えない。

では、南インドのホウガンノキはいつインドにやってきたのだろうか。多くのインターネットサイトが起源地は動かせないものの、コロンブス以前に新大陸から導入された可能性を示唆している。ホウガンノキの葉で銀を磨くことを化学分析する論文には、「三〇〇〇年前からインドで育っている証拠がある」と書いたものもあるが、その典拠は示されていない。この論争にはまだ決着がついていないようだ。しかし、ホウガンノキがタミルナドゥに三〇〇〇年前からあったとするならば、タミルナドゥの対岸であるスリランカにも、南インドから持ち込まれたのか、あるいはコロンブス以前に新大陸から南インドとスリランカ両方に直接もたらされたと考えるのが自然だろう。

仏伝の中に、沙羅双樹が占める位置は東南アジアの仏教国でも変わらない。涅槃だけではなく、生誕の時にも沙羅双樹が登場する。それを図像化した資料がある。ミャンマーで発行されている『仏陀の生涯図』である。ビルマ語、中国語、英語の三言語表示されている。なお、同様のものは小乗仏教国で出版されているようで、マレーシアで発行されている、まったく同じ『仏陀の生涯図』について、林雅彦（二〇〇八）が翻訳して、図ごと紹介している。

林の翻訳にしたがうと、出産のシーンはこう書かれている。

> ネパールのルンビニ庭園で、ヴェサカーの満月の日、生まれたての太子は、蓮の華の上を七歩歩き．北を指差しながら「天上天下唯我独尊」と宣うが、その意味するところは「我は此の世の支配者なり」というものであり、王子の誕生は、すべての民と共に父王浄飯王と王妃摩耶夫人に大きな喜びをもたらした。

ここには沙羅双樹（あるいは無憂樹）は登場しないが、図の中には樹がはっきりと描かれている。それはまちがいなくホウガンノキである。

一方、涅槃の説明にはこうある。

仏陀は、クシナーラ（拘尸那掲羅）でもう起きることはあるまいと心に決めて、頭を北向きにして二本の沙羅双樹の木の間に身を横たえた。そして、仏陀は次のような最期の訓戒を垂れた。「さあ、よいか、弟子たちよ。言っておくが、全てのものは変化を免かれない（諸法無常）。一所懸命励みなさい」。かくして涅槃に入れられたのである。

ここには沙羅双樹がちゃんと登場する。図を見ると、やはりホウガンノキである。

この『仏陀の生涯図』は一九九〇年代に出版されたもので、古い時代の涅槃や出産の図像化されたものについてはまだ調査が進んでいない。また、カンボジアやベトナムなど、他の仏教が盛んな国についても、今回は触れることができなかった。いつ頃から、ホウガンノキが沙羅双樹になったのか。今後の研究で明らかにしていきたい。

八　サラソウジュ文化とインド少数民族

筆者はインドの少数民族ムンダ人の言語と文化の研究を、一九八〇年代からおこなってきた。専門は地域でいえばインド、分野でいえば言語学である。ただ、国際日本文化研究センターの助手を務めたことがあり、ムンダ人の農耕文化や食事文化を一冊の本にまとめ、日本文化との類似性を指摘したことがある（長田一九九五）。その本の中で、ムンダ人の居住地域にはサラソウジュ林があり、生活に根づいたサラソウジュの利用をおこなっていることを指摘した。ムンダ人の農耕文化や食事文化がいかにサラソウジュと結びついているか。いくつかの文化特徴をあげて例証し、照葉樹林文化とは違った視点で、サラソウジュ文化を提唱している。

『インド花綴り』の著者であり、植物に大変造詣の深い西岡直樹は、西ベンガル州に住む少数民族、サンタル人（彼らの言語はムンダ人の言語とお互い話が通じるぐらい近い）が聖林としているサラソウジュ林を見てきた人である。その彼がこんなことを述べている。

私は、土地の人がシャルとかサルジョンと呼んでいたあの林の木々が、釈尊にゆかりの深いサラソウジュであることに長いこと気がつかずにいた。それを知ったのは、だいぶ時がたってからのことである。（西岡二〇〇五）

サラソウジュ林文化を提唱した筆者もこれと全く同感である。じじつ、サラソウジュ文化を提唱した本の中にはサラソウジュと仏伝中の名は一行もない。今回、植物としてのサラソウジュと仏陀や涅槃の沙羅双樹をつなげたのがこの小論である。本来、前者をテーマに研究をおこなってきたはずなのに、小論では平家物語からスタートさせ、後者に重点を置いて、仏教が拡散するとともに、ガンダーラから中央アジア、そして中国、日本へ、沙羅双樹という聖なる樹木がアジアを駆けめぐったことに触れてきた。最後になって、小論はようやく筆者の出発点である、サラソウジュ林の文化的価値が大きいインドの少数民族にたどりついたのである。

筆者はなぜサラソウジュ林文化を提唱したのか。それは照葉樹林文化のインドの扱いが非常に雑なことへの不満から出発している。照葉樹林文化とは、「ヒマラヤから東南アジア北部山地、雲南・貴州から江南を経て西日本にいたる常緑広葉樹林帯に共通してみられる文化複合。この樹林帯はカシ、シイ、ツバキなどの照葉樹からなっているためこの名がある。中尾佐助が提唱し、上山春平、佐々木高明らが発展させた」(ブリタニカ国際大百科事典)もので、中尾が「インドの農耕文化複合はむしろ麦作文化に属しておる」とか、佐々木が「インド亜大陸では、稲(米)のシンボリックな意味が東アジアに比べてきわめて小さく、全体として稲への文化的収斂度が大へん低い」とインドの農耕文化複合の捉え方を考えるときに、麦作はほとんどおこなわない、稲のシンボリック度合いが非常に高いムンダ人を無視したような論調への反発があった。

そして、提唱したのが以下のようなサラソウジュ林文化であった。

> それでは、ムンダ文化を生態系を考慮して、名づけるとすればどうなるであろうか。すでに、チョターナーグプル高原の森林をあげたが、こうした樹木のなかで、ムンダ人をはじめとする少数民族たちがもっとも依存している木がある。それはサラソウジュ(*Shorea robusta*)で、いわばサラソウジュ林文化ともいうべき文化がこのチョターナーグプル高原を中心に広がっている。

小論はサラソウジュ林文化がテーマではない。そこで、サラソウジュ林文化の文化的特徴を詳細には述べない。詳細に関心がある方はぜひ長田(一九九五)を読んでいただきたい。小論で述べたかったのは、仏陀の一生をみてみると、摩耶夫人がサラソウジュ(ムユウジュというバージョンもある)の枝をつかんだときに仏陀が誕生し、サラソウジュの下で涅槃の時を迎えたということである。つまり、仏陀の生まれ育った文化にはサラソウジュの文化的価値が高いということがうかがえる。じじつ、仏陀が一生を通じて活動した地域にはサラソウジュ林がみられるのである。

じつは、ムンダ人とこの仏陀を結んだ学説がある。その学説は京都大学教授だった岩本裕が戦前に書いた「ブッダの家系に関する若干の問題――古代インド民族に関する課題としてのひとつの試論――」と題する論文の中で展開している。岩本は次のように指摘し、父も母も、いわゆるアーリヤ人とは異民族の出身だという。

> ブッダの血統に関して、筆者は以上においてその父系がインド=アーリヤ族に属しない異民族の出なるべきことを推論したのであるが、さらにその母マーヤー=デーヴィがまた異民族の出身なることが注意されねばならない。
> (岩本一九三九)

そのうえ、マーヤー夫人がコーラ王の子孫であり、コーリヤと呼ばれていたことに注目して、こう結論づけている。

> コーラ王に関して人種学的にはいわゆるコラリヤ族、言語学的にはいわゆるムンダー語族に属するものとして解釈し

て、ここに十分な解釈が成立するわけである。

（岩本一九三九）

つまり、摩耶夫人はムンダ語族に属する言語をしゃべっていたというのである。幸か不幸か、この学説は学会で承認されているわけではない。むしろ、いわゆる「アーリヤ系」とみなされているのが一般的だ（中村元）。しかし、この論文は一九八八年に出版された『岩本裕著作集』に再録されているところをみると、少なくとも岩本にとっては五〇年後に再び世に問うべき自信のある学説だったことはまちがいなかろう。小論にそくしていえば、仏陀の一生がサラソウジュ林と関連していることが、仏陀の母の出身がサラソウジュ林文化を享受するムンダだったとすると、納得できるのではないか。ただし、このことは岩本学説を支持する、単なる状況証拠にすぎない。その点は強調しておく必要があろう。

おわりに

小論は平家物語から出発し、涅槃図や誕生譚のなかの沙羅双樹に注目し、ガンダーラから中央アジア、中国、そして日本へと仏教が広がっていくにつれて、沙羅双樹がどのように描かれているかを追いながら、植物のサラソウジュと仏伝の中の沙羅双樹のずれをみてきた。小論で触れることができなかったが、韓国では沙羅双樹はコウライシャラノキをさすという。しかし、それ以上の涅槃図などについて調べることができなかったので、あえて触れていない。また、中国についても、東南アジアについても、まだまだ十分に調べ上げたわけではない。

小論では、仏伝の中の沙羅双樹がガンダーラではヤシ類であらわし、中国でシナトチノキ、東南アジアではホウガンノキ、そして日本ではナツツバキで代用されていることを報告した。それぞれの断片的な研究はあるが、アジア規模で、しかも植物のサラソウジュに焦点を当てて論じたものはこれまでなかったのではないか。とくに、日本では、江戸時代には沙羅双樹がすでにナツツバキだと認識されていたにもかかわらず、江戸時代以降の涅槃図において、沙羅双樹がナツツバキとして描かれていないという事実は仏教美術史研究者も指摘していないのではなかろうか。

小論を機に、皆様から御教示賜り、より実証的なものとしていきたい。

参考文献

平家物語関連

大系：高木市之助［ほか］校注（一九五九）『日本古典文学大系』岩波書店

新体系：梶原正昭、山下宏明校注（一九九一）『新日本古典文学大系』岩波書店

全集：市古貞次校注・訳（一九七三）『日本古典文学全集』小学館

完訳：市古貞次校注・訳（一九八五）『完訳日本の古典』小学館

新編：市古貞次校注・訳（一九九四）『新編日本古典文学全集』小学館
全書：冨倉徳次郎校註（一九七〇）『日本古典全書』朝日新聞社
鑑賞：冨倉徳次郎編（一九七五）『鑑賞日本古典文学』角川書店
集成：水原一校注（一九七九）『新潮日本古典集成』新潮社
辞典：市古貞次編（一九七三）『平家物語辞典』明治書院
大辞典：大津雄一・日下力・佐伯真一・櫻井陽子編（二〇一〇）『平家物語大辞典』東京書籍

釈尊伝：
岩本裕（一九三九）「ブッダの家系に関する若干の問題――古代インド民族に関する課題としてのひとつの試論――」『東洋史研究』第四巻第三号
肥塚隆（一九七九）『美術にみる釈尊の生涯』平凡社
鈴木重吉（一九五一）『写真で見る釈尊伝――その遺蹟』春秋社
長井真琴（一九三五）『釈迦伝』三省堂
中村元（一九五八）『ゴーダマ・ブッダ　釈尊傳』法蔵館
中村元（一九六九）『ゴーダマ・ブッダ――釈尊の生涯――』春秋社
中村元訳（一九八〇）『ブッダ最後の旅――大パリニッバーナ経――』岩波文庫
中村元・上村勝彦・田辺和子（一九七六）『人間釈尊の探究』産報
早島鏡正（一九七九）『ゴータマ・ブッダ』講談社
増谷文雄（一九五六）『仏陀』角川新書
丸山勇（二〇〇七）『ブッダの旅』岩波新書
水野弘元（一九八五）『釈尊の生涯』春秋社
宮坂宥勝（一九九八）『宮坂宥勝著作集２釈尊の生涯と思想』法蔵館
森章司・本澤綱夫・岩井昌悟（二〇〇〇）『中央学術研究所紀要モノグラフ３【資料集３】仏伝諸経典および仏伝関係諸資料のエピソード別出典要覧』中央学術研究所
渡辺照宏（一九六六）『新釈尊傳』大法輪閣。
仏教美術（ガンダーラ美術、涅槃図等をふくむ）
泉武夫（一九九四）『絵は語る２高野山　仏教涅槃図――大いなる死の造形』平凡社
泉武夫（一九九五）『仏画の造形』吉川弘文館
九州国立博物館編（二〇一五）『トピック展示：大涅槃展』（カタログ）九州国立博物館
中野玄三（一九八二）『仏教絵画の研究』法蔵館
林良一（一九九二）『東洋美術の装飾文様――植物文篇――』同朋舎出版
宮治昭（一九九二）『涅槃と弥勒の図像学――インドから中央アジアへ――』吉川弘文館
宮治昭（一九九六）『ガンダーラ　仏の不思議』講談社
宮治昭（一九九九）『仏教美術のイコロジー――インドから日本まで――』吉川弘文館
宮治昭（二〇一一）「中央アジアの仏教信仰と美術」『龍谷大学アジア仏教文化研究センター国内シンポジウム：中央アジアにおける仏教と異宗教の交流』（講演集）龍谷大学
村松哲文（二〇一一）「中国における涅槃像の変容」『駒澤大学

仏教学部研究紀要』第六九号
林笛（二〇一六）古傳日本之中國涅槃圖研究。國立中央大學碩士論文
その他：
磯野直秀（二〇〇九）「資料別：草木名初見リスト」『慶応大学日吉紀要：自然科学』四五号
伊藤伊兵衛（一六九五）『花壇地錦抄』（一九三三年出版、京都園芸倶楽部版。国会図書館デジタルコレクションにあり）
長田俊樹（一九九五）『ムンダ人の農耕文化と食事文化：民族言語学的考察――インド文化・稲作文化・照葉樹林文化――』国際日本文化研究センター
狩野常信（一六六一～一七一二）『草花魚貝虫類写生』（東京国立博物館のサイトよりダウンロード可能）
玄奘・水谷真成訳注（一九九九）『大唐西域記』東洋文庫
中村元・田村芳朗・末木文美士・福永光司・今野達編（二〇〇二）『岩波仏教辞典（第二版）』岩波書店
西岡直樹（一九八八）『インド花綴り』木犀社
西岡直樹（二〇〇五）「仏教の三霊樹その3沙羅双樹（サラソウジュ）」『大法輪』三月号
堀田満・緒方健・新田あや・星川清親・柳宗民・山崎耕宇編（二〇〇二）『世界有用植物事典』平凡社
満久崇麿（一九七二）「仏典の中の樹木：その性質と意義（1）」『木材研究資料』第六号
満久崇麿（一九七七）『仏典の植物』八坂書房
Tewari, D. N. (1995) A Monograph on Sal (*Shorea robusta* Gaertn. F.). International Book Distributor.

付記　本稿は日本学術振興会科学研究費助成事業（学術研究助成基金助成金）基盤（C）（課題番号16K02373）の成果の一部です。本稿の執筆を薦めてくださった藏中しのぶ教授に、深く御礼申し上げます。

おさだ・としき――『水門』創設メンバーである長田夏樹の次男。総合地球環境学研究所名誉教授。国際日本文化研究センター客員教授。専門は言語学・南アジア研究。主な著書に『ムンダ人の農耕文化と食事文化』（国際日本文化研究センター、一九九五年）、『新インド学』（角川書店、二〇〇二年）、『インダス文明の謎』（京都大学学術出版会、二〇一三年）などがある。

敦煌変文と風土記逸文における羽衣伝説

徐　磊

はじめに

羽衣伝説は中日両国で盛行し、世界的に白鳥処女説話として広く分布している説話類型の一つである。中日の羽衣伝説に関しては、すでに多くの比較研究の成果があるが(1)、研究の方向性は大きく分けて、中国の羽衣伝説の日本への伝播経路についての研究と、中日の羽衣伝説に潜む文化的意味の差異を考察した研究に二分類されよう。これらの研究によって、羽衣説話が中国から日本列島へと伝播したことは定説になっており、羽衣説話に見られる民間信仰、婚姻制度についての考察も深化している。しかし、中日羽衣伝説のちがいについて、天界と人界の対立、男性と女性の対立という観点から検討した研究はわずかであり(2)、なお検討の余地が残されている。

中日の羽衣伝説において敦煌変文と日本の風土記逸文にみられる羽衣伝説は重要な位置を占める。本稿は、両者の内容を比較し、その異同について民俗文化の面から検討を加え、天界と人界の関係、男性と女性の関係から、その異同に潜む文化的な意味を明らかにすることを目的とする。

一　敦煌変文と日本の風土記逸文における羽衣伝説

中国の羽衣伝説のなかで、最古とされるのが、晋代の『玄中記』並びに干宝『捜神記』所収の「毛衣女」である。両者の内容はほぼ類同する。ここでは干宝『捜神記』所収の「毛衣女」を挙げる。

豫章新喩県男子、見田中有六七女、皆衣毛衣、不知是鳥。匍匐往、得其一女所解毛衣、取藏之。即往就諸鳥。諸鳥各飛去、一鳥独不得去、男子取以為婦、生三女。其母后使女問夫、知衣在積稲下、得之、衣而飛去。後複以迎三女、女亦得飛去(3)。

豫章郡新喩県のある男が、田の中で六、七人の娘を見かけた。皆、毛の衣を着ていて、鳥であるとはわからなかった。そばまで這って行き、一人の娘の脱いでおいた毛の衣を取って隠してから、鳥たちのところに近寄って行った。鳥たちはそれぞれ飛び去ったが、一羽だけは逃げることできず、男はその鳥を女房にして、三人の娘を産ませた。その後、女房は娘たちに毛の衣のありかを父親に尋ねさせた。毛の衣が積み上げた稲束の下にあることがわかると、女房はそれを手に入れ、身に着けて飛び去った。後に、同じ毛の衣で三人の娘を迎えに戻ってきて、娘たちも飛び去ってしまった。

この伝説は唐代初期にさらに発展し、新たな展開を見せる。敦煌変文に記された句道興撰『捜神記』「田章」(4)では物語の筋が複雑になり、洗練もされている。長文にわたるので、ここではその概要を挙げる。

田崑崙という男が、田の中で鶴に化身する三人の天女が水浴びをしているのを見かけた。男はそのうちの一人、末娘の衣を隠してから、近寄って行った。年上の二人の娘は衣を取って飛び去って行ったが、末の娘だけは逃げることができず、男はその娘を女房として、田章という男の子を産ませた。男は徴兵されたきり帰ってこなかった。天女は義母に嘘をついて衣を見せてもらい、その衣を纏うと、窓から出て行って空高く舞い上がってしまった。天に戻った天女は田章のことを思い嘆き、二人の姉とともに地上に子供に会いに行くと決めた。

田章は五歳に成長した。母親を慕って泣いているのを、たまたま董仲先生が見つけた。田章が天女の子であることを知り、母親と会える方法を教えた。言われた通りにすると、天女の母親と会えた。天女たちは田章を天に連れて行った。天女の父親が田章に方術やその他諸芸を教えたので、田章はあらゆることに精通するようになった。地上に戻ると、宰相となった。しかし、宮廷内の事件に巻き込まれて追放されてしまう。後に天子の出した難問に回答できたことで、僕射（官名）に任命された。それで初めて、田章が天女の子であることが知られるようになった。

この羽衣伝説は「董永説話」と結びついて、変文「孝子董永伝」（以下「董永変文」）となった。羽衣伝説と関係がある部分の概要は次のとおりである。

息子が母親を慕って探しに行ったが、孫臏に出会った。天に帰った母親の織女が下界の池に水浴びに下った時、その衣を取ると、母親と再会して天に行くことができると教えられた(5)。

この説話はかなり簡略であるが、董永の息子と母親である織女との再会は、その後の「董永説話」の主たるテーマの一部となった。

上述のように、敦煌変文における羽衣伝説は、晋代の羽衣伝説にいたって、より成熟の度を深めた。また、話し言葉に近い口語体で記載されており、羽衣伝説と唐代の口承文学の研究には大きな意義があることが認められている(6)。

一方、日本の羽衣伝説の最古のものは、風土記逸文として伝わる羽衣伝説である。このうち、『帝皇編年記』所引「近江国風土記」逸文の「伊香小江」(7)が最も古態とされている。

古老伝曰。近江国伊香郡与胡郷伊香小江、在二郷南一也。天之八女、倶為二白鳥一自レ天而降。浴二於江之南津一。于時、伊香刀美、在二於西山一。遥見二白鳥一、其形奇異。因疑二若是神人乎一。往見之、実是神人也。於レ是伊香刀美、即生二感愛一、不レ得二還去一。窃遣下二白犬一盗中取天羽衣上。得レ隠二弟衣一。天女乃知、其兄七人、飛二昇天上一。其弟一人、不レ得二飛去一、天路永塞。即為二地民一。天女浴浦、今謂二神浦一是也。伊香刀美、与二天女弟女一共為二室家一、居二於此処一、遂生二男女一。男二女二。兄名意美志留、弟名那志等美。女名伊是理比咩、次名奈是理比売。此伊香連等之先祖是也。母即捜二取天羽衣一、着而昇レ天。伊香刀美、独守二空床一、唫詠不レ断。

（神宮文庫本『帝王編年記』第十、元正天皇養老七年癸亥条）

八人の天女が白鳥となって伊香小江に舞い降りてきて、羽衣を脱いで水浴びをしていた。伊香刀美がそれを見かけて、白い犬を遣って、その末の一人の衣を盗んで女房とし、二男二女を産ませた。天女はやがて衣を探し出して、昇天してしまった。その後、二人の男の子は一族の始祖となった。

また、『古事記』裏書、『元々集』巻第七所収「丹後国風土記」逸文の「比治の真奈井　奈具の社」[8]には、次のようにある。

丹ヽ国風土記曰

丹後国。

丹波郡。

々家西北隅方、有二比治里一。此里比治山頂有レ井。其名云二真奈井一。今既成レ沼。

此井天女八人、降来浴水。于時、有二老夫婦一。其名曰二和奈佐老夫、和奈佐老婦一。此老等至二此井一、而窃取二蔵天女一人衣裳一。即、有二衣裳一者、皆天飛上、但無二衣裳一女娘一人留。身隠レ水而、独懐愧居。

爰、老夫謂二天女一曰「吾無レ児、請天女娘汝為レ児」。天女答曰「妾独留二人間一。何敢不レ従。請許二衣裳一」。老夫曰「天女娘、何存二欺心一」。天女云「凡天人之志、以レ信為レ本。何多二疑心一、不レ許二衣裳一」。老夫答曰「多レ疑无レ信、率土之常。故以二此心一、為レ不レ許耳」、遂許。即相副而往レ宅、即相住十余歳。

爰天女、善為レ醸レ酒。飲二一坏一、吉万病除。（云々）其一坏之直財、積レ車送之。于時其家豊、土形富。故云二土形里一。此自二中間一、至二于今時一、便云二比治里一。

後老夫婦等、謂二天女一曰「汝非二吾児一、暫借住耳。宜早出去」。於是天女、仰レ天哭慟、俯レ地哀吟、即謂二老夫等一曰「妾非下以二私意一来上、是老夫等所レ願。何発二厭悪之心一、忽存二出去之痛一」。老夫、増発レ瞋願レ去。

天女流レ涙、微退二門外一。謂二郷人一曰「久沈二人間一、不レ得レ還レ天。復無レ親故、不レ知二由所一。吾何々哉々」。拭レ涙嗟歎、仰レ天歌曰、

阿麻能波良　布理佐兼美礼婆　加須美多智　伊幣治麻土比天　由久幣志良受母

遂退去而、至二荒塩村一。即謂二村人等一云「思二老夫老婦之意一、我心无レ異二荒塩一者」。仍云二比治里荒塩村一。亦至二丹波里哭木村一、拠二槻木一而哭。故云二哭木村一。

復至二竹野郡船木里奈具村一。即謂二村人等一云「此処我心、成二奈具志久一。古事平善者、曰二奈具志一」。乃留二此村一。斯所謂竹野郡奈具社坐、豊宇加能売命也。

(底本／神宮文庫蔵『古事記裏書』参照本／道果本『古事記』附箋、北畠親房『元元集』巻第七「奈具神社」条)

八人の天女が比治の山にある麻奈井という泉に降りて水浴びをしていた。貧しい老夫婦がその中の一人の天女の羽衣を隠して、その天女を養女とした。天女が醸す酒によって、老夫婦は豊かになったので、天女を追い出してしまった。天女は長く地上に留まっていたので、天に帰ることはできず、奈具の村で豊宇加能売として祭られるようになったという話である。ここでは男は登場せず、天女は老夫婦の娘になるという独特の展開を見せている。

そのほか、『本朝神社考』五所引「駿河国風土記」逸文の「三保松原」(9)も羽衣伝説である。

三保松原者、在二駿河国有度郡一。有度浜北、有二富士山一。南有二大洋海一。久能山崳二於西一。清見関田子浦。在二其前一。松林蒼翠、不レ知二其幾千万株一也。殆非二凡境一。誠天女海童之所二遊息一也。案風土記、古老伝言。昔有二神女一。自レ天降来、曝二羽衣於松枝一。漁人拾得而見レ之、其軽軟不レ可レ言也。所謂六銖衣乎。織女機中物乎。神女乞レ之。漁人不レ与。神女欲レ上レ天、而無二羽衣一。於レ是、遂与二漁人一為二夫婦一。蓋不レ得レ已也。其後一旦、女取二羽衣一乗レ雲而去。其漁人亦登仙云。

(林道春『本朝神社考』第五巻、三二丁表～裏「三保」条)

天女が天より降りてきて、羽衣を枝に晒していたが、ある漁師がそれを拾った。漁師は天女に羽衣を返さず、天女を女房とした。その後、天女は羽衣を取って、雲に乗って去ってしまった。その漁師も登仙した。

この「三保松原」は『本朝神社考』に「風土記案」とし、古代の風土記の記事に倣ったものとされている。「伊香小江」「比治の真奈井　奈具の社」と同じように、日本の羽衣伝説の古態を伝えるものとみてよいであろう。

敦煌変文と日本の風土記逸文における羽衣伝説は、それぞれ中国と日本の代表的な羽衣伝説として、中日羽衣伝説の比較研究にとって重要な文献である。本稿では、これらの羽衣伝説を対象として考察していきたい。

二　天界と人界の関係

(一) 豊饒の聖地である天界

羽衣伝説の大半は、天女が鳥・白鳥・鶴に変身するが、類似する説話は世界各地に散在し、「白鳥処女説話」と呼ばれている。「白鳥処女説話」に共通するモチーフは次のようにまとめられる。

(Ⅰ) 白鳥等の鳥に変身できる若い天女が地上の湖や泉で水浴びをしている。

(Ⅱ) 男がそれを覗いて、天女の衣を盗んでしまう。

(Ⅲ) 衣を盗まれた天女は天に帰れなくなり、やむを得ず男の女房になる。

(Ⅳ) 天女は子供を生む。

(Ⅴ) 天女は衣を取り返して、天に帰る。

川田耕氏は、「白鳥処女説話」は生殖と出産のメタファー的物語として解釈できるとし、水浴びをする若い女たちが新たな生命を生み出す母なる存在であり、無限に水の湧き出る美しい泉は豊饒な生命のメタファーであると指摘した(10)。

確かに生殖と出産は「白鳥処女説話」の主なモチーフの一つであり、美しい水のイメージは「白鳥処女説話」のみならず、他の説話類型においても常に豊饒な生命や英雄の誕生と結びついている。「羽衣伝説」は確かにこの類型に属するが、一概にそれだけで把握しきれない面を有しており、細部ではさまざまな相違点がある。

まず、男と天女の出会いである。敦煌変文と風土記逸文では、天女が水浴びをしているところを男は覗いたと記されている。しかし、時代をさかのぼる晋代の『玄中記』『捜神記』所収の「毛衣女」では、出会いの場は水辺ではなく、田の中であり、水浴びという要素もない。また、「丹後国風土記」逸文の「比治の真奈井　奈具の社」では、天女が男の妻になるのではなく、老夫婦の娘になり、老夫婦と村の人に財を与える。当然、子供の出産という内容もない。「駿河国風土記」逸文の「三保松原」では、天女が男の妻になるが、子供の出産はない。

このように「白鳥処女説話」に共通する生殖と出産のモチーフや、豊饒な生命の水というイメージは、必ずしも中日の羽衣伝説に存在するとは言えない。

敦煌変文と風土記逸文における羽衣伝説の内容から見ると、中日の羽衣伝説の共通点の一つは、むしろ、天に対する憧憬ではないかと思われる。句道興『捜神記』所収の「田章」と「近江国風土記」逸文「伊香小江」では、男は天女を妻にして子供を生ませた。さらに、その子は地上で出世したり、一族の祖先となった。「三保松原」では、天女は子供を生まなかったが、天に帰ると、男も天に昇って仙人となった。

「董永変文」は結末部のみが羽衣伝説と結びついたが、同じく天女と男の物語であり、天女は董永に財と子供を与える。一方、男女の婚姻の内容がない「比治の真奈井　奈具の社」では、天女は酒を醸すことで老夫婦と村の人に財を与えた。

総じて、天界から降りてきた天女のおかげで、人間は子供・財・地位等を手に入れたり、仙人や英雄になることができる。人間に対して、天界は豊饒で神聖的な異界であり、人間は天界からの賜物でさまざまな利益を得られるのである。

(二) 天・先祖と王権

中日の羽衣伝説は、いずれも天に対する人間の憧憬を表しているが、天界と人界の関係は微妙に異なる。

「敦煌変文」所収の「田章」では、天女は天界に帰ってから、子供を慕って地上へ降りてきて、子供を天界へ連れて行った。後に子供は地上に戻ってきたが、天女はずっと天にいる。また、「董永変文」の結末では、孫臏は天女が地上へ子供を見に降りてくることを予測して、天女と再会する方法を天女の子供に教えた。天女と子供が再会を果たしたか否かについては言及されないが、後世の「董永説話」では、天女は子供と再会した後、また離別して、その後は天界にいる。つまり、中国においては、天界と人界は厳しく対立しており、天人は人界に長くいることはできないのである。

「董永変文」は末尾に「羽衣伝説」の織女と息子の再会を加えたものであり、純粋な「羽衣伝説」とは言えないが、織女は天女として天帝からの命令――孝子董永を助けるという天命を完遂して、すぐに天に帰る。

中国では、「羽衣伝説」のみならず、天人が地上にいる期限が数多くの説話に示される。例えば、天女が人界に長く滞在すれば、永遠に山の下に閉じ込められる、人界に落とされて神になれない等々、天から厳しい処罰を受けることになる。

中国では、天界は不老長寿、富貴豊饒の聖地として、人間の憧憬の対象である。しかし、一方で、不老長寿の天人たちは厳しい天律を厳守しなければならない。例えば、道教経典『道法会元』所収「太上混洞赤文女青詔書天律」[11]には、天界の秩序を維持するための天律と処罰が詳しく記されている。天人は天律に違反すれば、杖刑・労役・追放・針刺・死刑・斬刑・魂魄消滅・万死万生、人界に落とされる等、さまざまな厳しい処罰を受けなければならない。

このように、中国では天界と人界は明確に区別されており、天人は地上に長くいることはできない。天律に違反すれば、厳しく処罰されるのである。

これに対して、日本の羽衣伝説では、天女は天に帰ったきり、戻ってこない話もあるが、ずっと地上にいる話もある。例えば「比治の真奈井　奈具の社」では、天女は長らく人間世界に身を沈めていたので、天に帰ることはできず、奈具の村に行って「豊宇賀能売命」となった。天女は長く地上にいたので、天に帰れないという処罰を受けたが、地上で穀物の神となり、地元の人々を守ることまでできるようになる。中国の処罰と比べれば、極めて軽い処罰である。日本では天界と人界の対立は、中国ほど厳しくないと言えよう。

また、「伊香小江」では、天女は天界に帰ったが、二人の男の子は祖先神として祭られて、一族を守っている。同じ主旨の羽衣伝説は、時代が下っても伝えられている。例えば、十八世紀の琉球王国の正史『球陽』には、「察度王」「尚真王」に羽衣伝説があり、羽衣を纏って天に帰った天女の息子が察度王であり、天女の長女が尚真王の夫人であるとして、天女との血縁関係によって王朝を権威づけている[12]。

このように、日本の羽衣伝説では、天女の子供は男女を問わず、高貴な血統とされ、王権や先祖神と関係づけられる。しかし、中国の羽衣伝説は日本とは異なり、天女の子供が地上で大臣となり出世したという話もあるにはあるが、その子供は追放されたりもして、王朝の権威づけに利用できるほど高貴な人物ではない。

天界と人界の関係についての日中の観念のちがいは、以上の点に指摘しうるであろう。

こうした観念は、時代によって変遷する。

原初の時代には、天界と人界の関係についての観念は、呪術によく表れていた。フレーザーは呪術には、私的な呪術と公的な呪術があるとする。前者は、個人からの依頼に基づいて呪術師が呪術を執り行うものであり、後者は、共同社会全体の公共の利益のために執り行われる呪術である。未開の原始社会では、公的な呪術が広く見られ、公的な呪術を行う呪術師は強大な権威と信任を得て、しばしば酋長あるいは王の位を獲得することがある。集落のなかで最も才能と野心がある者は、公的な呪術師という特別な役割を担うことによって上級階層に入ることができるという(13)。

中国・日本の古代においても、こうした時代があった。『国語』楚語下に、顓頊の呪術改革に関する記載がある。

九黎乱徳、民神雑糅、不可方物。家爲巫史。烝享無度。瀆斉盟而神不蠲。嘉生不降禍災薦臻顓現受之。乃命南正重司天。以屬天。命火正黎司地以屬云云。是謂絶地天通(14)。

九黎が徳を乱し、民と神の事が分けられなくなった。人々は勝手に祭祀を行い、家に巫史を設け、誠信を失ったため、民が祭祀に使う物資が欠乏し、神の福を得ることができなくなったのである。その結果、祭祀に制度がなくなり、民と神が同じ位に立つようになった。民は神との盟誓を疎かにし、神に対する恭敬な態度も畏敬の態度も失った。神もそのような人々のやり方に慣れてしまい、清潔を求めなくなった。そのため、嘉生は降らず、祭祀に献上する物が無くなり、禍災が頻繁に起こり、人々は生気を失った。そこで、顓頊は即位すると、南正・重に天を主管させて神に属させ、火正・黎に地を主管させて民に属させた。重と黎のおかげで旧常が回復して互いに侵すことがなくなり、天と地を通じる道が途絶えたのである。

こうした「民神雑糅」の時代は、私的呪術が流行した時代であった。「絶地天通」の呪術改革によって、公的呪術の時代がもたらされる。説話では「天と地を通じる道が途絶えた」として民と神との間の通路の断絶を表現するが、それは天神と交流する権力が公的な呪術師に独占されるようになったことを意味する。この時代には、支配者の権力は天神から賜るものと信じられており、天神崇拝が最も重要な信仰であった。先祖神崇拝が発展してくるのは、夏・商・西周の時代になってからである。

顓頊の呪術改革によって、天神と交流する権力は、氏族集落における貴族の特権となった。顓頊の呪術改革は、中国古代社会の階層分化の始まりを示している。当時、氏族の支配者は、天帝と直接に血縁関係を有していたり、その母が天帝に感応して生まれた者とされた。また、氏族内部において貴族階層と平民階層は血縁関係があり、氏族社会の支配の方法は血縁関係によった。天神・先祖神と交流する公的呪術によって、天・先祖と王権が結びつくようになり、それを手段として、公的呪術師などの貴族は、同一氏族内の平民を支配した。こうした公的呪術は、血縁関係のある天神・先祖神、さらに現世の王・呪術師等の支配者の繋がりを氏族内の平民階層に示すものであり、一種の権威づけの記憶装置といえよう。

このような状況は、春秋戦国時代になって大きく変化する。王権が他の氏族に奪われたり、世襲制が崩壊したことによって、血縁関係による支配は維持できなくなるのである。

それ以前は、天神の子こそ「天子」であり、天と交流して人界の王になる資格があるとされていたが、春秋戦国時代に至って、心が素直であれば、誰でも「天之所子」となり、天と交流できるとされるようになった。天と人間とは、本来、合一性をもち、人は天に合一すべきだという「天人合一」の思想が生まれる。いうまでもなく、ここでの「天」とは、主に価値観の面でいうものであり、天神との血縁関係による権威づけ、および先祖神と王権の繋がりが衰退したことをも示している。

一方、日本でも、中国と同じく公的呪術の時代があった。中国では春秋戦国時代から、天神と人界の支配者の血縁関係が崩壊したが、日本の皇族は天神の血統を守り、それは脈々と受け継がれてきた。天皇家の血統を遡れば、その始祖は天界の女神である皇祖神・天照大神とされ、日本では女天神・先祖神への崇拝は今も生きているのである。

こうした天界と人界の関係に対する観念の違いがあるからこそ、中日の羽衣伝説は同じ類型の説話に属しながらも、異なる内容を見せていると考えられる。中国の羽衣伝説では、天界と人界は厳しく対立しており、天人は人界に長く逗留することはできない。しかし、日本の羽衣伝説では、天女は人間世界にとどまっても良く、のみならず、穀物の神となって地元の人々を守護することさえできる。また、中国の羽衣伝説では、天女の子は王朝の権威づけに利用できるほど高貴な人物ではないが、日本の羽衣伝説では、天女の子は男女を問わず、高貴な血統を有し、王権や先祖神と関係をもつのである。

三　男性と女性の関係——美と愛の女神の功利化

羽衣伝説は異類婚姻譚に属するが、稲田浩二氏は次のように論じられた。

異界の女を盗み取って、人界にその生産力と文化を永遠的にもたらそうとする異色の異類女房タイプとみなすことができる。(15)

羽衣伝説では、男が天から降りてきた女の衣を盗む。天に帰れない天女は、やむを得ず、男と結婚するが、子供を生んでも、衣を取り返して天に帰ってしまう。これについて、トーテム信仰が衰退し、外婚制が発生してから生まれた説話であり、暴力的略奪婚の名残だと見る説がある。(16)

敦煌変文と日本の風土記逸文における羽衣伝説は、それぞれが中日の羽衣伝説の原型であり、その主な内容は今も変わらないが、伝承されてゆくうちに、微妙な相違が生じてきた。ここでは、中日の羽衣伝説における男性と女性の関係について論じていきたい。

叶舒憲氏は早い時期に父権制が確立した国では、普遍的に性と美のテーマが女性に託されて表現され、愛と美の女神が現れることを論じた。ヴィーナスは西洋の愛と美の女神であるが、中国にはこのような愛と美の女神がいない。礼儀の文化によって、中国の愛と美の女神は集合的無意識に潜んでおり、高唐神女等のさまざまな女性として表れているという。叶舒憲氏は作家文学という観点から、幻の夢によって性愛のテーマを表す「高唐賦」「洛神賦」等を詳しく分析し、これら美人夢幻文学の主人公の女は、愛と美の女神の変身であると論じた。この美人夢幻文学の原型から一系列の神女の説話が生まれ、また仙女・龍女・女鬼・狐女・妖女・花精・妓女等の女性の説話も数多く生じた。これらの女性たちは男の夢や幻想・幻覚に現れて、男を狂わす美貌をもち、さらに男のさまざまな欲望を満足させる不思議な神通力を持っているとする。(17)

叶舒憲氏のこの説は、羽衣伝説の研究にも示唆を与える。個人の作家が創作した作家文学以外に、口承文学においても、美人夢幻文学の特質をもつ説話は数多い。中日の民間異類婚姻譚では、異類の大半は女で、愛と美の女神の特質を有し、男の人生の世俗的な欲望を満足させることができる。叶舒憲氏は、美人夢幻文学の美女たちは愛と美の女神の化身であり、男権社会で性愛と美のテーマを表すために男性が女性を性と結びつけた結果であり、最初は男の性愛の欲求だけを満足させるものであったとする。つまり、愛と美の女神は非功利的な審美観から生まれ、本来は現実の功利的な利益をもたらすことはないとする。(18)

例えば、「高唐賦」では、高唐神女はただ夢の中で楚王と出会うが、楚王の性愛の欲求を満たしただけで、ほかには何の利益も与えなかった。

しかし、人々は幻の説話において、虚構の形で、現実では満たされない欲求の精神的な補償を求めようとする。幻想の説話の中で、全面的な満足を与えるに最もふさわしい女性は、美しく不思議な神通力をもつ異類女房たちであった。羽衣伝説の天女は、男の世俗的な欲求——女性、金銭、後継ぎ、長寿等を満足させるすべての利益の象徴とも言えよう。これもまた、鶴女房、螺女房、魚女房、蛇女房等の異類女房説話の共通点の一つである。

満たされない現実のなかで精神的な補償を求めようとする心理のもとで、愛と美の女神は世俗化し、功利的な存在となる道に一歩踏み出し、ついにあらゆる欲求を満足させることのできる全能の理想的な妻となった。こうして、多くの異類婚姻譚では性愛というテーマが弱くなり、その代わりに礼儀道徳によって性を濾過した愛情や勧善懲悪というテーマが多く用いられるようになる。

敦煌変文と日本の風土記逸文における羽衣伝説では男が天女の水浴を覗くが、こうした性愛に関わる要素は、時代が下るにつれて薄れてゆく。中国の羽衣伝説では、男女の対立的関係は稀薄となり、代わりに愛情というテーマが加わり、さらに牛郎織女の説話と結びついて七夕説話となった。牛郎は牛に教えられて織女の衣を盗むが、後に織女に衣を返す。さらに説話は展開して、牛郎は衣を盗まず、牛が衣を食べたので、牛郎が衣を織女に貸したという牛郎織女説話さえ現れた。(19)

日本でも、羽衣伝説から生まれた愛情をテーマとする七夕説話が伝えられている。日本の羽衣伝説は芸能にも伝承されている。例えば、謡曲「羽衣」では漁夫の白竜が美しい衣を見つけて帰ろうとすると、羽衣を探しに来た天女が現れる。天女は羽衣がなくては天に帰れないと嘆き悲しみ、羽衣を返してほしいと白竜に懇願する。白竜は不憫に思って、天人の舞楽を見せてもらって、天女に羽衣を返した。天女は美しい羽衣を纏って舞曲を披露しながら天に昇る。(20)

琉球の芸能にも、羽衣説話に取材した「銘苅子」という組踊がある。前半は「風土記」逸文の羽衣伝説とは同じだが、後半では天女は羽衣の隠された場所がわかってから、迷いながらも、昇天することを決意する。二人の子を寝かしつけ、羽衣を身にまとい、目が覚めて泣き叫ぶ子供たちを遥かに見下ろしながら、天女は断腸の思いで昇天する。(21)

古態を伝える風土記逸文の羽衣伝説では、男は強引に天女を妻とし、天女は天に帰る際に人界に対する未練をまったく持たない。これに対して、後世の日本の羽衣説話では、人界への名残を惜しむ気持ちが強調されてくる。中日の羽衣説話のこうした変容は、テーマの本質的な変化を表しているといえよう。

むすび

以上、民俗文化の視座から、敦煌変文と日本の風土記逸文における羽衣伝説について、天界と人界の関係、男性と女性の関係を検討してきた。

まず、天界と人界の関係として、中日の羽衣伝説の共通点に、天界に対する憧憬がある。人間に対して、天界は豊饒で神聖的な異界であり、天界からの賜物としてさまざまな利益が得られる。こうした天界観のもと、中日の羽衣伝説では、天界から降りてきた天女のおかげで、人間は子宝・財宝・地位等を獲得したり、仙人や英雄になることができる。

しかし、中日の天界と人界の関係に対する観念には異なる点もある。

原始社会では、天神との交流は、権力をもつ公的な呪術者に独占され、公的な呪術は一種の権威づけの記憶装置として発展し、天神・先祖神と現世の王、呪術者等の支配者との血縁的なつながりが示されていた。中国では、春秋戦国時代以降、天神との血縁関係による権威づけ、および先祖神と王権の繋がりが衰退した。それに対して、日本では、天つ神の血統が脈々と受け継がれ、女性の天神であるアマテラスや先祖神への崇拝は今も伝えられている。

こうした観念の差異が、中日の羽衣伝説に次のような相違点を生んだ。

中国の羽衣伝説では、天界と人界は厳しく対立しており、天人は人界に長く滞留することはできない。しかし、日本の羽衣伝説では、天女は人間世界に留まることができ、それだけでなく、穀物の神となって地元の人々を守ることさえできる。また、中国の羽衣伝説では、天女の子は王朝の権威づけに利用できるほどの高貴な人物ではない。しかし、日本の羽衣伝説では、天女の子は、男女を問わず、高貴な血統を持っており、王権や先祖神との関係を有する。

中日の羽衣伝説は、共に異類婚姻譚である。主人公の天女は、他の異類女房と同じように理想的な妻である。時代が下るにつれ、礼儀道徳の影響によって愛情や勧善懲悪がテーマとなり、大きな変容を遂げるのである。

注

(1) 君島久子「中国の羽衣説話――日本の説話との比較」(『中国大陸古文化研究』第1集、一九六五年、中国大陸古文化研究会)。
角木純「羽衣伝説研究――発生理解のための一仮説――」(東京女子大学『日本文学』第37号、一九七一年)。

神田秀夫「羽衣説話」(『日本神話』有精堂、一九七〇年)。

君島久子「東洋の天女――中国におけるその変遷の過程」(『文学』第40巻第2号、一九七二年)。

高木敏雄「羽衣伝説の研究」(『人身御供論』宝文館、一九七三年)。

水野祐『羽衣伝説の探求』(産報、一九七七年)。

君島久子「東洋の天女――羽衣伝説をめぐって」(『民話と伝承――世界の民族』朝日新聞社、一九七八年)。

関敬吾「羽衣考」(『関敬吾著作集　巻4　日本昔話の比較研究』同朋社、一九八〇年)。

李均洋「中日羽衣伝説之比較」(『西北大学学報(哲学社会科学版)』1987年第3期、一九八七年)。

君島久子「中国民間伝承と日本――羽衣・浦島を軸として」(『日本民間伝承の源流――日本基層文化の探求』小学館、一九八九年)。

稲田浩二「昔話『天人女房』タイプの生成――その核心モチーフをめぐって」(『昔話――研究と資料――』三弥井書店、一九九三年)。

金文学「中国日本韓国天鵝処女伝説譜系比較研究」(遼寧省社会科学院『社会科学輯刊』第95期、一九九四年)。

福田晃「天人女房譚の類型――昔語り(伝播と地域性)」(『神語り・昔語り伝承世界』第一書房、一九九七年)。

劉守華「「羽衣仙女」故事的中国原型及其世界影響」(『湖北民族学院学報(社会科学版)』第15巻第2期、一九九七年)。

君島久子「羽衣説話の生業形態に関する一試論」(『岐阜聖徳学園大学紀要』第37号、一九九九年)。
(2) 鈴木沙都美「羽衣説話考――日中朝に伝承される説話の比較――」(『日本文学ノート』第45号、二〇一〇年、宮城学院女子大学日本文学会)。
鈴木沙都美氏は、中国・朝鮮と日本の羽衣伝説における天女の描かれ方を比較して、日本の羽衣伝説には天への尊敬と羨望が表れていると指摘する。
(3) 李昉等編『太平広記』巻四六三所収『捜神記』(中華書局、一九七九年)。翻訳は筆者による。
(4) 王重民等編『敦煌変文集』巻八所収『捜神記』(人民文学出版社、一九五七年)。

（5）同右。
（6）注（1）の劉守華論文、九頁。
（7）植垣節也校注・訳『風土記』所収「伊香小江」（新編日本古典文学全集5、小学館、一九九八年）五七八—五七九頁。
（8）同右「比治の真奈井　奈具の社」四八三—四八六頁。
（9）同右「三保松原」五七五—五七六頁。
（10）川田耕「中国における七夕伝説の精神史」（『人間文化研究：京都学園大学人間文化学会紀要』第37号、二〇一六年、京都学園大学人間文化学会）。
（11）上海書店編『道藏』第30冊（上海書店出版社、一九八八年）。
（12）桑江克秀訳注『球陽』（三一書房、一九七一年）。
（13）弗雷沢『金枝』（中国民間文芸出版社、一九八七年）。
（14）白庚勝・馬錦梅編「牛郎織女的故事」（『中国民間故事全書　上海・長寧巻』知識産権出版社、二〇一一年）。
（15）注（1）の稲田浩二論文。
（16）関連する研究は、前掲注（1）劉守華、角木純の論文参照。
（17）叶舒憲『高唐神女与維納斯——中西文化中的愛与美主題』（中国社会科学出版社、一九九七年）三一二、四二九頁。
（18）同右、四三三—四三四頁。
（19）注（14）の白庚勝・馬錦梅編「牛郎織女的故事」。
（20）翁・高砂・老松・田村・頼政・清経・井筒・野宮・松風・熊野・西行桜ほか『謡曲集①』（小山弘志・佐藤健一郎校注・訳、新編日本古典文学全集58、小学館、一九九七年）。
（21）日本芸術文化振興会「朝薫五番銘苅子（めかるし、ミカルシー）」（二〇一一年、http://www2.ntj.jac.go.jp/dglib/contents/learn/edc19/sakuhin/mekarushi/）。

附記　本論文は、中国教育部人文社会科学研究青年基金項目「敦煌変文対日本物語影响之研究（日本語訳：敦煌変文の日本の物語に対する影響の研究）」（16YJC751033）による研究成果の一部である。

じょ・らい——広東外語外貿大学教授、神戸女学院大学客員研究員。専門は比較文学、民俗学。主な著書、論文に『中国龍女故事研究』（上海交通大学出版社、二〇一六年）、「中日『難題婿』型龍女故事の比較——グレマスの記号論四角形の分析方法から見る——」（『文化遺産』二〇一五年第2期、中山大学）、「中国の海沸かし物語から見る隕石信仰——『海沸かし石』の由来をめぐって」（『比較民俗研究』第31号、比較民俗研究会、二〇一七年）、「タイ族とミャンマーの卵生型龍女故事論考」（『東南亜研究』二〇一一年第2期、暨南大学東南亜研究所）、「龍女故事研究の百年回顧」（『文化遺産』二〇一一年第2期、中山大学）、「口頭叙述から見る西南少数民族の龍信仰」（『民族文学研究』二〇一一年第3期、中国社会科学院民族文学研究所）などがある。

「題目」の規定と実態
──『中右記部類紙背漢詩集』の場合──

布村浩一

一　序言

「まず首聯では句題の五文字を全てこの中に詠み込まなければならない。尚且つ句題の文字は首聯以外で用いてはならない」[1]と指摘されるように、七言律詩の形式をとる句題詩の首聯は、五字から成る題字を分割して首聯に詠み込む、いわゆる「題目」の規定に基づいて作詩されるのが原則である。こうした「題目」の規定については、古くは『作文大体』（以下、『作文』と略す）に関連する記述が見える[2]（傍点は題字を示す）。

> 句題詩発句悉載㆓題字㆒常例也。而「蕃声入㆑夜催」題順詩云、「蕃声切々夜漫々、欹㆑枕還忘玉漏蘭」。入催両字不㆑作是也。
>
> （「発句不㆔必載㆓尽題字㆒事」）

『作文大体』では、傍線部「句題詩の発句、悉く題字を載す」とあるように、題字を全て首聯（『作文』の用語では発句）に詠み込むのが原則である（「常例なり」）。しかし、傍線部の後に挙げられている源順の「蕃声入夜催」詩（『天徳三年八月十六日闘詩行事略記』・11）の首聯の場合は「蕃声切々夜漫々、欹枕還忘玉漏蘭」となっている。『作文』はこの例を、題字のうち、「入」と「催」の字が欠けていることについて「発句に必ずしも尽く題字を載せざる」例として指摘している。ここから、井上和歌子氏が「首聯の題字の詠み込みについては『善秀才宅詩合』の時点で必須となっているのは実字のみであり、首聯の題目はまだ厳密な定型化の段階に至っていない」と指摘しているように[3]、句題詩成立初期の段階ではまだ、「題目」について厳密な規範化はなされていなかったことが窺える。

では、平安中期以降では、「題目」の規定に関してどの程度の規範意識があったのであろうか。そこで本稿では、『中右記部類紙背漢詩集』（以下、『紙背』と略す[4]）に収録される詩群を中心に検討し、「題目」の規定と詠作実態との関係について考察を行うこととする。

二　「題目」の詠作状況について①（題字欠字の場合①）

前掲した『作文』にもあるように、句題詩の題目の場合、題字を全て首聯に詠み込むのが通例であるものの、実際には題字を全て詠み込んでいない例を多数、確認できる。そこでまず、本章と次章では、題字欠字の用例について検証を行う。題字欠字の用例の中でも、もっとも多くの用例を確認できるのが、いわゆる虚字を詠み込んでいない例である。

表1　虚字を詠み込んでいない用例一覧

No.	詩題	首聯	備考
0101	月是為松花	団々漢月感相驚、況作松花色正明。	「是」欠、「為↓作」
0102	月是為松花	池亭夏至夜尤晴、月作松花色幾明。	「是」欠、「為↓作」、第一句題字無
0104	月是為松花	時属蕤賓松韵清、月光照刻帯花明。	「是・為」欠
0105	月是為松花	澄々円月動心情、況作松花望裏明。	「是」欠、「為↓作」
0106	月是為松花	夜月蒼々得勝名、松花相似望中明。	「是・為」欠
0107	月是為松花	縁底青松忽吐栄、月華来照似花明。	「是・為」欠
0108	月是為松花	元来夜月得佳名、混作松花処々明。	「是」欠、「為↓作」
0109	月是為松花	夏天迎夜望相驚、月作松花静照程。	「是」欠、「為↓作」
0110	月是為松花	澄々月色碧空晴、是作松花望中明。	「為↓作」
0111	月是為松花	夏雲収尽月華生、松是作花望裏明。	「為↓作」
0112	月是為松花	夏天対月夢方驚、暗作松花四望明。	「是」欠、「為↓作」
0113	月是為松花	松花本自只聞名、新見催来任月明。	「是・為」欠
0114	月是為松花	望月夏天眼幾驚、似松花好太清明。	「是・為」欠
0118	月是為松花	林間月影皎然清、自作松花逐夜明。	「是」欠
0120	月是為松花	碧宵歛靄何攸驚、月作松花望裏明。	「是」欠
0122	月是為松花	蒼々夜月動心情、自作松花望裏明。	「是」欠
0123	月是為松花	蒼々漢月向深更、自作松花只蕩情。	「是」欠
0505	松間風似秋	陰森松樹感相通、気冷似秋颯々風。	「間」欠
1101	松樹有涼風	索々涼風聴自晴、勁松当夏有秋声。	「樹・有」欠
1901	月是為秋友	老来秋友自然生、佳会不如桂月迎。	「是・為」欠
1902	月是為秋友	人定夜閑天未明、為秋友興相并。	第二句六字、「月・是」欠
1903	月是為秋友	秋来何物興先成、為友不如素月明。	「是」欠
2701	対雪唯斟酒	天晴対雪歳方傾、斟酒終朝遊宴成。	「唯」欠
2702	対雪唯斟酒	対紛々雪眼先驚、斟酒取盃動寸情。	「唯」欠

2707	対雪唯斟酒	紛々飛雪望中軽、斟酒対来動寸情。	「唯」欠
2711	対雪唯斟酒	時依酒徒忘他営、対雪興遊幾許晴。	「唯・斟」欠
2712	対雪唯斟酒	素雪旁飛望自驚、対之斟酒有動情。	「唯」欠
2713	対雪唯斟酒	粉々素雪属玄英、乗興対来斟酒程。	「唯」欠
2714	対雪唯斟酒	対雪何因忘外営、唯斟盃酒動□情。	「唯」欠
2717	対雪唯斟酒	斟酒何因感最成、終朝対雪動心情。	「唯」欠
2719	対雪唯斟酒	何因対雪興方驚、斟酒此時揺寸情。	「唯」欠
4501	曲江花初酔	春暮曲江情幾多、紅花勧酔自相和。	「初」欠
4502	曲江花初酔	曲江花綻幾芳非、勧酔崇朝忘機。	第二句六字、「初」欠
4503	曲江花初酔	酌酒曲江太有情、花脣勧酔幾呼清。	「初」欠
4504	曲江花初酔	佳期三月曲江辺、勧酔春花浅深鮮。	「初」欠
4505	曲江花初酔	引友曲江東与西、百花勧酒酔如泥。	「初」欠
4506	曲江花初酔	三月初三宴飲辰、濃花勧酔曲江湄。	「初」欠、四句（七絶？）
4507	曲江花初酔	佳節曲江目漸矄、新花勧酔幾紛々。	「初」欠

4508	曲江花初酔	縁底曲江思自通、桃花勧酔感無窮。	「初」欠
4509	曲江花初酔	勧酔何因興味繁、曲江花綻幾驚魂。	「初」欠
4513	曲江花初酔	縁底曲江屡献酬、花粧勧酔対廻流。	「初」欠
4516	曲江花初酔	一属曲江三日光、紅花勧酔自巡觴。	「初」欠
4517	曲江花初酔	縁底曲江感緒頻、花粧勧酔蕩心神。	「初」欠
4518	曲江花初酔	曲江縁底足相尋、漠々春花勧酔吟。	「初」欠
4519	曲江花初酔	深浅新花正綻時、曲江勧酔似相期。	「初」欠
4601	勧酔是桃花	三月三朝属令辰、桃花勧酔蕩精神。	「是」欠
4602	勧酔是桃花	桃花勧酔一凌晨、相伴自為倒載人。	「是」欠、第一句題字無
4603	勧酔是桃花	一朝杖酔得相親、被勧桃花接上賓。	「是」欠
4604	勧酔是桃花	三月初三花綻辰、仙桃勧酔々吟頻。	「是」欠
4605	勧酔是桃花	曲水風光属麗辰、桃花勧酔蕩心神。	「是」欠
4607	勧酔是桃花	桃花深浅岸間新、羽爵薫来勧酔春。	「是」欠
4608	勧酔是桃花	何物佳遊勧酔頻、桃花深浅望尤新。	「是」欠

4609	勧酔是桃花	何物今朝勧酔頻、仙桃花綻属佳辰。	「是」欠
4701	桃花唯勧酔	桃花灼々興何新、勧酔一朝属令辰。	「唯」欠
4702	桃花唯勧酔	紅桃灼々矯逢辰、欲問花中勧酔頻。	「唯」欠
4704	桃花唯勧酔	三月三朝属令辰、桃花勧酔蕩心神。	「唯」欠
4705	桃花唯勧酔	云愛桃花可愛匂、終朝勧酔感精神。	「唯」欠
4706	桃花唯勧酔	桃花濃淡綻来辰、勧酔如今足蕩神。	「唯」欠
4707	桃花唯勧酔	桃花争綻属方辰、勧酔如何感幾頻。	「唯」欠
4711	桃花唯勧酔	東出部門遊放辰、桃花勧酔動心神。	「唯」欠
4712	桃花唯勧酔	灼々桃花使望新、便知勧酔属佳辰。	「唯」欠
4901	酔中唯送春	酔迷残春感正生、箇中宜哉蕩心情。	「唯・送」欠
4904	酔中唯送春	本自酔中興暗生、況乎一日送春情。	「唯」欠
4906	酔中唯送春	酔郷縁底使望驚、箇裏送春惆悵程。	「中・唯」欠
4907	酔中唯送春	送春唯有忘憂物、百慮皆空一酔程。	「中」欠
4908	酔中唯送春	芳酒酔中眼更驚、送春斜日悵望程。	「唯」欠

4910	酔中唯送春	留春不敢用関城、相送酔中思緒生。	「唯」欠
4912	酔中唯送春	唯送残春旨酒傾、酔苦惜興方成。	第二句六字、「中」欠
4915	酔中唯送春	三月暮時感易驚、酔中不耐送春情。	「唯」欠
5104	月明酒城中	何処月明足優遊、尋来酒域更淹留。	「中」欠
5105	月明酒城中	明々月色望悠々、酒域蒼茫足勝遊。	「中」欠、「明」重出
5107	月明酒城中	尋来酒域迥廻眸、明月皓然叶勝遊。	「中」欠
5110	月明酒城中	酒域今宵興巨休、是依明月叶優遊。	「中」欠
5205	菊花為上薬	一藂花菊帯秋霜、施上薬名験已彰。	「為」欠
5209	菊花為上薬	菊花多少媚沙場、養得自伝上薬方。	「為」欠
5210	菊花為上薬	菊花縁底殖前場、上薬伝名勝衆芳。	「為」欠
5217	菊花為上薬	菊花深浅在砂場、上薬佳名逐年芳。	「為」欠

右の**表1**で確認できるような、題字に含まれる虚字を詠み込んでいない例は、『紙背』に限ったことではなく、比較的初期の用例の段階からも確認可能である。こうした用例が多い理由としては、平安中期以降の句題詩において、「平安前期の句題

詩との大きな相違が、古句の句題から新題の句題への移行」した結果、「句題が極めて簡単かつ均一的なものにな」り、それに伴い、「「是」、「唯」、「為」等の虚字を使って五文字を満た」して詩題の穴埋めを行った結果、ということが、ヴィーブケ・デーネーケ氏によって指摘されている。(5)

表1の各詩群は、題字の虚字を句中に詠み込んでいない用例の割合が非常に大きい。この傾向は、句題中の虚字を詩句中に詠み込むことを最初から想定していない、いわば、題詠における「必ずしも詠まざる文字」（『俊頼髄脳』）の如き扱いであったことを示している。

三 「題目」の詠作状況について② （題字欠字の場合②）

本章では、虚字以外の場合について、確認しておきたい。まず、題字を同訓・同義字への変更したと考えられる用例について検証を行う（表2参照）。

表2 同訓・同義字への変更の用例

No.	詩題	首聯	備考
0101	月是為松花	団々漢月感相驚、況作松花色正明。	「是」欠、「為→作」
0102	月是為松花	池亭夏至夜尤晴、月作松花色幾明。	「是」欠、「為→作」、第一句題字無
0105	月是為松花	澄々円月動心情、況作松花望裏明。	「是」欠、「為→作」
0108	月是為松花	元来夜月得佳名、況作松花処々明。	「是」欠、「為→作」
0109	月是為松花	夏天迎夜望相驚、月作松花静照程。	「是」欠、「為→作」
0110	月是為松花	澄々月色碧空晴、是作松花望中明。	「為→作」
0111	月是為松花	夏雲収尽月華生、松是作花望裏明。	「為→作」
0112	月是為松花	夏天対月夢方驚、暗作松花四望明。	「是」欠、「為→作」
0403	白雪満庭松	何物前庭寄眼看、雪盈松樹感心丹。	「白」欠、「満→盈」
1601	松竹不知秋	青松翠竹思難禁、不識秋来含動心。	「知→識」

こうした題字の変更については、『作文』にも言及がある。

発句皆作㆓載題字㆒、其字不㆑可㆑替。而春雨洗㆓花顔㆒題源英明詩云、春雨何因細脚頻、為㆘過㆓花面㆒洗㆗紅塵㆖、以㆑面替㆑顔是也。（「発句不㆑用㆓題字㆒用㆓同読他字㆒事」）

夜月似㆓秋霜㆒題、前中書王詩云、二八秋天望㆓漢河㆒、月如㆓霜色㆒夜更過。以㆑如替㆑似、是則不㆑失㆑義為㆑避㆑声也。（「発句不㆑用㆓題字㆒用㆓同義他字㆒事」）

『作文』は、波線部の「面」と「顔」を通用させた例や、点線部の平仄の関係で「似」の替わりに「如」を用いた例を挙げるものの、傍線部「発句皆題字を作り載せ、其字替ふべからず」と述べて、題字を同訓・同義字への変更することついては、批判的な立場を示している。

『紙背』の場合、「長元七年五月十五日　月是為松花　二十三首」の詩群（0101～0112）のみ用例が目立っている。これについては、詩題「月是作松花」を「月是為松花」の誤りとする説があり(6)、この場合は、さらに用例が少なくなる。このように、同訓・同義字への変更の用例数が少ないのは、題字を同訓・同義字への変更することについて、詠作者側に忌避の意識があるためであり、『作文』の記述はそうした当時の詠作実態を反映しているものである。

次いで、「省略しても意味の通じる？場合に、題字を略した」と考えられる用例について検証を行う（表３参照）。

表３　省略しても意味の通じる？用例

No.	詩題	首聯	備考
0403	白雪満庭松	何物前庭寄眼看、雪盈松樹感心丹。	「白」欠、「満→盈」
0406	白雪満庭松	終朝氈雪土盤桓、旁満庭松興未闌。	「白」欠
0407	白雪満庭松	終朝雪下素輝寛、庭上松間望幾寒。	「白・満」欠
0902	松樹臨池水	今尋勝地幸臨成、松樹臨池新表貞。	「水」欠
0904	松樹臨池水	勝地由来松旅生、自臨地水幾多情。	「樹」欠
0911	松樹臨池水	勝地何因使眼驚、松臨池水久持貞。	「樹」欠
1101	松樹有涼風	索々涼風聴自晴、勁松当夏有秋声。	「樹・有」欠
2602	再吹菊酒花	再吹菊酒酔醺々、恩賜自然下盞薫。	「花」欠、第二句題字無
2603	再吹菊酒花	毎吹菊酒酔醺々、九月秋天余潤分。	「再・花」欠、第二句題字無
2604	再吹菊酒花	再吹菊酒日方曛、詩宴群月酔醺々。	「花」欠、第二句題字無
2605	再吹菊酒花	天倍佳辰資雪君、再吹菊酒酔醺々。	「花」欠、第一句題字無
2606	再吹菊酒花	年景蹉跎方足云、再吹菊酒吐清芬。	「花」欠、第一句題字無
5216	菊花為上薬	菊為上薬種砂場、桑田対来養寸腸。	「花」欠

右の用例に見える、「白雪」の「白」、「池水」の「水」、「松樹」の「樹」、「菊花」の「花」は実字であるが、いずれも対応する詩句中に題字が詠み込まれていない。単純な詠み損ねとしても処理可能であるが、「雪」は「白」いのが当然であるし、「池水」と「池」では意味上のズレが生じず、「松」といえば「松」の「樹」、「菊」と言えば「菊花」である。よって、仮に詩題に「白」「水」「樹」「花」が、それぞれなかったとしても、意味するところは、そう変わらない。

そこで考えられるのが、前章にて検証した詩題中の虚字を詠み込まない場合と同様に、新題を作る際の穴埋め処理ではないか、ということである。表3のような、省略しても意味の通じる?字を略した用例は、『本朝詩合』や『本朝麗藻』には確認できないため、『紙背』以降の句題詩の傾向とも見なせよう。

四　「題目」の詠作状況について③（題字の重出・題字の上下句への配分）

最後に本章では、題字の欠字以外の場合についても、確認しておきたい。まず、題字が重出する用例について検証を行う（表4参照）。

表4　題字が重出する用例

No.	詩題	首聯	備考
0906	松樹臨池水	樹中松樹独伝名、池水臨来知有情。	「水」欠、「樹」重出
5105	月明酒城中	明々月色望悠々、酒域蒼忙足勝遊。	「中」欠、「明」重出
5307	羽爵泛流来	碧流々上酌黄酷、羽爵得時泛易来。	「流」重出
5308	羽爵泛流来	槐庭勝槩最優哉、羽爵随流泛々来。	「泛」重出
5324	羽爵泛流来	碧流羽爵湛黄酷、緩泛唯過堤流来。	「流」重出

題字の重出の用例は表4で確認できるように、句題の字を畳語などにして詠み込んだ場合などである。この題字の重出については、『作文』「発句重用㆓同字㆒事」に言及がある。

水気先㆑秋冷題、江以言詩云、水気自教㆓冷気通㆒、先㆑秋忽怪㆓与㆑秋同㆒、是也。

右について小沢正夫氏は、「例句の上句で「気」の字を二回、下句で「秋」の字を二回用いたようなものを「重用同字」というのである。古詩では珍しいことではないが、句題詩の場合にはあまりみられない技法なのだろう[7]」と注釈を附している。『本朝麗藻[8]』には題字の重出の用例を確認できず、『本朝詩合』に収録される詩合においても、「春樹春霞元定粧、霞紅樹緑錦成章」（『善秀才宅詩合』・06・詩題「紅霞間緑樹」、「霞」重出）や「柳絮随風春暮程、飄々如雪眼先驚」（同前・10・詩題「柳絮飄春雪」、「飄」重出）の二例しか確認できないように、用例は少ない。以上に加え、『紙背』の用例を確認する限りにおいては、ほぼ小沢氏の見解通りの状況になっていると言えよう[9]。

こうした題字の重出の用例が少ない理由については、なるべく同じ字を詩中で繰り返し用いないようにするという、近体詩の在り方とも関連するであろう、「一篇内不㆑作㆓同字㆒麗躰也」（『作文』「発句并胸腰句用㆓同字㆒事」）といった美意識を反映した傾向かと考えられる。

次いで、題字の上下句への配分の問題について、検証を行う（表5参照）。

表5　題字の配分に偏りがある用例

No.	詩題	首聯	備考
0102	月是為松花	池亭夏至夜尤晴、月作松花色幾明。	第一句題字無
0502	松間風似秋	夏日開襟心自通、松間傾耳似秋風。	第一句題字無
0503	松間風似秋	夏天何処足歓遊、鬱々松間風似秋。	第一句題字無
0604	松風調雅琴	仙洞何今俗客驚、風松調得雅琴清。	第二句題字無
0903	松樹臨池水	鸞輿占勝夏陰迎、松樹臨池積水情。	第一句題字無
1201	松間風度秋	一従素節榎炎光、風度松間秋動腸。	第一句題字無
1806	芳友不如花	春天何物感方成、芳友不如花色明。	第一句題字無
2412	花色映春酒	佳辰三日興方生、花色映来春酒盈。	第一句題字無
2502	酌酒対残菊	閑居酌酒対残菊、席上三遅足動心。	第二句題字無
2602	再吹菊酒花	再吹菊酒酔醺々、恩賜自然下盞薫。	「花」欠、第二句題字無
2603	再吹菊酒花	毎吹菊酒酔醺々、九月秋天余潤分。	「再・花」欠、第二句題字無
2604	再吹菊酒花	再吹菊酒日方曛、詩宴群月酔醺々。	「花」欠、第二句題字無
2605	再吹菊酒花	天倍佳辰資雪君、再吹菊酒酔醺々。	「花」欠、第一句題字無
2606	再吹菊酒花	年景蹉跎方足云、再吹菊酒吐清芬。	「花」欠、第一句題字無
2704	対雪唯斟酒	冬天対雪唯酌酒、六出□中一酔成。	第二句題字無
2718	対雪唯斟酒	冬天何物望相驚、対雪唯催斟酒情。	第一句題字無
2908	落花浮酒盃	春色春光動感情、自浮盃酒落花軽。	第一句題字無
2917	落花浮酒盃	一尋古寺感何成、花落酒盃浮尚軽。	第一句題字無
4406	（乗酔望桃源）	花開霞暖酒将巡、乗酔桃源相望頻。	第一句題字無
5302	羽爵泛流来	周公故事待時開、羽爵泛流傍岸来。	第一句題字無
5304	羽爵泛流来	幸遇嘉招蓋悦哉、況看羽爵泛流来。	第一句題字無
5309	羽爵泛流来	□逢三月衆花開、羽爵泛流幾往来。	第一句題字無
5310	羽爵泛流来	芳辰計会水三廻、羽爵泛流方往来。	第一句題字無
5312	羽爵泛流来	韶景漸闌歓会催、翫看羽爵泛流来。	第一句題字無
5313	羽爵泛流来	曲水素為飫宴媒、泛然羽爵逐流来。	第一句題字無
5314	羽爵泛流来	曲岸砂平藉緑苔、任流羽爵泛然来。	第一句題字無
5315	羽爵泛流来	曲水本為宴飲媒、只看羽爵泛流来。	第一句題字無

5316	羽爵泛流来	曲水芳塵仍旧催、唯看羽爵泛流来。	第一句題字無
5317	羽爵泛流来	池塘移座藉苺苔、唯見流泛羽爵来。	第一句題字無
5321	羽爵泛流来	曲洛芳遊引上才、羽爵軽泛逐流来。	第一句題字無
5322	羽爵泛流来	有時宴飲楽優哉、羽爵泛流幾去来。	第一句題字無
5323	羽爵泛流来	移座池頭坐緑苔、宜哉羽爵泛流来。	第一句題字無

表5で確認できるように、「寛治某年三月某日　羽爵定流来十七首」（5302～5323）の用例のみ、十七首中十三首と、極端に数が多いが（詩題の構成から生じた問題？）、全体的には用例は多くはない。『本朝詩合』収録の詩合には用例を確認できず、『本朝麗藻』では「三日花朝和暖辰、紅桃間柳発粧新」（001・「間柳発紅桃」、第一句題字無）、「韶楽非唯麟鳳驚、落花度水舞方軽」（同前・015・「度水落花舞」、第一句題字無）の二例を確認できるのみである。『作文』には、題字の字句の配分に関する規定は見えないが、用例を確認する限り、上下句に題字を分割して詠み込むのが一般的であったとみられる。

なお、句題が双貫語の場合、破題・本文において、構成する字句を上句と下句とに詠み分けるという、山田尚子氏の指摘がある[10]。題目の場合にも、詩題中に双貫語を含む場合には、山田氏が指摘するような構成方法上の規定があるのであろうか。そこで、句題に双貫語を含む句題詩の用例についても、確認しておく（**表6**参照）。

表6　双貫語を句題とする用例

No.	詩題	首聯	備考
1301	松竹有清風	何因松竹□□、只有清風成好陰。	
1302	松竹有清風	経年松竹幾森々、只有清風感屡侵。	十六句（七排？）
1303	松竹有清風	青松翠竹幾成林、自有清風催詠吟。	
1304	松竹有清風	青松緑竹幾陰森、各有清風叶寸心。	
1501	清涼松竹下	松竹陰涼三伏中、優遊自忘暑雲隆。	「清」欠、第二句題字無
1601	松竹不知秋	青松翠竹思難禁、不識秋来含勁心。	「知→識」
1602	松竹不知秋	松竹共鮮結好陰、不知爽気□（窓）秋侵。	
1603	松竹不知秋	窓松葉竹幾森々、都□□□□□□。	第二句欠字
1604	松竹不知秋	竹筠松樹動幽襟、持節不知秋正深。	
1605	松竹不知秋	翠松青竹共成林、不奈□□蘭□□。	「知・秋」欠、四句（七絶？）
1606	松竹不知秋	何物不知秋漸深、云松云竹帯貞心。	

1607	松竹不知秋	松竹栽来興味侵、不知秋至表貞深。	
1701	夾水多松竹	風松露竹興何頻、多夾水辺□(動)感□(神)。	
1702	夾水多松竹	青松緑竹足称□、夾水少多望裏新。	
1703	夾水多松竹	旁多松竹感何頻、夾水傍沈色正新。	

表6の詩群の句題は、いずれも「松竹」という双貫語を句題に含んでいるが、破題・本文の場合のように、「松」と「竹」を上句・下句に読み分けてはいない（逆に、全て同じ句の中に詠み込んでいる）。以上のように、題字の上下句への配分の問題について表5・6の用例から確認できることは、（『紙背』収録の）句題詩において、用例から帰納する限り、基本的には上下句に題字を分割して詠み込むのが一般的であったということである。また、句題が双貫語の場合でも、特に破題・本文のような特殊な規定は無いということも確認できる。

五　結語

以上、『中右記部類紙背漢詩集』の句題詩を確認する限り、題目の詠作規定について確認できるのは、以下の四点である。

①虚字については、必ずしも詩句中に詠み込む必要性はない（虚字は、句題新造の際に穴埋めとして用いられている字の側面が強い）。

②題字の同訓・同義の他字への変更は、一般的ではない。

③題字の重出は一般的ではない（前掲『作文』に示される美意識との関連か）。

④題字の配分については、明確な規定はないものの、上下句に分割して詠み込むのが一般的である。また、破題・本文の場合のような、双貫語に関する特殊な規定はない。

さらに、①と関連して、「⑤題字のうち省略しても意味の通じる?字を詠み込まない」ことについても、可能性の一つとして挙げておきたい。

句題詩の題目の詠作規定については、本稿では触れることができなかった、「発句多不ㇾ対」（『作文』「発句対事」）といった対句の問題など、検証すべき点はまだまだ多い。今後は題目に限らず、『作文大体』や『王沢不渇抄』などの文筆論に記される規定が、実態にどの程度即した内容なのかを検証していきたいと考えている。

注

（1）　佐藤道生「句題詩概説」（佐藤道生［編］『句題詩研究』〈慶應義塾大学出版会、二〇〇七年〉初出、『句題詩論考　王朝漢詩とは何ぞや』〈勉誠出版、二〇一六年〉再録）。題目の詠作規定については、柳澤良一「『句題和歌』と句題詩――句題和歌成立の背景――」（『国文學　解釈と教材の研究』三九

―一三、一九九四年十一月）も詳しい。

（2）『作文大体』の引用は、小沢正夫「作文大体注解」（『中京大学文学部紀要』一九（二）～一九（三・四）、一九八四年六月～一九八五年三月）に拠る。

（3）井上和歌子「『善秀才宅詩合』律詩群の検討――句題詩の詠法の安定化」（『和漢比較文学』四四、二〇一〇年二月）。

（4）『中右記部類紙背漢詩集』の引用については、宮内庁書陵部［編］『平安鎌倉未刊詩集（図書寮叢刊）』（明治書、一九七二年）に拠り、中村璋八・伊野弘子［訳注］『中右記部類紙背漢詩集』（汲古書院、二〇一一年）、後藤昭雄［編］『日本詩紀拾遺』（吉川弘文館、二〇〇〇年）などを参照して、字句の訂正を行った。なお、表1～6の前半二桁は詩群番号、後半二桁は詩群内の作品番号である。また、作者名については、紙幅の都合上、省略した。

（5）ヴィーブケ・デーネーケ「句題詩の展開――「漢・詩」から「和・詩」へ――」（注1『句題詩研究』）。

（6）「詩題の「月是為松花」は疑問である。このまま素直に訓読すれば「月は是れ松花り。」であり、「月は松花である。」となる。〈略〉『日本紀略』の記事はともかくとして、詩題は「月是作松花」と改めたい。なお、平仄の点から見ても、「為松花」（〇〇〇）ではなく、「作松花」（×〇〇）が妥当である」（注4『中右記部類紙背漢詩集』）。但し、「月是為松花」という詩題は「月は是れ松花を為《な》す」とも訓読できるので、「為」を「作」に替えたとも考えられる。また、平仄を考慮して、句中では字を変更したとも考えられる。

（7）注2参照。

（8）『本朝麗藻』の引用は、川口久雄・本朝麗藻を読む会［編］『本朝麗藻簡注』（勉誠社、一九九三年）に拠る。

（9）なお、同字の重出について藤原忠通の『法性寺殿御集』の用例を確認してみると、「逢恩逢賞喜無窮、花木帯栄立箇中」（015・詩題「花木逢恩賞」、「逢」重出）、「明々夜月望方閑、皓色無嫌河与関」（035・詩題「関河夜月明」、「明」重出）、「菊花争綻遇重陽、薫帯薫冠無限粧」（044・花菊薫冠帯」、「薫」重出）、「夜長孤夢断加成、暁漢遅々唯待迎」（048・「夜長迎暁遅」、「遅」重出）と、用例が目立つ。これが、忠通時代の句題詩の特徴なのか、忠通自身の特徴なのかについては、別稿にて考察を行いたい。

（10）山田尚子「龍の司馬相如」（『重層と連関　続中国故事受容論考』、勉誠出版、二〇一六年）。

ぬのむら・こういち――日本大学・立正大学非常勤講師。専門は中古文学（日本漢詩文）。主な著書・論文に、「葵上と浮舟――『高唐賦』の系譜と作中機能」（源氏物語を読む会編『源氏物語〈読み〉の交響II』新典社、二〇一四年九月）、「句題詩テクストの作法と主体――「素嶺」「呉江」について」（『物語研究』一八、二〇一八年三月刊行予定）。

三浦浄心における「陸奥紀行」の系譜
――『都のつと』『雲玉和歌抄』による『おくのほそ道』への影響について――

佐々木　雷太

はじめに――三浦浄心とその著述について

三浦浄心（俗名・茂正）の生涯については未詳とされることも多いようである。ほぼ確実とされることは、天正十八年（一五九〇）のいわゆる「小田原征伐」では、後北条氏の家臣として参戦し、主家の没落後、江戸の伊勢町に店を構えたとされることである。浄心には『見聞集』三十二冊・『そぞろ物語』二十冊の草稿があり、これらを整理して『北条五代記』十冊・『見聞軍抄』八冊・『順礼物語』三冊・『そぞろ物語』『猩々舞』『鳥獣憐集』各一冊に再編したとされる。これらのうち、『猩々舞』・『鳥獣憐集』は写本として伝えられ散佚したとされる。また、彼の執筆した草稿のうち、使用されなかった記載は、慶長十九年（一六一五）十二月二十五日の自序を具して『見聞集』十冊に纏められたとされる。この『見聞集』も刊行されることはなかったが、写本として各所に伝世した。更に、明治期に至り、同名の類書との区別の必要から、自序の年号に因み『慶長見聞集』と称された。

しかし、三浦浄心の著述について研究は概して低調であった。その代表的な理由としては、辻善之助博士により『慶長見聞集』が「偽書」であると指摘されたことが挙げられよう。つまり、『慶長見聞集』には、慶長十九年の自序を具しながら、明らかに慶長十九年以降の事績が記載されるという指摘である。もっとも、同書に見られる慶長十九年以降の記載は、浄心の存命時期に収まることから、現在では、これらの記載は、浄心自身により記載されたと解されるようである。しかし、『慶長見聞集』の記載自体に目を転じたところ、同書には「見聞集」と称しながら、明らかに「史実」とは乖離した「創作」が含まれることが指摘される。おそらく、これらの理由により、『慶長見聞集』をはじめとする浄心の著述は研究対象とされる機会が乏しかったものと見受けられる。(1) 他方、『慶長見聞集』には、例えば室町後期の興福寺僧実暁による雑筆『習見聴諺集』（実暁記）や、室町末期の古河公方の重臣であった一色直朝による雑筆『月庵酔醒記』の記載とも共通する記載も確認できることから、中世から近世への移行期に成立した著述として注目すべき価値も見出し得よう(2)。本稿では、『順礼物語』に記載された三浦浄心の「陸奥紀行」について、南北朝期の歌僧宗久による陸奥紀行文『都のつと』による影響を考察し、『おくのほそ道』の成立背景への展望も試みたい。

一 『慶長見聞集』・『順礼物語』所見の宗久による影響

歌僧宗久の事績もまた詳細が明らかではない。大友氏の出自と想定され、生没年次も未詳ながら康暦二年（一三八〇）段階での存命が確認される。応安四年（一三七一）の今川了俊の九州入りに際して、豊後高崎から海路、周防下松に至り、了俊の九州探題時期に使僧として活躍したことが著名である。伝存する宗久の詠作は限られ、『新拾遺和歌集』・『新後拾遺和歌集』・『新続古今和歌集』の入集歌計四首と「年中行事歌合」に出詠した四首の他は、陸奥紀行文『都のつと』所収の自詠十九首が知られるのみである(3)。

『都のつと』は伝存最古の陸奥紀行文されるが中世以前に遡る古写本が未確認とされることから、中世における受容や影響については不明な点が多いとされる。通説によると『都のつと』の流布が明らかとなるのは、元禄三年（一六九〇）版行の宮川道達編『詞林意行集』及び元禄六年版行の『扶桑拾葉集』に収載されて以降とされる(4)。しかし、慶長十九年（一六一五）の序文を具す『順礼物語』中「見ても聞ても誠しからぬ事」の記載は、『都のつと』を典拠に比定することが可能である。参考として、両書の当該記載を以下に提示する(5)。

［一］『順礼物語』中「見ても聞ても誠しからぬ事」

見しは今、愚老、陸奥の行脚せしに、白河の関より、外の濱まで行程廿日余りなり。五十四郡といへ共、国広き事、恰も日本半国にも越つべし。名所旧跡、挙げて数ふべからず。扨又、不思議、様々多かりし。中にも爰に、賢海《げんがいが》嶋と名付山あり。海を遥かに隔て、陸地に有。相模の江嶋ほどの山なり。それ賢海嶋は、日本の地を離れ西海に有とこそ聞伝へたれ、斯かる事は古き文にも見えず。伝へても聞ず。不思議に思ひ、此山へ上がりて見れば、東平王の塚とて大きなる墓あり。此人、旅の空にて果けるが、塚の上なる草木も古郷の方へ靡くと語る。越鳥、南枝に巣を掛け、胡馬《こば》駒、北風に嘶ひけるも、産土を思ふ習ひ、あはれなる事ぞかし。【下略】

［二］『都のつと』

かやうに、いづくともなくあくがれ罷りし程に、白川の関を過ぎて、二十日余りにもなりしに、広き川の畔に出でぬ。これなん阿武隈川なりけり。都にて遠く聞きわたりし所の名なれば、限りなく遠く来にける程も思ひ知らる。渡し守、船さし寄せて、道行く人ども、急ぎ乗りて出で侍りしに、水上、遠く見渡せば、重なる山の中に煙の立ち上る所ありしを、舟子どもに問ひしかば、「元弘の乱れに鎌倉の滅びしより、此の煙立ち初めて今に絶えぬなり」と語りしこそ、いと不思議なりしか。舟より下りて行く道の畔に、ひとつの塚あり。往来の人の仕業と覚えて、辺りの木に、詩歌など、数多、書き付けたり。「昔、東平王といひける唐人の墓なり。故郷を恋ひつゝ、こゝにて身罷りけるが、その思ひの末にや、塚の上に草木も、皆、西へ傾くと申しならはせり」と語る人ありしかば、いと哀れに覚えて、彼の昭君が青塚の草の色も、理にぞ思ひ遣られし。誰も旅の空にて儚くなりなば、夜半の煙も、猶、故郷の方にや靡かましと、憂き世の妄執もあぢきなくこそ覚え侍りしか。塚の上に、松の木、数多、生ひ並べるも、うなゐ松とは、これにやとあはれなり。物語の例も思ひ出でらる。

故郷は実にいかなれば夢となる後さへ猶も忘れざるらん

『順礼物語』には、漠然と「陸奥」のあるばかりで、「賢海嶋」と「東平王の塚」の他に地名が挙げられず、具体的な場所に関する情報が希薄である。しかし、『都のつと』を参照したところ、『順礼物語』に言及された地域は、現在の宮城県岩沼市西部に比定が可能である。一見したところ、『順礼物語』において『都のつと』を引用する姿勢は、非常に拙い印象が払拭しがたい。しかし、視点を変えると、三浦浄心は彼及び彼の周辺において、『都のつと』が周知されていた状況を受けて、敢えて韜晦するかのように『都のつと』を引用したと解することも可能である。つまり、『順礼物語』の序文に記載された慶長十九年（一六一五）頃、すなわち『都のつと』が版行される半世紀以上前、『都のつと』は、既に江戸初期の知識人に受容されていたと言い得るのである。

いずれにせよ、三浦浄心が『都のつと』ないし宗久に関心を懐いていた様子は、『慶長見聞集』五「都人、待地山、一見の事〈附、宗斎が事〉」の以下の記載からも窺われよう。

［前略］見渡せる山々には、安房にもとな山、上総に鬼涙山、下総に海上山、常陸に筑波山、下野に日光山、越後に三国山、信濃に浅間山、上野に赤城山、甲斐に白根が嶽、相模に箱根山、伊豆に御山、駿河に富士山、此十二ヶ国の名山を、武蔵二十一《ママ》郡のめぐりにたてゝ、軒端に立て、武蔵野もさすがはてなき日数にや富士の根ならぬ山も見ゆらん、と宗久法師はよみ給ひぬ。

『慶長見聞集』所引の当該歌は、宗久の『新後拾遺和歌集』入集歌である。

『新後拾遺和歌集』十「羇旅」

921　むさし野もさすがはてある日数にや　富士のねならぬ山もみゆらん　宗久法師

既述の通り、宗久の勅撰集入集歌は四首であるが、「羇旅」を詠じた和歌は当該歌のみであり、かつ『都のつと』を髣髴させる歌意であることも指摘される(7)。

以上、三浦浄心の著述のうち『順礼物語』・『慶長見聞集』両書において、『都のつと』および『都のつと』の作者として宗久の影響を読み取り得ることを指摘した。では、この『都のつと』および宗久による影響は、三浦浄心の個人的な関心に留まるに過ぎないのであろうか。

『慶長見聞集』九「兼然法印、元日を喜ばざる事」には以下の記載が認められる。

［前略］年の初、親しき中、あひ見えて祝ふ事、寿命延年の法なり。天子も元正の寅の時、清涼殿東庭へ出御ありて、星を拝し給ふ。

すべらきの星をとのふる雲の上に
光のどけき春は来にけり

と詠ぜり。属星を拝し災難を除く趣は『大地《マ》瑞祥《マ》志』に見えたり。

既に指摘されるように、当該記載は『年中行事歌合』第一首の二条良基（女房）歌と判詞を典拠とする記載である。『年中行事歌合』が歌人や連歌師によって受容された様子については、先行研究に指摘されるところであるが、同様の傾向は、室町中期以降の東国にも該当する。[8] 例えば、永正十五年（一五一四）の奥書を具す、下総の衲叟馴窓による自撰私家集や、天正年間（一五七三〜九二）頃の成立とされる『月庵酔醒記』には、『年中行事歌合』当該歌が等しく引用される。[9]

［一］『雲玉和歌抄』

002 四方拝の心をつかうまつりし
日の出づる方より先やたなごころ
あはせてむかふそめ色の山

［二首略］

ある歌に
005 すべらぎの星をとなふる雲の上に
光のどけき春はきにけり

此歌も四方拝の心なり、天子寅時四方拝せ給ふ、本名元辰当年星と七返唱へ給ふなり、小朝拝節会等は年中行事に注せり、題林《（題林和歌集）》どもにも略之

［二］『月庵酔醒記』上「王法　六十三箇条」より

一　四方拝
元正寅の時、すべらき、属星を唱、天地四方山陵を拝して、年災をも払、又宝祚をもいのらるゝとかや。此始『日本記』委ニ被レ注レ之。

室町後期以降の東国においても『年中行事歌合』が重視されてきた様子が窺われるが、以下に示すとおり、宗久もまた『年中行事歌合』に四首、出詠している。

六番左　春日祭【持】
春日山よよの神わざけふごとに
たえずつかふる雲のうへ人

二十四番右　信濃勅旨駒引【持】
引分はをかやに立ちしあら駒の
みなれぬ袖におどろきやせん

三十二番左　賀茂臨時祭【勝】
ちはやぶる賀茂の河かぜ山あひの
袖にいくたび雪さそふらん

四十六番右　祈雨【持】
雨雲のはやたちなびく水主の神に手向を猶やかさねん

宗久は『年中行事歌合』において勝一首と持三首という成績であるが、宗久の出自及び歌人としての経歴を斟酌したところ、二条良基から格別の厚遇を受けていたことが指摘され

る。(10)二条良基による宗久への厚遇は『年中行事歌合』のみならず、『都のつと』に跋文を執筆したことからも窺われる。また、『新拾遺和歌集』は、『新千載和歌集』の撰進から五年後の成立で、初出の入集歌人が少ないことでも著名であり、かつ頓阿の個人的な交友関係により入集した歌人が目立つとの非難も見受けられる。他方、二条良基は歌道で頓阿に師事し、かつ『愚問賢注』の問者となり序を寄せたことでも知られる。更に、『新拾遺和歌集』に続く『新後拾遺和歌集』では二条良基が仮名序を執筆したことから、入集歌人にも、二条良基の意向が反映されたと想定されよう。故に、宗久歌が『新拾遺和歌集』・『新後拾遺和歌集』に入集した背景には、二条良基による宗久への配慮を読み取ることが可能である。つまり、宗久の勅撰集入集歌と紀行文『都のつと』には、二条良基の影響が浮かび上がってくるわけである。三浦浄心が『都のつと』および宗久の『新後拾遺和歌集』入集歌を引用した背景には、室町後期の東国で受容された『年中行事歌合』に代表される二条良基の影響とも関連することとなるのである。

二　『都のつと』と室町期の「陸奥紀行」
——『雲玉和歌抄』を中心に

永正十五年（一五一八）の成立と伝える『閑吟集』の第五十八番歌には佚名の近江猿楽の詞章による、以下の小歌が収載される。(11)

夏の夜を　寝ぬに明けぬと言ひ置きし　人はものをや思はざりけん　麦搗く里の名には　都しのぶの里の名　あらよしなの涙やなう　逢はで浮名の名取川　川音も杵の音も　いづれともおぼえず　有明の里の子規　郭公聞かんとて杵をやすめたり　陸奥には　武隈の松の葉や　末の松山　千賀の塩釜　千賀の塩釜　衣の里や壺の碑　外の浜風　外の浜風　更けゆく月に嘯く　いとゞ短き夏の夜の　月入る山も恨めしや　いざさし置きて眺めんや　いざさし置きて眺めんや

当該謡曲詞章（小歌）には、しのぶの里・名取川・武隈の松・末の松山・千賀の塩釜・衣の里・壷の碑・外の浜という陸奥の主要な歌枕が詠み込まれる。因みに『都のつと』に記載された陸奥の地名は、白河の関・名取川・武隈・宮城野・多賀国府・塩竃・松嶋であり、部分的には共通している。『都のつと』を執筆した宗久が歌人である以上、『都のつと』に歌枕への言及が見られることは当然であると言えるが、室町後期には、陸奥の歌枕が小歌とされるほどに親炙されていた様子が窺われよう。

室町期の紀行文のなかで陸奥での旅程を伝える例としては、長享元年（一四八七）の成立とされる道興法親王による『廻国雑記』が著名であるが、同書においても、朽木の柳・浅香山・阿武隈川・武隈・末の松山・実方朝臣の墳墓・宮城野・松嶋・塩竃・名取川などの歌枕を歴訪した様子が窺われる。また、いわゆる「紀行文」以外にも、「陸奥紀行」を伝える例も散見する。応永二十四年（一四一七）の成立とされる『梵灯庵主返答書』と既出の『雲玉和歌抄』などが、その好例であろう。もっとも、『梵灯庵主返答書』に見られる「陸奥紀行」では、具体的な旅程についての記載がなく、また、歴訪した場所についても、象潟以外は明記されず、説話的な要素も濃厚に認められる(12)。故に、『梵灯庵主返答書』の記載は、「陸奥紀行」という事実は否定できないが、記載内容の大半は虚構ないし創作とするほうが穏当であろう。これに対して『雲玉和歌抄』所収の「陸奥紀行」は、より具体的である。

『雲玉和歌抄』所収の「陸奥紀行」関連の和歌群は、第四七六番歌より第四八二番歌に至る。

羈中

475 風に身をまかせて出でし故郷に
雲こそかへれ夕暮のそら

誠に口にまかせたる歌なるべし。

嵯峨天王《（マヽ）》、小野篁、冥官なれば、御命に代へて、三千人、咎なき者を殺させ給ふに、野大《マヽ》臣、此御宇に非業の者三千人あるべし、閻魔の庁に記せり。御命は延ぶべからずとて、やがて崩御あり。いかがありけん、牛に生れ変はりて、大原にありと、后の御夢に見え給ふ。牛を集めて御覧ずるに、夢のごとくなるをとりて、小倉山より材木を運ばせて、寺を建てんとて、此牛を責め給ふに、嵯峨野にて、涎の跡に文字、現れて見えける歌

476 又も世にうしやさがのの露のいのち
かかる草ばにきえしはてずは

やがて死にき。皮を剝がせ給ひて、花慢に飾りて、寺を建て給ふに、仏果となりぬと、御夢に見えぬとなり。此后は、橘清友の姫となり。

百合草若大臣、島に捨てられておはしけるに、緑丸といふ鷹、御夢に見えし歌

477 陸《くが》にだに君ししづめば天がける
みどりも浪の泡ときゆめり

思はずに奥州に行きける時、せぜの埋もれ木切りて便につけて、孝範《（木戸）》へ参らすとて

478 世に残るなとりの河のいかなれば
身は埋もれ木となりはてぬべき
孝範

返し

異本二 埋もれ木の埋もれず朽ちぬ名取川
なみに頼みをかけてやはむぬ

かくて松島一見しけるに、五大堂の壁に西行の書きける歌

479 松島やをじまの月も何ならずただきさ方の秋の夕暮

此歌を、松島より象潟、面白き所と申すとかや。修行者の習ひに、ものの執心あるには無常の心あり。象潟、葬所とて、人を棄て置く所なれば、此の面白き月も象潟の果て思へば何ならずと、はらひたる歌なり。秋の夕暮も限りの方なり。

忍誓と申す連歌士下りて、坪の石文、苔生したる現して、文字、書き写し給ふ。其の後、見し程に、我等も写

して所持する。彼の碑在所、宮城郡岡辺にあり。

　高森殿守護にて、石に魂ありて人に祟るとて、他所へ曳き捨てんとて、人夫を集め、家々男女老若、触れしに、小家、持ちたる若き女のあり。明日の千引に出でよと云ひしに、寡女のこと、いかで人夫にならんと申す。さらば、明日より此屋には、かなふまじとあれば、此女、この程、行方も知らぬ男の、時々、通ひし。あはれ今夜、来よかし、此のこと語りて、暇乞ひて、何方へも行かむ、と思ひて待ちけるに、風は昨日の夜より、声いよいよ恨むと詠じて来たりぬ。女、盃取りて、勧めて、涙を流し、しかじかのこと語りて、此屋にて見え奉らんも、今宵ばかりなりと云ひしに、男、云ふやう、譬ひ千引の石なりとも、精魂、入れなば、一万人が力も及ばじ。只、出でてみよ、人夫には交じらで、曳けざらん後、汝一人して曳け。その時、守護、不思議の物と思ひて、財を与へば、富貴の身となるべし。努、此のことば、徒ならじとて、かく詠める

480　千引ともまびきともいへひかれじを
　　　君しひとりの情ならずは

とて、泣く泣く立ち別れぬ。さて彼の所に出でけるに、人々、数万人、集ひて、此石を様々、絡繰りて、大綱つけて、先、千人して曳けども動かず。二千、三千、七千人まで曳けども曳かれず。時に、此女、一人して曳んと申す。守護、聞き、狂人が我を欺くかとありしに、只今、目に見えんことなるべし、曳かずは罪に沈め給へとて、人夫を払ひ、一人、綱に手を掛けしに、車輪の廻る如く、さらさらと趨りければ、神か仏かとて、守護、崇めて、財を与へ、所知する程に、富貴の身となりしとなり。契りし男は、石の精なるべし。同じ国に在る山寺へ、藤枝殿といふ人、誦経の志に通ひて、秘蔵の馬に乗り給ひけり、寺へ参らばやの志し夜の夢に馬の詠める

481　かかる身にむまれくる世をいななけば
　　　まことの道にのりたがふなよ

そのまま置きて参られしとなり。

　日光山竹林坊の児童にて、叡山に登り、玄舜といふ法師に逢ひて下向の後、春の頃、彼の法師、尋ね下り、夜に入れば、社頭に泊まりしに、彼の児、笛吹きて来り給ひ、甲冑を帯す。怪しと思ふに脱ぎ捨て、我が寮に伴ひ、先、一折申さんとて、懐紙を取り上げ、我と書きて

482　夜あらしはあす見ん花の別かな

両吟、一折終れば、夜も明けぬ。児、失せて、体を見るに住み荒らして、物あはれなるに、隣寮の法師ども来たりて、玄舜を怪しむるに、しかじかのやう語りて、懐紙を見せしに、坊主、驚き出合ひて、彼の児は、前の月、親の仇を討ちて、討たれぬとて、涙を流し、彼の山の法師をも、暫し抑留せられしとなり。夜嵐といふ詞は、思はしからねど、此の発句は、時宜、哀れに聞こゆるにや。

『雲玉和歌抄』の編者である衲叟馴窓が陸奥へ赴いたことは、

第四七八番歌の詞書に「思はずに奥州に行きける時」とあることからも明らかである。では、馴窓はどのような行程で陸奥を訪れたのであろうか。まず第四七六番歌は、「羇中」という歌題から窺われるように、「陸奥紀行」の「序」として位置づけられよう。第四七六番歌は他書に未検の嵯峨天皇の説話であり、続く第四七七番歌は嵯峨天皇治世の出来事とされる百合若大臣に関する説話である。一見したところ、この二首は陸奥とは無関係と思われるが、その実、宮城県岩沼市西部において、現在に至るまで伝えられてきた百合若伝説に関連する和歌である。(13)第四七八番歌と異本第二番歌は、名取川に至った馴窓と友人であった木戸孝範との贈答歌である。そして第四七九番歌は松嶋、同歌と第四八〇歌の間に記載されるのが壷の碑であり、第四八〇番歌は壷の碑の近くに存在した霊石の説話、第四八一番歌は陸奥国の某所に所在した「山寺」での説話、最後の第四八二番歌は日光山所伝とする説話に語られた連歌の発句である。『雲玉和歌抄』所収歌の配列に従えば、馴窓は現在の宮城県岩沼西部(第四七六・七番番歌)・名取川・松嶋・壷の碑(多賀城周辺)・日光という旅程を歩んだものと想定されよう。では、『雲玉和歌抄』所収歌および歌注は、馴窓の在地での見聞を反映したものなのであろうか。

結論を先に述べると、第四七九番歌以降の和歌および歌注については、何らかの創作の割合が高いと言わざるを得ない。第四七九番歌は、西行が松嶋の五大堂の壁に残したと伝えられる伝承歌であり、『異本山家集』にも収載される和歌である。しかし、奇しくも、この類歌は『梵灯庵主返答書』に西行が象潟の古寺の社殿の扉に記した和歌として記載される。(14)

海に望みて仏閣あり、又社壇あり。この所をば何といふぞと問ひ侍るに、象潟となん、申し侍ると答へ。さてその霊場に詣でて見るに、僧坊など甍を並べたるが、築地も崩れ、門も傾きなどして、星霜、幾久しかと覚ゆ。白洲に鳥居あり。遙々と歩み過ぎて神殿を拝し奉るに、扉に書きたる歌あり。

松嶋や雄嶋の磯も何ならずただ象潟の秋の夜の月

西行法師と書きたりしぞ、やさしくも、あはれにも覚えし。

また、続く「坪の石文」についても、「忍誓と申す連歌士」が碑文を写したと伝える。(15)更に、第四八二番歌の発句も、お伽草子『幻夢物語』による翻案とすることが可能である。(16)これらの『雲玉和歌抄』所収歌のなかで、特に示唆的であるのは第四七九番歌である。馴窓は『梵灯庵主返答書』に収載された「陸奥紀行」の象潟についての記載を意図的に用いたのであり、同時に、『梵灯庵主返答書』に収載された「陸奥紀行」は、『雲玉和歌抄』の享受者としても知悉した内容であったと想定できるのである。(17)つまり『雲玉和歌抄』において『梵灯庵主返答書』が用いられた姿勢は、『順礼物語』中「見ても聞ても誠しからぬ事」において『都のつと』が用いられた姿勢とも共通するのである。また更に、その『順礼物語』当該箇所には、『都のつと』のみならず『雲玉和歌抄』第四七八番歌による影響を読み取ることも可能なのである。(18)

以上のように考察したところ、『都のつと』に始まり、『梵灯庵主返答書』・『雲玉和歌抄』を経て『順礼物語』へと至る「陸奥紀行」には、先行文献による影響を読み取ることが可能となるのである。

三　近世における『都のつと』の受容と『おくのほそ道』への影響について

以上、『都のつと』・『梵灯庵主返答書』・『雲玉和歌抄』・『順礼物語』に記載された「陸奥紀行」の影響関係について概観してきた。では、このような影響関係は『順礼物語』以降に成立した紀行文にも読み取ることが可能なのであろうか。

『順礼物語』以降に成立し、かつ「陸奥紀行」を主題とした紀行文としては、第一に『おくのほそ道』が挙げられよう。『おくのほそ道』の正確な成立時期は未詳とされるが、芭蕉の江戸出立が元禄二年（一六八九）三月二十七日で、終着地の大垣には八月二十日過ぎに到着したとあり、元禄五年（一六九二）七月以降に一応の成立を見たとされる。他方、近世初期における『都のつと』の受容は、慶長十九年（一六一五）の序を具す『順礼物語』に確認できる。故に、芭蕉および芭蕉周辺で『都のつと』が受容されていた可能性は非常に高いと言えよう。では、『おくのほそ道』に『都のつと』の影響を読み取ることは可能なのであろうか。結論から言えば、『おくのほそ道』の記載から『都のつと』の直接的な影響を想定することは困難であろう。しかし、「奥の細道」という名称の現存文献での初出は『都のつと』に比定されることは注目されよう。芭蕉は、『笈の小文』において『土佐日記』・『東関紀行』・『海道記』・『十六夜日記』以降の紀行文は「糟粕」に過ぎないという否定的な見解を述べている。しかし、これらの紀行文の旅程が陸奥に及んでいないことを考慮すれば、芭蕉が「陸奥紀行」を執筆するにあたり、なんらかの先行文献を参照したと考察する余地は認められよう。

『おくのほそ道』の旅程に言及された、室の八島・日光・白河の関・名取川・宮城野・壺の碑・松島・象潟は、『雲玉和歌抄』所収歌にも詠まれている。無論、これらは古来著名な歌枕であり、かつ前近代においては主要な道路が限定され、旅程も固定されていたことの反映でもある。更に、例えば江戸期における日光の位置づけなどは『雲玉和歌抄』成立した室町期とは完全に変質していると言えよう。故に、歌枕の記載の異同によって、『おくのほそ道』と『雲玉和歌抄』との関連を指摘することは困難であろう。しかし、例えば『おくのほそ道』に言及された、白河の関を詠じた能因と源三位頼政の和歌説話は、『雲玉和歌抄』第二八七番歌および歌注にも認められる。また、松島と象潟とを対比する所感は、『おくのほそ道』、『梵灯庵主返答書』に『異本山家集』所収歌と共に、『おくのほそ道』、『雲玉和歌抄』第四七九番歌および歌注にも確認できる。この他、『おくのほそ道』の室の八島で特筆された「このしろといふ魚」の禁忌についても、『雲玉和歌抄』第五〇一番歌より第五〇三番歌および歌注に詳述されるところである。[19] 無論、『おくのほそ道』と『雲玉和歌抄』に共通する、これらの記載は、他書にも散見する記載ではある。しかし、これらの記載が、『おくのほそ道』と『雲玉和歌抄』において、まとまって共通するという事実には留意すべきであろう。

おわりに

『おくのほそ道』と『雲玉和歌抄』とを関連付けることは、一見、牽強付会であり、奇矯であるとも思われよう。しかし、三浦浄心による紀行文『順礼物語』に『雲玉和歌抄』が『都のつと』と共に用いられていることに注目するならば、紀行文と『雲玉和歌抄』との径庭は、さほど隔たったものではないと言い得よう。更に、『おくのほそ道』と『順礼物語』上「陸奥一見の事」の旅程が一致すると指摘されるほか、「おくのほそ道」という名称の現存文献上の初出は、他ならぬ『都のつと』とされる。[20]これらは、飽くまでも状況証拠に過ぎない。しかし、『順礼物語』に『都のつと』と『雲玉和歌抄』による影響が認められ、かつ『おくのほそ道』には『順礼物語』による影響が想定可能であるとするならば、『都のつと』から『おくのほそ道』に至る「陸奥紀行」は同一の系譜上に位置づけることが可能となるである。[21]

他方、『都のつと』・『雲玉和歌抄』・『順礼物語』を結ぶ背景には、歌僧宗久を庇護した二条良基の影も浮かび上がってくることになる。いずれにせよ、近世文学としての『おくのほそ道』の背後には、南北朝期以降の中世文学による影響を読み取ることが可能なのである。そして、『おくのほそ道』と中世文学を結ぶ重要人物のひとりとして位置づけられ得る人物が、『順礼物語』『慶長見聞集』などを残した三浦浄心に他ならないのである。

注

(1) 三浦浄心および『慶長見聞集』についての主要先行研究は以下を参照。辻善之助博士「慶長見聞集弁謡」(『國學院雑誌』一四八、明治四十年)、水江漣子氏「慶長見聞集の一考察」(『社会文化史学』二、昭和四十二年)、同氏「『慶長見聞集』と江戸」(『三浦古文化』二一、昭和五十二年)、同氏「三浦浄心について」(『三浦古文化』二四、昭和五十三年)、大沢学氏「三浦浄心の著作と『吾妻鏡』」(『国文学研究』九六、昭和六十三年)、阪口光太郎氏「『慶長見聞集』と中世文学――『宝物集』・『庭訓往来抄』に関連して」(『東洋学研究』三七、平成十二年)、渡辺守邦氏「『慶長見聞集』と『童観抄』」(『近世文芸』九一、平成二十二年)、拙稿「三浦浄心と『雲玉和歌抄』――『慶長見聞集』・『順礼物語』について」(『日本文学風土学会――紀事』三九、平成二十七年)。

(2) 天文三年(一五三三)から元亀三年(一五七二)に成立した『実暁記(習見聴諺集)』六本に「或人、物端に書候」とする、「世中は月にむら雲花に風おもふにわかれおもはぬにそふ」という和歌は、『月庵酔醒記』中「二条殿御領井戸庄郡司左近左、仍《?》二百姓一訴状目安」に引歌として用いられる[美濃部重克氏ほか『月庵酔醒記（中）』参照」。他方、『慶長見聞集』四「万病円振り売りの事」には、「憂きはたゞ月に村雲花に風思ふに別れ思はぬに添ふ」という類歌が収載される。なお、この『慶長見聞集』所収歌は、お伽草子『緑弥生』所収歌と一致する［『むろまちものがたり・京都大学蔵』一（平成十二年・臨川書店）参照］。この他、『実暁記（習見聴諺集）』七「人倫八箇大事」も同様の記載が、『月庵酔醒記』下「釈教・妙楽大師八ヶ大事」、『慶長見聞集』八「雲蔵こつしきの事」に確認できる。

①『実暁記』（『習見聴諺集』）七「人倫八箇大事」

一　人倫ニ八ヶ之大事在レ之。〈国ヨリ来者雑談也。〉

一　一日之大事ハ食事　一　一年之大事ハ衣裳

一　一期之大事ハ住屋　一　福人之大事ハ盗人

一　貧人之大事ハ巡役　一　後生之大事ハ地獄

一　男子之大事ハ敵　一　女性之大事ハ産

②『月庵酔醒記』下「釈教」

一日大事食物　一年大事衣裳　貧人土貢　富貴盗賊

女房難産　男子怨敵　一期住所　臨終大事

③『慶長見聞集』八「雲蔵こつしきの事」

妙楽大師、人間に八ケの大事をあけられたり。一日の大事は食物、一年の大事は衣服、一期の大事は住所、男子の大事は敵人、女人の大事は難産、百姓の大事は地頭、財宝の大事は盗賊、後生の大事は地獄といへり。

（3）『日本古典文学大辞典』「宗久」項（島津忠夫氏）より。

（4）稲田利徳氏「宗久論」（『岡山大学教育学部研究集録』九九、平成七年）参照。

（5）『順礼物語』は『假名草子集成』三六（東京堂出版、平成十六年）収本文、『都のつと』は『新日本古典文学大系（四八）中世日記紀行集』（岩波書店、平成二年）所収本文によるが、適宜、表記を改め、傍線等を付した。

（6）『慶長見聞集』は、『假名草子集成』五七（東京堂出版、平成二十九年）所収本文によるが、適宜、表記を改め、傍線等を付した。

（7）『新後拾遺和歌集』は「新編国歌大観」所収本文による。稲田利徳氏「宗久論」『岡山大学教育学部研究集録』九九（平成七年）参照。

（8）『年中行事歌合』当該本文は以下の通り。（『新編国歌大観』所収本文による）

一番　左　四方拝　女房

すべらぎの星をとなふる雲のうへに

光のどけき春は来にけり

右　供層蘇白散　新中納言

春ごとにけふなめそむる薬こは

わかえつつみん君がためとか

判者新中納言藤原朝臣申云。左歌、星を唱ふるとて、光のどけき、と云へる詞続き優に侍るうへ、常の歌合例に任せて左勝たるべき由申之。然而右歌も、薬子に若えつつみんと侍るも、古詞なるうへ歌柄もよろしき由、人人申すによりて、持に定まり侍りき。

［中略］左、四方拝といふ事は、天子は天地四方を祀ると

いふ事も侍るにや、元正寅の時に、すべらぎの属星を唱へ、天地四方山陵を拝し給ひて、年災をも払ひ、宝祚をも祈り申さるるにて侍るにや。此事、いつ始まりたりとも見えず、寛平二年の宇多の御門の御記に載せられたれども、濫觴とは見え侍らず。皇極天皇、雨を祈りましまして、四方を拝し給ふ由、日本紀にあれば、是などをやはじめとも申すべからん。[下略]

(9) 『雲玉和歌抄』は井上宗雄・島津忠夫氏編『雲玉和歌抄』(古典文庫、昭和四十三年)によるが、歌番号は「新編国歌大観」による。また『月庵酔醒記』本文は美濃部重克氏ほか『月庵酔醒記(上)』(三弥井書店、平成十九年)によるが、適宜、表記を改め、傍線等を付した。

(10) 橋口裕子氏「吉田兼熙の歌壇活動」『国文学攷』一三一(広島大学国語国文学会、平成三年)参照。なお、『新拾遺和歌集』・『新後拾遺和歌集』は「新編国歌大観」所収本文による。

(11) 『閑吟集』は『新日本古典文学大系(五六) 梁塵秘抄・閑吟集・狂言歌謡』(岩波書店、平成五年)所収本文によるが、適宜、表記を改め傍線を付した。

(12) 現存の諸資料から梵灯庵(朝山小次郎師綱)による「陸奥紀行」は史実とされよう。しかし、現行『梵灯庵主返答書』には、西行により認められた和歌を、某山寺と象潟(後述)で実見したとするなど、梵灯庵による西行への追慕を反映した虚構とすべき記載も確認できる。

梵灯庵の「陸奥紀行」については、廣木一人氏「梵灯庵の東国下向――「梵灯庵道の記」をめぐって――」『青山語文』四七(平成二十九年)を参照。

(13) 拙稿「鷹説話の由来と行方――百合若大臣の愛鷹『緑丸』について」(『日本文学風土学会――紀事』四〇、平成二十八年)参照。

(14) 『梵灯庵主返答書』は、『続群書類従』一七輯上(続群書類従完成会、昭和十四年)所収本文による。

(15) 室町中後期における「壺の碑」への言及は、『六花集注』・『新古今和歌集』古注釈書での源頼朝歌(『新古今和歌集』「羇旅」第一七八六番歌)歌注に見受けられる。

また、忍誓の陸奥下向については、史実と認められる[参考・稲田利徳氏「忍誓の『建保年中名所題百首和歌(正徹僻案点付)』」『連歌俳諧研究』四七(昭和四十九年)]。しかし、現段階において、忍誓が壺の碑を写したとする所伝は『雲玉和歌抄』以外には未検である。

(16) 青木祐子氏「法楽夢幻」『お伽草子百花繚乱』(笠間書院、平成二十年)参照。

(17) 江戸極初期書写とされる、京都大学図書館蔵『雲玉和歌抄』(古典文庫本底本)には、永正十一年(一五一四)衲叟馴窓による本奥書に続く「永禄九年(一五六六)六月十七日」なる記載の後、『梵灯庵主返答書』下を典拠に比定可能な記載が確認できる。故に『雲玉和歌抄』は、遅くとも近世に至る享受過程において、『梵灯庵主返答書』の受容とも密接に関連していた様子が窺われよう。[参考・松本麻子氏『連歌文芸の展開』「『雲玉和歌抄』に見える連歌と連歌説」(平成二十三年、風間書房）」なお、十六世紀には、仏堂において参詣者や参籠者が墨書を残す習慣が一般化したことが指摘される［参考・山岸常人氏『中世寺院の僧団・法会・文書』「中世後期の仏堂の世俗的機能」（平成十六年、東京大学出版会）］。故に、『雲玉和歌抄』において、西行が五大堂の壁に和歌を残したことに言及された背景には、このような十六世紀の風潮を受けた可能性も認められよう。

(18) 拙稿「三浦浄心と『雲玉和歌抄』――『慶長見聞集』・『順礼物語』について」（『日本文学風土学会――紀事』三九、平成二十七年）参照。

(19) 拙稿「お伽草子『源蔵人物語』と鷲宮神社古縁起」（徳田和夫氏編『〈中世文学と隣接諸学8〉中世の寺社縁起と参詣』竹林舎、平成二十五年）。

(20) 一例として、享保四年（一七一九）成立の『奥羽観蹟聞老志』六之下「宮城郡ノ下」、「東奥細道《ヲクノホソミチ》」項には、「おくのほそ道」という語彙の典拠として『都のつと』が引用される。［参考・尾形仂氏『おくのほそ道評釈』（平成十三年、角川書店）他］。

(21) 『おくのほそ道』と『笈の小文』に『順礼物語』の影響が読み取り得ることは、久富哲雄氏「笈の小文・おくのほそ道に関する推論」（『国語と国文学』四九（一）、昭和四十七年）に指摘される。なお、松村友松氏は、前掲の久富論文に『順礼物語』「陸奥一見の事」と『都のつと』『おくのほそ道』両書の旅程が重なることの指摘が見られるとされる。しかし、久富氏による当該論文には、『都のつと』への言及は見られない［参考・村松友次氏『「おくのほそ道」の想像力』（「都のつと――『おくのほそ道』の先行文学二」笠間書院、平成十三年）］。

※本稿を執筆するにあたり、先行研究の確認について、大島絵莉香氏（名古屋大学人文学研究科博士候補研究員）のお手をお煩わせした。末筆ながら明記し謝意を表す。

ささき・らいた――山東大学威海校区東北亜学院日本系講師。専門は日本中世文学。主な著書に「『玉塵抄』における説話の改変」（『日本文学風土学会――紀事』四一、平成二十九年）、「『神道雑々集』典拠攷」（福田晃・中前正志氏編『唱導文学研究』一一、三弥井書店、平成二十九年）、「『雲玉和歌抄』における『太平記』」（『伝承文学研究』六六、三弥井書店・平成二十九年）などがある。

『大和本草』「穀」類に内在する下位分類
——『本草綱目』との比較から——

郭　崇

はじめに

貝原益軒（一六三〇～一七一四）撰の本草書『大和本草』は、宝永五年（一七〇八）益軒七九歳のときに完成し、宝永六年（一七〇九）に刊行された。一三六二種の品目を類別に配列し、名称（漢名・和名・方言）・産地・性質（気味・性能）・効用（薬用性・実用性）を記載する。

『大和本草』の引用書目は、四百以上確認される[1]。そのなかでも引用回数が最も多く、『大和本草』に多大な影響を与えたのは『本草綱目』である。本稿は、『本草綱目』と『大和本草』に共通する部立て「穀」に着目する。『大和本草』「穀」類は『本草綱目』「穀」部を踏襲しているが、「類」として独自の分類と配列を行っている。『大和本草』は『本草綱目』をどのように受容し、また、独自に改変を行っているのか。この検討を通して、『大和本草』の分類意識・配列意識の一端を明らかにすることを目的とする。

底本として、『大和本草』は国立国会図書館蔵（特一―二四六四）、宝永六年（一七〇九）に皇都書林・永田調兵衛刊行の版本で、『本草綱目』は国立国会図書館所蔵・寛永十四年版（特一―三〇二四）である。

一　貝原益軒と『本草綱目』

『大和本草』は『本草綱目』（五二巻）を三百例以上引用する。主な引用形式は次の三種類である。

（本草）綱目　一二一例
（李）時珍　五五例
「本草」　一三三例

一方、明・李時珍（一五一八～一五九三）の撰になる『本草綱目』は「序例」に次のように述べ、

捜羅百氏、訪采四方、始於嘉靖壬子、終於万暦戊寅。稿、凡三易。
（百氏を捜羅し、四方を訪采し、嘉靖壬子に始まり、万暦戊寅に終ふ。稿、凡そ三易。）

李時珍が嘉靖三十一年（一五五二）三五歳のときから資料の

蒐集に着手し、二六年間を費やして増補訂正を三度繰りかえし、万暦六年（一五七八）六一歳に至って脱稿したとする。

『本草綱目』は一八九二種の薬物を部類別に配列し、各項目に次の内容を記載する。[2]

〈釈名〉（別名・名称の由来）
〈集解〉（産地・形態・性状・採集方法等）
〈正誤〉（先行文献の誤謬の修正）
〈修治〉（調製加工法）
〈気味〉（性能・性質）
〈主治〉（薬効）
〈発明〉（薬理説の解釈）
〈附方〉（民間に流布した処方）

その刊行は時珍の死後、万暦二十四年（一五九六）であったが、その後、『本草綱目』は広く流布し、明代の主要な刊本として次のものがある。

万暦二十四年（一五九六）刊「金陵本」（祖本）
万暦三十一年（一六〇三）刊「江西本」
崇禎　十三年（一六四〇）刊「武林銭衙本」

日本にも早くから伝来し、和刻本が刊行された。岡西為人氏は、日本で刊行された『本草綱目』の版本三系統十四種を確認されている。[3]

①寛永十四年系統（六種）
②万治　二年（一六五九）系統（三種）
③寛文十二年系統（五種）

日中における『本草綱目』の刊行状況は次のように整理される。

明・万暦二十四年（一五九六）『本草綱目』初版金陵本（祖本）二十七冊刊行。
明・万暦三十一年（一六〇三）『本草綱目』江西本（底本は金陵本）刊行。
慶長九年（一六〇四）林羅山『既見書目録』に『本草綱目』の記載あり。
寛永十四年（一六三七）最初の和刻本『本草綱目』（底本は江西本）三十六冊。
明・崇徳五年（一六四〇）『本草綱目』武林銭衙本（底本は江西本）二十冊。
万治二年（一六五九）和刻本『本草綱目』三十八冊（底本は武林銭衙本）。
寛文十二年（一六七二）和刻本『本草綱目』二十八冊（底本は武林銭衙本）。
益軒、藩主から三十六冊の『本草綱目』を賜わり、熟読。

真柳誠氏は、慶長九年（一六〇四）、林羅山が実見した四四〇余部の書目のなかに『本草綱目』の書名がみえることを指摘された。[4] 林羅山が二十二歳までに実見した書目の目録『羅山先生集付録』「既見書目録」には、次の医薬書十一種が記載され、そのなかに『本草綱目』の名がみえる。

『素問』（『黄帝内経素問』）・『霊枢』（『黄帝内経霊枢』）・『本草蒙筌』・『本草綱目』・『和剤（局）方』（『太平恵民和剤局

方』）・『医経会元』・『運気論（奥）』（『素問入式運気論奥』）・『難経本義』・『痘疹全書』（袁氏痘瘆叢書）・『医方考』（『名医方考』）・『医学正伝』

これによって、慶長九年（一六〇四）以前に、『本草綱目』が日本に伝来していたことが知られる。

和刻本③寛文十二年系統は、附録として付される『本草綱目品目』『本草名物附録』に「貝原益軒傍訓」と記す。そのため、この訓は益軒が付した訓と解釈され、従来、「貝原本」と呼ばれていた。しかし、磯野直秀氏は③寛文十二年本を「貝原本」と呼ぶことに対して疑義を呈し、論拠として、同一漢名に対する和名が本文と附録で異なる場合が多いこと、本文と附録の枠の大きさが異なることを挙げ、品目と附録は後補であり、本文の校訂に貝原益軒は関与していないと結論づけられた(5)。

③寛文十二年本『本草綱目』を実見調査したところ、附録の一冊『本草綱目品目』には、『本草綱目』所載の一八九二種の項目のうち、八二八種の項目名に和訓を付す。また、各巻末には、和訓を付した項目名を掲載する。両者を合わせると、同一の漢名に対する和名が、本文と附録と一致していない項目は三二四種にのぼる。したがって、磯野氏の指摘は妥当であり、説かれるように、③寛文十二年系統は附録一冊として、益軒の著『本草綱目品目』『本草名物附録』を付するが、本文の校訂に貝原益軒は関与していないとみてよいであろう。

一方、貝原益軒の読書歴を自ら記録した自筆本『玩古目録』には、「自幼学至三十五歳所観覧書目」として『本草綱目』をあげ、次のように記す(6)。

『本草綱目』（熟覧）

このことから、益軒は『本草綱目』を若い頃から「熟覧」していたことが知られる。『大和本草』巻一「論本草書」では、『本草綱目』について益軒は次のように述べた。

凡所レ載二品物一ヲ本邦刊行ノ本、其訓點句‐讀ノ誤、甚多クシテ、害スルレ義不レ少カラ。不レ可二讀テレ之誤リ一過ク。
（凡そ、品物を載する所の本邦刊行の本、其の訓点・句読の誤り、甚だ多くして、義を害すること少なからず。之を読みて誤り過ぐべからず。）

益軒の熟読した『本草綱目』は和刻本の可能性が高いと考えられる。三系統十四種の和刻本『本草綱目』のうち、いずれの版本を参看して、『本草綱目品目』『本草名物附録』、また『大和本草』を撰述したのであろうか。

益軒の自筆本『家蔵書目録』「万治二年（一六五九）の賜書」には、『本草綱目』の書名とともに「三十六」という冊数が記される(7)。

『周礼儀礼』（白文）六、『宋明臣言行録』五、『万姓統譜』四十、『列女伝』十一、『事言要玄』二十四、『日本紀』十五、『釈日本紀』七、『本草綱目』三十六、『本朝文粋』八。

すなわち、益軒は万治二年（一六五九）筑前黒田藩の藩主黒田光之（寛永五年〈一六二八〉～宝永四年〈一七〇七〉）から、『本草綱目』三十六冊を含む九種の本を賜わった。

『本草綱目』和刻本のうち、三十六冊本は①寛永十四年（一六三七）刊の最初の和刻本のみである。したがって、益軒の『家蔵書目録』に掲載された三十六冊本の『本草綱目』は、①寛永十四年（一六三七）刊本である可能性が高い。

この推定が正しければ、『大和本草』撰述にあたって、益軒が依拠した『本草綱目』の底本は三十六冊本の①寛永十四年刊本であった可能性が高いとみることができよう。

また、貝原益軒の甥にあたる貝原好古編「益軒年譜」延宝八年条には、益軒が『本草綱目品目』において和名を改正したことを次のように記す(8)。

五十一歳輯『本草綱目品目』［『本草綱目』無総目、観者労于検閲、且先輩之和名多註誤、故先生輯之、且改正其和名」。

（五十一歳、『本草綱目品目』を輯す。［『本草綱目』総目無く、観る者検閲に労し、且つ先輩の和名多く註誤つ。故に、（貝原）先生之を輯し、且つ其の和名を改正す。）

①寛永十四年本『本草綱目』を実見調査したところ、附録一冊『本草綱目品目』においては、『本草綱目』の一八九二種の項目のうち八二八種に傍訓が付されていた。このうち、①寛永十四年の本文の傍訓と完全に一致するものが三六〇種ある。この傍訓について、益軒が「非也」「未詳」「未是」「未知是否」等の注記を付したものは五十九種確認された。この結果は、貝原好古編「益軒年譜」に述べる「先輩の和名に註多く誤」ち、そのために益軒が『本草綱目品目』を輯し、「其の和名を改正」したという記述を裏付ける。なお、これらの和名が『大和本草』の和名と一致するかどうかについては、別稿を用意している。

以上のことから、益軒が『大和本草』編録に際して参看依拠した益軒架蔵の『本草綱目』は、和刻本の①寛永十四年刊本の可能性が高いとみてよいであろう。したがって、本稿では、これを底本として考察を進めることとする。

二　『本草綱目』の分類と配列

相田満氏は、類書・古辞書をはじめとする類聚編纂物の分類意識について、次のように述べられた(9)。

物事を分類整理することは、人間の知識活動の基本である。同質のものを「類」としてまとめ、まとめられた概念群を他と弁別するために名称を付与して、類概念（分類概念語彙）によってまとめられた古典的な辞書・辞典（類書）、さらには書名標題に使用される形態素的語彙が、極めて継承性の強い形で、良質な「オントロジ（知識概念木）」の宝庫となって蓄積されてきた。部立てがインデックス機能を果たして検索に便宜を図るように作られる。

李時珍もまた、『本草綱目』の分類には意を尽くしている。李時珍は『本草綱目』編纂に三五歳（一五五二）の時から二六年を費やし、独自の分類「綱」「目」を確立した。

『本草綱目』「凡例」は、『神農本草』をはじめとする中国古来の本草書の「三品分類」の構成・分類の欠点を次のように指摘して退けている。

神農本草三巻、三百六十種、分上中下三品。梁陶弘景、増薬一倍、随品附入。唐宋重修、各有増附、或並或退。品目雖存、旧額淆混、義意倶失。

(『神農本草』三巻、三百六十種、上中下三品に分かつ。梁の陶弘景、薬を増すこと一倍、品に随ひて附入す。唐・宋の重修、各々増附有り、或ひは並べ或ひは退く。品目存すると雖も、旧額淆混し、義意倶に失す。)

こうした伝統的な分類に対して、李時珍は『本草綱目』について、「綱」と「目」という独自の分類を確立した。「綱」と「目」について、『本草綱目』「凡例」は次のように述べる。

今、通列一十六部為綱、六十類為目。

(今、通して一十六部を列ねて「綱」と為し、六十類を「目」と為す。)

『本草綱目』「凡例」には「綱」十六部、「目」六十類が示され、本文では「綱」は「部」、「目」は「類」と呼ばれる。十六部六十類の下には一八九二種の品目が配されるが、その配列について、「凡例」に次のように述べる。

今各列為部。首以水火、次之以土。水火為万物之先、土為万物母也。次之以金石、従土也。次之以草穀菜果木、従微至巨也。次之以服器、従草木也。次之以虫鱗介禽獣、終之以人従賤至貴也。

(今、各々列ねて「部」と為す。首は「水」「火」を以てし、之に次ぐに「土」を以てす。「水」「火」は万物の先為り、「土」は万物の母為ればなり。之に次ぐに「金」「石」を以てす、「土」に従へばなり。之に次ぐに「草」「穀」「菜」「果」「木」を以てす、微なる従り巨なるに至ればなり。之に次ぐに「服」「器」を以てす、「草」「木」に従へばなり。之に次ぐに「虫」「鱗」「介」「禽」「獣」を以てし、之を終ふるに「人」を以てす、賤しきより貴きに至るなり。)

これによれば、『本草綱目』は「部」の配列として、まず万物の先である「水」「火」、万物の母である「土」、これに従う「金」「石」の鉱物を配する。次に「微」から「巨」の大きさによって、「草」「穀」「菜」「果」「木」の植物を配する。次に貴賤に従って「虫」「鱗」「介」「禽」「獣」、最後に「人」を配したのである。

これが、李時珍が『本草綱目』において構成した分類であり、配列であった。

三　『本草綱目』の分類に対する疑義

『大和本草』巻一「論本草書」では、益軒は『本草綱目』の分類を次のように評価する。

唐宋本艸ニ比スレハ、綱目ノ分類詳ナリ

(唐・宋本草に比すれば、『(本草)綱目』の分類、詳らかなり。)

さらに、『大和本草』「凡例」には、益軒が『本草綱目』から最も「切要」なものを要約して収録したことが、次のように記される。

此書、揀ヒ二於本草綱目所レ載諸説之中最切要ナル者一ヲ、約シテ而収録ス之ヲ。若夫、諸品之形状性味之詳ナル者、不レ載二于此一ニ。須レ熟二玩ス本草一ヲ。

（此の書、『本草綱目』に載する所の諸説の中最も切要なる者を揀ひ、約して収録す。若し夫れ、諸品の形状・性味の詳《つまび》らかなる者、此《ここ》に載せず。須く『本草（綱目）』を熟玩すべし。）

一方、益軒は『本草綱目』の「品類」の分類には疑義を呈している。『大和本草』「総論」には、次のように記す。

本草綱目に品類を分つに、可疑事多し。

（『本草綱目』に品類を分かつに、疑ふべき事多し。）

益軒は『本草綱目』に拠りながらも、これに盲従することなく、その分類に疑問を持ち、これを独自に改訂するために次のようなものを補った。

中‐華群書之所レ不レ載、吾‐邦之所レ在、愚カ之嘗所二親観‐聴一スル、民‐俗ノ所二称‐謂一スル、品物之名‐称形‐状、亦粗記メレ之以助二ク稽‐考一ヲ。

（中華群書の載せざる所、吾が邦の在る所、愚が嘗て親ら観聴する所、民俗の称謂する所、品物の名称・形状、亦た粗《ほぼ》之を記して以て稽考を助く。）

ここには「中華群書」「吾邦」の書物のほかに、益軒の関心が「愚が嘗て親ら観聴する所」「民俗の称謂する所」といった方面に向けられていたことが述べられている。こうした益軒の民俗調査の成果は、『大和本草』にしばしばみえる。例えば、『大和本草』「水」類「温泉」には、次のように各地の温泉を列挙する。

温泉　諸州ニ多シ。就中摂州有馬山和州ノ十津川上州ノ伊香保相州熱湯、信州ノ草津豫州ノ道後ハ名湯ナリ。多ハ硫黄気アリ。有馬ノ湯ニハ塩アリ。

（温泉、諸州に多し。就中《なかんずく》、摂州、有馬山、和州の十津川、上州の伊香保、相州の熱湯、信州の草津、豫州の道後は名湯なり。多くは硫黄気あり。有馬の湯には塩あり。）

益軒の温泉への関心はこれにとどまらず、享保六年（一七二一）には『有馬山温泉記』を刊行している[10]。

こうした民俗風土への強い関心は、益軒を実地調査へと駆りたてたようで、『筑前続風土記』「自序」によれば、益軒が探訪した地は多数あるという[11]。

国の内を里ごとにあくがれありき、高き山に登り、ふかき谷に入り、けはしき道、あやうきほきちをしのぎ、雨にそぼち、露にぬれ、寒き風熱き日をいとはずして、めぐり見ること凡八《や》百《ほ》邑《さと》にあまれり。

益軒は『本草綱目』に盲従したわけではなかった。日本各地の民俗風土への深い関心にもとづき、実地踏査をしばしば敢行していたのである。その成果を日本独自の本草書『大和本草』に大成しようとし、『大和本草』には、こうした益軒独自の関心にもとづいた分類意識が反映しているとみるべきであろう。

四　『大和本草』「穀類」に内在する下位分類

『大和本草』は『本草綱目』の分類に、どのような改訂を加えたのであろうか。

表A　『大和本草』「穀」類と『本草綱目』「穀」部との項目の配置

本草綱目（分類）	本草綱目
麻麦稲類	胡麻
	亜麻
	大麻
	小麦
	大麦
	穬麦
	雀麦
	蕎麦
	苦蕎麦
	稲（糯）
	粳
	秈
稷粟類麻麦稲類	稷
	黍
	蜀黍
	玉蜀黍
	粱
	粟
	秫
	参子
	稗
	狼尾草
	東廧
	菰米
	蓬草子
	茵草子
	薅草子
	薏苡仁
	罌子粟
	阿芙蓉
菽豆類	大豆
	大豆黄巻
	黄大豆
	赤小豆
	腐婢
	緑豆
	白豆
	穭豆
	豌豆
	蚕豆
	豇豆
	扁豆（白扁豆）
	刀豆
	黎豆

大和本草
稲（粳）
糯
秈
[蛮] 占城米
大豆
（黄大豆）
赤小豆
（白豆）
豇豆
緑豆
蚕豆
刀豆
白扁豆
[外] 眉児豆
黎豆
豌豆
[外] 落花生
麦（大麦）
小麦
蕎麦
黍
稷
粱
秫
稗
胡麻
薏苡仁
[外] 沙菰米

※（　）は、当該項目のなかに含まれた項目であることを示す。

※『大和本草』の項目に付した記号、[蛮]＝外国から伝来した品目、[外]＝「本草書」以外の漢籍所載の品目、記号を付さない項目は本草書所載の品目であることを示す。[蛮]・[外]は、『本草綱目』に項目がなく、対応しない。

表B　『大和本草』「穀」類に内在する下位分類と『本草綱目』

本草綱目（分類）	本草綱目	大和本草	大和本草（分類）
麻麦稲類	粳	稲（粳）	稲
	稲（糯）	糯	
	秈	秈	
	×	[蛮] 占城米	
	亜麻	×	
	大麻	×	
	穬麦	×	
	雀麦	×	
	苦蕎麦	×	
菽豆類	大豆	大豆	大豆
	黄大豆	（黄大豆）	
	赤小豆	赤小豆	
	白豆	（白豆）	
	豇豆	豇豆	
	緑豆	緑豆	
	蚕豆	蚕豆	
	刀豆	刀豆	
	扁豆（白扁豆）	白扁豆	
	×	[外] 眉児豆	
	黎豆	黎豆	
	豌豆	豌豆	
	×	[外] 落花生	
	大豆黄巻	×	
	腐婢	×	
	穭豆	×	
麻麦稲類	大麦	麦（大麦）	麦
	小麦	小麦	
	蕎麦	蕎麦	
稷粟類	黍	黍	稷粟
	稷	稷	
	粱	粱	
	秫	秫	
	稗	稗	
	蜀黍	×	
	玉蜀黍	×	
	参子	×	
	狼尾草	×	
	東廧	×	
	蓬草子	×	
	茵草子	×	
	薅草子	×	
	罌子粟	×	
	阿芙蓉	×	
	菰米	×	
	胡麻	胡麻	
	薏苡仁	薏苡仁	
	×	[外] 沙菰米	

ここでは、「穀」類を取り上げて検討を加えることとする。**表A**は『大和本草』「穀」類と『本草綱目』「穀」部の配列を対照し、両者に共通する項目を直線でつないで示したものである。

右段には『大和本草』「穀」類の二六項目を本文掲出順に配列し、左段には『本草綱目』「穀」部の「麻麦稲」類・「稷粟」類・「菽豆」類を本文掲出順に配列した。

『大和本草』「目録」に従って、[蛮]は「蛮種」外来種の品目、[外]は「本草書」以外の漢籍所載の品目であることを示す。[和]即ち「和品」はこの表にはない。注記を付さないこれ以外の品目は、『本草綱目』をはじめとする本草書所載の品目である。

『大和本草』の（ ）内の項目は、（ ）の直前の項目に含まれていることを示す。例えば、『大和本草』「稲（粳）」は、「稲」の品目のなかに「粳」が含まれている。

表Aから、『大和本草』「穀」類の配列が、『本草綱目』「穀」部の配列とはかなり異なることが確認されよう。

次に、**表B**は『大和本草』「穀」類を基準として、『本草綱目』「穀」部の項目を並べ替えて対照したものである。**表B**から、次のことが確認される。

第一に、『大和本草』「穀」類の二六項目のうち、二二の項目は『本草綱目』の項目と一致する。『大和本草』の分類項目は、『本草綱目』を下敷きとしており、その影響が非常に大きいとみてよいであろう。

第二に、『大和本草』「穀」類には、表面に現れない独自の分類が内在する。これを仮に私に「群」と称することとする。すなわち、**表A・B**に示した「稲」群、「大豆」群、「麦」群、「稷粟」群である。これらは、次のように『本草綱目』「穀」部の「麻麦稲」類「菽豆」類「麻麦稲」類「稷粟」類と対応している。

『大和本草』「穀」類：「稲」群・「大豆」群・「麦」群・「稷粟」群

『本草綱目』「穀」部：「麻麦稲」類・「菽豆」類・「麻麦稲」類・「稷粟」類

これら四群の冒頭には、それぞれに益軒がその重要性を述べた独自の一文が掲げられている。

第一群の「稲」冒頭には、稲が「百穀の長」であり、人の生命を支えるものとして最も重要であることが述べられている。

穀之長、人之生命之所係也。

（稲は百穀の長にして、人の生命の係る所なり。）

しかし、『本草綱目』が最も重視するのは「麦禾」であり、益軒の評価はこれと異なる。

聖人於五穀、最重麦・禾也(12)。

（聖人、五穀に於て、最も麦・禾を重んずるなり）。

第二群の「大豆」冒頭では、稲に次いで大豆が最も「民用の利」が多いとする。

凡五穀ノ内、稲ニツギテ、大豆最民用ノ利多シ。其品多シテ、窮尽シカタシ。

（凡そ、五穀の内、稲につぎて、大豆最も民用の利多し。その品多くして、窮尽しがたし。）

「大豆」群では十種以上の豆が掲出され、「稲」が主食であるのに対して、「大豆」群は稲に次ぐ食材と位置づけられる。(13)

第三群の「麦」は、「稲」に次いで最も「民食」を助けるとし、夏の時代の末、飢饉から民を救った故事をあげる。

麦ハ五穀ノ中、稲ニツギテ最助民食、殊ニ夏ノ末、旧穀ノ尽ル時、民ノ飢ヲ救フ。民用ニ甚利アリ。

(麦は五穀の中、稲につぎて、最も民食を助け、殊に夏の末、旧穀の尽くる時、民の飢を救ふ。民用に甚だ利あり。)

第四群の「稷粟」には「黍」「稷」「粱」「秫」「稗」五種をあげる。このうち、「黍」「稷」は餻にして食するが、これを一類とし、「粱」「粟」は粥にして貧民の飢えを助け「民用」に益があるとする。

黍　ネハリアリ、糯キヒナリ、餻(モチ)トス。黍稷ハ一類也。

(黍　粘りあり、糯きひなり、餻とす。黍稷は、一類なり。)

粱粟　凡粱粟、貧民飯ト為シ粥ト為シ、飢ヲ助ク。甚民用ニ益アリ。

(粱粟　凡粱粟、貧民、飯と為し、粥と為し、飢を助く。甚だ民用に益あり。)

これら四群の本文について、『大和本草』が『本草綱目』をどのように受容し、改訂を施したのかという問題の詳細は別稿にも論じた。(14)ここでは四群の本文に、益軒が『大和本草』編纂において主眼とした「民生日用」の意識が強く表明されている点を確認しておきたい。

『大和本草』「自序」で、益軒は本草の学を「民生日用」に切要な存在であることを次のように述べ、

本草之学所ノ二以為レ切ナリト二乎民生日用一ニ者(自序)

(本草の学、以て民生日用に切なりとなすところのもの)

さらに『大和本草』「凡例」においても、『大和本草』に託された益軒の願いを述べる。

庶ラン二乎有ニレ小-補二於民-用之万-一一ニ

(民用の万一に小補有らんことを庶《ねが》ふらん)。

このように、『本草綱目』が品目の薬用性を中心とするのに対して、『大和本草』は品目の日用性を強調して、わかりやすく説明している。そこには、益軒の日本人のための「民生日用」の意識が強く反映されていた。

『本草綱目』にない益軒独自の本文、益軒が創出した『大和本草』独自の配列は、こうした「民生日用」の意識の表れであり、これこそが『大和本草』の主張であった。

むすび

貝原益軒は『大和本草』撰述に際して、『本草綱目』の分類に準じつつも、日本の風土民俗に合わせて工夫を施し、独自に新たな分類を立てて品目の配列を改めていた。

原拠とされた『本草綱目』は、「部」と「類」を立てて、整斉された構造を持っている。そして、植物を「微より巨まで」という基準で配列している。

これに対して、『大和本草』は最上位分類に「類」を立て、

「類」の下位分類として表面には現れない分類を立てていた。例えば、「穀」類の下位分類に「稲」「大豆」「麦」「稷粟」四種が内在している。「穀」類の四群は「百穀の長」である「稲」群を冒頭に配し、「稲に続き最も民用の利多い」とする「大豆」群、「稲につぎて」特別な場合には民用に甚だ利のある「麦」群、最後に「稷粟」群と配列する。すなわち、益軒が『大和本草』で採った配列の順位は、民用に利あることを基準とするものであった。

注

（1）拙稿「貝原益軒撰『大和本草』の引用書目」（『外国語学会誌』第四十七号、二〇一八年三月刊行予定）。

（2）杉本つとむ『日本本草学の世界』（八坂書房、二〇一一年九月）。

（3）岡西為人「『本草綱目』の版本」（『本草概説』、創元社、一九八三年十二月）。

（4）真柳誠「『本草綱目』の日本初渡来記録と金陵本の所在」（『漢方の臨床』第四五巻　第十一号、東亜医学協会、一九九八年九月）。

（5）磯野直秀「日本博物学史覚え書」（慶応義塾大学日吉紀要・自然科学四十四号、二〇〇八年九月）。

（6）貝原益軒『玩古目録』（九州史料叢書『益軒資料』巻七、一九六二年）。

（7）貝原益軒『家蔵書目録』（九州史料叢書『益軒資料』巻七、一九六二年）。

（8）貝原好古編纂「益軒年譜」（白井光太郎考註『大和本草』、有明書房、一九九二年）。

（9）相田満『和漢古典学のオントロジ』（勉誠出版、二〇〇七年）。

（10）貝原益軒『有馬山温泉記』（益軒会編纂『益軒全集』巻七、一九一一年）。

（11）貝原益軒『筑前続風土記』（益軒会編『益軒全集』巻四、国書刊行会、一九一〇年）。

（12）拙稿「『大和本草』「穀」類における「稲」群――『本草綱目』「麻麦稲」類との比較から――」（『語学教育研究論叢』第三十五号、二〇一八年三月刊行予定）。

（13）拙稿「『大和本草』「穀」類における「大豆」群――『本草綱目』「菽豆」類との比較　から――」前掲注（『外国語学研究』第十九号、二〇一八年三月刊行予定）。

（14）前掲注（12）（13）。

付記　本稿は水門の会国際シンポジウム「古辞書と本草学」（二〇一七年七月三〇日、於大東文化会館ホール）における研究発表をもとにしたものです。席上御教示賜りました先生方、藏中しのぶ先生、安保博史先生、相田満先生、三田明弘先生、オレグ・プリミアーニ先生、河内春人先生に、ここに記して厚く御礼申し上げます。

カク・スウ——中国・鄭州大学西亜斯国際学院准教授・大東文化大学大学院外国語学研究科日本言語文化学専攻博士後期課程。専門は日本文学・日中比較文学。主な論文に「貝原益軒撰『大和本草』の成立背景」(『外国語学研究』第十八号、大東文化大学大学院外国語学研究科、二〇一七年)、「貝原益軒撰『大和本草』の引用書目」(『外国語学会誌』第四十七号、大東文化大学外国語学会、二〇一八年三月刊行予定)、「『大和本草』「穀」類における「稲」群——『本草綱目』「麻麦稲」類との比較から——」(『語学教育研究論叢』第三十五号、大東文化大学語学教育研究所、二〇一八年三月刊行予定)などがある。

語義形成と語源意識
——古辞書の訓の資料性——

吉田　比呂子

本稿は、類聚名義抄の色彩と光に関する訓から見えてくる、九世紀から十一世紀の書き言葉の成立時点の語義形成と語源意識に焦点を絞り、古辞書の持つ資料性とその有効性について確認することを目的とする。ここで色彩と光の訓を検討対象にするのは、『カゲの語史的研究』の中で当時は十分に論じきることが出来なかった語根や語義や語源意識の形成、そして、語根等の国学的価値観と視点の持つ学術用語の問題点を見直し整理するためでもある。ここで再度、色彩と光の語に関して古辞書の訓からその性質を見直し、確認し、整理しておく必要があると思い至ったものである。

古辞書（類聚名義抄）を資料性について纏めると以下のようになる。

○古辞書は訓の集成時、編纂時に、

（1）語義形成（訓の集成による漢字の字義から訓の語義に対する意識化）と漢字の字義と漢字の性質に影響を受けて、古辞書の訓の記述と編纂時に行われた訓の体系化

（2）語源意識（漢字の性質と訓との関係や訓のグループ化の中で形成された訓（語）の性質として再認識されること）形成された。漢字の字義と性質を反映した訓（語義形成）と語源意識（語の性質）が形作られた（表語文字である漢字の影響を強く受けた語義に対する意識と語源に対する感覚の形成）

（3）古辞書の編纂、訓点本からの訓の集成がなされており、国学以前の日本語の意識と日本語の書き言葉の資料であると考えられる。記述態度、編纂姿勢が国学成立以前の日本語の言語感覚であると考えられる。

以上の三点を踏まえて、色彩と光に関する古辞書の訓の状態を検討してみよう。

一　古辞書の訓から見える色彩語と光の語

色彩と光（影・陰）について『カゲの語史的研究』の中で、具体的な光の現象と不可分な関係にあるのが色彩語（赤・白・青・黒）であるという佐竹昭広氏の「古代日本語における色名の性格」の論を基にして、「カゲ」の論を説明を行った。

この佐竹氏の論は、光の二系列「明—暗」「顕—漠」と色彩語「赤—黒」「白—青」が不可分の関係にあり、この光の表現と色彩語とが語根・語形レベルでも対応しているという考え方である。

今でも基本的にこの色彩語と光に関する考え方には概ね賛成であり、佐竹氏の論には大きな瑕疵はないと考えている。しかし、語根という考え方を論の根幹に据えている点にはいささか問題があろう。また、色彩語としての表現に幅のある「赤」(赤から黄色・金色を表現する、幅のある色彩語)と「青」(緑色から灰色を表現する、幅のある色彩語)の表現と性格があることと、「白」と「黒」という幅のない表現と性格を持つ色彩語との対立的な違いも問題であろう。この問題も考えたい(白・黒が色彩なのか?)。

つまり、同じ光の表現から派生し成立したと考えられる色彩語であるとしているにも関わらず、その表現と性格に対立する相違点があることについて、説明しておく必要があると考えたからである。

古辞書の訓(語義)の資料として性格は、九世紀から十一世紀の書き言葉の日本語の語義や語源意識が明らかになるものであり、資料性を確認することができる。具体的に古辞書の資料としての有効性をまとめると二点になる。

(イ)古辞書の訓(語義)の幅は「語根」という考え方の代わりになる。

(ロ)古辞書の訓(語義)の幅は「語義形成」と「語源意識」という語の性質を反映している。

以下、具体例を示して順次確認することとしたい。

二　古辞書の訓の幅が「語根」の代わりになること。

先ずは「語根」という考え方の危険性についてここで確認しておこう。

①「語根」という考え方の危険性は、これが近世国学の考え方と手法である「音義説」を引き継ぎながら、国語学[1](十九世紀近代科学としての国語学)の音韻変化等の考え方を折衷して成立したという側面を持つ手法であり、語に対する価値観を持つ。近代国語学でも辞書(現在使用されている辞書においても同様である。)の中で派生語や関連語の説明の中で屡々「語根」が使用されているが、実は近世国学の「音義説」に淵源を持つ価値観と語に対する姿勢が、「語根」という手法に色濃く反映する形で近代科学として再生されたと言える。

近世国学の語に対する価値観と姿勢を背景にした「音義説」という手法は、近世国学が、目指した古代から連綿と続いているであろう理想の和語の存在を証明するための実証手段であった。国語学の近代化の中で「音義」が「語根」という語に読み替えられた。近代国語学の研究の手法には国学の価値観という視点の問題が大きな障害として横たわっている。

馬淵の「音義説」は言霊思想と江戸の後期に強く結び

つけられた国学の為の語源説である。近代化の中で英語「root」ドイツ語「wurzel」の翻訳語として宛てられたものが「語根」「語基」であり、近代国語学と近代国文学の学術用語として使用されるようになった用語である。つまり近世国学と近代国語学・近代国文学が巧みに折衷され、外形は近代科学の「国語学」であり「国文学」の装いになったものの、その本質は、国粋主義的な言霊思想を持つ国学の追究してきた、理想の和語を見出すための国学思想が、研究手法の原動力となり、研究の基本に存在し続けたと言える。

②日本語の書き言葉の成立は多面的な様相を呈しており、その上、書き言葉以前に関しては言語の系統も特定できていない言語である。語族の関連を明らかにする手がかりとして音韻、音韻変化をその方法として使う「語根」（印欧語と言う系統の言語の派生等を説明するために使用された用語）と言う考え方と方法を、日本語の派生語や語源を特定するための方法として、簡単に機能させることが出来ないのではないか、という研究方法と視点に基本的に関わる問題である。

以上の①②のような「語根」と言う考え方に代わる「派生語」や語の類似性や語構成を捉える方法として、古辞書の訓（語義）の幅と訓のグループ化（語源意識）を使い、色彩語と光と陰の語の表現性、訓、語源意識をグループ化によって以下確認する。

三　色彩語（白・赤）と光の状態（明）との関係

類聚名義抄の「明」の訓の幅と色彩語「白」と「赤」の関係は、光の見え方や感じ方や性質や強さを表す語と太陽の出入りや状態を示す語と光源を色彩として捉えたものと言うように、光の状態と色彩語が「明」の訓からも確認することが出来る。

【資料1】「明」の訓の種類と幅、光の状態「アキラカ」系統から「アカ」系統の色彩語

A、太陽の光のある状態と太陽の見え方や感じ方の表現と訓

アキラカナリ・アキラカニ・アラハス・ヒカル・ミル・ミツ・シルシ・イチシルシ

B、太陽と光の変化に関する表現と訓、時間に関する表現と訓

アカス・アク・アケヌ・アス

C、光の強さや変化を色彩として捉えた表現と訓

明星（アカホシ）・シロシ

この「明」の訓に見られるAグループの訓「アキラカナリ」「アキラカニ」「アラハス」「ヒカル」「イチシルシ」「シルシ」は、光のある状態やその見え方や感じ方や強さを捉えて表現したものであり、Bグループの訓「アカス」「アク」「アケヌ」は光の変化を中心とした見え方を捉えたものである。これらAグループは太陽の光（光がある）そのものの表現であり、包括的な表現の中心を占める表現と言える。Bグループは太陽の光の変化によって見える見え方であり、光の変化の見え方とその属

性を捉えたものである。「明」の基本的な表現性としては、光そのもの（光がある）の強さと変化に伴う見え方（光の属性、変化と見え方）であり、この二つ（AとB）の光の現象を総合的に捉えた表現である。その光そのもの状態を色彩として捉えたものが、Cグループの訓「アカホシ」（明星）「シロシ」であり、光から色彩語「アカ」と「シロ」と言う捉え方のルートが見えてくる。この色彩と光の性質を捉えた「明」の「アキラカ」系統の訓A、Bは、後々色彩語Cの「アカ」「シロ」へと展開してゆくのである。この「明」の訓のABCのグループの光とその変化の捉え方と表現の方法からも光と色彩が、かなりの長い期間、光と色彩が未分化の状態で捉えられ、表現されていたことが分かる。

この未分化な状態を示す資料として、「明」の訓に見られたAとBグループの訓が、Cの光を捉えた色彩語の訓とも重なって現れる傾向が見られる。そこには色彩語、赤「アカ」を中心とする視覚性を持つ（赤の属性）「ニホフ」「ウルハシ」「サカユ」「ツヤヤカナリ」「カカヤク」「カゲ」等の語が訓として重なって現れる。

【資料2】光に関する訓「アキラカ」系統（アキラカナリ・ヒカル・テラス・カカヤク・カゲ）と光源を捉えた色彩語「赤」（アカ・ニホフ・サカユ・ウルハシ・ツヤヤカナリ）

〇光　ヒカリ・ヒカル・ウルハシ・ツヤヤカナリ・サカユ・ミツ
〇煌　ヒカル・ヒ・アキラカニ・トサカリナリ
〇照　テラス・アラハス・ヒカリ・アキラカナリ・ツヤヤカナリ・テル
〇輝　ヒカリ・テル・ニホヘリ・トテレリ
〇油　ヒカゲ・カゲ・アキラカナリ
〇赫　アキラカニ・アラハス・カカヤク・サカユ・サカリ・アカシ
〇旼暾　アキラカナリ・アキラケシ・ヒカリ・サヤカナリ・テル・キヨシ
〇旦　アシタ・アキラカナリ・アケヌ・アカツキ・ウルハシ・ツトメテ
〇晶　アキラカ・ヒル・アラハス・ヒカル・ヒカリ
〇晨　アキラカナリ・アシタ・アケヌ・トキ・カゲ
〇曨　アケボノ・カカヤク
〇暉　ヒカリ・ヒカル・カカヤク
〇暈　日月ノカサ・ニホフ・テル・ヒカリ
〇曄曅　テル・ウルハシ・ヒカル
〇曜　カカヤク・テラス・ノボル・ヒカル
〇晟　オホシ・カカヤク
〇景　オホイナリ・カゲ・ヒカリ・テラス
〇曦　日光・ヒ・ヒカル・カカヤク
〇晱　カカヤク・テラス
〇赤・昦・肜・丹・彤・頳・朱・赬・赭・赩・幌・緹・絀・緋・殷・皾・騂・酡・赫・經　アカ

このようにAの太陽の光（光がある）の強さや光り方や感じ

方や見え方、Bの光の変化と見え方や光に付随する現象をも含めた状態を捉え表現した訓と共に、Cの光とその色彩（赤系統の色彩）を中心とした捉えたものがある。これも光と色彩は、かなりの長期間に亘り、未分化な状態であったことの証拠である。そして「明」に関連する訓の「アキラカ」系統のグループは、その未分化な状態を語として、捉えて表現していたことを示していたと言える。この未分化な状態から「アカ」という色彩語の概念化と分化が、活発に行われたことが分かる。「アカ」の訓を持つ漢字群を見ても染料や布や馬の毛色等を表現する形で、それぞれの具体に即して、概念化が行われ、活発に「アカ」が分化したことが分かる。また、「アカ」の色彩としての幅と表現の特徴として、色彩語として幅のあることも古辞書の記述で確認することが可能である。

【資料3】赤（アカ）の表現と色彩語としての幅

○赤莧　アカヒエ
○明星　アカホシ
○歳星　アカホシ
○燈明　オホミアカシ
○赤小豆　アカアヅキ
○銅　アカガネ
○鎚　アカガネ
○丹黍　アカキビ
○赤黍　アカキビ
○黄黍　アカキビ
○黄草　アカザ　キナリ　キバメリ
○灰蓧　アカザ
○茜蓿　アカネ　アケ

このように「アカ」（赤）の色彩語としての幅は広い、この「アカ」の色彩語としての捉え方の幅の広がりは、「黄」「茜」「丹」「燈」「明」「灰」等の漢字の用字にも見られるように、色彩の面や光の面や光と色彩の変化を捉えたものまでを包括的に捉えて表現している。色彩語「アカ」は光の具体的な現象の多面的な性質を変化までも含めて捉えることから始まり、それぞれが色彩、光、染料、属性等（赤・朱・赭・赬・彤・頳・丹・殷・緋・昪・彤・經・絳・騂・緹・皻・䣺・赫・幌）のように後世になって個別的、独立的に捉えられるようになってゆくことから弁別的に色彩や光が、表現されるようになったという道筋を古辞書の記述から考える必要がある。

次に、光の「明」（アキラカナリ・アラハス）の具体的な光の状態の中で、太陽の光があり、その光が強くその見え方や感じ方とその状態を「シルシ」と捉え、色彩語としては「シロ」として捉えていることについて考えてみよう。

先にも述べたように光の変化を色彩として捉えた「アカ」（アキラカ・アラハス）と光があり、光そのもの（光の周辺も含めた見え方や感じ方）を強く意識した「シルシ」「シロシ」（アキラカ・アラハス）が光の表現としては、未分化の段階では総合的に把握されていた。このように光の変化や光による（光がある）見え方や感じ方を色彩として捉えた時も「アカ」と「シロ」は、未分化な状態の中で捉え表現されていたのであろう。光の中に見えるまたは感じた色彩を同時に、また多面的に未分化なものとして捉えていたのである。この色彩語「シロ」は、特に太陽の光の強さ（光がある）によって見える見え方や感じ方（Aの傾向が強い）を表現している。

【資料4】光に関する訓（アキラカナリ・カカヤク・アラハス・テラス・スサマジ・アカラサマ）と色彩語（シロシ・イチシルシ・シラジラシ・シララカナリ）

○炤　イチシルシ
○皓　シロシ・アキラカ・カカヤク
○皭　シロシ・アラハス
○晢　アキラカナリ・サトル・テラス・シラジラシ
○杲　アキラカ・シロシ・タカシ
○皃　シロシ
○白　シロシ・キヨシ・スサマジ・イチシロシ
○白晢　シララカナリ
○白地　アカラサマ二・イチシロシ
○皛　アキラカナリ・アラハス・イチシロシ
○皚・皭・皠　シロシ

このように色彩語「シロ」は光がある状態を表現したものであり、Aの傾向を持つ光の周辺や属性を捉え、これらの感じ方を表現した語であり、訓である。

色彩語「シロ」「イチシルシ」「シラジラシ」「イチシロシ」は、色彩語「アカ」と比較して色彩語としての幅を持たない。

それは色彩語「アカ」が、変化する光である太陽の表現から生まれたものであり、（変化という幅を持った表現）で色彩語としても幅を持つことに当然なる。これに対して色彩語「シロ」は太陽の光（光がある）を強く感じたときの見え方や感じ方（光の強さと見え方や感じ方という面を捉えた表現）という視点であったために色彩語としても幅がないのであろう。

つまり、色彩語「アカ」は、光の現象を具体的な変化を色彩語の幅として捉え表現した語であり、「シロ」は光の強さ（光がある）とその見え方と感じ方と周辺の見え方と感じ方いう点を主に、捉えた語なのである。それ故に幅のある色彩語「アカ」と幅を持たない色彩語「シロ」が、共に光の表現の中から生じたのである。色彩語として分化するのはそれぞれ時差があったと思われるが「アカ」と「シロ」は色彩語として弁別されていった過程では、「アカ」は色彩語として早く認識され色彩語の基本として活発に分化し、幅のある色彩語として存在した。しかし、「シロ」は光の表現の面を後々まで保持し続けていたと考えられる。次に色彩語の「アヲ」と「クロ」についても、古辞書の訓を手がかりとして見直してみよう。

四　色彩語（青・黒）と光の状態（暗）

前述のように光の「明」（アキラカ・アラハス）から色彩語「アカ」「シロ」の語の生成と分化が考えられるのならば、光の無い状態と消失の状態「暗」の訓を辿ることによって、光の徐々に消失して行く状態「暗」から色彩語「アヲ」と光の無い状態「暗」「クロ」が、如何に生成してゆくのかを光の無い表現と光の消失の表現の過程を辿りながら色彩語「クロ」「アヲ」の成立を考えてみよう。以下、光の無い状態と光の徐々に消失して行く状態「暗」の訓を確認してゆくこととしたい。（光の現象という側面のみで今まで捉えていたことを根本的に見直す必要があると思われる。今後の検討課題として次稿以降に譲りたい。）

【資料5】「暗」の訓の種類と幅

A、太陽の光が無い状態で隠れる、陰る状態とその見え方や感じ方の表現と訓

クラシ・ヤミ・クモル・クラクラシ・クラク

B、太陽の光が徐々に隠れる、陰ることによって変化する光の無い状態と周辺の見え方や時間に関する表現と訓

ホノカナリ・ヨル・ソラ・ヨル・カクス・カクル・クモカクス・クル・ユフベ・ヒタク・ヒタル・アカツキ・クラマス・ツコモリ・ハル・ハレタリ・タケヌ・ヒクル・ヒクラシ・オソクス・クレヌ・アキラケシ・オホフ・カゲ・オオフル・ツツム・アマネシ・オホイナリ・オソシ・アシタ・ツトメテ・ユフクレ・ヒクレヌ

C、陰って行く光の状態と変化と色彩として捉えた表現と訓

クロクモ・クロキ物・クロシ・スミヌル・ヒタクロ・アヲシ・ミドリ・アヲクロ

この「暗」の訓に見られるBグループの訓「クレヌ」「カクス」「クル」「ユフクレ」「ソラ」は、具体的に太陽が傾く日暮れや日の出の瞬間、明け方の太陽の光の状態を捉えたものである。つまり日暮れ方の残照（カゲル・カクル）であり、日の出の曙光（ホノカ・カゲ）の瞬間の変化を捉えた表現だと考えられる。太陽の運行に伴う光の状態としては、「明」（アキラカ・アラハス）の太陽の状態から「暗」（クラシ・ヤミ・クモル・カゲル・カクル・ホノカ）の太陽の状態へ変化した、その時であったり、夜の「暗」の状態から朝の「明」の状態へと移行する際の太陽の光の状態を幅広く捉えた表現である。このように「暗」の古辞書の訓も光の状態としての「暗」と「明」の境界の太陽の光の状態を幅広く捉えているのである。Bグループの訓はAグループの光の境界、際の表現をより具体に即した形で表現し、捉えたものである。具体に即することにより周辺を捉えて表現の幅が広がり、時間に関するもの等も見られるようになる。Cグループは「暗」（カゲル・カクル・クラシ・ホノカ・カゲ）の幅広い状態を色彩語の面を中心に捉えたものである。名義抄の訓の中には、色彩語「クロ」として捉えたものの中に、「アヲ」「キ」「アカ」「ミドリ」「シロ」等の微妙な「クロ」の中に、見える色相として捉えた表現も複合した形の訓が見られる。また「暗」の状態の変化を「ニゴル」や「カゲル」等の語と「クロシ」や「クラシ」の訓と並記されている。これらからは全て具体としての日の出や日の暮れの光の消失を極限の表現に集約した「暗」「クロ」として捉える一方で、「明」から「暗」への変化を幅のある状態として捉えていたと考えられる。「暗」（クロ）は光の消失の極の表現であり、「明」から「暗」へ変化する状態を初期段階では、「クロ」（カゲル・ホノカ）の中で包括し

て捉えて色相として表現していたものを、弁別して色彩語「アヲ」として独立した形で捉え表現することになったと考えられる。

【資料6】暗に関する訓「クラシ」

○暗　クラシ・ヤミ・ソラ・ホノカナリ・ヨル
○杳　クラシ
○曇　クロクモ・クモル・クロキ物
○曚　クラシ
○曖　クラシ・クモル
○曀　クラシ・クモル・ホノカナリ
○昵　クラシ・カクス
○昳　クル
○普　アマネシ・クモル・オホイナリ
○匿　クモカクス・カクス・カクル
○晼　クラシ
○晡　クル・ユフベ・シメヤカ
○瞑　クラシ・ユフベ・ヨル
○旴　ヒタク・ヒタル・クル・ユフベ・アカツキ・ヤム
○晻　クラシ
○杳　クラシ・フカシ・トホシ・ハルカ
○晦　クラシ・クラマス・カクス・カクル・シバラク・ツコモリ
○曛　ヒクレ
○晦暗　クラククラシ
○晈　クラシ・ハル・ハレタリ・オソシ・タケヌ
○曩　クラシ
○昬　クラシ・ヤミ・ユフベ・ヒクル・クル
○暳　クラシ・クモル・カクス
○垂昬　ヒクラシ
○昧　クラシ・クラク・アキラケシ
○暮　ユフベ・オソクス・クレヌ
○睦　クル
○模　クラシ
○翳　クラシ・オホフ・カクル
○陰蔭　クラシ・クモル・カゲ・カクル・オホフ・クル・フカシ
○蒙　クラシ・クモル・シゲル・ツツム・オオフル
○早晩　アシタ・クレヌ・ユフクレ・ヒクレヌ・クル

このように「暗」「クラシ」の訓はAグループとBグループに集中する。色彩語Cの訓である「クラシ」と「クロシ」の訓は、【資料7】にあるように並記されると共に、単純に「クロ」ではない変化するものとしての幅のある色彩語の捉え方が見られる。

【資料7】「暗」と「黒」と訓の幅

○黒　クラシ・クロシ・スミヌル
○黔　クロシ　黒而黄
○皁　クロシ
○黤　アヲクロ

○黯黮　クラシ・クロシ・ヒタクロ
○黷　クラシ・ケガス・ニブル
○黠　クロシ・サカシ・モダ
○黗　クロシ・ニゴル
○默　クラシ・モダス
○黯　クロシ
○黝　クラシ・クロシ・アヲクロ
○黵　クロシ・ケガラハシ
○黛　クロシ
○黮　クロシ・クロム・ツクロシ・アカラサマ
○黯　クロシ　赤黒
○黰　クロシ
○黢　クラシ

このように色彩語「クロ」「クロシ」と光の状態「クラシ」や属性「ケガス」「ニゴル」等も同一文字の訓として並記されている。また色彩語「クロ」の中には、「黒而黄」「アヲクロ」「赤黒」等も見える。これは色彩語「クロ」の中に見られた色相が、極限の色彩語（光の無い状態）「クロ」とは別に個々の色彩「アヲ」「アカ」「キ」として「カゲル」光の変化として捉えたものであり、光の消失という光の変化の現象「暗」の中に、色彩語「クロ」を見出し、色彩語「クロ」の中に変化を捉えた色彩語「アヲ」を中心とする幅のある表現が生まれ、それが色彩語として弁別されていったという道筋が見えてくる。

太陽の光の状態「明」から「暗」へ変化の中に、見られる具体の持つ多様性を「クロ」「クロシ」から「アヲ」「アヲシ」と言うように、色彩語として捉えた時、光を失った極の状態「クロ」「クロシ」から微妙に、変化する残照や曙光を色彩語「アヲ」「アヲシ」への変化として捉え表現していたと考えられる。ここでも光と色彩が未分化な状態で捉えられ、表現されていた。色彩語「シロ」は「明」（光がある）の極に位置し、色彩語「クロ」も「暗」（光が無い）の極に位置していた。そして色彩語「アカ」は「明」の変化を中心に「明」全体を捉える幅を持った表現を作り出した。そして、色彩語「クロ」（光の無い）も「暗」の極に位置し、「明」から「暗」へ到る変化の過程を色彩語「アヲ」として捉え表現し、変化を幅を持って捉えていたと言える。言い換えれば「光」のある「シロ」と「暗」という光の無い「クロ」があり、その間にある光の変化の幅を「明」の側の「アカ」と「暗」の側の「アヲ」によって、連続する形で「明」と「暗」の表現があった。これを色彩として表現したとき「シロ」「アカ」「アヲ」「クロ」の色彩語が生み出された考えられる。

【資料8】色彩語「アヲ」の訓の幅

○黤　アヲクロ
○黝　アヲクロ
○青驪　アヲクロナリ
○青驪馬　クロミドリムマ
○駽驪　クロミドリムマ
○滄溟　アヲウナハラ

○青瓜　アヲウリ
○土鴨　アヲカヘル
○鯖　アヲサバ
○碧潭　アヲフチ
○菁　アヲナ・アヲシ
○青　アヲシ
○青熒　アヲヤカナリ・エイトアザヤカナリ
○縹　アヲシ・ハナダ
○碧　ミドリ・アヲヤカニ・アヲシ・ミガク・タマ
○衫　アヲシ・ナホシノ衣
○蒨蒨　ミドリ・アザヤカナリ・ウルハシ・アヲシ
○葱　アヲシ・ナギ・ニラ
○蒼　アヲシ・シロシ・ススケタリ
○翆　ミドリ・アヲシ・カゲル
○翡　アヲシ

このように「ミドリ」「シロシ」「ハナダ」「アザヤカナリ」「アヲクロ」「クロミドリ」等の訓が見られるところからも色彩語「アヲ」の幅の広さが裏付けられる。また、「土鴨」を「アヲカヘル」や「蒼」を「シロシ」「ススケタリ」と訓じているところからも「灰色」や「茶色」の範囲までも「アヲ」によって表現されていた時があったことが推定できる。

五　結論　古辞書の訓から考える語義形成史と語源意識

光の語と色彩語が古辞書の記述によっても未分化の時代を経

て、それぞれ光の有無を表す語が「明」から「シロ」「アカ」の色彩語が分化し、「暗」から「アヲ」「クロ」の色彩語が分化して行く状態を古辞書の訓の傾向から読み取ることが出来た。「語根」という方法を使用することなく、「明」から「暗」への光の状態や感じ方（光の有無）と光の変化の訓の幅と訓の広がり方から語の性質を捉えることができた。この方法から見えてくるものは、色彩語が色彩語へと弁別されるまでの間（色彩語へと変化する過程も含め）、具体的な光の現象を包括的に幅のあるものとして捉え、具体としての太陽そのもの、具体としての太陽の光の現象を捉えて表現した「明」（アキラカ）の中から変化するものを色彩語「アカ」（赤）として見出し、光がある状態とその見え方や感じ方の表現「明」（シルシ）から色彩語「シロ」（白）が弁別されたことが確認できた。また、光の消失（光が無い）「暗」（クラシ・クレ）から色彩語「クロ」と光が隠れる変化する状態を幅のある表現「暗」（クモル・クレル）から色彩語「アヲ」（青）が見出され弁別されたという光と色彩の密接な関係と表現の幅が訓の広がりの中で捉えることが出来た。太陽を中心とする具体的な光の現象が、色彩語へと捉え方が変化する過程の中で、光の変化の状態が「アカ」と「アヲ」の幅のある色彩語の表現を生み出し、光の有無の状態と現象を捉え表現してきた、その性格を保持し続けていた「シロ」と「クロ」は色彩語としての幅を持つことなく、表現され続けたと言う事になる。（図式1）

この（図式1）は説明の都合上、単純化して図式化であることを断っておきたい。色彩語（色相）「アカ」「シロ」には、光として捉えたとき「アキ」「アク」「アケ」「シル」の語形があり、色彩語「クロ」にも光として捉えたときには「クラ」「クレ」の語形が古辞書の中で確認出来る。しかし、色彩語「アヲ」には光の陰る状態を捉えた語形が見られない。これは色彩語「シロ」「アカ」「クロ」とは性質を異にしていることを意味しているように思われる。例えば、色彩語として成立過程での五行説や漢語の表現や実体としての染料などとの関係を考慮しなければならない。また、上記のことを含めて色彩語としての確立の時差等も十分に考慮する必要がある。問題は山積していると言える。本稿においては古辞書の資料性として、古代日本語（書き言葉の日本語）の中で如何に語義が形成され、如何に当時の人々が、語義と語源を意識していたか、を知るための重要な資料となることを確認することを中心に据えて論じた。

今後は色彩語の形成過程についても詳細に論じていく必要があることと今までの研究の見直しを含めて「アシズリ」「ニホヒ」「アザル」「ワビ」「サビ」等についても古辞書の記述を手がかりとして再考してゆきたい。

注

（1）近代国語学の語源・語根の取り扱い方と音義説・言霊説の関係

「語根」学術用語として十九世紀末、上田萬年を中心とする国語学者・言語学者達によって国語学に取り入れられた。国文学も欧米の文学史と比肩することを目的として、日本で最初に書かれた「日本文学史」の著者の一人、高津鍬三郎によって「語根」は使用されている。上田・高津等、当時の国語学者・国文学者の研究の基盤には国学が基盤にあった。

○一八九三年　日本中文典　高津鍬三郎　動詞の活用の説明に活用語尾、活用語根によって構成されていると説明している。前文には言語・国語に対する言及があり、欧米語研究の方法を紹介する。

○一八九八年　言語学　セース　共訳　上田萬年・金澤庄三郎　アリヤン語根・第六章語　根の説

○一八九九年　仏蘭西文法詳解　大石高徳　語根及び語尾

このように「語根」の初期の使用例は、欧米の言語学の翻訳や意識をしたものである。この「語根」が語源研究や音義説と結びついてゆくのが、二〇世紀になってからである。

○一九〇二年　津軽方言集　語根解釈正語対照　齋藤大衛・神正民編

○一九〇五年　日本語原の研究　林甕臣　序文　上田萬年　語根・語脈・言霊

○一九三〇年　国語学概論　小林好日　序文　上田萬年　語根

○一九三一年　国語の語根と其の分類　大島正健

「語根」と言う学術用語が恣意的に結びつき、言霊等の用語が学術用語化して行く。

また、明治期に入っても近世国学の「音義」と「言霊」の論が盛んにまとめられていた。二〇世紀には「語源」と「国語学」も互いに結びついていた。

〇一八七四年　言霊音義解　清原道旧

〇一八七七年　音義本末考　掘秀成

〇一八七七年　言霊妙用論　掘秀成

〇一九〇〇年～〇八年　国語学史　音義説　保科孝一

〇一九〇八年　国語学史　語源の研究　保科孝一

このように「語根」「語源」「音義」「国語学」という用語の背景には、近世国学の価値観と言葉に対する姿勢を持ち続けていることが分かる。これらの学術用語の概念にも近世国学の価値観をベースに形成されていることを忘れてはならない。そして、これらの語の概念形成には近代国語学の上田萬年が、深く関わっていたと言うことも国語国文学、日本語日本文学の研究を行うときには忘れてはならないことである。

よしだ・ひろこ――弘前大学教育学部人文科学領域教授。専門は日本語の語史及び語義形成史、表現史。主な著書・論文に『「カゲ」の語史的研究』（和泉書院、一九九七年）、『日本における「神話」概念の創成』（国際日本文化研究センター国際シンポジウム44・二〇一二年）、「近代「国文学」と近代「国文学史」の来し方と行く末――語義・概念・価値観・用語の再検討――」（『水門』二十五号、二〇一三年）などがある。

明治期大阪「笑い」関連文献目録の作成に向けて

浦　和男

はじめに

大阪の笑いに関する研究は、これまで芸人とその芸に対する評を中心に進められている。笑いを大阪の人、社会、暮らしとの関わりの中で考える試みは極めて少ない。大阪は「笑いの聖地」、「笑いの都」と呼ばれるが、吉本興行を中心とする豊富な笑芸の存在を前提としての既成事実としてしまい、なぜそのように呼ばれるようになったのか、本当にそうなのか、という疑問を持つこと自体が否定されることもある。

ある研究者は「吉本大阪弁」という、意外と核心を突いた表現を使う。明治以降、落語家の出身は大阪市内が多いようだが、漫才師となると大阪出身者は大変少ない。吉本に入って覚えた大阪弁は、ネイティブの大阪弁とは、やはり違うわけである。この点だけでも、芸人と芸の研究を以て、必ずしも大阪の笑いの研究と称するには危険であることがわかる。

芸という立場から考えると、寄席などの興行場は、大阪市内のどこに、どれだけあったのか。寄席では、何が上演されたのか。笑いの素材は、興行場で催される笑芸だけであったのか。明らかにしなければならない点は多数ある。

本稿では、見る芸の次に大阪の人が笑いに触れる素材である出版物の目録を公開する。近代大阪の出版事情については、すでに優れた先行研究がある。[1] 江戸期から大阪は出版の都でもあり、明治以降も出版文化の花は開き続ける。今回は、拙稿「明治期〈笑い〉関連文献目録」[2]を基に、明治期大阪で出版された「笑い」関連文献を整理した。

一　編集にあたって

本目録は、笑いの素材そのものを扱う書、その一部にそのような素材を掲載する書、一部に寄席などの様子を記載した書を中心にまとめた。多くは「滑稽」な内容の書であるが、諷刺的内容もあるので、「笑い」の文献と称する。一部に関連する内容を掲載する場合、紙量の関係で原則として註釈を附していない。新聞記事は含めていない。ネット上で公開されている文献は、公開先の情報を加えた。大学図書館所蔵、個人所蔵の文献、古書店で販売されている文献については、わかる限り掲載したが、所蔵先の情報は割愛している。

国会図書館デジタルコレクションの書誌情報に誤りが多く、本目録と整合性がとれない場合がある。読み間違いによる誤字、打ち込みミスと思われる誤字を中心とする誤りは訂正して掲載したが、表紙と本文（あるいは目次）表題との書名の異同は、できる限り註を添えた。表紙と奥付の編著者の異同は、同一人物だと判断できる場合は括弧で本名をくくったが、書誌情報では同一人物としてあっても確証できない場合があり、その場合は書誌情報と異なった記載となっている。表紙の編著者名と奥付の「編集人」が異なる場合、「編集人」が編著者である場合と、本の出版人である場合とがある。原則として、表紙および本文表題にある記載を編著者とした。明治初期の出版物は、この点の記載がばらばらであり、今後さらに詳細な目録あるいはデータベースを構築する際に、詳細が明らかになる工夫を施したい。

さらに、明治初期の出版物で混乱を生むのが「発兌所」と「発行所」の区別である。すでに、駒敏郎が「『売捌』所が委託販売店を指すことは確かなのだが、『発売』所は単に販売をするところというだけではなくて、出版社の意味も含ませてあるようだ。『発行』と『発兌』はどちらも書物を出版するという意味の同義語なのだが、どういう違いを持たせているのかしばしば同一面に使い分けてある。[3]」と指摘している。しかしながら、「やはり『発売』が出版で、『発兌』はどうやら『売捌』の意味らしいのである。[4]」としながらも、「出版元」として「発兌元」を使う場合もあるので、「まったくその場の気分で好きなように使っているらしく、いいかげんなものである。[5]」と断言している。この点は、国会図書館の書誌情報でも混乱が激しい。本目録では、出版元が個人名の場合、売捌所が一店の場合は売捌所を出版元として暫定的に扱っている。しかし、判断がつきにくい場合が多く、結果的に本目録でも混乱を生じていることは否定できない。

書名にも異同がある。おそらく最初の出版元から版組を買い受け、表紙だけ付け替えた新刊書、完全な海賊版、その他理由はさまざまであろう。異同は註釈を添えるようにした。角書は括弧付けとしたが、判断の難しい場合があり、ある程度の恣意的な判断が加わっている。

掲載は出版年月順とする。すべての文献に発行日が記載されているわけではなく、「出版年月」のみ、あるいは出版年無記載の文献もある。同月の出版物は書名の五十音順とした。出版年無記載の場合は、国立国会図書館蔵書では書誌情報に依った。それ以外では編者の判断に依るが、詳細は割愛する。データは、「書名」、「編著者名（括弧内本名）」、「出版者／社」、「公開先」、「備考」の順となる。大阪市内出版書は発行地を省略し、大阪府下は出版地を記す。紙量の都合で編著者名の情報は次の通りとする。編著は区別を省略する。ただし、編著者等区別が必要な場合は編著の区別をし、編著以外の情報は附す。

二　目録を読む

東京で出版された「笑い」関連の書籍は、早くから大阪でも流通した。明治十八年に駸々堂と東京から進出した兎屋支店が激しい安売りの応酬をした。駒が詳しく解説している。(6)その後も駸々堂は安売りを頻繁に行ったようだ。十九年に一休の類似本が競って出版されるのは、「同じ本を刷って安く売りまくってやるという報復の手段(7)」と駒は指摘する。

当時の駸々堂の安売り案内の新聞広告を見ると、「笑い」関連の書籍も含まれている。東京の笑いが大阪にも流入し、大阪の笑いに影響を与えていることはまちがいない。しかし、明治前半の出版物をみる限り、政治諷刺的な笑いの本が極めて少ない。むしろ、宴席での一芸の手引き書系が多数出版されている。江戸期の大阪の書肆は心斎橋に集中していた。「心斎橋筋に書店街が発達したのは、人通りが多かったからであることはいうまでもない。なぜ多かったのかというと、南の道頓堀に面して芝居小屋が立ち並んでいたのと、順慶町を西へ行くと新町の廓があったからだという説がある。つまり人の流れは、道頓堀と新町とを結んでL字形に曲るコースを、往復していたのだという。してみると、高尚な精神文化も、娯楽と本能とに支えられて命脈を保っていたということになる。(8)」という駒の記述からも、心斎橋で手引き書を購入して、それを懐に新町へ出かけるという流れがあり、一芸の手引き書の多い点も、それとなく推測できる。東京では早くから笑いの理論書的な書が出版されるが、大阪では皆無である。このような点からも、大阪と東京の笑いの異質性が垣間見えてくる。街の性格が笑いに影響し、出版物にも影響している点に今後注意を向けたい。

二十七年から日清戦争物が増える傾向は東西共通している。日清戦争の勝利は日本国民にとっての大事件であり、国中が敗者を笑うことで優越感を味わい、勝利に熱狂した時期である。ところが、二十八年を頂点に「笑い」関連の出版物が激減する。駒は「心斎橋筋商店街はだいたい三十年代にはいると、解体し分散しはじめたのだった。橋南の書店がより儲かる商種の商店に圧されて消えていったのと、同じような作用が働いたものと考えてよいと思う。(9)」と述べている。三十七年にいたっては、一冊も確認できていない。三十六年に第五回大阪内国勧業博覧会が開催された。この機会に興行場が増え、笑いの娯楽の質と人々の関心が変わってきた可能性が高い。三十四年には、宮武外骨が「滑稽新聞」を発刊している。三十七年には曾我廼家五郎が「曾我廼家兄弟劇」一座を組む。近代漫才の祖とされる玉子家円辰が「名古屋萬歳」の名で天満天神に常設小屋を設けたのが三十八年である。また、明治末年からの活動写真館の増加も、読む笑いの文化に影響を与えたにちがいない。東京でも、この時代は笑い関連書の出版が減少している。しかし、読む文化が完全に衰退したのではないはずだ。大阪では多くの書肆が心斎橋筋から撤退し、出版力が落ちる分、東京からの出版物の流入が増え、東京的な笑いが受容される時期であったとも考えられる。

三十六年の『英文滑稽集』は西洋ジョークの対訳書である。三十九年の『滑稽詩的笑話』は文庫本よりも小さいポケット版の笑話集で、やはり西欧ジョーク的なものが多い。三十年代は、商都としての大阪が近代化し強大化する時期である。同時に大阪の笑いが、読む娯楽も見聞きする娯楽も、同時に近代的する時期であった。

大阪独自の雑誌も多数出版されているが、散逸しているものや三号雑誌も多いようで、完全な調査は無理であろう。駸々堂のような大手が「あほら誌」、「口から出まかせ」といった雑誌を発行し、宮武外骨も種々の雑誌を大阪で手がけた。文芸誌でも、たとえば大阪毎日新聞系の「大阪文芸」では、落語や二輪加が掲載されている。東京の雑誌と異なり、大阪的な笑いも豊富で、今後詳細な分析が必要となる。

本目録は暫定版であり、本書発行時点での成果である。欠落している情報が多くあるはずであり、今後のご教示をお願いしたい。上方落語史、漫才史はすぐれた研究が多く、一定の成果を得ている。しかし、前述のように、大阪の人、社会、暮らしの中で「笑い」を見る研究はまだ不完全であり、大阪社会史、大阪文化史と大阪笑い史が表裏一体となって研究される必要があることを繰り返しておく(10)。

注

(1) 駒敏郎『心斎橋北詰　上――駸々堂の百年』(駸々堂、一九八六年)、吉川登編『近代大阪の出版』(創元社、二〇一〇年)は明治期大阪の出版事情を詳しく論じている。
(2) 森下伸也、浦和男、岡村志以「資料　明治期『笑い』関連文献目録(1)～(4)」(『人間健康学研究』第1号～第6号、関西大学人間健康学部、二〇一一～二〇一三年)を参照。
(3) 駒、七〇頁。
(4) 同。
(5) 同。
(6) 駒、一三八―一五六頁。
(7) 駒、一三〇頁。
(8) 駒、九三頁。
(9) 駒、九五頁。
(10) 本稿は、二〇一七年九月九日に甲南女子大学で開催された「水門の会神戸例会」での口頭発表に基づく。発表に際してご質問をいただいた諸先生方に記して感謝する。

【明治期大阪「笑い」関連文献目録】

(1) インターネット公開先記号
N=国会図書館デジタルコレクション
S=国会図書館図書館送信資料
W=早稲田大学図書館古典籍総合データベース
J=近代書誌近代画像データベース(国文学研究資料館)
(2) 論考中に記したように、国会図書館書誌情報との記載が異なり、編著者名、出版者/社の検索ではヒットしない場合があるので注意されたい。

明治初期
？（言語注解）英語土渡逸（一～三輯）恋々山人　境屋夘八郎　W

明治元（1868）年？
？流行小唄　一荷堂半水（発行人等不詳）
？京・大阪おどけ問答（大坂版）京和久治（発行人等不詳）
？雨夜のつれつれ三題咄　文福社著述、長谷川小信画　富士屋政

明治3（1869）年？
？（新作流行）漢語都々逸　一荷堂半水　富士屋政

明治7（1874）年？
？ひとくちはなし（編著者不詳）大和屋清兵衛

明治9（1876）年
1　開化浪華みやげ（初編）伴源平　赤志忠雅堂　N（初～四篇合本）
1　開化浪華みやげ（二編）伴源平　赤志忠雅堂　N（初～四篇合本）
3　開化浪華みやげ（三編）伴源平　赤志忠雅堂　N（初～四篇合本）
5　開化浪華みやげ（四編）伴源平　赤志忠雅堂　N（初～四篇合本）
7　開化浪華みやげ（五編）伴源平　赤志忠雅堂

明治10（1877）年
8　びっくり草紙なぞなぞづくし（初編）前田喜次郎　前田喜次郎　N
？さわりどゝいつ（初編）加藤富三郎　加藤富三郎
？団々大津画　加藤富三郎　加藤富三郎

明治11（1878）年
1　磊磊珍報（一名御伽袋）雑賀福之助　雑賀福之助　N（三号まで）（＊創刊／続刊不詳、年内11号で廃刊か）
3　（滑稽雑話）寝覚之伽（初篇、二編）内田尚長　書籍会社　N
3　（滑稽雑話）寝覚之伽（三篇、四編）内田尚長　書籍会社　N
4　支那珍文（第一集）大町安敬　鹿田静七　N（＊続刊不詳）
7　寝言珍腐（第一号）田村岩三郎　田村岩三郎　N（＊続刊不詳）
8　（狂言倚語滑稽寄品）劇場百覧会目録　華本安治郎　華本文昌堂　N（＊「劇場珍報」第二号附録）
12　（新柳樽）開花の笑顔（一～五）笹木芳滝　富士政七　N

明治12（1879）年
3　此花新誌　金蘭社（＊創刊号不詳、年内15号で終刊か）
6　（文妙戯化）鯰猫珍報（第一号）赤松吉次郎　開進社　N

（＊続刊不詳）

？　雷雷珍報（一名御伽袋）河野庄作　進取社（＊創刊／5号以後不詳、11年創刊「磊磊珍報」改題誌か）

明治13（1880）年

1　まるまるそのまま嘉《か》増《ぞ》栄《え》鞠《まり》唄《うた》一ツトセぶし　中村忠七　中村忠七　N

2　開化浪花土産（一～五）加藤富三郎　加藤富三郎　N

3　（奇警滑稽）浮世の迷惑（初編）前田時三　前川文栄閣　N

4　（気に喰ぬ）当時悪口（一名心得違者説諭）加藤富三郎　金随堂　N

12　（浪花土産）面白誌（初編）加藤信次郎　開成舎　N

？　明治太平楽府（一～四）榊原英吉　友僊閣　S

明治14（1881）年

1　明治風雅楽府（一～二）本荘四郎　明昇堂　S

1　狂詩余学便覧（正、続）新田保之助　山口松次郎　N

1　明治歌楽多（初篇）本荘四郎　明昇堂　N（＊続刊不詳）

3　（佳花余薫）珍々文粋　花鷹狂生　酔好堂　N

4　能弄戯珍誌　珍々社（＊創刊号不詳／15年43号で終刊か）

5　浪華みやげ　伴源平　赤志忠七　N

7　新撰狂句川柳五百題（上、中、下）榊原英吉　北村孝治郎　S

8　明治冠附集　泉原貞蔵　前川文栄堂　N

8　生久楽心誌　開成社（＊創刊号不詳／年内5号までか）

？　（唱歌笑芸）粋乃大蔵書（一～四）加藤富三郎　綿喜

明治15（1882）年

4　（絃場必携）歌曲集（一名芸《げい》妓《しゃ》之生命《いのち》）（前編）三書堂　野村乾一郎　N

6　（諸芸よせ本）四季の花園（第三編）華本安次郎　華本文昌堂

7　（諸芸よせ本）四季の花園（第三編）華本安次郎　華本文昌堂　N（＊再版）

7　（絃場必携）歌曲集（一名芸《げい》妓《しゃ》之生命《いのち》）（後編）三書堂　野村乾一郎　N

10　（都々逸集）大川社写す面影　鯰好楼新猫子　堀山常二郎　S

11　（全国滑稽）投書家細見　海野寿三　珍々社　J

11　（唱歌笑芸）粋の大福帳　大森弁吉郎　一成舎　N
（初～五編）

12　明治冠附五百題　泉原貞蔵　前川善兵衛　N

明治16（1883）年

2　明治冠附たね袋　沢田道太郎　前川源七郎　N

4　（新咲都々一）四季明治之花　月之本梅光　前川源七郎　N

9　（画本）絵口合（全二冊）片岡甚三郎　片岡甚三郎　N

9　絵本にわか（一、二）片岡甚三郎　片岡甚三郎　N

11　（開化自慢）滑稽笑抱会議（上、下）井上久太郎　北村孝二郎　N

12　粋の大蔵書（上）泥水情史閱　綿喜　N

明治17（1884）年

2　珍妙道化百人一首　香雲亭桜山（生田芳春画）木村半兵衛　N

2　粋の大蔵書（中）泥水情史閲　綿喜　N

3　演劇新報（第一号）上田捨吉　駸々堂　N（＊18年25号で終刊か）

5　大坂穴探　堀部朔良（米巒笑史）思天堂　N

5　粋の大蔵書（下）泥水情史閲　綿喜　N

5　（画入）袖珍道中膝栗毛　十返舎一九、浪華旧邦堂摘文、伴源平編　此村彦助　N

11　（笑門来福）狂句百面相　前島和橋　清玉堂　N

明治18（1885）年

3　（画入）袖珍道中膝栗毛　十返舎一九　駸々堂　N

7　（画入）袖珍浮世風呂　式亭三馬、遠塵舎摘文　駸々堂　N

7　（画入）（袖珍）続道中膝栗毛　十返舎一九原著、百の家主人誌　駸々堂　N

9　絵本膝栗毛（初篇）（編著者不明）井上儀助　N

9　目ざまし珍聞　駸々堂（＊19年12号で終刊か）

12　芸娼妓手くだの内幕（一名粋の解わけ）酔多道士　横山帯川堂　N

12　百妖笑々寄如件　中村善平（狸遊）編・画　森玉林堂　N

明治19（1886）年

2　（画入）袖珍続々膝栗毛　十返舎一九　駸々堂　N

2　（滑稽島遊）夢想兵衛胡蝶物語　滝沢馬琴著、伴源平編　村山重武　N

4　（穴さがし）臍の宿替　一荷堂半水（芳梅画）前田徳太郎　N（初、2、4～13編）

8　（画入）袖珍浮世床　式亭三馬、遠塵舎摘文　駸々堂　N

8　一休諸国物語図絵　平田止水編、源基定補正　有益館、兎屋支店　N

8　（万民有益）諸芸独稽古　伴源平　和田庄蔵　N

8　袖珍浮世床（画入）式亭三馬　駸々堂　N

9　一休諸国物語図絵　平田止水編、源基定補正　駸々堂　N

10　一休諸国物語図絵　平田止水編、源基定補正　鶴声社支店　N

11　一休諸国物語図絵　平田止水編、源基定補正　駸々堂　N（＊再版）

12　一休和尚諸国物語　飯沼政憲編　蓄善館　N

明治20（1887）年

1　西洋道中膝栗毛　仮名垣魯文　駸々堂　N

2　（唱歌諸芸独稽古）粋の魁　松浦正作　弘文堂本店　N

3　笑談貧福大乱軍記（巻之一～八）一荷堂半水　修成閣　N

4　一休諸国物語図絵　平田止水編、源基定補正　駸々堂　N（＊三版）

4　（唱歌諸芸）粋の種本（増補再版）山班粋士閲　南谷新七

N
5 面白双紙 十返舎一九（木谷丑之助翻刻）博出堂 N
5 （唱歌諸芸）粋の種本（増補）長谷川繁三郎編 岡本仙介 N
5 （新粋諸芸）粋の種本 宇多浮陀粋士 兎屋支店 N
7 （唱歌諸芸）粋の種本（増補）山班粋士閲 競争屋 N
7 一休諸国物語図絵 平田止水編、源基定補正 競争屋 N
9 （文名皆化）和談三才図笑（一の巻）万亭応賀 松浦庄作 N
11 （明治新話）抱腹奇談 晴亭柳窓（菊亭静閲）駸々堂 N
12 （開巻智発）頓慮策 臥竜軒南子（伴源平）忠雅堂 N（＊表紙に「FEELING」の角書あり、国会図書館書誌情報では「開港智発」、22年に二版）

明治21（1888）年

1 新撰どゝ一粋人の友 花柳道人（吉田伊太郎）編 大華堂 N
2 （滑稽島遊）夢想兵衛胡蝶物語 滝沢馬琴 駸々堂 N
4 狐政学 鼻下長老校閲、洒落斉居士（脇田房吉）安井兵助 N
5 （明治照代）開胸滑稽演説 獅虫寛慈（脹満居士）柏原政次郎 N
5 閨妻学 鼻下長老校閲、文の屋主人 文欽堂 N
5 （増補）袖珍道中膝栗毛 十返舎一九 競争屋 N
5 （自由酒義）政痴学 鼻下長老校閲、文の屋主人 文欽堂 N
5 （頓智奇芸）童子の宝 大館利一編 安井文欽堂 N
6 （明治新話）抱腹奇談 菊亭静閲、晴亭柳窓 山口恒七 N
6 （社會穴探）滑稽大演舌會 玉の家湖秀 宋柴堂 N
6 曾呂利新左衛門伝 天保面ノ半 欽英堂 N
8 （改良都々逸評集）自由思想 彩霞園柳香 小川新助 S
8 （粋客必携）万芸玉手箱 山口米子編、花柳酔士撰 青木嵩山堂 N
9 （文明変象社会笑柄）滑稽大家論集 四海浪人（吉田伊太郎）編 安井文欽堂 S
9 （滑稽諧謔）呆た浮世 嘲世庵喜楽（沢間欽弥）勉強館 N
10 （男女必読）思ひのかけはし（附和洋化粧法秘伝）花柳粋史 駸々堂 N
10 （正義耕論）酒快演説 おどけ居士（獅虫寛慈）演説 與民社 N
11 （一読一笑）法螺物語 大東楼愚楽人（奥村柾兮）駸々堂 N
11 新撰画探し知恵くらべ 名倉亀楠 名倉昭文館 N
11 （滑稽奇談）夢の浮橋 川合梁定（平安木葉道士、木葉散人）兎屋支店 N
12 （滑稽隊長）河太郎実記 大館利一編 安井文欽堂 N
12 穴 素鉄公 綺文館 N

明治22（1889）年

1 滑稽水掛論（一名獃《ばか》物語）三亭春馬 競争屋 N

1　(馬鹿妙論) 滑稽大演説会　素鉄公　綺文堂　S
1　(粋の種本) 四季のしらべ　伊沢駒吉編　伊沢駒吉　N
1　粋の浮知満久　日置岩吉編　赤志忠雅堂　N
1　(通人必携) 粋の骨頭　日置岩吉編、宇多浮陀粋士閲　赤志忠雅堂　N
2　お眼鏡違ひ　太田貞次郎 (焉然居士) 綺文館　N
2　新撰画探　名倉亀楠　名倉亀楠　N
2　新撰狂歌ト川柳　さゝのやふくべ　末光瓢二郎　S
2　新調都々逸集　さゝのやふくべ　末光瓢二郎　N
2　法螺　素鉄公 (藤谷虎三)、花山長者補　綺文館　N
3　あら　素鉄公　綺文館　N (＊あら＝魚＋荒)
3　(滑稽洒落) 演舌会　勿來先生 (中村暢) 駸々堂　S
3　(錦絵入) 大笑双紙　豊原史雅編　福岡憲三　N
4　(男女必読) 思ひのかけはし (附和洋化粧法秘伝) 花柳粋史競争屋　N
4　(浮世写心) 小説家の袋　素鉄公　岡本書房　N
4　(滑稽即席) 新作ニ〇加種本　松浦正作編　松浦弘文堂　N
5　絵本一休諸国物語　飯沼政憲編　名倉昭文館　N
5　滑稽時事小言　痩々亭骨皮道人　駸々堂　N
5　新撰唐画字さがし (初編) 木谷丑之助　木谷丑之助　N
5　粋人必読大わらい　河原梶三郎　青柳堂　N
5　(滑稽発句屋奈機樽) 川柳猫鯰　しぐれ庵蛙水編、旧邦堂陳人校　此村庄助　N
5　(滑稽新話) 明治流行嘘八百　菊亭静　安井文欽堂　N
6　画かんがへ智恵栄　吉田熊治郎、吉田熊治郎　N
6　新撰柳樽 (附狂歌集) 非免故魯史　藤谷虎三　S
6　(新撰) 都々逸集　非免故魯史　岡本書房　N
7　新題画さがし　名倉亀楠　名倉昭文館　N
7　新趣向即席ざしき俄　渡辺芳太郎　文寿堂　N
7　(新題堀出) 粋世の中　大塚子成　田中太右衛門　N (＊表紙は「粋の世の中」)
8　改良画探　森戈治郎　横山泰治郎　N
8　滑稽酒快燈　松原民之助編　松原民之助　N
9　新撰なぞがけ　名倉亀楠　名倉亀楠　N
9　(唱歌諸芸) 粋の花　宮本幸太郎　名倉昭文館　N
9　西洋新作噺のしり馬　須広の戸月守 (大館利一) 編　欽英堂　N
9　百千鳥　駸々堂 (＊創刊／24年終刊)
11　馬鹿　狂花道人 (楢崎隆存) 編、白茅山人 (佐田寛) 閲　博書堂　N
12　(落花狼藉) へらへら草紙 (珍著各種第一号) 暁山人　筆鋒社　N
?　花もみじ　駸々堂 (＊創刊／33年終刊)

明治23 (1890) 年
1　改良画探　大館利一　森戈次朗　N
1　(日刊新聞) いろか新聞　いろか新聞社 (駸々堂) (＊4月頃終刊か)
2　(滑稽) 一休一口ばなし　藤谷暢吾編　岡本明玉堂　N
2　(滑稽道中) (伊勢参宮) 御影まいり　暁鐘成、山川澄成作、

天保元人編　忠雅堂　N
4　（滑稽諧謔）奇法奇術大全　帰天斎幻堂居士編　先進堂　N
4　（滑稽）実地席上演説　懇々道人演説、飛田五九郎筆記　浜本明昇堂　N
4　日本戯文鑑　吉田伊太郎　大華堂　S
5　（を笑草誌）粋の目覚　趙高子　山田元吉　N
5　（英和対譯）西洋落噺　牛山良介訳述　明昇堂　J（＊20年「西洋落語」再版）
5　（粋客必携）遊芸独稽古（一名粋人の宝続編）花柳情史　名倉昭文館　N
6　（遊人必読）はうた都々逸粋の浮世　粋野郎編、洒落斎校　洒落書館　N
7　（通人必携）粋のふところ（第一篇）樋口正三良編　樋口正三良　N
8　（快絶妙絶）奇法奇術大全（増補訂正第二版）帰天斎幻堂居士　先進堂　N
8　滑稽記事論説文　痩々亭骨皮道人　図書出版　N
8　滑稽新用文章　痩々亭骨皮道人　図書出版　N
9　改良落語　桂文枝他口演、丸山平次郎他速記　駸々堂　S
9　（通人必携）粋のふところ（第二篇）樋口正三良編　樋口正三良　N
10　（自画自讃）天狗の世界　自称仙史　駸々堂　N

明治24（1891）年

1　噺の種（曾呂利茶室落語）曾呂利新左衛門二世口演、丸山平次郎速記　駸々堂　N
2　あほら誌　小田垣哲次郎　阿房社（＊創刊／4月6号で終刊）
4　うさはらし　栗河鉱吉　競争屋　N
4　新あほら誌　小田垣哲次郎　阿房社（？）（＊創刊／10月14号以後不詳）
7　一休和尚諸国物語　刀根松之助編　刀根松之助　N
9　（通人必携）粋のふところ（合刻）樋口正三良編　樋口正三良　S
9　あほら誌　安房羅誌社　駸々堂（＊創刊／25年8月17号以後不詳）
9　あほら誌　小田垣哲次郎　阿房社（？）（＊「新あほら誌」改題）
10　滑稽口からでまかせ　大淵渉　駸々堂（＊創刊／25年6月第13号以後不詳）
10　大阪文芸　大阪文芸会（＊創刊／25年8号で終刊）
11　明治新作万芸全書　夢廼舎散人編　片野仁三郎　N
11　（新作）大津画ぶし　月亭桂文都　名倉昭文館　N
12　大津絵ぶし（附二上り新内）鳥井正之助　抱玉堂　N
?　（少年必読）教育落語　篠田正作　中村芳松　S
?　ことばの花　駸々堂（＊創刊／26年までか）
?　花ばたけ　翠紅會　S（＊創刊／以後不詳）
?　（粋客必携）萬藝玉手箱　花柳酔士撰、山口米子編　青木嵩山堂　S

明治25（1892）年

1 オッペケペ節集　古井堂霜柳子編　名倉昭文館　N
1 （滑稽新作）落語《おとしばなし》の種本　阿房亭主人編　中島抱玉堂　N
2 （講談落語速記）蘆のそよぎ（編著者不明）明文館　S
3 （博識天狗）粋の自慢　戯笑散人編、保度野好雄閲　藤谷伊助　N
3 当世流行新歌大全（前編）古井堂霜柳子、田中順治郎編　名倉昭文館　N
3 端唄都々逸集　戯笑散人　藤谷敬文堂　N
3 （滑稽）嗅花長兵衛　曾呂利新左衛門口演、丸山平次郎他速記　駸々堂　N
4 教訓家内喜多留　鈴木常松　積善館（＊裏表紙は「画本柳樽」）
4 速記の花　丸山平次郎　関西速記学会　N
5 （新撰插画）冠附言の海　信時庵双羽　昭文館　S
5 （新撰）都々逸端唄大全　彩花園主人編、戯笑散人閲　藤谷敬文堂　N
6 古今狂句一万集　内山亀太郎　競争屋　S
6 （粋士秘宝）都々一源氏之巻　松廼家梅河　赤松市太郎　S
6 滑稽演説会　大淵酔狂　駸々堂
7 滑稽読切小説　酔居居士　駸々堂　N
8 滑稽演説会　大淵酔狂　駸々堂　S（＊再版か）
8 粋廼国会《すいのおおよせ》樋口正三郎　樋口正三郎　N
9 滑稽世界　酔居居士（徳谷徳松）徳谷徳松　S
10 （講談速記）落語集　浮世亭○○主人川上音二郎口演、山田都一郎速記　駸々堂　N
11 滑稽頤はずし　松廼家梅河　温知堂　N
12 滑稽茶番　酔居士居　大淵渉　S
12 滑稽文學　滑稽文學社（＊創刊号その他不詳）

明治26（1893）年

2 （滑稽笑話）月宮殿　曾呂利新左衛門口演、丸山平次郎速記　駸々堂　N
2 遊芸三千題　彩花園主人編、戯笑散人閲　名倉昭文館　N
3 滑稽曾呂利叢話　曾呂利新左衛門、川上音二郎他口演、丸山平次郎他速記　駸々堂　N
3 粋の撰挙《えりだし》（第二編）樋口正三郎編　樋口正三郎　N
3 粋の総理《たいちょ》　樋口正三郎編　樋口正三郎　N
5 （新作滑稽）俄独り稽古　馬鹿云蔵　名倉昭文館　N（＊表紙は「新作即席ざしき二〇加独稽古」）
5 新作おとし噺　阿房亭主人編　寧静館　N
5 御代の華　吉村作三　明文社　S（＊雑誌か）
6 （冠附）錦の嚢　和合散人　赤志忠雅堂　N
8 （作例五万）風俳冠吟独習自在（上）夢廼舎半狂史　吉岡書店　N
8 （作例五万）風俳冠吟独習自在（下）夢廼舎半狂史　吉岡書店　N
9 滑稽おとし噺　道陀楼主人編　名倉昭文館　N
10 粋人遊びの友　愛花情史編、一文内史閲　中島抱玉堂　N
10 遊芸　松室八千三　鹿田書店　N

10 (講談速記) 落語集《らくごしふ》 浮世亭○○口演、山田都一郎速記 駸々堂 N

11 新撰発句拾万集 (序編) 大淵渉編 駸々堂 N

11 新撰発句拾万集 (下巻) 大淵渉編 駸々堂 N

11 落語の根本 (一名笑乃基) 松廼舎みどり編 寧静館 S

? 滑稽風流ねむけさま誌 (第四号) 岸徳二郎編 ねむけさま誌発行所 (＊創刊号他不詳)

明治27 (1894) 年

2 (日清事件大流行) 新歌百種 浮世仙人 柏原政次郎 N

5 新作改良ニ〇加 大館利一編 博多成象堂 N

5 粋の天狗 蘆雁逸人 積善館

5 粋のふところ 樋口正三郎編 樋口正三郎 S (＊三版)

5 胴乱の幸助 笑福亭福松口演、高山林平速記 駸々堂 N

5 (明治新撰) 都々一袖之眺 夢廼舎半狂史 柏原政次郎 N

6 (粋の魁け) 愛嬌草子 浪華粋遊会編 金英堂 N

6 画さがし (編著者不明) 伊丹由松 N

6 画さがし 博多久吉 成象堂 N

6 (新作素人) 座しき二〇加 稲野屋たにし編 矢島誠進堂 N

6 新画さがし 博多久吉 博多久吉 N

6 新撰都々逸 (編著者不明) 伊丹由松 N

6 新撰なぞかけ集 十方舎一丸画 藤谷敬文堂 N

6 新柳樽 十方舎一丸画作 藤谷敬文堂

6 (遊芸花園) 粋の咲わけ 一文内史編 鳥井正英堂 N (＊本文角書は「四季の花園」)

6 (酒席必携) 粋の玉手箱 名倉亀楠編 名倉昭文館 N

7 流行歌 三木直吉 三木直入堂 N

7 (滑稽演芸) 独りニ〇カ 井上市松編 井上市松 N

9 (日清戦争) 画さがし 鳥井正之助 鳥井正英堂 N

10 滑稽支那大敗 一文内史編 博多成象堂 N

10 (日清韓三国交渉新作) 大流行諸芸大全 雨廼家狸遊作 名倉昭文館 N

10 (演劇脚本) 道中膝栗毛・三升蒔画巵 中西貞行 中西貞行 N

10 陸海軍大勝利落しばなし 宮崎八十八 宮崎八十八 N

11 (討清) 画さがし 三木直吉 三木直吉 N

11 (チャンチャン退治) 新うた大全 香夢楼主人 中川芳文館 N

11 (日清交戦) 新作遊芸全書 (一名大勝利祝宴必携) 可楽亭主人 藤谷暢吾 N

11 (日清事件) 大流行大当新歌大全 雨廼家狸遊 名倉昭文館

11 (日本帝国大勝利) 大新作諸芸競 浮世仙人 柏原奎文堂 N

12 一休狂歌譚 魁竜玉 (阪田玉助) 梅原忠蔵 N

12 (支那征伐) 諸芸はきよせ (編著者不明) 鹿田書店 S

12 (日清事件大新作) 滑稽大尽 浮世仙人 柏原政次郎 N

12 (日清見立) 滑稽百種 中村善平 名倉昭文館 N

12 (日清事件諸芸大全) 支那つぶし 大淵渉編 駸々堂 N

12 諸芸新報 中村善平 図書館 N (＊雑誌か)

12　（日清戦争）浄瑠璃天狗（一名浄瑠璃傑作つくりかへ）松廼家梅河　博多成象堂　N
12　（征清笑報）分捕〇〇珍文　真貴田友三郎　馬鹿世会　S
12　（日清作替）万歳十二月　桂枝雀　名倉昭文館　N

明治28（1895）年

1　一休狂歌譚（後編）魁竜玉（阪田玉助）梅原忠蔵　N
1　（日清戦争諸芸大全）支那ばち当り　西村嘉一郎　駸々堂　N
1　（支那征伐）諸芸の親玉（編著者不明）鹿田松雲堂　S
1　（日清大新作）諸芸大勝利　浮世仙人作、北川英也編　柏原圭文堂　N
1　（日清滑稽流行歌《はやりうた》）大博覧会　松の家みさを　矢尾弘文堂　N
2　（日清事件）滑稽演説　春廼家　矢島誠進堂　N
2　（支那征伐）諸芸の隊長（編著者不明）鹿田書店　N
2　（支那征伐）新諸芸集　藝廼舎枝八　青木嵩山堂　S
2　（支那征伐）新はやり歌（一名戦捷祝宴必携）可楽亭主人藤谷暢吾　N
2　（支那征伐）粋のかきよせ　駒の家主人　高田文賞堂　N
3　（戦争詠込）戯芸一大奇書　夢廼家主人　早川熊治郎　N
3　諸芸新報　中村善平　野入図書館　S（＊雑誌か）
3　（日本大勝利大新作芸尽し）祝捷の友　月亭文都　柏原圭文堂　N
3　粋の天狗　蘆雁逸人　積善館　N
3　日清あほだら経（やんれぶし）中村芳松　中村鍾美堂
3　（日清滑稽）諸芸占りやう　中村芳松　中村鍾美堂　N
3　（日清滑稽）にわか・新作落語　中村芳松　中村鍾美堂　N
3　（日清事件）新諸芸づくし　松廼家みどり　市田元造　N
3　日清戦争絵口合　松廼舎みどり　駸々堂　N
3　（日清戦争）絵さがし　大淵渉編　駸々堂　N
3　日清戦争狂歌　不識庵主人　駸々堂　N
3　日清戦争なぞかけ　松廼舎みどり　駸々堂　N
3　日清戦争にわか　松廼舎みどり　駸々堂　N
3　日清事件はうたかへ唄　松廼舎みどり　中村鍾美堂　N
3　日清戦争流行かへうた　松の舎みどり　駸々堂　S
6　（滑稽）新日本道中膝栗毛　奥村柾兮　此村彦助　N
9　新百千鳥　駸々堂（＊創刊／30年終刊か）
12　（記憶大全）智恵の礎（一名浪花土産上之巻）川原梶三郎脇田愛文堂　N
？　滑稽落語集　夢廼家散人　尚文堂　S
？　新趣向即席ざしき俄　渡邊粋史　浪華芳春堂（＊表紙は「新作二〇加」、22年7月『新趣向即席ざしき俄』と途中まで同一本／出版年推定）
？　日清戦争かへうた　松廼舎みどり（出版社者不明）S（＊国会図書館情報で28年）

明治29（1896）年

3　滑稽時事小言　痩々亭骨皮道人　駸々堂
10　（宴席余興）新作二〇加　斉藤吉兵衛　松浦弘文堂（＊本文

では「(新作)座敷二輪加」、「南篤齋東一(戯著)」)

12 記憶大全智恵の礎(一名浪花土産)(上之巻)川原梶三郎 脇田愛文堂 N

明治30(1897)年

2 滑稽一トロばなし 三木直吉 三木直吉

3 (滑稽万歳)閻魔之判決 嘲世庵喜楽 名倉昭文館 N

6 (大評判極印附)娘四十八僻 土橋呑洋 大阪平民館本部 N

9 滑稽落語集 夢廼家散人 尚文堂 S

? 滑稽落語集 夢廼家散人 尚文堂 S

? 奇談一笑 岡白駒 赤志忠雅堂 N(*国会図書館情報で30年)

明治31(1898)年

4 狂歌集 村上浪六 青木嵩山堂

4 滑稽大和めぐり 曾呂利新左衛門口演、丸山平次郎速記 駸々堂 N

9 道中膝栗毛 十返舎一九 福岡元治郎 鍾美堂 N

明治32(1899)年

1 滑稽新聞 宮武外骨 滑稽新聞社(*創刊/41年10月終刊)

3 (増補四季)はやり歌 雨廼家狸遊新撰、寝見浦こてふ増補 名倉昭文館

3 めさまし草 あきしく 駸々堂

明治33(1900)年

1 (頓智滑稽)お笑草 哄笑子編、美妙修補 青木嵩山堂 N

4 (弥次郎兵衛北八)海外膝栗毛 春陽亭主人(別府岩次郎) 田村九兵衛 N

6 日本の奇文 中川愛氷 明昇堂 S

10 狂歌集 村上浪六 青木嵩山堂(*第二版)

? 奇談一笑 岡白駒著、口木子輯 青木嵩山堂 S(*国会図書館情報で33年)

明治34(1901)年

1 滑稽新聞 宮武外骨 滑稽新聞社(*創刊/41年10月173号で終刊)

2 滑稽汽車栗毛 駸々堂(*創刊/5月7号以後不詳)

4 滑稽珍文 なにがし 青木嵩山堂 S

5 明笛流行俗曲 後藤新吉 又間精華堂 N

9 しくじり滑稽紳士の裏面 西原桃園 浅井勇介 S

9 新唄十八番 野入佐次郎 此村欽英堂 N

12 (類題狂歌)貞柳翁全集(狂歌文庫)小谷書店 N

12 餅月夜・種ほくべ・机の塵(狂歌文庫第一集)温古堂知新 小谷書店 S

? (懐中必携)宴席小謡娯楽之友(完) 能痴散士 此村藜光堂

明治35(1902)年

1 戯文と狂歌 半仙散人 福井春芳堂 S

1　ねぼけ先生　半仙散人　福井春芳堂　N

6　狂歌独稽古（上之巻）梅川新右衛門（御代丸）駸々堂　N

6　類題発句常盤集（上之巻）青郊園雅笑編、反古庵雅友校閲　吉田宗三郎　N

6　類題発句常盤集（下之巻）青郊園雅笑編、反古庵雅友校閲　吉田宗三郎　N

8　（遊芸隊長）粋の大愉快　花柳粋央　名倉昭文館

明治36（1903）年

6　流行はやり歌　寝見浦こてふ　名倉昭文館

7　（滑稽小説）一夜画工　松居松葉（真玄）青木嵩山堂　N

9　英文滑稽集　正岡秀翠　岡本偉業館　N

9　（人情快話）道楽百種　凌翠漫士　黎光堂　N

10　狂句解釈　荒木魚泉（種次郎）勝山堂　N

10　日本滑稽辞林　滑稽新聞記者　安田書店　N

12　狂言（第一集）高木秀太郎　関西写真製版印刷　N

明治37（1904）年

明治38（1905）年

？　新編柳樽（第一～三）（編著者不詳）六厘社　S

明治39（1906）年

2　一休五畿内漫遊　旭堂南鶴講演、織田三橋速記　中川玉成堂

3　滑稽詩的笑話　山本完蔵　山本文友堂

11　大阪パック　輝文館（＊創刊／昭和22年終刊）

12　喜劇と滑稽文　又間安次郎編　精華堂書店

？　福々誌　田中松之助　法令館（＊創刊／不詳）

明治40（1907）年

2　（うき世の裏表）川柳自在　村上浪六　石塚書舗　N

6　（新作落語）扇拍子　桂派三遊派連中口演、寝児浦こてふ編　名倉昭文館　N

9　人生の半面　中川愛氷　藤谷崇文館　N（＊「笑の高低」他）

10　大阪滑稽新聞　宮武外骨　滑稽新聞社（＊創刊／42年4月第19号で終刊）

10　（教育画報）ハート　宮武外骨　滑稽新聞社（＊創刊／41年1月3号で終刊）

明治41（1908）年

5　（弥次良兵衛喜多八）東海道中膝栗毛（第一篇）神田伯龍講演、丸山平次郎速記　中川玉成堂　N

5　（弥次良兵衛喜多八）東海道中膝栗毛（第二篇）神田伯龍講演、丸山平次郎速記　中川玉成堂　N

5　（弥次良兵衛喜多八）東海道中膝栗毛（第三篇）神田伯龍講演、丸山平次郎速記　中川玉成堂　N

6　新流行はやり唄　寝見浦こてふ編　名倉昭文館

6　（滑稽人情）笑となみだ　丸山平次郎速記　積善館　S

7　落語集　桂文左衛門口演、吉田松茵速記　博多成象堂　S
9　一休和尚　竹庵道人　井上一書堂　S
11　大阪滑稽新聞　宮武外骨　滑稽新聞社（＊創刊／大正2年10月終刊）

明治42（1909）年

1　（天下一品）赤雑誌　長尾倉吉　輝文館（＊創刊／5月終刊）
2　（滑稽落語）臍の宿替　浪華三友派連口演　杉本梁江堂　S
4　ハイカラ流行歌集　榎本松之助　榎本書店
6　冠句五千題　井江庵李塘編　岡田文祥堂　N
9　席上滑稽演説　原田天蓋　精華堂書店　N（＊本文頁角書は「青年と活気」）
9　当世流行歌　床松　石塚書舗　N
11　内気者の失敗日記　夢三郎訳　杉本梁江堂　N
12　哄笑微笑（附偉人蒟蒻問答）呵久内笑平（覚野秋平）秋平堂（泉南郡佐野村）N
?　浪速演芸名家談叢　村上薫　演芸社

明治43（1910）年

1　閑日月　護竹軒主人　振文館　N
1　奇想天来　宮武外骨　雅俗文庫　N
1　（滑稽諷刺）双胎児　山下破鏡　杉本梁江堂　N
1　（腕白小僧）頓智の秀吉　春風楼柳円　井上一書堂　N
1　此花　宮武外骨（＊創刊／45年7月終刊）
3　野田桂華（即席）座敷二輪加　澤田栄壽堂
5　（曾我の家）喜劇集　中村憲　喜劇舎　N
6　珍談百種　田中殿山（三保蔵）編　杉本梁江堂　N
6　（突飛奇抜）ハイカラ膝栗毛　のんき兵衛　名倉昭文堂　N
9　（傑作落語）豆たぬき　田中卯三郎　登美屋　S
9　妙な夫婦　山田美妙　杉本梁江堂　N
10　（遊芸博士）粋人世界　波廼舎主人（粋犯士）柏原圭文堂　N
11　落語大福帳（創刊号）花谷碧泉　文芸社（＊創刊／44年7月までに8冊発行以後不詳）
12　（桂派傑作落語集）はら鼓　田中卯三郎　登美屋　S
12　（新作）大津画　竹山人　田村九兵衛　N（＊表紙は「粋文句大津画ぶし」）
12　（新作）喜劇十二番　舟坊　樋口隆文館　N
12　三友落語集　中村兵衛　樋口隆文館　S
?　考物一萬題知恵くらべ　まるかく坊　名倉昭文館
?　電車パック　星野勝男　輝文館

明治44（1911）年

1　（酒席余興）お座敷二輪加　佐次郎兵衛　名倉昭文館　N
1　（宴席余興）座敷福引千題　佐次郎兵衛（野入佐二郎）名倉昭文館　N
2　絵本道化遊　宮武外骨　雅俗文庫　N
2　（楽天会）喜劇集　伊東桜州　田中書店　N
2　（喜劇）笑（愉快の親玉、滑稽の生粋）十九廼家喜楽　名倉

昭文館　N
3　（千代田文庫）一休諸国物語　千代田書房編輯局　杉本梁江堂　N
3　歳時滅法戒（年中行事）耳鳥斎画、宮武外骨編　雅俗文庫　N
3　（滑稽落語）膠茶　村上薫　田中書店　S
4　一休禪師諸國漫遊　加藤玉秀　立川文明堂　S
5　桂派落語選　桂派連中口演、松廼家主人編　登美屋書店　N
5　（新歌大集）粋な世界　矢島嘉平次　矢島誠進堂
5　都々逸　榎本松之助　榎本書房　N
5　（滑稽小説）我輩ハ千里眼　八千代、弦月　田中書店　N
6　新作都々逸集　春情亭宗匠　文貴堂　N
6　新喜劇《にわか》東五郎平　博多成象堂　N
7　太閤と曾呂利（立川文庫第八篇）野花散人　立川文明堂　N
7　なぞかけ　唐変木生　堀田航盛館　N
11　くさぐさ日記　花谷碧泉　文芸社　N
12　落語大全　山谷鶯鳴　博多成象堂　N
?　（滑稽説明）新案福引集　佐次郎兵衛　中川玉成堂
?　（挿画新弥）明治笑府　十九廼家喜楽（＊出版社不詳）

明治45（1912）年

1　講談滑稽揃　神田伯海講演、又新社員速記　樋口隆文堂　N
3　（楽天会）新喜劇集　賀古残夢　田中書店　N
4　有名無名　宮武外骨編　雅俗文庫（＊45年6月2号で終刊）
10　（滑稽奇談）左リ甚五郎（立川文庫第三十四編）野花散人述　立川文明堂　S
?　こども博覧会　大淵浪　駸々堂
?　百笑談語　凸瓢子　湯川書店

うら・かずお――関西大学人間健康学部准教授、関西大学なにわ大阪研究センター特別研究「なにわ大阪『笑い』文化の再検討」代表研究員。専門は比較文学。主な論文に「牛島鶴堂と『西洋落語』」（『関西大学国文学』101号、二〇一七年）、「おれとおまえと――藤澤桓夫と良き友たちと」（『泊園』56号、二〇一七年）、「明治期の大阪俄本」（『水門』27号、二〇一六年）などがある。

彙報

例会

■東京春季例会・第四回水門の会国際シンポジウム

「季語の生成と四季意識――東アジアから世界へ――」

二〇一七年三月五日（日）10時　於大東文化会館302

□第Ⅰ部　研究発表

・『茶譜』諸本の研究――国会図書館本を中心に――

大東文化大学（院）相澤孝成

・唐代律賦追考

大東文化大学（院）馮　芒

・北村季吟『歌仙拾穂抄』の歌仙和歌本文

大東文化大学（非）オレグ・プリミアーニ

・語義形成史と語源意識研究――訓の幅からのアプローチ――

弘前大学　吉田比呂子

・三浦浄心と宗久

――近世初期における『都のつと』の受容について――

中国・山東大学威海校区東北亜学院　佐々木雷太

・近世漢文小説考

大東文化大学　寺村政男・大東文化大学（院）鐘一沁

□第Ⅱ部　国際シンポジウム

「季語の生成と四季意識――東アジアから世界へ――」

・趣旨説明

群馬県立女子大学　安保博史

・自然美と四季意識――上代日本漢詩の世界――

國學院大學　波戸岡旭

・『和漢朗詠集』絵入り版本と季語

大東文化大学　藏中しのぶ

・芭蕉の「行く春」と白居易の季節意識

――「送春」「三月尽」をめぐって――

関西学院大学大学院（非）新間一美

・拡大する四季の詞――縦題と横題――

群馬県立女子大学　安保博史

・ジャック・キャロアクの詩学と俳句

大東文化大学　ジェフェリー・ジョンソン

・スウェーデン俳句と季語

スウェーデン・ヨーデボリ大学名誉教授

トウンマン武井典子

・国際俳句の可能性――四季の詞と歳時記――

十文字学園大学名誉教授　東聖子

□第Ⅲ部　パネル・ディスカッション

司会　群馬県立女子大学　安保博史

國學院大學　波戸岡旭

大東文化大学　藏中しのぶ

関西学院大学大学院（非）新間一美

スウェーデン・ヨーデボリ大学名誉教授

トウンマン武井典子

十文字学園大学名誉教授　東聖子

■神戸春季例会
二〇一七年三月十九日（日）13時30分
於蘆屋市市民センター別館・公民館114室
・語義形成と語源意識――古辞書の資料性の見直し――
弘前大学　吉田比呂子
・光源氏誕生と沖縄の言説からみるアマテラスの病と呪術
関西大学　毛利美穂
・『古事記』黄泉国神話の医療人文学的考察
関西大学　中尾瑞樹

■東京夏季例会・第五回水門の会国際シンポジウム
「古辞書と本草学――医療人文学と文献学の融合――」
二〇一七年七月三十日（日）10時30分～18時
於大東文化会館ホール
□第Ⅰ部　研究発表
・ツングース諸語における象徴詞の形態について
――満州語『玉堂字彙』を中心に――
大東文化大学（院）王則堯
・江戸期漢文小説から見る近世漢語の受容――『唐話纂要』所収「和漢奇談」における傍訳を中心に――
大東文化大学（院）鐘一泌
・『茶譜』の題簽　青山学院大学（非）オレグ・プリミアーニ
・古辞書の資料性――訓と語義と語源意識――
弘前大学　吉田比呂子
・『南総里見八犬伝』における白話語彙考
中国・肇慶学院　于増輝
・敦煌変文と日本風土記における羽衣伝説の一比較
中国・広東外語外貿大学　徐磊
□第Ⅱ部　国際シンポジウム
「古辞書と本草学――医療人文学と文献学の融合――」
共催：平成28年度日本学術振興会科学研究費補助金・基盤研究（C）「アジアの薬草メディスンマンにおける医療表象文化と神話・歌謡文学の発生理論の研究」（研究代表者 毛利美穂・課題番号 16K02615）
・『古事記』神話と儀礼の医療人文学
――死者の世界と神話的薬理あるいは本草学――
関西大学　中尾瑞樹
・祭儀と本草学――盆行事の医療人文学的考察――
関西大学　毛利美穂
・古辞書と本草学――引用書目研究の広がり――
大東文化大学　藏中しのぶ
・『和漢三才図会』の引用書目　大東文化大学（院）楊亜麗
・『大和本草』所引『本草綱目』攷――貝原益軒の分類意識――
大東文化大学（院）郭　崇
・賦の注釈者と古辞書――『漢書』注と『文選』注を中心に――
大東文化大学（非）洲脇武志
□第Ⅲ部　パネル・ディスカッション
司会　関西大学　中尾瑞樹

関西大学　毛利美穂
大東文化大学　藏中しのぶ
大東文化大学（院）楊亜麗
大東文化大学（院）郭　崇
大東文化大学（非）洲脇武志

■神戸秋季例会
二〇一七年九月九日（土）13時30分　於甲南女子大学
・狂言の中の女たち　甲南女子大学（非）吉岡鎮香
・なにわ大阪研究の基礎資料再整備に向けて
関西大学　浦和男
・色彩と光――古辞書の記述から言えること――
弘前大学　吉田比呂子
＊次回の東京例会は二〇一八年九月二十八日（金）於大東文化大学板橋キャンパス、神戸例会は二〇一八年九月八日（土）於甲南女子大学を予定しております。最新の情報は「水門の会」ウェブ・サイトでご確認ください。

「水門の会」研究基礎講座
■日本漢文小説を読む会
本場中国の明・清白話小説を、近世漢語学とリンクさせて講読します。
最近、唐話学の研究も盛んになってきましたし、大学院の留学生のなかにも、中国の白話小説との比較研究をおこなう人が増えてまいりました。「水門の会」でも、「日本漢文小説」を講読したいと言う声が大きくなってきましたので、研究会を組織して、読み始めて行くことにいたしました。
文学面と近世漢語面の両面から、メスを加えて行きたいと思っております。興味のある院生の方の参加を期待しております。
日時：毎週木曜日5限（16時30分～18時10分）
場所：大東文化大学板橋キャンパス2号館6階　寺村研究室
講師：大東文化大学　寺村政男・首都大学東京　荒木典子
テキスト：『忠臣庫（海外奇談）』
連絡先：大東文化大学　寺村政男（t-ma1949@jcom.home.ne.jp）

■『史記会注考証』読書会
平成三十年（二〇一八）三月にスタートしました。

前漢の司馬遷『史記』は、周知の通り、中国正史の筆頭として中国はもとより日本でも古くから読まれ、日中両国の文学・歴史・思想に多大な影響を与えた書物です。

本講座では、数々の『史記』注釈を集大成した滝川資言（亀太郎）『史記会注考証』の講読（訓読による）を通じて、『史記』そのものについてはもちろん、『史記』の諸注釈、日本文学と『史記』との関係、滝川資言の学問、『史記』の旧鈔本など、幅広く学び、切磋琢磨していきたいと考えております。

日時：毎週土曜日13時30分～

場所：大東文化大学板橋キャンパス2号館6階　藏中研究室

講師：大東文化大学（非）洲脇武志
テキスト：『史記会注考証』
連絡先：大東文化大学　藏中しのぶ（kuranaka@ic.daito.ac.jp）

「水門の会」研究会

■「満漢合璧本」研究会

二〇一〇年四月より開始しました。早稲田の大学院で満漢合璧本を読み始めて十数年になりますが、人材も揃い「水門」から船出をいたしました。ここで得られた成果は『水門――言葉と歴史――』に順次掲載していきます。「水門の会」の研究会にも、語学部門の研究発表として参加していきます。

大量に残された満漢合璧資料を利用して、ツングース諸語の中でも主要な満洲語の研究、本文中に添えられた漢語による清代漢語研究を行います。さらに、両者を比較検討することにより、言語の接触を通じた漢語の音韻・近世漢語の難解語彙・歇后語などのしゃれ言葉などの研究にも及びます。このの問題をもう少し大きくとらえると、康熙年間の満洲旗人の漢文化理解度は、一般の漢人知識人と変わらなくなっていたのではないかと考えています。とすれば、古典の注釈を作るような学者を除く、漢民族の普通の知識階級が、前代の古典をどれほど読みこなしていたか？という、従来あまり検討されてこなかった問題にも行きつくと思います。書誌学・文献学・周辺諸学を組み合わせて、ゆっくり進みたいと思っています。

日時：毎週水曜日16時30分～
「水門の会」ウェブサイトでご確認ください。
場所：大東文化大学板橋キャンパス2号館6階　寺村研究室
テキスト：『満漢合璧西廂記』
諸本の整理・ローマナイズ・漢文、満文の注釈・満文からの繙訳。
連絡先：大東文化大学　寺村政男（t-ma1949@jcom.home.ne.jp）

■『南総里見八犬伝』研究会

平成二十八年（二〇一六）四月八日（金）にスタートしました。

本会は、曲亭馬琴の『南総里見八犬伝』に用いられた和漢の典籍や話型などを丁寧に検証する注釈的研究を通して、この作品が造形した伝奇的世界の淵源を解き明かしていくことを目的とします。和漢古典学、歴史学、思想史、芸能史、民俗学、神話学、文化人類学など、専攻分野や時代を問わず、自由に論じ合い、学びあえる「学問の広場」をめざします。成果は『水門――言葉と歴史――』等に順次掲載していきます。

初年度の成果は、平成二十八年（二〇一六）十一月三日（日）第八回「東西文化の融合」国際シンポジウム「傀儡子と観相（人相占い）の東西」（於大東文化会館ホール）で発表しました。

第二年度の成果は、平成二十九年（二〇一七）十一月四日

（日）第九回「東西文化の融合」国際シンポジウム「異類・妖怪と芸能の東西」（於大東文化会館ホール）で発表しました。

日時：毎週金曜日（第３金曜日は休み）15：30～
場所：大東文化大学板橋キャンパス１号館４階405教室
テキスト：『南総里見八犬伝』（新潮古典集成別巻）
連絡先：群馬県立女子大学　安保博史
（abou.gumma@gmail.com）
大東文化大学　藏中しのぶ（kuranaka@ic.daito.ac.jp）

■『本草綱目』研究会

平成二十九年（二〇一七）十二月二十二日（金）にスタートしました。

本会は、東アジアの古辞書研究、「古辞書と本草学」研究の一環として、李時珍撰『本草綱目』とその注釈『本草綱目啓蒙』をテキストとして、縦の時間軸としては『和名類聚抄』およびその引用書目をはじめとする古辞書の出典体系の継承関係論、横の空間軸としては日中の考証学の学問・学者のネットワーク論を視座おき、奈良・平安時代以降の古辞書のさまざまな事象を実証的に解明すべく、『本草綱目』の注釈研究をおこないます。引用書目の出典にさかのぼり、作品について深く自由に論じあい、学びあえる「学際的な学問の場」をめざします。成果は、水門の会例会および『水門――言葉と歴史――』で順次発表していきます。

日時：毎月一回、第１金曜日15：30～
　水門の会ウェブ・サイトでご確認ください。
場所：大東文化大学板橋キャンパス１号館４階405教室
講師：大東文化大学　藏中しのぶ
　群馬県立女子大学　安保博史
テキスト：李時珍撰、明・万暦十八（一五九六）刊『本草綱目』金陵本、その他諸本。小野蘭山述、小野職孝編、享和三年（一八〇三）刊『本草綱目啓蒙』

■翻訳論・出典論研究会

平成三十年（二〇一八）一月十九日（木）にスタートしました。

本会は、日本・中国・イタリア・フランス・スウェーデンの共同研究です。国際化・グローバル化のなかで、私たちは言語の問題に直面します。留学生が執筆する学術論文、国際学会にエントリーする研究発表題目・要旨や学術論文の翻訳の実際から、漢文訓読を含む文学研究としての文学作品の翻訳まで、対象を幅広く設定しています。

翻訳においては、さまざまな要素が翻訳者を規制します。例えば、「誰のための翻訳か」によって翻訳の言語レベルや内容も変わってきます。翻訳されるテキストの、翻訳された言語環境のなかでの「役割」によっても、翻訳者の言語的・内容的な選択が変わってきます。翻訳には原典・出典を翻案するという側面があり、いわばテキストの再利用、原文解釈の再創造でもあります。こうした諸問題を踏まえて、翻訳論と出典論はテキストの扱い方に共通する点が多いことから、「翻訳論・出典論研究会」はスタートしました。日本文学・日本語学・日本語教育学研究者、多言語の翻訳者の共同研究により、日本語の微妙なニュアンスを生かした翻訳文を作成するために、解釈を重視して言葉の用例を収集し、出典にさかのぼるなど、日本文学研究の方法を生かして、さまざまなジャンルの原典・出典・翻訳作品について深く調べ、言語を越えた翻訳上の共通点を探りながら、自由に論じあい、学びあえる「国際的な学問の場」をめざします。

英語・イタリア語・フランス語・スウェーデン語の翻訳についてはイタリア・サレント大学通訳翻訳学科マリア・キアラ・ミリオーレ教授、フランス東洋文化研究所高木ゆみ子研究員、スウェーデン・ヨーデボリ大学トウンマン武井典子名誉教授のSkypeによる参加、中国語翻訳については日中言語文化交渉学・翻訳学研究、司法通訳翻訳者でもある大東文化大学中国語学科の吉田慶子准教授、中国の学術論文翻訳の国家プロジェクトの一翼をになう中国・華中師範大学の尹仙花准教授の参加をいただきます。

日時：毎月第三木曜日18時30分〜
　水門の会ウェブ・サイトでご確認ください。
場所：大東文化大学板橋キャンパス1号館4階405教室
テキスト：ますむらひろし『洞熊学校を卒業した三人』『オツベルと象』
連絡先：大東文化大学　藏中しのぶ（kuranaka@ic.daito.ac.jp）

編集後記

『水門――言葉と歴史――』第二十八号（小特集「季語の生成と四季意識――東アジアから世界へ――」）をお届けいたします。多数の原稿をお寄せいただき、深く感謝しております。

平成二十八年度（二〇一七）三月五日東京春季例会では第四回水門の会国際シンポジウムが、第Ⅰ部自由テーマ、第Ⅱ・Ⅲ部「季語の生成と四季意識――東アジアから世界へ――」のテーマのもと、三部構成で開催されました。第Ⅱ部「基調報告」では波戸岡旭氏、藏中しのぶ、新間一美氏、安保博史氏、ジェフェリー・ジョンソン氏、トウンマン武井典子氏、東聖子氏の基調報告が行われ、第Ⅲ部「パネル・ディスカッション」では、コーディネーターの安保博史氏の司会で、波戸岡旭氏・藏中しのぶ・新間一美氏・トウンマン武井典子氏・東聖子氏の五名のパネリストの間で、季語の生成と四季意識との関わりについて世界的な視野から洞察する貴重な発言が相次ぎ、短詩系文学としての「俳句」の世界的な存在像や国際俳句の可能性について熱心に討議できたことは、ジャンルを超えた学問世界の構築をめざす水門の会ならではの慶事として特筆しておきたいと思います。

神戸では、発足以来の自由闊達な水門の会の伝統を生かし、会員各自の自由なテーマ設定で、三月十九日春季例会、九月九日秋季例会を開催いたしました。

神戸春季例会を踏まえて、七月三十日東京夏季例会は第五回水門の会国際シンポジウム「古辞書と本草学――医療人文学と文献学の融合――」を、平成28年度日本学術振興会科学研究費補助金・基盤研究（C）「アジアの薬草メディスンマンにおける医療表象文化と神話・歌謡文学の発生理論の研究」（研究代表者 毛利美穂・課題番号16K02615）との共催で開催しました。第Ⅰ部「基調報告」、第Ⅱ部「パネル・ディスカッション」は、中尾瑞樹氏の司会で、パネリスト毛利美穂氏、藏中しのぶ、楊亜麗氏、郭崇氏、洲脇武志氏が、学融合の可能性と課題をめぐって、会場と白熱した議論を交わし合い、大いに盛り上がりました。

二〇一七年も、大学人としては誠に慌ただしい一年でした。教職課程再認可申請やカリキュラム再編成、学部・大学院の改編改革が俎上に上り、何度も繰り返し、長時間の会議が開かれておりました。大学教員がこれらに係る事務仕事に集中しなければならないのは、御時世とはいえ、誠に不幸なことと感じております。

責任編集にあたる我々二人も、この激流に巻き込まれながらも、寺村は「水門の会」特別刊行叢書として『満洲語注音・注釈 玉堂字彙――研究と繙刻・繙訳』全12巻を十月に完成させ、藏中は古代文学と隣接諸学2『古代の文化圏とネットワーク』（竹林舎、十一月）、東洋研究所研究員は『茶譜巻十注釈』（大東文化大学東洋研究所、二月）を完成させております。

「水門の会」では、少し大げさな表現になりますが、福澤諭吉先生の故事にならい、「学問の旗は降ろさない」という精神で、彙報に書きましたように、毎年2回ずつの神戸及び東京の支部例会を地道に開催してまいりました。従来の研究基礎講座・研究会にくわえて、新たに若手研究者による研究基礎講座『史記会注考証』読書会」、研究会「『本草綱目』研究会」「翻訳論・出典論研究会」が発足いたしました。水門の会には日本や諸外国の言語・文学・歴史学・民俗学・美学美術史等々、さまざまな専門分野の研究者が集い、しばしの間、自分の専門からは遠い異空間に誘われる魅力があります。一見、ばらばらのようでも、そこがおもしろい会です。今後も、この精神は引き継いでいただきたいと念じております。

今号も、勉誠出版の池嶋洋次会長、吉田祐輔部長、武内可夏子氏、福井幸氏には全面的なご支援をいただきました。紙面を借りて心から御礼申し上げます。

（寺村政男・藏中しのぶ）

カバー題字

豊　散山（ほう　さんざん）

奈良教育大学准教授、日展会友、読売書法会理事、全日本篆刻連盟理事、西泠印社名誉社員、上海呉昌碩藝術研究協会会員。

水　門——言葉と歴史——　第二十八号

二〇一八年四月十八日　発行　頒価三五〇〇円

代表　髙橋庸一郎

編集人　藏中しのぶ

発行所　水門の会

神戸市長田区鹿松町三丁目四—十八

藏中しのぶ方

事務局　175-8571　東京都板橋区高島平一—九—一

大東文化大学外国語学部　寺村研究室

e-mail：t-ma1949@jcom.home.ne.jp

『水門』ウェブサイト

http://www.asukanet.gr.jp/cha-san/minato/index.htm

製作　勉誠出版

ISBN978-4-585-22442-6　C1320

『満漢合璧西廂記』の総合的研究・その7

寺村政男主編　荒木典子・鋤田智彦

はじめに

第十二章、第十三章、第十四章の訳文と校勘を載せる。第十二章は寺村、第十三章は荒木、第十四章は鋤田が担当、校勘は漢語を荒木、満洲語は鋤田が担当した。

凡　例

1　台湾中央図書館蔵本(以降「台中本」と略称す)を底本とし、中央民族大学蔵本(以降「民族本」)、第六才子書西廂記(以降「貫華堂本」)、西廂記(王季思校注本)(以降「明刊本」)を参照した。

2　満洲語転写にはメルレンドルフ式を用いた。単独で現れたiについては助詞のiと代名詞のiとの区別をつけるため助詞のものを-iとし、biに関しても人称代名詞との区別をするために人称代名詞以外のものを-biとした。漢語由来の語彙に関してはひとまとまりのものを-で繋いだ。

3　注は算用数字のもの(1, 2, 3…)が本文に関するものであり、漢数字のもの(一、二、三…)は満洲語と漢語それぞれ校勘に関するものである。

4　[o:　]とは底本がそうなっていると言う意味。

5　頭の04は底本の葉数、a、bは表裏、最後の1, 2は行数である。

6　日本語訳は満文からの訳であり、いささか生硬な訳となっている。

114b1　amala boljoho juwan juweci fiyelen..
後の契り　第十二章
後候　　　第十二章

114b2　fu žin wesifi hendume. ecimari jang loo niyalma takūrafi alanjihangge jang šeng be
夫人登場していうには、朝早く長老は人を差し向けてお告げになるに

張生は
夫人上云　　　　早間長老使人來說　　　　張生病重

114b3 nimere ujen sere jakade. bi oktosi① solinabufi. emu derei hūng niyang be tuwanabuha
病が重いので、私に薬師を招き　紅娘を見に行かせ
我着人去請太醫　一壁吩咐①紅娘看去

114b4 jai oktosi① ai okto omibuha. nimerengge adarame. getukeleme fonjifi gisun bederebu
更に薬師にどのような薬を飲ませればよろしいか、はっきりと問い合わさせ
問太醫下什麼藥　　是何病症脈息如何便來回

114b5 sehe sefi. fu jin mariha. hūng niyang wesifi hendume. fu žin mimbe takūrafi jang
なさい夫人は退場、紅娘が登場して言うには、夫人は私を遣わして
話者　夫人下　　紅娘上云　　　　夫人使俺去看張生

114b6 šeng be tuwanabumbi. fu žin si damu jang šeng ni nimeme ujelehe be saha gojime
張生を見舞わせる、夫人、あなたは只張生の病が重くなった事を知っても
夫人呵你只知張生病重

114b7 tere sikse yamji tuttu fancaha be adarame bahafi sambi. ergen susarakū semeo sefi.
彼が昨夜、かくの如き怒りを如何せんと成ったのをお分かりか、虫の息と成り果てた
那知他昨夜受這場氣呵　　　　怕不送了性

114b8 hūng niyang wasika. ing ing wesifi hendume. jang šeng nimeme ujelehe sembi. bi emu
と言いて、紅娘は退場、鶯鶯は登場して言うには、張生病重きと言い、私は
命也　紅娘下　　鶯鶯上云　　　　張生病重　俺寫

115a1 bithe arafi. oktoi dasargan② seme hūng niyang be benebufi. terei baru emu babe
手紙を書き、薬を処方させようと紅娘を遣わして、彼にこの事を
一簡　　只說藥方　　着紅娘將去　　與他做個道

115a2 toktobuki sefi. hūng niyang be hūlara de. hūng niyang je sehe. ing ing hendume

安心させたいと言って、紅娘を呼べば、紅娘はいと言う。鶯鶯が言うには
理　　　　　　　　喚紅娘科　　　紅應云諾　　　　鶯鶯云

115a3 jang šeng nimere ujen sere. minde emu sain oktoi dasargan② bi. si mini funde bene
張生は病重しと、我に良薬の処方有り、お前私に替りにお行きなさい、
張生病重　　　　我有一個好藥方兒　　與我將去咱

115a4 hūng niyang hendume. siyoo jiyei si geli isika. okini bai. fu žin beleni mimbe
紅娘言うには、お嬢様あなたも行けば良いのでしょうが、夫人は今しがた私を
紅云　　　　小姐呵　你又來也　也罷　　　　　　　夫人正使我去

115a5 takūrafi unggire be dahame. bi sini funde gamara. ing ing hendume. sini gisun
遣わすと言う事なので、私があなたに替り行くのです、鶯鶯が言うにはお前の
我就與你將去波　　　　　　　鶯鶯云　我專

115a6 bederebure be aliyambikai sefi. ing ing. hūng niyang mariha jang šeng wesifi hendume
話しを待っているわと言いて、鶯鶯紅娘は退場する。張生登場して言うには
等你回話者　　　　　　　鶯鶯紅娘下　　　　張生上云

115a7 sikse yamji ilha yafan de. tere durun -i fancafi. fe nimeku fukdereke. yasa tuwahai
昨夜花園での　斯くなる悶々たる怨みで、古き病が再発し、眼に見ようとしても
昨夜花園中　　我喫這場氣　　　　　　投着舊證候　　　眼見得休

115a8 susambikai③. fu žin. jang loo be oktosi① solinabufi mimbe tuwabumbi sere. mini ere ubiyada
霧がかかったように見えぬのだ。夫人は長老に薬師を呼び私を見舞えと言う、私の嫌な
了也　　　　　　　　　夫人着長老請太醫來看我　我這惡證

115b1 nimeku. oktosi① -i dasame muterengge waka. siyoo jiyei de aika dasara dasargan② bici
病は、薬師の治療では治せぬもの、お嬢様のもしも治療の処方箋さえあれば
候　非是太醫所治　　　　　　除非小姐有甚好藥方兒這病

115b2 hono ombi. hūng niyang wesifi hendume. mini siyoo jiyei niyalma be nimeku bahabume

出来のだが。紅娘登場して言うに、我がお嬢様、人を病にさせて

便可了　紅娘上云　俺小姐害得人一病郎當

115b3 hesihedebufi. geli mimbe aimaka okto dasargan② benebumbi. bi esi geneci damu tere

ひょろつかせ、私に薬を処方させて、私は勿論行きますが、ただ彼の

如今又着俺送甚藥方兒　俺去則去　只恐

115b4 nimeku ele ujen ojorakū sembi. encu gašan de joboro akara nimeku mujakū labdu

病は益々重なり治せませぬ、異郷に苦しむ病の重くなり

越着他沉重也　異鄉最有離愁病

115b5 ferguwecuke okto. duha lakcara gese nimerengge be dasara de mangga sehebi..

妙薬は腸を断つが如く治療が難しいとつぶやいている

妙藥難醫腸斷人

115b6 yuwei diyoo. deo an cun. hūng niyang ni ucun. neneme si boconggo fi de irgebun④ irgebume

【越調】【鬪鵪鶉】紅娘が唱う　先にあなたは彩筆で詩を書いた

【越調】【鬪鵪鶉】紅娘唱　先是你彩筆題詩

115b7 gisun be šurdebume gecuheri jodohoi niyalma be facihiyašabuhai cirku de gūwaidame besergen de

回文錦を織りし人を　心焦らせ枕に凭れさせ床に

回文織錦引得人臥枕着床

115b8 naihūbuha. jetere be onggome. emu be tookabuha. te yala šulu jobošoro pan an -i adali

倒れこませて、食を忘れ次々に遅滞させ、今や額は潘安の如く

忘餐廢寢　到如今鬢似愁潘

116a1 comboli nimere šen yo -i gese oho. korsocun umesi hiri. nimeku umesi ujelehe. sinde baniha

腰は病みた沈約の如き様になる、怨みは甚だ深く、病は甚だ重い、感謝せん

腰如病沈　恨已深病已沉　多謝你

116a2 seki. alimbaharakū fatar serede. dere tokome girubuha. šahūrun gisun -i niyalma be akšulaha

としても、堪らなく熱くなり、顔は突かれて恥ずかしく、冷たき言葉の人

を罵れり
熱劫兒　　　　　　　　　　　對面搶白　　　　　　　　　冷句兒將人厮侵

116a3 dzy hūwa el sioi. si dalbai duka de nikefi biya be aliyaha. mudan -i hergen -i songkoi irgebun④
【紫花兒序】あなたは側門に寄りかかり月を待つ、韻字によりて詩を
【紫花兒序】你倚着槞門兒待月　　　　　　依着韻脚兒聯詩

116a4 acabuha. šan waliyafi kituhan⑤ donjiha bihe kai.
合わせ、耳を欹て琴を聞いている。
側着耳躲兒聽琴

116a5 sikse yamji holkonde jortai fiyanarame tutala gisurehe. jang šeng be bi sini emgi
昨夜俄かに偽りて嘘をつき、斯くも言ったが、張生を私と共に
昨夜忽然撇假偌多説　　　　　　張生我與你②兒妹之

116a6 ahūn non -i doroi hūlaha dabala. ai baita bi sehe..
兄妹の関係と呼ばせたのは、何の企みあるのやら
禮　　　　　　　　甚麼勾當

116a7 holkonde emu bithei niyalma be eye de tuhebuhe..
突如一人の書生を穴に陥れた
忽把一個書生來跌窨

116a8 enenggi geli hūng niyang. minde emu sain okto dasargan② bi. si gamafi tede bu
今日又紅娘が私に良薬の処方ありと、あなたは持ちゆきて、彼に与えよ
今日又是紅娘我有個好藥方兒　　　　你將去與了他

116b1 sehengge..
と言ったとか。

116b2 geli meni gese takūrabure sargan juse be ergeleme hafirara de asuru hamirakū. mimbe ifire
又私の様な侍女を迫り遣わせて、甚だ堪えられぬ、　　　　私は裁縫の
又將我侍妾來逼凌難禁　　　　　　　　　　　　倒教我似

116b3 tonggo -i gese feliyebume. ulme ci aljaburakū. ereci julesi⑥ ini cihai okini bai. ai
糸のように行ったり来たり、鍼から離れられぬ、これ以後は彼らの好きにさせ
線脚兒般殷勤不離了鍼　　　　　　　　從今後由他一任　甚

116b4 jurgangga mederi. bailingga alin sehengge. yooni sandalabuha muke. goro hada

oho..
恩義が海の如き恩、山の様にと言ったとて、全て相隔たった水、遠くの峰である
麼義海恩山　　　　　　　　無非遠水遙岑

116b5 jang šeng be acafi hendume. siyan šeng jilakan kai. si te nimerengge antaka. jang
張生に会って言うには、先生お気の毒に、貴方今病の具合はいかがです、
見張生問云　　　　先生可憐呵　　　　你今日病體如何　張

116b6 šeng hendume. buya bithei niyalma faijima ohobi. bi buceci hūng niyang gege ilmun
張生言うには、小生奇妙な事になった、私が死ねば紅娘さんは閻魔大王の
生云　　　害殺小生也　　　　我若是死呵　紅娘姐閻王

116b7 han -i yamun juleri. si uthai siden bakcin niyalma kai. hūng niyang hendume. abkai
役所の前で、貴女は関わりの被告となるぞ。紅娘が言うには、　普天
殿前　　　少不得你是干連人　　　　紅娘云　　　　普

116b8 fejergi kidume nimerengge sini adali uttu kidume nimerengge akū. siyoo jiyei si
のもと相思病を患う者は、貴方の如き相思病ではない。お嬢様をお前様は
天下害相思　　　　不相你害得忒煞也　　　　小姐你那里

117a1 adarame bahafi sambi..
如何して得られましょうや。
知道呵

117a2 tiyan jing ša. sini mujilen de tacin -i mederi. šu -i⑦ bujan be teburakū. tolgin de fodoho -i helmen
【天淨紗】貴方のお心は学海文林に居らず、　　　夢に柳の影
【天淨紗】你心不存學海文林　　　　夢不離柳影花陰

117a3 ilhai silmen ci aljarakū. damu gu be guwelere. hiyan be hūlhara de mujilen sithūmbi. geli
華の影から離れていない、只玉を窺い、香を偸む事に励んで居られる、又
只去竊玉偷香上用心　　　　又不

117a4 umai bahara ba akū. bi tuwaci si fulana⑧ ilha ilakaci kiduhai ertele oho..

全く得る所がない。私が見れば貴方は海棠の花が咲けば思い焦がれ今に至り
曾有甚　　我見你海棠開想到如今

117a5 sini kidure nimeku. adarame uthai uttu de isinahani. jang šeng hendume. sini
貴方の相思病は、如何にして斯くなる事に至るや、張生言うには、私は
你因甚便害到這般了　　張生云　　你

117a6 jakade. bi ai gelhun akū holtombi. bi damu siyoo jiyei -i turgunde. sikse
貴女のせいで、余儀なく嘘をつく、私は只お孃様の為なのだ、昨夜
行[1]我敢說謊　　我只因小姐來　　昨夜

117a7 yamji bithei boode amasi jifi. fak fak fancahai elekei bucehe. bi niyalma be
書が部屋に至れり、焦り焦って怒って死にそうになり、私は人を
回書房　　一氣一個死　　我救了人

117a8 aitubufi. elemangga niyalma de jociha. julgei henduhengge. hehei mujilen beliyen.
救おうとして、却って人を破滅に追い込まれた。故人曰、女の心は痴にして
反被人害　　古云　癡心女子負心漢

117b1 hahai mujilen gerišeku sehebi. te elemangga fudaraka kai. hūng niyang hendume. tede
男の心を迷わせると、今却って条理に背くことになってしまった、紅娘言うに
今日反其事了　　紅云　這

117b2 dalji akū..
それはお嬢様には関係の無い事。
個與他無干

117b3 tiyoo siyoo ling. si beyebe kimci ere miosihon dufe⑨ de tuwahai giranggi canggi gebserefi. hutu
【調笑令】貴方自身視るに斯くも邪佞荒淫で、見れば骸骨だけに痩せ細り、鬼に
【調笑令】你③自審這邪淫　　看尸骨嵓嵓是鬼病侵

117b4 dabkame nungnembi. geli ne šusaisa daci uttu sembi. ere gese emhun kidurengge absi fiyokorohobi
祟られ侵されて、又今秀才なる者は以前から斯くなる者。独り相思病になると全く出鱈

便道秀才們從來恁　　　　　似這般單相思的好教撒吞

117b5 gungge[10] gebu aifini mujilen de acabuhakū seci. salgabun holbon geli ishun cashūn oho.

目で功名を早々心に忘れて、婚姻事に又星座が遇うや遇わぬやとなっている

功名早則不遂心　　　　　婚姻又吟伏吟

117b6 fu žin mimbe takūrafi siyan šeng ai okto omire be tuwanjibuha ere serengge

夫人が私を遣わして先生が如何なる薬を飲むべきか見に行かせ、この事

夫人着俺來看先生　　　　吃甚麼湯藥　　　　　　　　這另

117b7 geli aimaka encu emu sain oktoi dasargan[2]. siyan šeng de bene sehe. jang šeng

は又もし別の良薬の処方箋を、先生に送れとおっしゃる、張生

是一個[4]甚麼好藥方兒　　　　送來與先生　　　　　　張生云

117b8 hendume. aba. hūng niyang bithe be alibufi hendume. eri jang šeng neifi tuwafi

言うには、何処じゃ、紅娘書を献じて言うには、ここにあり、張生

在那里　　　　　　紅授簡云　　　　　　　在這里張生開讀

118a1 alifi injeme hendume. minde absi urgun. dule emu meyen irgebun[4] bitheni sefi canjurafi

受け取り笑いて言うに、実に嬉しや、一種の詩と言い揖礼して

立起笑云　　　　　　我好喜也　　是一首詩　　　揖云

118a2 hendume. siyoo jiyei irgebun[4] jihe be saha bici. niyakūrafi alime gaici acambihe.

言うには、お嬢様の詩が着いたと知れば、跪き受取ったのだった

早知小姐詩來　　　　　　　禮合跪接

118a3 hūng niyang gege buya bithei niyalma nimeku hercun akū gaihari yebe oho. hūng

紅娘さん、小生病は気にとめぬ、俄に良くなった、紅

紅娘姐　小生賤體不覺頓好也　　　　　　　　紅娘

118a4 niyang hendume. si geli jihe kai. ume geli tašarabure. jang šeng hendume minde ainahai

娘言うには、お前様来たのね、間違いじゃないですね、張生言うに私に何故

云　　　　　你又來也　　　不要又差了一些兒　　　張生云我那

118a5 tašarabure calgari baita bini. cananggi umai tašarabuha ba akū. bahara

ufararangge
間違う事がありましょうや、一昨日は本当に誤り無きに、得失
有差的事　前日原不得差　得失亦事

118a6 meni meni nashūn kai. hūng niyang hendume. bi akdarakū. si hūlafi minde donjibu
各々廻りあわせである。紅娘言うには、私は信じませぬ、貴方が私の耳に入れた事を
之偶然耳　紅云　我不信　你念於我聽呵

118a7 jang šeng hendume. si sain gisun be donjiki seci. hing seme etuku be dasatafi julesi
張生言うには、貴女は良き言葉を聞きたがる、一心に服を身に着けて前
張生云　你欲聞好語　必須致誠斂袵而前

118a8 oso sefi. jang šeng etuku umiyesun be tuwancihiyafi. juwe galai bithe be jafafi
進みなさい、張生服帯を正して、両手に書を持ち
張生整冠帶　雙手執簡科

118b1 hūlambi..
読む。

118b2 irgebun[4] -i gisun. ume baitakū baita de kir seme mujilen be jobobure. abkai salgabuha
詩に言う　決して無用の事に嘆いたり、苦労する事は天賦
念詩云　休將閒事苦勞[5]懷　取次摧殘

118b3 erdemu be ainu emdubei jocibume susabumbi. damu seibeni fusihūn beyebe yooni obuki
の才を、ただ駄目にして毀させる。只前から妾の身を全うさせてほしいものです
天賦才　不意當時完妾行

118b4 sehei. enenggi agu de gashan ojoro be we gūniha. jiramin kesi be wesihun karulara de
と言った、今日兄様に災いをなす事を私達誰が思ったでしょう、厚恩に報いるに
豈知[6]　今日作君災　仰酬厚德難從禮

118b5 dorolon be daharangge mangga. ice irgebun[4] be gingguleme alibufi jala obuki. g’ao tang de
礼を従う事は難しい。新たな詩を敬いてお渡しし、仲人となりたし。

高唐に

謹奉新詩可當媒 寄語

118b6 gisun jasifi fujurun⑪ irgebure be naka sehe. ere yamji jiduji aga tugi ome jiki

言葉を送り詩を吟じれは良いと、この夜きっと雨雲が来るだろう

高唐休詠賦 今宵端的雲雨2)來

118b7 sehebi. hūng niyang gege. ere irgebun④ aika cananggi adalio. hūng niyang uju gidafi

と言い、紅娘さん、この詩を一昨日の比べてみれば、紅娘頭を低くして

紅娘姐 此詩又非前日⑦之比 紅低頭沉吟云

118b8 kejine ofi hendume. ara inu. bi saha. siyoo jiyei yala sini okto -i dasargan② sain.

暫くして、アラ本当に、私はお嬢様のやはり貴方への処方箋はすばらしい。

哦有之我知之矣 小姐你真個好藥方兒也

119a1 siyoo too hūng. šungga⑫ ilhai helmen aššame dobori cib seme šumin jušuhun jušun ⑬ de dang gui be

【小桃紅】肉桂の花の影が動く夜ひっそりと深き、酸っぱき酢に当帰を

【小桃紅】桂花搖影夜深沉 酸醋當歸浸

119a2 ebeniyehe. omo alin -i boso -i ergi silmen -i ergi de fita nikefi. baire de umesi mangga. emu

浸し、湖山の北側の方の影にしっかりと寄り添う。求めるに全く難し、一服

緊靠湖山背陰裡 窨最難尋⑧ 一服

119a3 jemin⑭ ocibe. juwe jemin⑭ ocibe omirengge niyalmai ciha. sengguwerengge jy mu dedure unde ayoo

だろうと二服だろうと飲む人に任せ、怖れる事は知母の眠りはまだであろう

兩服令人恁 忌的是知母未寢

119a4 gelerengge hūng niyang foihorilarakū. erei sidende ši giyūn dzy -i emu majige orhode be baitalambi

怖れる事は紅娘に怠慢が無い事、これをあなたに使君子の少しばかりの薬草を服用す。

怕的是紅娘撒沁 這其間使君子一星兒參

119a5 gui san tai. damu si umesi bulhūri. aiseme hele arambi. yala fudasihūlaha bithei

šungsi⑮
【鬼三台】あなたは誠に湧き出す性質、如何言う訳か啞の振りをし、本当に
【鬼三台】只是你其實啉　休粧唔　真是瘋魔翰林

119a6 mujangga. sain mede bahara ba akū ofi. jasigan -i bithede dacilara be bodohoi. emu justan
瘋癲翰林の通りだ、良き消息を得なければ、手紙に問質すは策略ありと、一条
無投處問佳音　向簡帖上計稟　得了個

119a7 hoošan bahafi. uttu kubun -i dolo ulme be uhure gese arbušambikai. aikabade gu -i abkai
の紙を得れば、即ち綿の中に針を包むようにうごめくのだ。もしも玉天の
紙條兒　恁般綿裡鍼　若見了玉天仙

119a8 hojo be sabuha de maka adarame hoššombiheni. meni siyoo jiyei yala baili be onggoho. hundu
麗しきを目にした時、果たして如何に誤魔化すや、我がお嬢様の御恩を忘れた、傻人
怎生軟廝禁　俺那小姐正合忘恩傻人負心

119b1 niyalma mujilen be cashūlaha adali. tu sy el. sini beye emu jergi boso jibehun de deduhebi.
は心に背いたようです。【兔絲兒】身は一枚の衾に臥している
【兔絲兒】你身臥一條布衾

119b2 uju ilan jušuru⑯ -i gu -i kituhan⑤ be ciruhabi. tere jihede adarame emu bade dedumbi. tere
頭は三尺の玉の琴を枕としている、彼が来た時どうして一つの所で寝られよう
頭枕三尺瑤琴　他來怎生一處寢　凍

119b3 beyehei dar sere dabala ai haji sere babi. šeng yo wang. unenggi aika sinde mujilen bifi.
冷えて振るえるだけ、何の愛しい等と言えようか。【聖藥王】誠に貴女に心有らば
得他戰戰兢兢還知音　【聖藥王】果若你有心

119b4 tede mujilen bici. sikse dobori ceku -i⑰ hūwa -i dolo cib cib seme ilha de silmen bihe.
彼に心有らば、昨夜鞦韆の中庭の中に寂寥たる花に影あり、
他有心　昨宵鞦韆院宇夜沉沉⑨　花有陰

119b5 biya de silmen bihe. uthai niyengniyeri dobori emu kemu⑱ be minggan yan aisin -i gese obuci

月に影有り、即ち春の宵は一刻千金なれば

月有陰　　　便該春宵一刻抵千金

119b6 acambikai geli aiseme irgebun④ be bahanara ursei baru irgebumbi. dung(o:tung) yuwan lo. minde ijifun

宜しき哉、又何ぞ詩を解する人々と吟じんや。【東原樂】我に

何須又詩對會家吟　　　　　　　　　　　【東原樂】我有鴛

119b7 niyehe šeolehe cirku bi. gecuheri alha -i jibehun bi. udu niyalmai mujilen de umesi acacibe.

鴛鴦の刺繍枕有り、錦繡の掛布団あり、幾人かの心に誠に適うが

鴦枕　　　　　　翡翠衾　　　　　　便遂殺人心

119b8 damu ai yokto -i turimbi. si uthai surakū etuku nisihai ocina. geli ai be aliyambi.

只何の趣向の賃借りか、貴女は脱がぬ衣と一緒ならば、又何を待つやら

只是如何賃　　　　　　　你便不脫和衣更待甚

120a1 sini simhun ondoro ci ai dalji. si hajilame jabduci. amba hūturi kesi kai.

貴女の指を弄びても何も関わりなし、貴女と結ばれれば、大なる福恩である。

不强如你指頭兒恁　　　　　　　　　　你成親已大福廕

120a2 siyan šeng sinde daldarakū alaki. mini siyoo jiyei be si absi obume gūnihabi.

先生　貴方に偽りなく言いましょう、我がお嬢様が来られると思っておられるの

先生不瞞你說　　　　　　　　　　　俺的小姐呵　你道怎麼來

120a3 miyan da sioi. terei faitan seci aldangga alin yacikan sabure adali. yasa seci bolori muke

【綿搭絮】彼の眉は遠くの山が蒼黒く眼に映えるよう、眼は秋の水に

【綿搭絮】他眉⑩是遠山浮翠　　　　　　　　　　　眼是秋水無塵

120a4 irgašara gese. yali seci. bakjaka nimenggi. comboli seci uyaljara fodoho. hocikon ningge arbun.

遊行するが如し、膚は凝酥よう、腰は風になびく柳のよう、容姿整える様、

膚是凝酥　　　腰是嫩柳　　　　　　　　俊是龐兒

120a5 sebsihiyen ningge mujilen. beye giru nesuken nemeyen bime. banitai ujun. tere umai ferguwecuke

柔和な心　　体の様は溫柔で、　天性、斯くも利発にして

俏是心　　　體態是溫柔　　　性格是沉　他不用法炙神

120a6 suiha. enduri naman be baitalarakū. tere serengge. emu gosihon be aitubure guwan ši in..
お灸も神鍼を用いず、 斯く言うに、苦を救う観世音
鍼 他是一尊救苦觀世音

120a7 tuttu bicibe. bi naranggi gelhun akū akdaci ojorakū..
そうならば、私はつまり敢えて頼る事が出来ようか。
雖然如此 我終是不敢信來

120a8 mudan -i amargi. bi elheken -i seoleki. si geli kimcime gūni..
【后】我はは徐に考えるに、貴女も詳しく考えよ
後 我慢⑪沉吟 你再思尋

120b1 jang šeng hendume. hūng niyang gege. enenggi be gūwa inenggi de duibuleci ojorakū.
張生言うに、紅娘さん、今日は別の日と比べは出来ぬ
張生云 紅娘姐 今日不比往日

120b2 hūng niyang hendume. ara siyan šeng tuttu waka..
紅娘言うに、おや、先生それは違いますよ、
紅云 呀 先生不然

120b3 sini duleke baita aifini gidabuha. bi damu ne be hendumbi..
貴方の往時は已に隠れてしまい、私は只今を言うのです。
你往事已沉 我只言目今

120b4 siyoo jiyei ere dobori jimbi semeo. akdarakū.
お嬢様の今夜来ると言うのか、信じないのなら
不信小姐今夜却來

120b5 ere dobori ilaci ging de. i jifi ainambi..
今夜三更に、彼女が来たら如何する。
今夜三更他來恁

120b6 jang šeng hendume. hūng niyang gege. buya bithei niyalma sinde alaki. jidere
張生言うには、紅娘さん、小生貴女に言いたいね、来るか
張生云 紅娘姐 小生吩咐你 來

120b7 jiderakū be si ume dara. damu nergin de isinaha manggi. sini hūsutulere de
来ないかを気にしなさんな、折にふれ、着いたら、貴女心して
與不來 你不要管 總之其間 望你用心

120b8 akdahabi..
ください。

121a1 bi hūsutelerakūngge akū. ainu šeyen gu suwayan aisin. uju jalu ilha na ušara

gecuheri
私は励み勤める事などありません。なぜ白玉や黄金を頭に満たし花として、地を引く錦を、
我是不曾不用心　　　　　　　　　　怎說白璧黃金滿頭花拖地錦

121a2 sembini. uncehen -i mudan. fu žin aika duka be ciralaci. erde ocibe. yamji ocibe. bi simbe
【收尾】夫人もし門を閉じても、早くであっても　私は貴方を
【收尾】夫人若是將門⑫禁　　　早共晚我能教稱心

121a3 selabume mutembi..
喜ばせる事が出来ます。

121a4 siyan šeng de bi inu henduki. eiterecibe tere nergin de isinafi. si hūsutule.
先生に私は言いたい、嘘でもその間に来て、貴方こそ励み勤めなさい。
先生我也要吩咐①你　總之其間你自用心

121a5 jidere jiderakū be bi gemu darakū..
来る来ないは、私の関わる事ではないですが
來與不來我都不管

121a6 jihede ojoro ojorakūngge ini cihana. acaha manggi. haji haji akūngge yooni sinde bi..
来た時、言う事を聞くか聞かぬかは、彼の人次第、慈しむか否かは貴方にある。
來時節肯不肯怎由他　　　　　　　　見時節親不親盡在你

第12章校勘記(満洲語)

	台中本	民族本		台中本	民族本
①	oktosi	daifu(大夫)	⑩	gungge	gung(功)
②	dasargan	fangse(方子)	⑪	fujurun	fu(賦)
③	susambikai	susambikai	⑫	šungga	gui(桂)
④	irgebun	ši(詩)	⑬	jušun	ts'u(醋)
⑤	kituhan	kin(琴)	⑭	jemin	fu(服)
⑥	julesi	amasi	⑮	bithei šungsi	han' lin(翰林)
⑦	šu -i	šui	⑯	jušuru	c'y(尺)
⑧	fulana	hai tang(海棠)	⑰	ceku -i	cekui
⑨	dufe	dufen	⑱	kemu	ke(刻)

第12章校勘記（漢語）

	台中本	民族本		台中本	民族本
①	吩咐	分付	⑦	前日	前
②	我與你	我與	⑧	窨最難尋	最難尋
③	你	仞你	⑨	夜沉沉	夜深沉
④	另是一個	另個	⑩	眉	眉黛
⑤	苦勞	苦縈	⑪	慢	謾
⑥	知	防	⑫	將門	門

注

1）　你行→現代漢語の二人称複数「你們」に当たるが、満洲語ではsiniと単数形で表す。恐らく清代半ばの時期では複数である事には気が付かなかったのであろう。

2）　雲雨（男女交情の事）を満洲語は逆にしてaga（雨）tugi（雲）としている。

123b1　bithe de karulaha juwan ilaci fiyelen.
書に報いた十三章
酬簡第十三章

123b2　ing ing wesifi hendume. hūng niyang be bithe benebufi. jang šeng be ere yamji
鶯鶯が登場して言うには、紅娘をして書を送らせ、張生をしてこの晩
鶯鶯上云　紅娘傳簡帖兒去約張生今夕與

123b3　ini emgi acambi seme boljoho bihe. hūng niyang jihe manggi tuwaki..
彼女と一緒に会うことを約束したのであった。紅娘が戻って来たら考えてみよう。
他相會　等紅娘來做個商量

123b4　hūng niyang wesifi hendume. siyoo jiyei mimbe jang šeng de bithe benebufi terebe
紅娘が登場して言うには、お嬢さんは私に張生へ書を送らせ　彼に
紅娘上云　小姐着俺送簡帖兒與張生　約

123b5　ere yamji ishunde acaki seme boljobuha. mini gelerengge. geli gofi weri ergen be
この晩お会いたいと約束させた。私の恐れる事は、また取り止めて他

人の命を
他今夕相會　俺怕又變卦送了他性命

123b6 jocibuha de yobo waka. bi siyoo jiyei de acanaki. i maka aisembini sehe. ing
落とさせたら戯言ではない。私はお嬢さんに会いに行きたい。彼女が一体何と言うかと。
不是耍　俺見小姐云　看他說甚的　鶯

123b7 ing hendume. hūng niyang dedure boo be icihiya. bi amganambi. hūng niyang hendume.
鶯鶯が言うには、紅娘よ寝る部屋を整えなさい。私は眠りに行く。紅娘が言うには
鶯云　紅娘收拾臥房　我睡去　紅云

123b8 si amganambikai. tere niyalma be absi obumbi. ing ing hendume. aibe tere
あなたは眠りに行くのか。あの人をどこに居させる。鶯鶯が言うには誰をあの
不爭你睡呵　那里發付那人　鶯鶯云　甚麼那人

124a1 niyalma sembi. hūng niyang hendume. siyoo jiyei si geli isika. weri ergen be jocibuha de
人と言う。紅娘が言うには、お嬢さんあなたまたこうだ。他人の命を落とさせたら
紅云　小姐你又來也　送了人性命不

124a2 yobo waka. si aika geli gofi aifuci bi fu zin de gercilembi. siyoo jiyei mimbe
冗談ではない。あなたまた取り止め違えればわたしは夫人に訴える。お嬢さんが私をして
是耍　你若又翻悔　我出首與夫人　小姐着我將

124a3 bithe benebufi. jang šeng be jio seme boljohobi seki. ing ing hendume. ere ajige
書を送らせ、張生に来いと約束したのだと。鶯鶯が言うには、この小
簡帖兒約下張生來　鶯鶯云　這小妮

124a4 nehū absi cahūšame bahanambi. hūng niyang hendume. hūng niyang cahūšarangge waka.
娘 なんとでまかせを言うのが得意だ。紅娘が言うには、紅娘はでまかせを言うのではない。
子倒會放刁　紅娘云　不是紅娘放刁

124a5 ainara. siyoo jiyei jai ume geli tuttu ojoro. ing ing hendume. damu gicuke manggi

どうしてもお嬢さん決してまたそのようなさるな。鶯鶯が言うには、恥ずかしい、
其實小姐切不可又如此　　　　　　　　　　　　　鶯鶯云　只是羞人

124a6　ainara. hūng niyang hendume. we sahabi. hūng niyang ci tulgiyen. ilan niyalma akū kai
如何しよう。紅娘が言うには、誰が見たのだ。紅娘より他、三人はないかな。
答答的　　紅云　　　　誰見來除却紅娘並無第三個人

124a7　hūng niyang hacihiyame hendume. yoki yoki. ing ing umaiserakū..
紅娘が迫って言うには、行きましょう 行きましょう。鶯鶯は何も言わない。
紅娘催云　　　　去來去來　　　　　　鶯鶯不語科

124a8　hūng niyang hacihiyame hendume. siyoo jiyei ainara. yoki yoki. ing ing umaiserakū bime.
紅娘が急かして言うには、お嬢さんどうした、行きましょう 行きましょう。鶯鶯は何も言わないで
紅娘催云　　　　　小姐沒奈何去來去來　　　鶯鶯不語作意

124b1　tathūnjambi..
うろうろする。
科

124b2　hūng niyang šorgime hendume. siyoo jiyei muse yoki yoki. ing ing umaiserakū.
紅娘が迫って言うには、お嬢さん 私達行きましょう 行きましょう、鶯鶯は何も言わない。
紅娘催云　　　　小姐我們去來去來　　　　　鶯鶯不語

124b3　yabumbime geli ilinjambi..
行きまた立ち止まる。
行又住科

124b4　hūng niyang šorgime hendume. siyoo jiyei geli aiseme ilihabi. yoki yoki. ing ing
紅娘 迫って言うには、お嬢さん また何故立ち止まったのだ、行こう行こう、鶯鶯
紅娘催云　　　　小姐又立住怎麼　　　　　　去來去來　鶯

124b5　umaiserakū yabumbi..
何も言わず行く。
鶯不語行科

124b6 hūng niyang hendume. mini siyoo jiyei gisun udu katun bicibe. bethe aifini
紅娘が言うには、 私達のお嬢さんは言葉はたとえ無理やりであっても、足は既に
紅娘云　我小姐語言雖是强　脚步兒早

124b7 oksoho kai.
歩いたかな。
已行也①

124b8 jeng gung. duwan jeng hoo. hūng niyang ni ucun. siyoo jiyei -i gu -i nilgiyan ferguwecuke ilhai gese
【正宮】【端正好】　紅娘の歌、お嬢さんの玉の輝きは妙なる花の様な
【正宮】【端正好】　紅娘唱　因小姐玉精神花模樣

125a1 arbun dursun. giyalan lakcan akū. inenggi dobori akū kidume gūninjaha. ere yamji -i mujilen.
姿形、間に切れ目がなく、日夜なく思い考えた。この晩の思い
無倒斷　曉夜思量　今夜出個志誠

125a2 umesi unenggi ofi. meni abka be daldaha holo be mahūlame dasaha. niruha asari① ci tucifi.
大層誠であり、我ら天を騙した偽りを塗り直した。描いた建物から出て、
心　改抹咱瞞天謊　出畫閣[1]向書房

125a3 bithei booi baru foroho. cu ba -i hada ci aljafi. g'ao tang de geneme. gu be hūlhara be tacime
書の家に向かった。楚の地の峰から離れ、高唐に行き、玉を盗むことを学び
離楚岫赴高唐　學竊玉試偷

125a4 hiyan hūlhame cendembi. u šan ilan -i hojo gege. cu siyang wang ni baru. cu siyang wang ainci
香を盗むのを試す。巫山の麗しい娘が、楚襄王に向かう。楚襄王或いは
香　巫娥女楚襄王　楚襄王先在②陽臺上[2]

125a5 afanggala yang tai dele bi dere..
先んじ陽台の上にいるのだ。

125a6 ing ing hūng niyang sasa majiha.　.
鶯鶯　紅娘が共に下がった。
鶯鶯　隨紅娘下

125a7 jang šeng wesifi hendume. siyoo jiyei hūng niyang be takūrafi. bithe benjime. buya

張生 登場して言うには、お嬢さんが 紅娘を遣わし、書を持ってきて、小
張生上云　　　　　　　　小姐着紅娘將簡帖兒約小生

125a8　bithei niyalma emgi. ere yamji acambi seme boljohobi. ere erin sucungga ging dubesilehe.
生に一緒に、この晩会うと約したのだ。この時(今)初更が終わった
今夕相會　　　　　　　這早晚3) 初更盡呵

125b1　ainu jiderakūni. niyalmai jalan -i sain dobori cib sere dade cib sembi. abkai dergi
なぜ来ないのか。人の世の良い夜は静かな上に静かだ。天の上の
怎不見來人間良夜靜復靜　　　　　　　　天上美人

125b2　saikan niyalma jimbio jiderakūn.
良い人は来るか来ないか。
來不來

125b3 siyan lioi（o:ioi）diyan giyang cun jang šeng ni ucun.. untuhun terkin de kejine iliha. dobori šumin ome hiyan -i
【仙侶】【点絳唇】張生の歌。虚しく階に暫く立った、夜は深くなり香の
【仙侶】【點絳唇】張生唱　佇立閑堦　　　　　夜深香靄横

125b4 gūrgin. aisin -i hūwa de burgašame. bithei boo alimbaharakū bolgo bithe hūlara antaha hamirakū
煙、金の庭に湧き立ち、書の部屋はたまらなく清く　書を読む客は耐えられず
金界　　　　　瀟灑書齋　　　　　悶殺讀書客

125b5 ališambi. hūn giyang lung. boconggo tugi aibade bini. biyai genggiyen mukei adali. taktu karan② de
悶える。【混江龍】彩雲はどこにあるか。名月は水の如し。楼台に
【混江龍】彩雲何在　　　　月明如水　　　浸樓臺

125b6 eldekebi. hūwašan bolgomire boode tefi. gaha hūwa -i hohonggo③ moo de gargimbi. edun de cuse
光ったのだ。僧は禅房に居り、烏は庭の槐の木に鳴く。風に竹
僧居禪室　　　鴉噪庭槐　　　　風弄竹

125b7 moo lasihibure asuki be ainci ashaha aisin -i miyamigan guwembi sehe. biya de ilihai helmen
が倒される音を あるいは帯びた金の飾りが鳴ると言った。月に花の影が
聲只道③金珮響　　　　　　　　　　月移花影疑

125b8 aššara be. gu -i niyalma jihe seme kenehunjehe. gūnin lakiyabuhai yasa absi sui. facihiyašame
動くのを、玉人が来たと疑った。思いの掛かった目はなんと罪なことか。慌ただしく
是玉人來 意懸懸[4]業眼 急攘攘[5]④

126a1 burgišahai gūnin wajirakū. beye mujilen lalanji ofi. sindara ba akū ohobi. uthai beliyekesaka
混乱した思いは終わらない。身心ぐにゃぐにゃになり、置く所がないのである。即ち呆然
情懷 身心一片無處安排 呆打孩倚定

126a2 ofi. uce de nikefi aliyaki. ulhiyen ulhiyen -i yacin garunggū -i④ medege burubuha. suwayan indahūn -i
として、門に寄りかかり待ちたい。段々と青い鸞の便りは消えた。黄色い犬の
門兒待 越越的青鸞信[6]杳 黃犬音[7]乖

126a3 gūwarangge aljaha. io hū lu. mini gūnin mujilen murhu farhūn. yasa neire be bambi. emhun cirku de
鳴き声は離れた。【油葫蘆】私の心はぼんやりし、目が開くのもだるく、一人枕に
【油葫蘆】我情思昏昏 眼倦開 單枕側

126a4 gūwaidafi. tolgin -i fayangga ududu mudan cu ba -i yang tai de dosika. aifini uttu inenggi
寄りかかり、夢の魂は何度も楚の地の陽台に入った。早くもこのように日
夢魂幾人楚陽臺 早知恁無明無

126a5 dobori akū. terei turgunde akara be saha bici. tere fonde hoton haihara boco be ucarahakū
夜なく、彼のために悲しみを知ったのであり、その時 城を傾ける色に会わなかった
夜因他害 想當初不如不遇傾城色

126a6 bicina. niyalma de endebuku bici. urunakū beyebe wakala. halara be ume sengguwendere sehebi. bi
のであればなあ。人に過ちあれば、必ず身を責めよ、改めるを決して憚るなと言ったのだ。私は
人有過必自責 勿憚改[8] 我

126a7 hono sain be saišara de boco be halame mujilen be targaki sembihe. terei lok seme

mujilen de
やはり 良いを良いとして 色を改め 心を戒めたいのだ。彼が突然心に
却待賢賢易色將心戒　　　　　　　　　　　　　　怎當他兜的上

126a8 dosinjire de adarame hamimbi. tiyan hiya lo. bi uce de fita nikefi. galai[9] šakšaha be sujaha.
入り来るを如何に受けよう。【天下楽】私は門にぴたと寄りかかり、手で頬を当てた。
心來　　　　　　　　　　【天下樂】我倚定門兒手托腮

126b1 bi terei jidere jiderakū be buhiyerengge yala absi mangga ni. fu zin -i ashan ci aljarangge
私が彼の来る来ないを当てることは、本当になんと難しいか。夫人のそばから離れること
好看我難猜來也那不來⑤　　　　　　　　　　夫人行科應難離側

126b2 mangga aise. niyalma be hargaxabuhai yasa ulire isika niyalma be kidubuhai mujilen ele xofoyon
難しいのではないか。人を望ませる目は貫くに近く　人を思わせる思いは益々狭いの
望得人眼欲穿　　　　　　　想得人心越窄

126b3 oho. embici kimungga[10] beye cihakū semeo
であった。或いは仇の身 調子が良くないと言うか。
多管是冤家不自在

126b4 ertele jiderakūngge. maka geli holtohobio..
今まで来ないのは、なんとまた嘘をついたか。
偌早晩不來　　　　莫不又是謊

126b5 no ja ling.　i aika jiki seci. beye aifini wesihun booci aljaha. i aika isinjici. garjaha.
【那吒令】彼がもし来たいと言ったなら、身は早くも尊い家から離れた。彼がもしやって来れば、壊れた
【那吒令】他若是肯來早身離了貴宅　　　　　　　他若是到來便春

126b6 boo niyengniyeri fiyan gaimbi. i aika jiderakū oci. uthai wehe amba mederi de iruha adali.
家は春色を得る。彼が来ないならば、即ち石が大きい海に沈んだ如し。
生敝齋　　　　他若是不來　　　　似石沉大海

126b7 ini yabure bethei okson be tolome. ere fe -i beren de nikefi aliyaki. erdemungge gege de gisun
彼の行く足の歩みを数え、この窓の格子に寄り待ちたい。徳のある姉さん

に言葉

數着他脚步兒行　　靠着這窗櫺兒待　　寄語多才

126b8 jasiki. ciyoo da jy. tere durun -i akšulame yertebucibe. oron mujilen de tebuhekū kai. jabšan de

送りたい。【鵲踏枝】そのように悪い話をし辱めても、全く心に残らなかったかな。幸いに

【鵲踏枝】恁的般惡搶白　　並不曾記心懷　博得

127a1 gūnin forgošofi mujilen marifi. mimbe dobori geneme ineggi jio secina. yasai yarkiyandume hontoho

思いはひっくり返り気持ちは回り、私に夜行き昼来いと言うか。　目での誘いは半

個意轉心回　　許我夜去明來　　調眼色已經半

127a2 aniya oho. ere sidende yargiyan -i dosoburangge mangga. gi šeng _ao. nimere be belhe. tukiyere be

年になった。この間に本当に耐えることが難しい。【寄生草】痛みを備え持ち挙げるを

載　　這其間委實難捱　　寄生草　安排着害　準備着

127a3 tuwa. ere encu gašan -i beyebe gūnime. hacihiyame cai šasihan -i hetumbumbi. sini hatabure. hojoi

見よ、この他の村の身を思い、勉めて茶や羹で過ごす。あなたの憎まれる麗しさの

擡　想着這異鄉身　　强把茶湯捱　　只為你可憎才

127a4 turgunde. niyaman dosobume aliyaha. emu farsi hing sere mujilen be tebufi. arbun dursun be

故に、心を耐えさせ待った。一片の篤い気持ちを留め、姿形を

熬定心腸耐　　辦一片志誠心　　留得形

127a5 taksibufi bibuki. cendeme abka tuwara urse de tuwabufi. hontoho aniya jobošombi seme bodoho

保たせておきたい。試しに天を見る者達に見させ、半年憂い苦しむと計った

骸在　　試教司天臺　　打算半年愁

127a6 gojime.　uthai fuhešeku muhaliyan -i adali. ainci juwan aniya funceme forgošoho.

ばかりで、即ち転がる玉の如し。思うに十年余り回った。

端的是太平車　　敢有十餘載

127a7 hūng niyang wesifi hendume. siyoo jiyei si damu ubade bisu. bi cargide genere

sefi
紅娘 登場し言うには、お嬢さん あなたただここに留まれ。私があちらに行くと言い
紅娘上云　　　　　　　　小姐我過去你只在這里

127a8 uce toksire de. jang šeng hendume. siyoo jiyei jiheo. hūng niyang hendume. siyoo jiyei
門を叩くに、張生 言うには、お嬢さん 来たか。紅娘 言うには、お嬢さん
敲門科　　　　張生云　　　　　小姐來也　　　　　紅云　　　　　小姐來

127b1 jihebi. si sektefun cirku be alime gaisu. jang šeng canjurafi hendume. hūng niyang
来たのだ。あなたは敷物と枕を受け取れ。張生が礼をし言うには、紅娘
也　　　　你接了衾枕者　　　　　　　　張生揖云　　　　　紅娘姐

127b2 gege. buya bithei niyalma ere nerginde emu gisun -i wacihiyaci muterakū. damu abka
姉さん、小生　この機会を一つ言葉で終わらせることができない。ただ天のみ
小生此時一言難盡　　　　　　　　　　　　　惟天可

127b3 sakini. hūng niyang hendume. si nilukan -i arbuša. imbe ume sengguwebure. si
知ってもらいたい。紅娘 言うには、あなた 柔らかく振る舞え、彼を決して恐れさせるな。あなた
表　　　　　　　紅云　　　　　你放輕者　　　　　休諕了他　你

127b4 damu ubade aliya. bi terebe okdonoki. hūng niyang. ing ing be aname wesifi
ただ ここで待て、私が彼を迎えに行こう。紅娘、鶯鶯を押し登場し
只在這里　　　我迎他去　　　　　　紅娘推鶯鶯上云

127b5 hendume. siyoo jiyei si dosi. bi fa -i tule simbe aliyara. jang šeng ing ing be
言うには、お嬢さん あなた入れ、私は窓の外であなたを待つ。張生は鶯鶯を
小姐你進去　　　　　我在窗兒外等你　　　張生見鶯鶯跪

127b6 sabume. niyakūrafi tebeliyefi hendume. jang gung de ai hūturi bi seme. gelhun akū
見て、跪き抱きかかえ言うには、張珙に何の福があるかと、敢えて
抱云　　　　　　　　　張珙有多少福　　　　　敢勞小

127b7 siyoo jiyei be fusihūn bade sulabume ebunjibuhe..

お嬢さんを低いところに留め降りてこさせた。
姐下降

127b8 tsun li ya gu. holkonde hataburui banin wen be sabufi. beye lak akūngge aifini uyun fuwen⑤
【村裡迓鼓】突然嫌悪すべき容貌を見て、身の具合の悪いものが早くも九分
【村裡迓鼓】猛見了可憎模樣　　　　　　　早醫了⑥九分不快

128a1 yebe oho. neneme becebu manggi. ere yamji acara be we erehe. siyoo jiyei be uttu mujilen
良くなった。先に責められて、この晩会うことを誰が望んだ。お嬢さんにこのように心を
先前見責　　　　誰承望今宵相待　　　　　　小姐這般用心

128a2 fayabuha be dahame. erdemu akū jang gung bi niyakūrame doroloci acambi. buya bithei
使わせた故に、徳のない張珙 私は跪き礼を行うべきだ。小生
不才張珙合跪拜　　　　　　　　小生無宋

128a3 niyalma de sung ioi -i gese yebcungge akū. pan an -i gese arbun akū. dzy giyan -i gese
には宋玉の如き風流はない。潘安の如き容貌はない。子建の如き
玉[11]般情　　　　　潘安[12]般貌　　　　子建[13]般才

128a4 erdemu akū. siyoo jiyei si damu mini antahašame banjire be jilaki..
才能はない。お嬢さん あなたはただ私が客となり過ごすのを憐れんでください。
小姐你只是可憐我為人在客

128a5 ing ing umaiserakū. jang šeng ilifi hanci adame tehe..
鶯鶯は何も言わない。張生は立ち 近くに並び座った。
鶯鶯不語　　　　張生起捱鶯鶯坐科

128a6 yuwan ho ling. šeolehe sabu arkan emu šuru. sunggeljere comboli juken ishun sefere. girume
【元和令】刺繍した靴は丁度親指と人差指の長さ、揺れる腰は丁度一握り、恥じて
【元和令】綉鞋兒剛半折　　　　　　　　柳腰兒恰一搦

128a7 sorocome uju tukiyerakū. emdubei šeolehe cirku de ijišambi[14]. yacin šulu ci aisin -i
もじもじし頭を持ち上げない。ただ刺繍した枕を ???. 黒い鬢の毛から金の
答答不肯把頭擡　　　　　只將綉枕捱　　　　雲鬢彷佛墜金

128a8 caise tuheke adali šošokū⑥ waikurahangge umesi acahabi. šang ma giyoo. bi sini
簪が落ちたよう 髻飾りの歪んだものは大いに合ったのだ。【上馬嬌】わたしはあなたの
釵 偏宜鬏髻兒歪 【上馬嬌】我將你

128b1 tohon fešen be uksalafi. bi sini lo -i uše be suki. šungkeri⑦ jarin -i fa cib sere boode
ボタンのつまみを解き、私はあなたの羅の帯を解きたい。蘭麝の窓 さっと家に
鈕扣兒鬆 我將你羅帶兒解 蘭麝散幽齋

128b2 selgiyebufi. kesemburu niyalma be akabure mangga. ara. ainu dere ebsi fororakūni..
伝え、だめな人を苦しめるのは難しい。ああ、なぜ顔がこちらに振り向かないか。
不良會把人禁害 咍 怎不回過臉兒來

128b3 jang šeng. ing ing be tebeliyehe. ing ing umaiserakū..
張生は、鶯鶯を抱きかかえた。鶯鶯は何も言わない。
張生抱鶯鶯 鶯鶯不語科

128b4 šeng hū lu. nemeyen gu sur sere hiyan be tunggen de fita tebeliyehe. ara. uthai lio zuwan.
【勝葫蘆】柔らかい玉のぷんとした香を 胸にしっかりと抱いた。ああ、即ち 劉阮が
【勝葫蘆】軟玉溫香抱滿懷 呀 劉阮到天台[15)]

128b5 tiyan tai alin de isinaha adali. niyengniyeri niyalmai jala de isinjifi. ilha jaksaka gese.
天台の山に着いた如し。 春が人の世に到来し、 花が鮮やかな様だ
春至人間花弄色

128b6 sunggeljere comboli elhei aššame. ilhai jilha be nuhan -i fiyentehejebume. silenggi sekiyere de
揺れる腰はゆっくりと動き、花の蕊をゆっくりとひび割れさせ、露が滴たり
柳腰欵擺 花心輕折 露滴牡丹開

128b7 mudan ilha ilaka. amargi. ulhabuhai fume deribuhe. nimaha muke bahafi hūwaliyame acaha. nunggari
牡丹の花が咲いた。【後】浸したまま痺れ始めた。魚が水得て調和し合った。柔らかい
後 蘸着些兒麻上來 魚水得和諧 嫩蕋

128b8 jilha⑧ amtangga wa de gefehe aname isinara de. i dulin anatame dulin dahacame.

bi sesulambime
蕊の甘い匂いに蝶が続いて至るに、あの人は半分押し半分迎え、私は驚き
嬌香蝶次採　　　　　　　　　　你半推半就　　　　　　　我又驚又

129a1 geli buyehei nilukan anggai hiyan -i dere be ojoho. lio ye el. bi simbe niyaman fahūn -i gese
また好み　柔らかな口の香の顔を吸った。【柳葉兒】私はあなたを心肝の様に
愛　　　　檀口揾香腮　　　　　　　　【柳葉兒】我把你做心肝般

129a2 tuwame. siyoo jiyei -i bolgo hanja be nantuhūrame bertenebuhe. bi jetere be onggofi. amu be
見て、お嬢さんの清らかさを汚し汚くした。私は食べるのを忘れ、眠るのを
看待點　污了小姐清白　　　　　　　　我忘餐癈寢舒心害

129a3 waliyafi. mujilen wajirakū jobošoho bihe. aikabade yargiyan mujilen -i dosobuhakū. ten -i gūnin -i
捨て、心は終わりなく憂い苦しんだのであった。もし本当に心が耐えられなかったら、極みの気持ちの
若不是真心耐　　　至心

129a4 aliyahakū bici. ere kidurengge. aide gosihon wajifi jancuhūn isinjimbihe. cing ge el. ere yamji
後悔せずにあれば、この思いは、どうして苦しみが終わり 甘みが至ったのか。【青哥兒】この晩
捱　　　　　　　　怎能勾這相思苦盡甘來　　　　　　　　【青哥兒】成就

129a5 doshon haji be mutebume šanggabuha. fayangga uyun dabakūri tugi cala kaliha. cunggūšame
寵愛 友愛を成し遂げ成就した。魂は九重の雲のあちらに飛び去った。頭をぶつけ
了今宵歡愛　　　　　　　魂飛在九霄⑦雲外　　　　　　投至得

129a6 baihai sini ere gese alimbaharakū habcihiyan ajige nainai be acaci. si tuwa. arbun
求め続け あなたのこの様な頗る親愛な小さい奶奶に会えば、あなた 見ろ、姿
見你這個多情小奶奶　　　　　　　　　　　你看　憔悴

129a7 muru gebserefi hiyalhūwa -i adali absaha. ere dobori beye acaha be kemuni kenehunjeme
様子はひどく痩せ 麻幹の如くやせ細った。この夜 身が会ったのを 尚も疑

い
形骸痩似蔴稭　今夜和諧　猶是疑猜

129a8 buhiyembi. silenggi hiyan -i falan de sabdafi. cib sere terkin de edun nakaha. biya. bithei
猜疑する。露香が地面に落ち、さっと 階で風が止んだ。月は、書の
露滴香埃　風靜閑堦⑧　月射書

129b1 boode fosofi. tugi yang tai be buriha. bi gehun iletu kimcime tuwaha. ainahai sikse dobori
家に照り、雲は陽台を覆った。私は目を開き 明らかに詳しく見た。どうして昨夜が
齋　雲鎖陽臺　我審視明白　難道是昨夜

129b2 tolgin biheni..
夢であったのだろうか。
夢中來

129b3 jang šeng ilifi niyakūrafi baniha bume hendume. jang gung ere dobori bahafi siyoo
張生 立ち跪き 礼を表し言うには、張珙 この晩 得てお嬢さん
張生起跪謝云　張珙今夕⑨得侍小姐

129b4 jiyei de takūršabuha. beye dubentele indahūn morin -i gese karulaki. ing ing
に使われた。身は最後まで犬馬の様に報いたい。鶯鶯は
終身犬馬之報　鶯鶯不

129b5 umaiserakū. hūng niyang solime hendume. siyoo jiyei bedereki. fu zin sererahū. ing
何も言わない。紅娘 請うて言うには、お嬢さん帰ろう。夫人は知らない。鶯
語科　紅娘請云　小姐回去波　怕夫人覺來　鶯

129b6 ing ilifi yabumbime umaiserakū.　jang šeng. ing ing ni gala be ceceršeme
鶯は立ち行きながら何も言わない。張生、鶯鶯の手を強く引き
鶯起行不語科　張生攜鶯鶯手再看科⑩

129b7 jafafi dasame tuwambi..
摑み 再び見る。

129b8 umainaci ojorakū jobošombi. gi šeng tsoo. hon arbungga hojo. asuru eyerjeme boconggo.
やむにやまれず憂い苦しむ。【寄生草】甚だ姿がよく美しい。大いに見目よく色づきが良い。

愁無奈　【寄生草】多丰韻　忒稔色

130a1 dartai sabume uthai niyalma be kidubumbi. teni saburakū ome uthai niyalma be foskiyabumbi.

暫時見て 即ち人を思慕させる。しばらく見ないで 即ち人を苛立たせる。

乍時相見教人害　霎時不見教人怪

130a2 majige andande acafi uthai niyalma de buyebumbi. ere yamji cece⑨ -i jampan -i dolo uhei acaha.

少ない間に会い 即ち人に愛させる。この晩 紗の帳の中で一緒に 会った。

些時得見教人愛　今宵同會碧紗幮⑪

130a3 atanggi jarin lo -i telgin be dahime sumbiheni..

いつ麝香の羅の帯を繰り返して解くか。

何時重解香羅帶

130a4 hūng niyang hacihiyame hendume. siyoo jiyei hūdun bedereki. fu zin sererakū. ing ing

紅娘 急がせ言うには、お嬢さん速く帰ろう。夫人は知らない。鶯鶯は

紅娘催云　小姐快回去波　怕夫人覺來　鶯鶯

130a5 umaiserakū terkin ci wasika. jang šeng. ing ing ni juwe gala be ceceršeme

何も言わず階から降りた。張生、鶯鶯の二つの腕を強く引き

不語行下堦來　張生雙攜鶯鶯手⑫再看科

130a6 jafafi geli tuwambi..

摑み また見る。

130a7 jan ša wei. niyengniyeri gūnin nilukan tunggen de iletulehe. niyengniyeri fiyan yacin faitan de

【賺煞尾】春の気持ちが柔らかい胸に現れた。春の顔色が黒い眉に

【賺煞尾】春意透酥胸　春色横眉黛

130a8 serebuhe. niyalmai jalan -i gu suje gidabuha. guilehe dere toroi fulcin biyai elden de jerkišeme.

知らせた。人の世の玉の緞子に遮られた。杏の顔 桃の頰が 月の光に 眩み

賤却那人間玉帛　杏臉桃腮乘月色

130b1 ele fulgiyan šanyan⑩ tuyembuhe. hiyan -i terkin ci wasifi. niowanggiyan niokji be fehure be

益々赤く 白く 露わになった。香の階から降り、緑の苔を踏むに

嬌滴滴越顯紅白　下香堦　懶步蒼苔

130b2 barangge. gahūngga sabu -i dube isheliyen de ai dalji. buya bithei niyalmai erdemu akū de

飽きたこと、前かがみになった靴の尖端が窄いことに何の関係がある。小生の才能なく

非關弓鞋鳳頭窄　　　嘆鯫生不才

130b3 cibsimbi. haji hojoi gosime tuwaha de baniha buki. si šolo tucibufi. ere yamji erdeken -i

嘆く。愛しい人の慈しみを見たことに感謝したい。あなたは時間を作り、この晩早くに

謝多嬌錯愛　　　你破工夫今夜早些來

130b4 jidereo..

来ないか。

第13章校勘記（満洲語）

	台中本	民族本		台中本	民族本
①	asari	leose（楼子）	⑥	šošokū	di gi（鬏髻）
②	taktu karan	leose tai（楼子台）	⑦	šungkeri	lan（蘭）
③	hohonggo	hūwaise（槐子）	⑧	jilha	jilga
④	garunggū -i	luwan gashai（鸞）	⑨	cece	ša（紗）
⑤	fuwen	fun（分）	⑩	šanyan	šanggiyan

第13章校勘記（漢語）

	台中本	民族本		台中本	民族本
①	早已行也	早已行	⑦	九霄	九霄九霄
②	先在	敢先在	⑧	閑堦	閑皆
③	只道	則道	⑨	今夕	今夜
④	急攘攘	急穰穰	⑩	再看科	再看
⑤	來也那不來	好看我難猜	⑪	紗幮	紗廚
⑥	早醫了	早醫可	⑫	鶯鶯手	鶯手

注

1）畫閣：色彩画で装飾された楼閣のこと。

2）離楚岫赴高唐…楚襄王先在陽臺上：楚宋玉「高唐賦」に基づく。楚の懐王が高唐に

遊び、昼寝をした時に夢の中で女性と出会い、親しく過ごした。別れ際に女性は朝に雲となり、夕べには雨となり陽台に現れると言い残したところ、果たしてそのようであったという。

3） 這早晩：ここでの“早晩”は「時、ころ」を表す。“這早晩”で、「今、現在」を表す。満洲語の訳は直訳の形を取っている。

4） 意懸懸：びくびくする、の意。

5） 急攘攘：大急ぎなさま。

6） 青鸞信：西王母が常に三羽の青鸞を従えていたことから、使者のことを表す。

7） 黄犬音：晋の陸機の飼っていた黄犬が、信書をくわえて使いしたことから、便りのことを表す。

8） 勿憚改：『論語・学而』「過則勿憚改」

9） galai：gala(手)に -iが続け書きされた形だが、ここの -iは「〜の」ではなく、道具を表す「〜で」の用例である。

10） kimungga：一般的にはkimunggeと綴る。

11） 宋玉：楚の文人。屈原の弟子とされ、「屈宋」と並び称される。次の潘安と共に美男子であったといわれる。

12） 潘安：西晋の文人潘岳のこと。字は安仁。美しい容姿であったと伝わる。

13） 子建：魏の曹植の字、曹操の三男。幼いころより詩の才能を発揮した。

14） ijišambi：語義不明。漢語“捱”からは「被る」の意か。

15） 劉阮到天台：南朝宋・劉義慶『幽明録』「劉阮遇仙」。後漢のころ、劉晨と阮肇が薬草取りに天台山へ入ったところ道に迷ったが、その先で美しい女性と知り合い、しばらく楽しく共に時を過ごし下山したところ、時は既に三百年も進んでいた、という我が国の『浦島太郎』に似た物語である。

131b1 hojo be beidehe juwan duici fiyelen

拷艶第十四章

131b2 fu žin hūwan lang sasa wesifi hendume > ere ucuri tuwaci> ing ing gisun hese

夫人は歓郎を連れて登場し言うには　このごろ見ていると鶯鶯は、物言いはあれこれと、

夫人引歡郎上云　這幾日見鶯鶯語言恍惚

131b3 erken terken> gūnin mujilen kūwai fai seme> beyei giru aššara arbušarangge neneme(o:nenehe)>

心はそわそわ、姿からだつき動作が

神思加倍　腰肢體態別又不同

131b4 adali akū> absi kenehunjecuke> hūwan lang hendume> cananggi yamji fu žin
前と同じではない　なんと疑わしい　歓郎が言うには　この間の夜、奥様が
心中甚是委決不下　　　　　　　　歡郎云　　　　　前日晚夕夫人睡

131b5 amgaha manggi> bi tuwafi> siyoo jiyei> hūng niyang ni emgi ilhai yafan de hiyan
眠った後　私は見て　お嬢様　紅娘と一緒に花園に香
了　　　　我見小姐和紅娘去花園裡燒香

131b6 dabunafi> dobonio aliyaci jihekū> fu žin hendume> si hūng niyang be hūlafi
炊いて　一晩中戻って来ませんでした　　おまえ紅娘を呼んで
　　　　半夜等不得回來　夫人云　　　　你去喚紅娘來

131b7 gaju> hūwan lang> hūng niyang be hūlara de hūng niyang hendume> age mimbe
おいで　歓郎　紅娘を呼んだので　紅娘が言うには　兄さん私を
　　　　歡郎喚紅娘科　　　　　　紅云　　　　　　哥兒喚

131b8 hūlafi ainambi > hūwan lang hendume > si siyoo jiyei emgi ilhai yafan de
呼んでどうするの　歓郎言うには　お前、お嬢様と一緒に花園に
我怎麼　　　　　　歡云　　　　　夫人知道你和小姐花園裡去

132a1 genehe be te fu žin safi sinde fonjiki sembi> hūng niyang sesulafi hendume> ara
行ったのを　今奥様がお前に問うている　紅娘　驚いて言うに　おや
　　　　　　如今要問你哩　　　　　　　紅驚云　　　　　　　呀

132a2 siyoo jiyei si minbe gūtubuha kai> age si neneme gene> bi dahanduhai genere
お嬢様あなたは私を巻き添えにしたわね　兄さん先に行って、私すぐに行きます
小姐你連累我也　　　　　　　　　　　哥兒你先去　　我便來也

132a3 aisin -i omo de muke jaluci > ijifun niyehe tomombi > šeolehe fa edun de
金の池に水が満ちれば　おしどりが棲みつく　刺繍した窓　風で
金塘水滿鴛鴦睡　　　　綉戸開鸚鵡

132a4 milaraci yengguhe serembi >
開いて　鸚鵡が知る
知

132a5 yuwei diyoo> deo an cun> hūng niyang ni ucun > damu uttu yamji geneme gereme jidere bici >
【越調】【闘鵪鶉】紅娘の歌　ただこのように夜が去り明るくなってくるな

らば

【越調】【閗鵪鶉】紅娘唱　　止若是夜去明來

132a6 hono abkai gese golmin> na -i① adali goidambihe> sini aga be sefereme> tugi be hafirara

なお天のように長い　地のように久しい　あなたの雨をつかんで雲をはさむ

到有個天長地久　　　　　　　不爭你握雨攜雲

132a7 turgunde> mimbe daruhai niyaman be angga de isitala lakiyabuha > si damu biya be

ので　私にいつも心臓を口もとまでさらさせた　あなたはただ月を

常使我提心在口[1)]　　　　　　　你止合帶月披

132a8 hukšeme> usihan be nereme yabucina> we simbe hiri amga dobonio dedu seheni> fu žin -i

頭にいただき星を羽織り行ってください　誰があなたをよく眠り一晩中寝かせると言ったのか　夫人の

星[2)]　　　　　　　誰許你停眠[3)]整宿[4)]　　　夫人

132b1 mujilen bodogon fulu> banin gūnin aldungga> kemuni faksikan -i gisureme> koimasitame jabume

心にははかりごとが有り余るほどで、その性質や気持ちは風変わりだ　なおずるいことをして応対し

他心數[5)]多　　　　　　情性㥮[6)]　　　還要巧語花言

132b2 akūnge be bi sembikai> dz hūwa el sioi> tere yadahūn fungsan be ice hojihon oho seme

ないものをあると言えと言うのか【紫花児序】彼の大変貧しいのが新しい婿となると

將沒①作有　　　　　　紫花兒序　猜他窮酸[7)]做了新婚②

132b3 buhiyembi> siyoo jiyei simbe tangsu sargan oho seme buhiyembi> hūng niyang mimbe yaruhan

推測する　お嬢様あなたをかわいい妻となるのを推測する　私紅娘を案内

猜你小姐做了嬌妻　　　　　猜我紅娘做的牽頭[8)]

132b4 niyalma seme buhiyembi> tere anggala sini ere mudangga faitan yar seme umesi yacin> genggiyen

人となるのを推測する　彼のみならずあなたのこの弓なりの眉 すらりとして非常に黒い　明るい

況你這春山[9)]低翠　秋水[10)]

132b5 yasa iragašame alimbaharakū saikan be aisehe> damu hūsihan -i uše be hūwaitame > tohon be
目 秋波を送ってこらえきれない　美しさをなんとしよう　ただスカートの紐をつなぎボタンを
凝眸③都休　只把你裙帶兒拴　紐門

132b6 tohomime> nenehe fon ci aituha wasika be duibuleci> dasabufi oori hūsun unggibufi encu
かけて 前より太ったか痩せたかを確かめてくれ、治療して精気を送り出させまた
兒扣比舊時④肥瘦　出落[11)]得精神　別

132b7 hacin -i yebcungge ildamu ohobi >>
別なる風雅、風流になっている。
樣的風流

132b8 bi gūnici> fu žin -i jakade isinaha manggi> fu žin toktofi fonjirengge> weke ajige
私思うに　夫人のところに行った後　夫人きっと問うことは おい
我算將來我到夫人那里　夫人必問道　兀那小

133a1 sengse>>
怠け女
賤人

133a2 gin jiyoo ye> bi simbe yaya bade geneci karmata> teci tuwakiya sehe kai> we simbe terebe gaifi
【金蕉葉】私は、お前にどこへ行っても保護せよ 座って見守ってと言ったのだ　誰がお前に彼女を引き連れて
【金蕉葉】我着你但去處行監坐守　誰教你迤逗[12)]他

133a3 balai feliyeme facuhūn be yabubuha ni> ere durun -i fonjime ohode> adarame jabuha de sain ni>
むやみに歩いて混乱を重ねさせたのか、この様子を尋ねた時、如何に答えれば良いのですか
胡行亂走　這般問　如何訴休

133a4 bi uttu seki> fu žin dele donji > hūng niyang bi ajigen ci② gelhun akū holtohakū
私はすぐに言う　奥様聞いてください　私紅娘は小さな時から図々しくも騙したりしない
我便只道　夫人在上　紅娘自幼不敢欺心

133a5 uthai tede emu turgun be saha felehudeme yabuha da be ulhibuki>>
すぐに彼女に 一つ事情を知った　差し出た振る舞いをしたと悟らせます
便與他個知情的犯由[13]

133a6 damu bi ai jojin -i yabuhani>>
ただ私はどんな馬銜を使って行こうか
只是我圖着什麼來

133a7 tiyoo siyoo ling> ce uju acafi> haji halhūn be falime> garudai③ garunggū④ -i gese oncohon
【調笑令】彼らは頭を合わせて仲良く逢引し鳳凰のように仰向けになる
【調笑令】他並頭效綢繆[14]　倒鳳顛鸞百事有

133a8 umusihun -i tanggū hacin -i efihe dabala> bi emhun fa -i tule> atanggi gelhun akū nuhan -i
うつ伏せになり百様に遊ぶばかりだ 、私は一人窓辺の外で、いつも敢えてそっと
我獨在窗兒外幾曾敢輕咳嗽

133b1 fucihiyaha bihe> niokji de ilihai šeolehe sabu hafu šahūraka> te narhūn yali sukū be
咳きをした　水苔に立ったまま刺繍した靴　染み渡って冷たい　今きめ細かい皮膚を
立蒼苔　祇把綉鞋兒冰透　如今嫩皮膚

133b2 muwa mukšan de jokjaburengge> mini ere kata⑤ fata acabuhangge> ai hala biheni>>
大きな棍棒でひどく殴ること　私にこの親密な逢瀬は　如何言う訳か。
去受粗棍兒抽　我這通慇懃的着甚來由

133b3 hiyok sefi hendume> siyoo jiyei bi geneki> gisureme> mutebuci si ume urgunjere
ふうと言って　お嬢様私は行きますよ 曰く　うまくいってもあなたは決して喜ばないで
咳小姐我過去呵　說得過你休歡喜

133b4 muteburakū oci > si ume gasara > si ubade majige gaime bisu> hūng niyang
失敗してもあなたは決して嘆かないで　あなたはここでしばらく従ってください　紅娘
說不過你休煩惱　你只在這里打聽波　紅娘見夫

133b5 fu žin be acaha> fu žin hendume > ajige sengse ainu niyakūrarakū> sini weile be
夫人を見た　夫人言うには　小さな怠け女なぜ膝まづかない　おまえ

罪を
人科　夫人云　小賤人怎麼不跪下　你知罪麼

133b6 sambio> hūng niyang hendume > hūng niyang bi weile be sarkū> fu žin hendume > si
認めるか　紅娘言うには　私紅娘は罪を認めません　夫人言うには　お前
紅云　紅娘不知罪　夫人云　你

133b7 kemuni angga kabsidambio> yargiyan be alaci > simbe guwebure > holtoci sini ere
まだ強情を張るのか　真実を話したらお前を許す　嘘をついたらお前のような
還自口強哩　若實說呵饒你　若不實說呵

133b8 ajige sengse be tantahai wambi> si siyoo jiyei emgi dobori dulin de ilhai
小さな怠け女を叩き殺してやる　お前は娘と一緒に夜中に花
我只打死你個小賤人　你和小姐半夜花園裡去

134a1 yafan de genehe sere > hūng niyang hendume > genehekū kai > we sabuha> fu žin hendume
園に行ったという　紅娘言うには 行ってません　誰が見たのですか　夫人言うには
紅云　不曾去　誰見來　夫人云

134a2 hūwan lang sabuha bime> kemuni daldambio sefi tantara de >
歓郎が見ていた　まだ隠す気か　と言って殴る
歡郎見來　尚兀自推哩　打科

134a3 hūng niyang hendume> fu žin -i wesihun gala guwelke bairengge taka jili tohorofi
紅娘言うには　奥様の御手を慎重にしてください　願わくはしばし怒りを鎮め
紅云　夫人不要閃[15]了貴手　且請息怒

134a4 hūng niyang ni alara be donjireo >>
紅娘の説明をお聞きください
聽紅娘說

134a5 gui san tai> yamji tehe de> ifire šeolere be nakafi> siyoo jiyei -i baru sula gisun
【鬼三台】夜座って　裁縫をやめ　お孃様に向かって　無駄話
【鬼三台】夜坐時停了鍼綉　和小姐閒窮究

134a6 gisurere de > ahūn nimeme goidaha> muse juwe nofi> fu žin de daldafi > bithei

boode tuwanaki
話していた　お兄さんが病んで久しいので　私達二人で奥様に隠れて書斎に見舞いに行きましょうと
說哥哥病久　　　　　　　喒兩個背着夫人　向書房問候

134a7 sefi> tuwanaci >
言い　見に行きますと

134a8 fu žin hendume> tuwaname genehe kai > i aisehe>>
夫人言うには　見に言ったのか　彼は何と言った
夫人云　　問候呵　　他說甚麼

134b1 ini hendurengge> fu žin de baili be kimun obure jakade> buya bithei niyalma be urgun -i
彼が言ったこと　奥様は今恩を仇としましたので　小生を喜びの
他說夫人近來恩⑤做讎　　　　　　　　　教小生半途喜變憂

134b2 aldasi jobocun kūbulibuha> ini hendurengge hūng niyang si taka neneme gene > i siyoo
途中で苦しみに変えました 彼の言ったこと　紅娘　お前しばらく先に行って
他說紅娘你且先行　　　　　　　　　　他說小

134b3 jiyei be taka amala tuta sehe >>
お嬢様をしばらく後に残しなさい
姐權時落後

134b4 fu žin hendume> ara > ajige sengse> tere emu sargan jui niyalma kai > amala tute
夫人言うには　ああ 怠け女　あの子は女の子よ　後に残って
夫人云　　唉喲 小賤人　他是個女孩兒家　　着他落

134b5 sefi aisembi >>
どうするの
後怎麼

134b6 tu sy el> urnakū enduri gese namalara (o:nimalara)> bithei songkoi suiha sindara dabala> ainahai
【禿廝兒】疑いようもなく効き目あらたかな鍼を刺し、書の跡の灸を据えたと思ったら まさか
【禿廝兒】定然是神鍼法灸　　　　　　　　　　　難道

134b7 cibin -i gucu> gūlin -i duwali ombini ceni juwe nofi te biya funcehe> kemuni emu bade

ツバメの仲　鶯のつがいである彼ら二人は今、一月あまり　なお同じところで
是燕侶鶯儔[16]　他兩個經今月餘　只是一處宿
134b8 manggi dedumbi> aiseme emke emken -i turgun da be sibkimbi > šeng yoo wang> ese jobome
のみ寝ている　どうして一つ一つ理由を追求できよう　【聖楽王】彼らは苦しみも
何須一一搜緣由　【聖樂王】他們不
135a1 sarkū> ališame sarkū > emu juru gūnin mujilen juwe ergici ishunde gūlikabi > fu žin si
知らぬ 嘆きも知らぬ　一対の心は二つの方向から互いに意気投合している　夫人あなたが
識憂不識愁　一双心意兩相投　夫人你
135a2 sain -i nakaci oci> uthai sain -i naka> erei dorgi be aiseme girkūfi sibkimbi>>
無事にやめられるならすぐにおやめください　彼らの仲をどうして一方的に詮索できるのですか
得好休便好休[17]　其間何必苦追求
135a3 fu žin hendume> ere baita ajige sengse yooni si kai > hūng niyang hendume jang
夫人言うには　この怠け女　全てお前のせいだ　紅娘言うには　張
夫人云　這事都是你這小賤人　紅云　不
135a4 šeng siyoo jiyei> hūng niyang de ai dalji > ere fu žin -i endebuku kai> fu
生　お嬢様　紅娘に何の関わりがありましょう　これは奥様の過失です　夫
管張生小姐紅娘之事　乃夫人之過也　夫
135a5 žin hendume > ere ajige sengse elemangga minbe anambio > mini endebuku adarame>
人言うには　この怠け女　反対に私になすりつけるのか　私の過ちとはなぜだろう
人云　這小賤人　倒拖下我來　怎麼是我之過
135a6 hūng niyang hendume > akdun serengge > niyalmai fulehe da > niyalma de akdun
紅娘言うには　信頼というものは人間の根本だ　人間に信頼が
紅云　信者人之根本　人而無信大
135a7 akū oci > ainahai ombini > seibeni cooha pu gio sy be kaha de > fu

なかったらどうなりましょう　かつて兵が普救寺を囲んだ時、奥様
不可也　當日軍圍普救　夫

135a8 žin angga aljahangge > hūlha be bederebume muterengge bici sargan jui be
約束したことは　賊を退散させることができる人がいれば娘を
人許退得軍者　以女妻之

135b1 sargan obumbi sehe bihe[6] jang šeng> siyoo jiyei -i boco fiyan be buyehekū bici
嫁に差し上げます　と言って　張生がお嬢様の容色を愛さなければ
張生非慕小姐顏色

135b2 arga alibure de ai dalji > fu žin dain mayafi > beye elhe oho seme > nenehe
策を授けるわけがないでしょう　奥様は軍隊がいなくなって身が安全になって先の
何故無干建策　夫人兵退身安　悔却

135b3 gisun be aifuhangge > eici akdun be ufarabuhangge wakao > niyalma -i baita
言葉を違えたのは　或いは信用を失わせたものではありませんか　縁組のこと
前言　豈不為失信乎　既不允其親

135b4 ojorakū oci tetendere > uthai ulin suje -i karulafi > ubaci aljabufi goro
応じないならば、すぐに金品でお礼をして　ここから離して遠くへ
事　便當酬以金帛　令其舍此遠去

135b5 unggici acambi > bithei boode bibuci acarakū bihe > jušuru[7] urhun -i gese giyalafi
やるべきでした　書斎にいさせるべきではなかったのです　一尺五分ぐらい離れて
却不和留於書院　相近咫尺

135b6 gasara sargan jui > sula haha be ishunde tuwašeme hiracabuhai > tuttu ere emu baita
苦しんだお嬢さんは暇な男を互いに見てじっと伺っていたのです　そうしてこの一事が
使怨女曠天各相窺伺　因而有此一

135b7 tucinjihe > fu žin ere baita be daldame gidarakū oci > emude oci siyang guwe -i fujuri
起こりました　奥様がこのことをもみ消さないと　一つには相国の世襲の端
夫人若不遮盖此事　一來辱沒相國家譜

135b8 boo be⑧ gūtubumbi > jaide oci > jang šeng niyalma de baili isibufi elemangga yertecun
家を辱めます　二つには張生は人に恩を与えたのに　却って辱めを
二來張生施恩於人　反受其辱

136a1 tuwambi> ilaci de oci hafan de habšaha de> fu žin de boo be⑧ dasara de cira
受けました　三つには裁判になります　奥様、家を治めることが厳しく
三來告到官司　夫人先有治家不嚴之

136a2 akū weile toktofi bisirengge> hūng niyang ni mentuhun gūnin be dahaci buya
ないという罪が確定します　紅娘の愚かな考えによれば些細な
罪　依紅娘愚見　莫若

136a3 endebuku be oncodofi> amba baita be šanggabuha de> yargiyan -i enteheme tusa>>
過ちを許して　大事を成就させましたら本当に　永遠の益と存じます
恕其小過　完其大事　實為長便

136a4 dekdeni henduhengge sargan jui ambakan oho manggi > bibuci acarakū sehebi > ma lang el>
ことわざに言うには女の子は少し大きくなってからは留めておくのは適当ではない【麻郎児】
常言女大不中留[18)]　【麻郎兒】

136a5 emke seci šu fiyelen⑨ arara uju > emke seci sargan jusei dorgi niongnio > emke ilan
一人は文章を作るのに最も優れた人　一人は娘の中の秀逸なもの　一つは三つの
一個又是文章魁首　一個是仕女班頭[19)]　一個通

136a6 tacihiyan uyun eyen be šuwe hafukabi> emke garunggū⑩ nirure> ifire šeolere be wacihiyame
教え九つの学問によく通じている　一人は鸞を描いて縫って思いをことごとく
徹三教九流[20)]　一個曉盡描鸞刺綉

136a7 bahanambi> mudan -i amargi> jalan de bici uthai akacina joocina⑪> amba bailingga niyalma be
理解している　【尾声】世にあって苦しいならやめればいい　大きな恩のある人を
【後】世有便休罷手　大恩人怎做敵

頭

136a8 adarame bata obuci ombi ni⑫ suru morin -i jiyanggiyūn fe gucu de donjibufi fei hū -i
どうして敵にしてしまうのですか　白馬の将軍の旧友に聞かせて　飛虎の
啟白馬將軍故友　斬飛虎

136b1 jergi ser seme buyasi hūlha be waha kai> lo⑬ sy niyang> jang bonggo tukiyesi⑭ -i baru
類のこまごまとした弱い賊を誅したではありませんか【絡絲娘】張解元挙人に対して
么麼草寇　【絡絲娘】不爭和張解元参辰

136b2 ishun cashūn ombi sehei> ts'ui siyang guwe de algingga jubengge⑮ bocihe tuciburengge kai>
背を向けているという　崔相国に恥をかかせることになります
卯酉[21]　便是與崔相國出乖弄醜[22]

136b3 eiterecibe beyei giranggi yali de holbobumbi> fu žin si giljame seolereo>>
結局は身内に関わり合いになります　奥様大目に見てよく考えてください
到底干連着自己皮肉　夫人你休究

136b 4 ere ajige sengse -i gisun inu> bi kesi akū ere dursuki akū jui be ujifi
この怠け女の言葉はもっとも　私は運がなくこの不肖の娘を世話して
這小賤人倒也說得是　我不合養了這個不肖之女

136b5 hafan de isinaci> yala duka uce girubume gūtubumbi> joo joo> meni boode fafun be
役所に訴えたら　まさに家門を辱めることになります　ああ　我々の家の法を
經官[23]呵　其實辱沒家門　罷罷　俺家無犯

136b6 necihe haha akū > sirame holboho sargan jui akū > ere ulha de buki bai hūng niyang
だめにした男はいない　継承する女の子はいない　この畜生に与えてしまった　紅娘
法之男　再婚⑥之女　便與了這禽獸罷　紅

136b7 si tere fusilaru be hūlafi gaju> hūng niyang solime hendume> siyoo jiyei tere mukšan
あの下衆を呼んでおいで　紅娘招いていう　お嬢様あの棍棒
娘先與我喚那賤人過來　紅娘請云　小姐那棍子兒

136b8 inu beye de tor seme emdubei šurdecibe> bi gisurehei mayambuha> te fu žin

simbe
まさに体をくるくるとひたすら回ったとしても　私は言い続けてことが重大にならないうちに消滅させた　今、奥様があなたに
只是滴溜溜⑦[24]在我身上轉　　吃我直說過了　　如今夫人請

137a1 jio sembi> ing ing hendume> gicuke manggi> aja be adarame acambi hūng niyang hendume>
来いという　鶯鶯言う　恥をかいた後で母にどうして会えるの　紅娘言う
你過去　　鶯鶯云　　羞人荅荅的怎麼見我母親　　紅云

137a2 ara siyoo jiyei si ainahabi> aja -i jakade ai girure babi> giruci ume yabure>>
あらお嬢様あなたどうしたの　母のところで何を恥じる理由がある　恥ずかしいなら行かないで
唉喲　小姐你⑧又來　　娘跟前有甚麼羞　　羞時休做

137a3 siyoo too hūng > si eici biya mukdefi teni fodoho -i gargan -i dubede fosome> afanggala
【小桃紅】あなたあるいは月が昇ってやっとしだれ柳の枝の梢を照らしたら真っ先に
【小桃紅】你個月明纔上柳梢頭　　却早人

137a4 niyalma be gerhen mukiyehe amala boljoho kai> bi giruhai fisa waliyafi> weihei gahari ulhi be
人を黄昏の後にと約束したじゃないか　私は恥ずかしくて背を向けて　歯で上着の袖を
約黃昏後　　羞得我腦背後　　將牙兒襯着

137a5 saiha bihe> hadahai tuwaci ojorakū> damu sini sabu fatan -i dube giodohon⑯ be sabuha> emke
噛んでいた　目を釘付けにして見ることができない　ただあなたの靴底の先を
衫兒袖　　怎凝眸　　只見你鞋底尖兒瘦　一

137a6 elere ebsihe⑰ nakarakū > emke jenduken jilgan -i ake ara sehe> tere fonde heni majige
満足するまで見るのをやめない　一人は小さな声であぁと言った　あの時は少しも
個恣情的不休　　一個啞聲兒廝耨[25]　　那時不曾害半星

137a7 yertešehekū kai >
恥じなかったのですか

兒羞

137a8 ing ing fu žin be acaha> fu žin hendume> eniyei jui sefi songgoho> ing ing

鶯鶯、夫人に見える　夫人言う　娘よ　と泣いた　鶯鶯

鶯鶯見夫人科　夫人云　我的孩兒　哭科　鶯鶯

137b1 songgombi > hūng niyan songgombi > fu žin hendume > eniyei jui si enenggi teile

泣く　紅娘泣く　夫人言う　娘よ　お前は今日ばかりは

哭科　紅娘哭科　夫人云　我的孩兒　你今日被人

137b2 niyalma de gidašabufi> ere gese baita tucinjihengge> gemu minde sui oho> bi we de

人に辱められ　このようなことが起こったのは皆私が悪いのだ　私は誰に

欺負　做下這般之事　都是我的業障　待

137b3 gasara> hafan de isibuki seci> sini ama be girubume gūtubumbi> ere gese baita>

恨みを言う　官吏の手を煩わせば　お前の父親を辱めることになる　このようなことが

怨誰來　我待經官呵　辱沒了你父親　這等事

137b4 muse siyang guwe booci tucici acarangge waka> ing ing ambarame songoro de>

我が相国の家から出てはならぬことだ　鶯鶯大いに泣くと

不是俺相國人家做出來的　鶯鶯大哭科

137b5 fu žin hendume> hūng niyang si siyoo jiyei be wahiyame jafa> joo joo> gemu bi sargan

夫人言う　紅娘、お前お嬢様を支えなさい　よしよし　全て私が娘

夫人云　紅娘你扶助小姐　罷罷　都是俺

137b6 jui be ujihengge gusherakū> si bithei boode genefi> tere ulha be hūlana>

を養うことを失敗したのだ　お前、書斎に行って　あの畜生を呼んでおいで

養女兒不長進　你去書房⑨裡　喚那禽獸來

137b7 hūng niyang > jang šeng be hūlaha > jang šeng hendume > we buya bithei niyalma be

紅娘、張生を呼んだ　張生言う　誰が小生を

紅娘喚張生科　張生云　誰喚小生

137b8 hūlambi> hūng niyang hendume> sini baita fukderekebi> fu žin sinbe

hūlambi>
呼んでいるのか　紅娘言う　あなたのことがばれました　夫人があなたを呼んでいます
紅云　你的事發了也　夫人喚你哩

138a1 jang šeng hendume> hūng niyang gege ainara> si mini funde majige daldame gamarao⑱>
張生言う　紅娘姉さん どうしよう　あなた、私のためにちょっと匿ってくれないか
張生云　紅娘姐沒奈何　你與我遮盖些

138a2 we fu žin -i jakade genefi alahani> buya bithei niyalma alimbaharakū gelembi> ai
誰が夫人のところへ行ったのか　小生は堪え切らないぐらい怖い　どういう
不知誰在夫人行　說來小生惶恐　怎

138a3 yoktoi genere> hūng niyang hendume> si ume jortanggi goloho arara> dere be
心境で行けよう　紅娘言う　あなたは決してわざと恐れるふりをしないように面を
好過去　紅娘云　你休佯小心　老着

138a4 mangga obufi hasa gene >
厚くして早く行きなさい
臉兒快些過去

138a5 amargi> emgeri firgeci ainahai baibi nakara> bi doigomšome gercilehe inu> i te nure
【後】既に露見したのだからどうしてただですむだろう 私が先に告白したのです 彼女は今、酒や
【後】既然泄漏怎干休　是我先投首[26]　他如今賠

138a6 cai tucime fuderame simbe amcadara bade si ainu elemangga jobošombi> ainu urunakū
お茶を出して反対にあなたを丸く収めるつもりだから、あなたは何をまた心配するのか　必ずしも
酒賠茶⑩　到人攔就⑪[27]　你反擔憂　何須約定

138a7 toktobure sarin > jala yabubure be baimbi > bi kadalame bargiyatarangge cira akū be alime
固めの宴に仲人を呼ばない　私は担当をきちんとしないのは認めるけれど
通媒媾　我擔着個部署[28]不周

138a8 gaihabi> si dule arsufi suihenerakūngge> pei> emu menggun -i boco bime> ayan -i gida biheni>

あなたはなんと芽が出て穂がないもの、ふん、銀色の蠟の槍だったのね

你元來苗而不秀[29)]　　　　　　　　　呸　一個銀様爉鎗頭[30)]

138b1 jang šeng> fu žin de acaha> fu žin hendume> absi sain šusai> nenehe han⑲ -i erdemu

張生、夫人にまみえる　夫人言う　なんと良い秀才　かつての王の徳には

張生見夫人科　　　　夫人云　　好秀才　　　　　豈不聞非先王

138b2 yabun waka oci> gelhun akū yaburakū sehebe donjihakūn> bi simbe hafan de

あらざればあえては行わない　私はあなたを役所に

之德行不敢行[31)]　　　　　　我待便送你

138b3 isibuki sembihe> damu meni duka uce gūtuburahū seme arga akū ing ing be

つき出したいと思った　ただ我々の家門を辱てはしかたがない　鶯鶯を

到官府去　　　　　　祇恐辱沒了我家門　　　　　　我沒奈何把鶯

138b4 sinde sargan obume bumbi> damu meni boo ilan jalan bai niyalma be hojihon obuhakū>

あなたに妻として与える　ただ我々の家は三代にわたり無官の人間を婿にしていない

鶯便配與你為妻　　　　只是俺家三輩[32)]不招白衣[33)]女婿

138b5 si cimari uthai jurafi> gemun⑳ hecen de simneme gene> bi sini sargan be ujire> hafan

あなたは明日すぐに発ち、都へ受験に行きなさい　私はあなたの妻を養います 官職を

你明日便上朝取應試[34)]去　　　　　　　　　俺與你養着媳

138b6 bahaci minde acanju> mekele oci minde ume acanjire> jang šeng umaiserakū niyakūrafi

得たら私に会いに来なさい　落第したら会いに来てはいけない　張生は何も言わずひざまづき

婦兒　得官呵來見我　　　　剗落呵休來見我　　　　　張生無語跪拜

138b7 doroloho>

ひれ伏した

科

138b8 hūng niyang hendume > abka na fu žin de baniha buki >>

紅娘言う　天、地、奥様に感謝しよう
紅云　　　謝天謝地謝我夫人⑫

139a1 dung yuwan lo > ishunde kiduha baita be emu fi -i mahūlaha > aifini nenehe hitereke faitan
【東原楽】互いに思うことが一筆で塗りつぶされた　もはや先にしかめた眉が
【東原樂】相思事一筆勾[35]　早則展放從前眉

139a2 sidereme neibuha> dorgi haji> somisahūn sebjen> ainci uju tucike dere> we mutembiheni> ajaja
のびのびと開かれた　仲睦まじい 秘密の喜び　恐らく頭を出したのだろう　誰が可能だろうか ああ
兒皺　密愛幽歡恰動頭　誰能夠　兀的

139a3 buyecuke gege -i hojo be> inu alime mutere niyalma binikai>>
いとしい娘の美しさを　十分に享受できる人がいるではないか
般⑬可喜娘龐兒　也要人消受[36]

139a4 fu žin hendume> hūng niyang si aciha fulmiyen be dasata seme hendu > nure saikū
夫人言う　紅娘、おまえは、荷物を整えるようにと言いなさい　酒とつまみ
夫人云　紅娘你吩咐收拾行裝　安排酒

139a5 tubihe hoseri㉑ belhebufi> cimaha jang šeng be juwan bai cang ting de fudeneme
果物の籠を準備して　明日張生を十の所の長亭に送って
殽菓盒⑭　明日送張生到十里長亭餞行去着⑮

139a6 geneki> wargi birai dalan -i fodoho de gisun jasiki> yacin yasa be belhefi> jurara
行こう　西の河の堤のしだれ柳に言葉を託そう　青い目を用意して旅立つ
寄語西河堤畔柳　安排青眼[37]送行

139a7 niyalma be fudembi sefi> fu žin> ing ing be gaifi mariha> hūng niyang hendume>
人を送ろうと　夫人　鶯鶯を連れて下がる　紅娘言う
人[38]　夫人引鶯鶯下　紅云

139a8 jang šeng si urgunjembio> ališambio>>
張生 あなたは喜んでいますか　落ち込んでいますか

張生你還是喜也　　　還是悶也

139b1 uncehen bargiyambi> damu bederehe manggi> niruha yamun de> tungken ficakū be niyengniyeri inenggi

【収尾】ただ帰ってから画堂で太鼓や簫の音を春の日に

【收尾】直要到歸來時　畫堂簫鼓鳴春晝

139b2 deribu > yala emu juru garunggū⑩ -i gucu > garudai③ -i duwali > te kemuni suweni jala yabuha

鳴らし始めよう　まさに一対の友 鳳凰の交わり　今なおあなたたちの仲人が行なった

方是一對到兒鸞交鳳友[39]　　如今還不受你說媒紅[40]

139a3 fulgiyan suje -i baniha bume > nure omi sere be taka alime gaijarakū >>

赤い絹の感謝を述べて　酒を飲めと言って 我々はしばらく我慢できない

吃⑯你謝親酒[41]

第14章校勘記（満洲語）

	台中本	民族本		台中本	民族本
①	na -i	nai	⑫	ni	i
②	ajigen ci	ajigenci	⑬	lo	lu
③	garudai	hunghuwang（鳳凰）	⑭	bonggo tukiyesi	giyei yuwan（解元）
④	garunggū	luwan（鸞） gasha	⑮	jubengge	jubungga
⑤	kata	ata	⑯	giodohon	giogiohon
⑥	sehe bihe	sehebihe	⑰	ebsihe	ebsahe
⑦	jušuru	c'y（尺）	⑱	gamarao	gamareo
⑧	boo be	boobe	⑲	han	wang
⑨	šu fiyelen	wen jang（文章）	⑳	gemun	ging（京）
⑩	garunggū	luwan（鸞）	㉑	hoseri	hose（盒子）
⑪	joocina	jocina			

第14章校勘記（漢語）

	台中本	民族本		台中本	民族本
①	沒	無	⑨	書房	書方
②	婚	婿	⑩	賠酒賠茶	陪酒陪茶

③	眸	波	⑪	到人撋就	到撋就
④	比舊時	比着你舊時	⑫	謝我夫人	夫人
⑤	恩	恩愛	⑬	兀的般	兀的
⑥	婚	嫁	⑭	酒殽菓盒	酒肴果盒
⑦	滴溜溜	滴溜	⑮	餞行去着	餞行着
⑧	小姐你	你	⑯	吃	方吃

注

1） 提心在口　物に恐れ注意する。

2） 帶月披星 夜が更けてから出かけ、早朝に帰る。

3） 停眠　宿泊。

4） 整宿　一晩中。

5） 心數　策略、はかりごと。

6） 情性㑳　“㑳”は“㑳”とも書く。董詞に“奈何慈母㑳搜”とある。“㑳搜”は凶悪の意味。

7） 窮酸　貧乏書生。

8） 牽頭　媒酌人。

9） 春山　眉。

10） 秋水　眼。

11） 出落 表に出てくること。

12） 迤逗　誘う。

13） 犯由　犯罪の事由、原因。

14） 效綢繆　“合歡綢繆”の意味。男女が愛し合う様子。

15） 閃 体が傾いて倒れ、筋肉が動くことを“閃”という。この意味の派生した用法である。

16） 定然是……燕侶鶯儔　「お見舞いに行ったと思っていたのになんとあいびきをしていたとは」の意味。

17 得好休便好休 当時の成語。手を引くべき時には引かなければならない。

18） 女大不中留　“中”は去声。“不中留”は、留め置くべきではないという意味。

19） 班頭 リーダー。

20） 三教九流　各種の学問。

21） 參辰卯酉　“參”は卯(東)の方角に出る星、“辰”は酉(西)の方角に出る星。二つのうち一つが空にある時には一つは沈んでいるので決して相見えることがない、相容れないという意味。

22） 出乖弄醜　“出乖”はやりそこなうこと、“出乖弄醜”は無様な様子。

23)　經官　官に訴える。

24)　滴溜溜 杖を打ちふるう様。

25)　廝耨“廝”は互いに、“耨”は馴れ親しむ様子。

26)　投首　自首する。

27)　攔就　無理に成し遂げる。

28)　部署　もとは軍の用語。職責。

29)　苗而不秀 発達しないこと。意気地が無い。

30)　銀樣鑞鎗頭　見た目が良いだけで役に立たない。

31)　非先王之德行不敢行　『孝経』に見える語句138。

32)　三輩　三世代。

33)　白衣　無官。

34)　上朝取應試　京師に行き試験を受けること。

35)　筆勾　筆で鉤型の印をすること。決定すること。

36)　消受　鑑賞する。

37)　青眼　親愛を表す目つき。

38)　寄語……送行人　『中州集』巻九「寄謝東門千樹柳，安排青眼送行人」を踏まえる。

39)　鸞交鳳友　美しい一対の夫婦。

40)　說媒紅　仲人への謝礼。

41)　謝親酒　宋元代の風習で、結婚の三日後に花婿が家で酒を準備し、岳父母と仲人の為に宴を開くこと。

てらむら・まさお――大東文化大学教授、中国東北師範大学客座教授。専門は近世漢語、満州語、東アジアの言語接触。主な著書に『増補修訂　大清全書』(附満文・漢文索引)(三分冊、東外大AA研、共著、2004年)、『東アジアにおける言語接触の研究』(竹林舎、2008年)、『満洲語注音・注釈『玉堂字彙』子集――研究と翻刻・繙訳』(大東文化大学語学教育研究所、2013年)、『満洲語注音・注釈『玉堂字彙』丑集――研究と翻刻・繙訳』(同、2014年)、『満洲語注音・注釈『玉堂字彙』寅集――研究と翻刻・繙訳』(同、2014年)、『満洲語注音・注釈『玉堂字彙』卯集――研究と翻刻・繙訳』(同、2015年)などがある。論文多数。

あらき・のりこ――首都大学東京都市教養学部准教授。博士(文学)。専門は中国語歴史文法。主な論文に「『金瓶梅詞話』における疑問副詞“可”」(『中国語学』第254号、2007年)、「漢語疑問語気助詞“麼”、“嗎”について」(『水門』22号、2010年)、「康熙47年刊『満文金瓶梅』繙訳底本特定の試み」(『水門』27号、2016年)などがある。

『御製増訂清文鑑』における“走”と“跑”

鋤田　智彦

はじめに

現代中国語における“走”は、初歩の段階で習うように「走る」ではなく、「歩く、(その場を離れて何処かに)行く」の意味であり、単独では「急いで」という感覚を含まずに用いられる。そして「走る」ことを表す場合は“跑”を用いる。これらの語が清代の辞典『御製増訂清文鑑』においてどのように捉えられているかを本稿では確認する。『御製増訂清文鑑』は満洲語語彙を収めた辞典として乾隆年間に作られた。そこでは満洲語の語彙について対応する漢語、それに対する満洲語による注音、満洲語による語釈が加えられている。これまでは語学資料として『御製増訂清文鑑』が用いられる機会はあまりなかったが、本稿ではそれが満洲語と漢語の対訳資料であることに注目し、当時の漢語語彙の捉えられ方の一端を明らかにしようとするものである。

1 『御製増訂清文鑑』について

『御製増訂清文鑑』は「天部」「時令部」「地部」など、あわせて36部を立て、その中に294の「類」を置く、語彙による分類が行われた辞典である。その中には物の名前のみならず、動作、感情、擬態・擬音語など多岐にわたり、語彙の収録数は一万九千を超える。『御製増訂清文鑑』は題名に「増訂」の名があることから分かるように『清文鑑』を増訂した書物である。『清文鑑』の始まりは康熙47年(1708)に編纂された『御製清文鑑』に遡る。これは満洲語のみよりなり、満洲語語彙を満洲語で説明していた。本稿で取り扱う『御製増訂清文鑑』は乾隆36年(1771)に漢語の対応語彙を記載し作られた書物である。

『御製増訂清文鑑』では中心となる満洲語語彙に加え、それに対する漢字による注音、また相当する漢語、および漢語音に対する注音、満洲語における語釈と多くの情報が提示されている。ここで用いられた漢語については、満洲人による認識も入り込り込んでいる余地があることも否定できないが、当時の満洲人の漢化は相当進んでおり、あわせて漢人による確認作業も行われたと考えるのが当然である[1)]。そのようなことから、『御製増訂清文鑑』に見える漢語は決して偏った理解によるものではなく、

実際の漢語語彙の用例に基づいていたと考えられる。

2 “走”について

“走”は古くは後漢末の『釋名』に“徐行曰步，疾行曰趨，疾趨曰走”とあり、かつては極めて速く移動することを表していた。しかしながら、それよりやや古い張衡『西京賦』ではすでに“走索上而相逢”と、「歩く」ことにも使われている。“走”が急がずに移動することをも表すようになったのはかなり早い段階であったと考えられる。

2.1 現代語における“走”

続けて現代中国語における“走”の意味を確認しておきたい。『现代汉语词典(第6版)』における記述は以下のとおりである。

> 走 zǒu ①动人或鸟兽的脚交互向前移动：行～｜～路｜孩子会～了｜马不～了。②〈书〉跑：奔～。③动(车、船等)运行；移动；挪动；钟不～了｜这条船一个钟头能～三十里｜你这步棋～坏了。④动趋向；呈现某种趋势：～红｜～热。⑤动离开；去：车刚～｜我明天要～了｜请你～一趟吧｜把箱子抬～。⑥动婉辞，指人死：他还这么年轻就～了。⑦动(亲友之间)来往：～娘家｜～亲戚｜他们两家～得很近。⑧动通过：咱们～这个门出去吧。⑨动漏出；泄露：～气｜～风｜说～了嘴。⑩改动或失去原样：～样｜～调儿｜～味儿｜你把原意讲～了。⑪(Zǒu)名姓。

まずはじめに取りあげられているのが人やその他の動物が足を使い「歩く」という意味としての“走”である。本来の意味である「走る」も二番目に挙げられているものの、書面語としての扱いであり、文の形での用例は挙げられていない。また、『现代汉语八百词』を見ても同様に、「走る」に相当する用法は見られない。これらのことから現代語では単音節動詞として「走る」の意味では使われないことが窺い知れる。その他の語釈でも、移動を表すものも多いが、そこに、「早く」移動するという意味を含むものは見られない。また、『近代漢語詞典』(白維国主編2015)では、“走”における“行走；步行”の早期の例のほかに、「早く」移動するという意味においては、“驰骋”を載せているが、人間が「走る」ことを表す意味での記載はない。このようなことから、『御製増訂清文鑑』が編纂された時期の中国語でも、“走”は「走る」という意味ではほとんど使われていなかったことが想定される。

2.2 『御製增訂清文鑑』に見える“走”

2.2.1 類名における“走”

『御製增訂清文鑑』には、五つの類名に対応する漢語として“走”が用いられ[2)]、収録語彙として74箇所に“走”を含む漢語対訳が見られる。まずはじめに類名における例を見てみたい。

1. 輪班行走類　idurame yabure hacin（当番でyabure類・巻5）[3)]
2. 行走類　yabure sujure hacin（yabure sujure類・巻14）
3. 馬匹馳走類　morin ulha -i yabure hacin（馬家畜のyabure類・巻31）
4. 走獸肢體類　gurgu -i beye de holbobuha hacin（gurguの体に関わった類・巻31）
5. 走獸動息類　gurgu -i aššara arbušara hacin（gurguの動き動作する類・巻31）

1. 2. はいずれも漢語の“行走”が当てられている。この語は現代語では「歩く」の意味で用いられ、「走る」意味は含まない[4)]。この語は満洲語のyabure、sujureに対応して用いられている。yabure、sujureはそれぞれ動詞の連体形であり、終止形はyabumbi、sujumbiである。ここで『御製增訂清文鑑』でそれぞれの動詞がどのように記述されているか見てみたい。

a. yabumbi（行走）：yaya feliyere be. yabumbi sembi（全てのfeliyereをyabumbi という・1451a2）[5)]

b. sujumbi（跑）：niyalma car seme hūdun yabure be. sujumbi sembi（人が一気に速くyabureを、sujumbiと言う・1453a1）

この二つの語の意味を明確にするためには、yabumbiの語釈に現れるfeliyere（基本形feliyembi）も確認する必要があろう。『御製增訂清文鑑』では収録語彙として二箇所に収められている。

c. feliyembi（走）：bethei oksoro be. feliyembi sembi（足のoksoroを、feliyembiという・1452a3）

d. feliyembi（小兒纔會走）：buya juse teni ilime oksome bahanara be. feliyembi sembi（小さな子供らやっと立ちoksomeできるを、feliyembiと言う・1040a1）

ここでさらにoksoro（基本形oksombi）を見ておきたい。これも二箇所に見られる。

e. oksombi（邁步）：feliyeme julesi genere be. oksombi sembi（feliyeme前に行くを、

oksombiという・1452a1）

f. oksombi（走）：emu okson emu okson -i yabure be. oksombi sembi..（一歩一歩とyabureを、oksombiと言う・3153a2）

このように見ると、それぞれお互いの語をお互いの語で解説しているため、意味の同定の証拠としては用いづらい。しかしながら、漢語で“邁歩”(ゆっくり歩く)が対応することは一つの大きな手がかりとなる。また、他にも次のような用例が見られる。

g. tebke tabka（小兒學走學話）：buya jusesi teni oksoro tacime gisurere be. tebke tabka sembi（小さな子供らやっとoksoro学び話をするを、tebke tabkaと言う・1466b1）

g.はd.と同様小さな子供が「歩き」始めることについて述べていると考えるのが妥当である。よって、これらのことからfeliyembi、oksombiがともに「歩く」を意味する満洲語であると判断することができる。あわせてa.におけるyabumbiに「歩く」の意味が含まれることが言える。また、b.のsujumbiも「走る」と解釈して差し支えないようである。一方で3.ではyabureに漢語“馳走”が対応し、矛盾を感じさせる。なお、この“馳走”が対訳として用いられる満洲語には以下のものがある。

h. hūng hiyong（馳走雄壯聲）：geren morin yabure etuhun asuki（諸馬yabure力強き声・3155b3）

やはりここでもyabureに対応していることから、yabumbiは速度感にかかわらず移動することを表していると考えられる。

一方で、4. 5.に見られる“走獸”ではこれまで見てきた動詞は含まれず、gurguという語に対応している。このgurguは『御製増訂清文鑑』では、

i. gurgu（獸）：duin bethe funiyehe nohongge be. gurgu sembi（四脚毛ばかりのものをgurguと言う・3104b1）

と、“獸”を当てている。“走獸”は現代語においても“飞禽走兽”という表現があり、広く鳥獣類を表す言葉として用いられる[6)]。ここで“走”は“飞”と対比して、速度感とは関係なく地上を動き回る、という意味を示していると言えよう。『御製増訂清文鑑』において同じgurguに“走獸”“獸”の二種類がともに用いられているということから、この“走”には特別に「走る」意味が込められていないことを見て取れる。

これまで見てきたように、“走”には、それが明確に「走る」の意味で用いられ

た例は一つもない。2.yabure sujure hacinに“行走類”を当てており、そこには実際にsujumbi「走る」や他にもcar seme（一氣跑去）：emu ergen -i sujume genehe arbun（一命に走り行く姿・1464b2）とある。“行走”という漢語に「走る」という意味が認められない以上、これは“行走”が「走る」の意味を持っていたと解釈するよりむしろ本来であれば、漢語対訳に「走る」という語を加えるべきところであったということができよう。

2.2.2　収録語彙における“走”

あわせて74ある“走”を含む収録語彙については、対応する漢語の構造により、本稿では以下のように六種類に分類する。

A. 単音節動詞“走”（13例）
B. “走”＋場所（10例）
C. 連用修飾語＋“走”（22例）
D. “行走”（10例）
E. “走”を含む二音節動詞（16例）
F. その他（3例）

以下に、それぞれにおける様子を見てみたい。

2.2.2.1　A. 単音節動詞“走”

Aに分類される13例を出現順に並べると以下のようになる。

A1. 走遞夫（yafahan isibure hūsun・1007b2）、A2. 小兒纔會走（feliyembi・1040a1）、A3. 走（feliyembi・1452a3）、A4. 使走（feliyebumbi・1452a3）、A5. 走迷了（famaha・1459b1）、A6. 走的平穩急快（cir seme・1464b2）、A7. 小兒學走學話（tebke tabka・1466b1）、A8. 走急疲乏（elerembi・1512b2）、A9. 走了様了（ergule oho・1861b2）、A10. 走（oksombi・3153a2）、A11. 使走（oksobumbi・3153a2）、A12. 衆馬走聲（kunggur seme・3155b2）、A13. 馬乏不走（deng seme ilih・a3156b3）

これらのうち、yabumbiおよびその活用形を用いて説明されるのはA6、A8、A10、A11、A12、A13の6例であり半数に近い割合を示す。続けて多いのがoksombiおよびその活用形を用いて説明される語でありA2、A3、A7の3例である。またA4はfeliyembiの使役形として説明されるため、意味の上ではoksombiの一種と考えることができよう。残る3例のA1、A5、A9はそれぞれ以下のように説明される。

A1. 走遞夫：giyamun de yafahalame baita ulara niyalma be. yafaha isibure hūsun sembi（駅でyafahalame事を伝える人を、yahafa isibure hūsunと言う）

A5. 走迷了：uthai fambumbi sere gisun（すなわちfambumbi[道に迷う]と言う言葉）

A9. 走了様了：fuhali durun kemun ci aljaha be. ergule oho sembi（全く形が標準よりaljaha[離れた]ことを、ergule ohoと言う）

A1に見られるyafahalame（原形yafahalambi）はこれまでには見なかった語である。この語はyafahalambi（步行）：ulha yalurakū yabure be. yafahalambi sembi（家畜に乗らずyabureを、yafahalambiと言う・1452b1）とあり、yabumbiの一形態を表す語であることがわかる。また、A5はfambumbiが「道に迷う」という意味であることから、“走”は「動き回る」という意味で解釈することが妥当であろう。A9については、aljaha「離れた」と説明され、2.1で挙げた現代語における“⑩改动或失去原样”に対応する。いずれも「走る」意味での解釈は見られない。

2.2.2.2　B.“走”＋場所

Bに分類される10例は以下のとおりである。

B1. 走山（alirame・0240a2）、B2. 走平矮山（alarame・0240a3）、B3. 走山脊（judurame・0241a3）、B4. 走山肋（ebcileme・0241b2）、B5. 走山肋險處（hejiheleme・0241b3）、B6. 走山肋險坡（hekdereme・0242a1）、B7. 走山腰（haiharame・0242a2）、B8. 走山根（butereme・0243b1）、B9. 走濫泥聲（picik pacak・1430b1）、B10. 走獨木橋（tuhašambi・1462b3）

現代語では一般的に“走”には場所を表す目的語は“路”およびいくつかの語のみが後続する。しかしながらそれとは異なり、ここでは割合と自由に場所を表す目的語をとっているように見える。このような用例は近世語語彙にもないものである[7)]。語釈を見ると例えばB1においてalin be yabure be. alirame yabumbi sembi（山をyabureを、alirame yabumbiと言う）とあるように、yabureに対応し、“走”が「〜を行く、歩く」の意味で用いられていることが満洲語釈からわかる。その他のB10を除く8例も同様に、場所＋yabureという語釈が加えられている。B10のみは直接場所について述べてはいないが、同様にyabureに対応する[8)]。ここに見える“走”の用法については果たしてこれが満洲語の影響によるものなのか、あるいは実際の中国語としての用例なのかは慎重に考える必要があるものの、意味の上では少なくともここでも「走る」に限定された用例はないことがわかる。

2.2.2.3　C. 連用修飾語＋“走”

Cに分類される22例は以下のとおりである。

C1. 沿山走（biturame・0243b2）、C2. 求告著走（anggalambi・1208a2）、C3. 直走（tondolombi・1457b1）、C4. 抄近走（dokolombi・1457b2）、C5. 遶道走（mudan gaime yabumbi・1458b3）、C6. 躲着正路走（ailime・1459b3）、C7. 觀望着走（hesihešembi・1460a1）、C8. 摸索着走（hemhimbi・1460a1）、C9. 搖滉着走（haiharšambi・1460a2）、C10. 斜身走（haidaršambi・1460a2）、C11. 搖擺着走（maimadambi・1460b2）、C12. 踉蹌着走（genggedembi・1460b3）、C13. 彎着腰走（hiyotoršombi・1461a3）、C14. 鬆着勁走（miyasihidambi・1461a3）、C15. 歪着走（waikuršambi・1461b1）、C16. 歪拉着走（gūwaidanahabi・1461b2）、C17. 撇着脚走（kūwaicidambi・1461b3）、C18. 岔腿走（sandaršambi・1461b3）、C19. 拄杖走（teifušembi・1462b2）、C20. 慢走等候（aliyakiyambi・1463a2）、C21. 賭快走（gardašambi・1931a3）、C22. 顚著走（uncehen aššame yabumbi・3153b3）

この分類においてもyabumbi及びその活用形との対応が最も多く見られる。C1、C3、C5、C7、C8、C9、C10、C11、C12、C13、C14、C15、C16、C17、C18、C18、C19、C22の18例がこれに相当する。残る4例のうちでは、C2、C4、C6の3例がgenembiおよびその活用形に対応する。このgenembiという語についてここで確認をしておきたい。『御製増訂清文鑑』においては以下のようにある。

k. genembi（去）：tubade yore be. genembi sembi（そこにyoreを、genembiと言う・1507a2）

ここに現れるyore（原形yombi）については、

l. yombi（同行）：genere be. yombi sembi（genereを、yombiと言う・1507a3）

と互注の様相を呈している。そのため漢語部分に注目すると、“去”、“同行”にはいずれも「走る」の意味は認められないため、やはりこれらも速度感を持たずに「行く」、「移動する」を表していると考えられる。残る1例は以下のものである。

C21. 賭快走：hahai on be temšeme meljere be gardašambi sembi（男が道を争い賭けをすることをgardašambiと言う・1931a3）

語釈に「道を争う」とあることから急いで移動することが想起されるが、「速く行く」と解釈される“快走”が用いられている。C類についても、A類、B類と同様であると考えられる。

2.2.2.4　D.“行走”

Dに分類される10例は以下のとおりである。

D1.隔班行走(giyalganjambi・0546a3)、D2.一意行走(emu julehen -i yabumbi・1162a2)、D3.行走(yabumbi・1451a2)、D4.使行走(yabubumbi・1451a2)、D5.一齊行走(yabundumbi・1451a2)、D6行走打奔(afakiyambi・1463a2)、D7.小兒行走磕絆(gebge gabga・1466a3)、D8.行走稀疏(sebken・1510b2)、D9.行走稠密(tumin・1510b3)、D10.石上行走聲(kete kata・3163a3)

現代語において“行走”は“[动]走①，～如飞。”と説明される。やはり「走る」の意味ではない。満洲語の語釈を見ても、他と同様にyabumbiおよびその活用形に対応する例がD1、D2、D4、D5、D6、D10の6箇所と過半数を占める。残る4例はいずれもfeliyembi及びその活用形、すなわち「歩く」に対応し、これまで見てきた諸類と同様である。

2.2.2.5　E.“走”を含む二音節動詞

Eに分類される16例は以下のとおりである。

E1.溜邊敗走(biyalumb・0830a3)、E2.敗走(burulambi・0830b1)、E3.使敗走(burulabumbi・0830b1)、E4.一齊敗走(burulandumbi・0830b2)、E5.俯身趨走(cumcurambi・1453a3)、E6.間走(šodombi・1511a2)、E7.好間走人(šodokū・1511a3)、E8.駝疾走(lesumbi・3153b1)、E9.小走(saiburu・3153b1)、E10.大走(joran・3153b2)、E11.大走開(jordambi・3153b2)、E12.使大走(jordabumbi・3153b3)、E13.淌走(tur seme・3154b1)、E14.衆馬急走聲(kutur seme・3155b3)、E15.馳走雄壯聲(hūng hiyong・3155b3)、E16.屈伸前走(ikūršambi・3273a3)

E1、E2、E3、E4については、いずれも漢語“敗走”に対応する。例えばE2では、

E2.敗走：bata gidabufi amasi genere be burulambi sembi(敵が破られ後ろにgenereをburulambiと言う・0830b1)

と、genereが用いられる。E1でも同様であり、E3、E4はE2の派生形として説明される。また、E6、E7、E8、E9、E11、E12、E15、E16ではyabumbiおよびその活用形に対応する。そして、E13はE11の、E10はE9の派生形として説明される。他にE14ではfeliyembiの活用形feliyereに対応する。これら15例を除く残り1例のみ、これまで

と異なり「走る」を表すsujure(原形sujumbi)と対応する。

E5.俯身趨走：wesihun niyalmai juleri beye gugurefi sujume dulere be cumcurambi sembi(尊い人の前で身を曲げsujure過ぎるをcumcurambiと言う・1453a3)

この例では「走る」を表すsujureに対応して用いられる。しかしながら“趨走”という語について改めて考察すると、これは“走”に「走る」の意味があるからということではなく、“趨”に急ぐという意味が込められていると見たほうが妥当である。“趨走”が二文字で一つの満洲語sujure「走る」を表しており、これはE8の“疾走”をhūdun yabure(急いで行く)と、E14の“急走”をhahi feliyere(急速に歩く)と二語で逐語訳した構造とは異なる。

2.2.2.6　F.その他

以下の語においては、直接“走”に対応する満洲語は現れない。すべての例についてその説明を見てみたい。

F1.門走扇：duka. uce -i šosin horgikū moyo sula ofi ini cisui neire dasire be. uce gunireke sembi(門、家の門の転軸、門の横木が鈍くまばらであり、自ずから開き閉まることを、uce gunirekeと言う・2121a3)

F2.走水：kiyoo sejen -i fiseku -i šurdeme tuhebume hadaha šufan bisirengge be. šusebuku sembi(轎の軒の回りに垂らし取り付けたひだのあるものを、šusebukuと言う・2637a1)

F3.狗走時：ajirhan enihen indahūn acara be. garimbi sembi(雄犬と雌犬が合うことを、garimbiと言う・3135b2)

これらはいずれも「歩く」あるいは「移動する」という意味とは直接関わらない例である。F1、F2については現代語と同様の意味であると考えることができ、近世語にも見られる用例である[9)]。また、F3は「交尾を行う」意味で用いられる満洲語である。しかしながら現代語、近世語共に“走時”そのものに「交尾を行う」という意味は見られない。“走時”には「幸運なことに出会う」の意味があることから[10)]、交尾のことを犬にとって「幸運なこと」としてここに用いたということであろう。

2.3　小結

これまで『御製増訂清文鑑』において満洲語のどのような語に“走”が対応するか見てきたが、語釈部分について全74例を以下のようにまとめることができる。

満洲語	漢語注釈	例数	満洲語	漢語注釈	例数
yabumbi	行走	50	yafahalambi	歩行	1
genembi	去	7	aljambi	離開	1
feliyembi	走，小兒纔會走	6	fambumbi	迷路	1
oksombi	走，邁步	3	on be temšembi	(道を争う)	1
sujumbi	跑	1	その他		3

このように見てみると“走”が「走る」の意味で用いられるのはE5の1例のみであり、それも“趨走”という語と対応していることから、単音節動詞“走”として「走る」の意味で用いられる例はないことは先に指摘したとおりである。また、康熙年間の満州語注音・注釈『玉堂字彙』においても“走”にはyabumbiという満洲語が添えられている。『御製増訂清文鑑』に見える漢語においては、“走”一文字で「走る」意味で用いる例は見られないことが明らかとなった。

3 “跑”について

“走”に対し、「走る」意味としての“跑”は相対的に新しい言葉であるといえる。たとえば元代の『中原音韻』では上声としての“跑”を収めず、陽平“跑”のみ収めており、これは「獣が地面を掘る」意味であると考えられる。「走る」という意味では十六世紀初めの朝鮮・崔世珍『四声通解』に“今俗謂走之急曰跑”とあるのが見える。他には明・李翊『俗呼小録』にも、“趍(趨)謂之跑”とある。

3.1 現代語における“跑”

現代語において、“跑”は以下のような説明がなされる。

跑 pǎo 动①两只脚或四条腿迅速前进(脚可以同时腾空)：～动｜赛～｜～了一圈儿｜鹿～得很快◇火车在飞～。②逃走：别让兔子～了｜～了和尚～不了庙。③〈方〉走：～了几十里路。④为某种事务而奔走：～码头｜～材料｜～买卖｜～关系。⑤物体离开了应该在的位置：～调儿｜～题｜信纸叫风给刮～了。⑥气体、液体等泄漏或挥发：～水｜～气｜～电｜瓶子没盖严，汽油都～了。
跑 páo 动〈走兽〉用脚刨地：～槽(牲口刨槽根)｜虎～泉(泉名，在杭州)。

後者は、先程取り上げた『中原音韻』陽平声に対応する語である。現代語では「走る」と解釈される前者の①の用例で使われる場面が多いと言える。『御製増訂清文鑑』

に見える“跑”が対応する例を続けて確認する。

3.2 『御製増訂清文鑑』に見える“跑”

『御製増訂清文鑑』にはあわせて28例の“跑”が含まれる語が現れる。まず、“跑”そのものの漢字が当てられる語について見てみたい。

m. sujumbi（跑）：niyalma car seme hūdun yabure be. sujumbi sembi（人が一気に速くyabureことを、sujumbiと言う・1453a1）
n. feksimbi（跑）：yaya ulha -i jergi jaka hūdun fekure be. feksimbi sembi（諸々の家畜の類が速く跳ぶを、feksimbiという・3154b3）

いずれにおいてもhūdun「速く」という語をもって説明される。n.では「跳ぶ」をもって、動物が速く移動することを表していると考えられる。ここからは満洲語においては人間が「走る」のか、動物が「走る」のかで、動詞を使い分けている事がわかる。28例のうち26例が上の二つの言葉に関係しているため、“跑”についてはこの点に注目し、28例を以下のように分類し考察する。

G. sujumbiに対応する語[11)]（9例）
H. feksimbiに対応する語（17例）
I. その他（2例）

3.2.1 G. sujumbiに対応する語

ここには以下の9例が分類される。

G1. 衆人跑聲（kunggur・1424a3）、G2. 跑（sujumbi・1453a1）、G3. 使跑（sujubumbi・1453a1）、G4. 一齊跑（sujutembi・1453a2）、G5. 衆人爭跑（surtembi・1453a2）、G6. 一齊爭跑（surtenumbi・1453a3）、G7. 跑脫了（cobto・1453b1）、G8. 一氣跑去（car seme・1464b2）、G9. 矬人慢跑（mukjuri mukujuri・1465a3）

これらすべての語は巻14・人部に収められている。sujumbiおよびその活用形に対応し、“跑”が人が「走る」ことを表していることは明瞭である。

3.2.2 H. feksimbiに対応する語

ここには以下の17例が分類される。

H1. 跑報人(serki・1007b1)、H2. 跑鈎子(feksiku・2233a3)、H3. 跑鈎漂兒(cabihan・2233b3)、H4. 跑(feksimbi・3154b3)、H5. 使跑(feksibumbi・3155a1)、H6. 齊跑(feksindumbi・3155a1)、H7. 飛跑(hungkereme feksimbi・3155a2)、H8. 試跑等第(uruldembi・3155b1)、H9. 跑的穩(fusur seme・3155b2)、H10. 跑的急(kitir seme・3155b2)、H11. 跑的快(turgen・3155b3)、H12. 跑的歪(hari・3156a3)、H13. 跑張(cambi・3156a3)、H14. 驚跑(tuilambi・3160b3)、H15. 蹄跑熱了(wenjehebi・3161a1)、H16. 劣馬驚跑(kūwatar seme・3163a2)、H17. 跑的前身高(sorin den・3156a2)

上に挙げた17例のうち、H1のみが人間に関する語であり、例外と言える[12]。また、H2、H3はいずれも釣りに関する語であり、釣りの仕掛けが走るように素早く動くことを表している[13]。それ以外はすべて巻31・獣部に収録されており、例えば“跑”“使跑”などはG類でみたものと同一の漢語が当てられているが、こちらに挙げたものはすべて動物の走る様子に関する語である。

3.2.3　I. その他

その他の語に対応する例として挙げられるのは以下の語である。

I1. 跑纛合圍(uturi feksimbi・0907a3)：juwe ergi ci hoihan gaime hacihiyame hūdun genere be. uturi feksimbi sembi(二方から囲いを受けて急かし速く行くことを、uturi feksimbi と言う)

I2. 跑猪(yelu・3130a1)：amba ajirgan ulgiyan be. yelu sembi(大きい雄豚を、yeluと言う)

I1では狩りの方法についての語であり、ここではhūdun genere(速く行く)に“跑”を当てている。genembiに対応する僅かな例といえる。また、I2ではyeluという語に対し「大きい雄豚」と注釈し、対応する漢語を“跑猪”と記しているが、この“跑猪”という語がそのような意味で用いられる例は、現代方言を含め他に見られない[14]。今後のさらなる調査を待ちたい。

3.3　小結

以上のことから、満洲語においては人の走る様をsujumbiと表し、人以外の動物などが走る、あるいは速く移動する様子をfeksimbiと表し、それをいずれも漢語“跑”と対応させていることが明白となった。満洲語における区別は漢語より細分化されていると見ることができる。いずれにせよ、人にしろ、動物にしろ「走る」動作との関連は明らかである。なお、満洲語注音・注釈『玉堂字彙』においては“跑”はsujumbiのみをその意味として載せている[15]。また、『御製増訂清文鑑』に見られる“跑”に

は『现代汉语词典』においてpáoと提示された「地面を掘る」での用例は見られない。

おわりに

『御製増訂清文鑑』に見られる“走”、“跑”に対する分析を通して、そこに用いられた漢語が、同時代的な語彙を満洲語に対応させていることが明らかになった。それらのうちH3.跑鉤漂兒、F1.門走扇、F2.走水などは北京語語彙とされる[16)]。また、E10.大走、F3.狗走時は白話語彙と分類されるものである[17)]。また、2.2.2.2で見た“走”＋場所という形は現代語及び近世語と大きく異なる。この点に対しては慎重な検討が必要であるが、『御製増訂清文鑑』に見られる漢語語彙表記は当時の漢語の一断面を示しており、『御製増訂清文鑑』はそれを知るための資料として有効なものであるのは間違いない。満洲資料による近代中国語研究は、語音、文法面においては研究が進みつつあるが、同様に語彙の面においてもさらなる深化が望まれる。

注

1）『御製増訂清文鑑』の各巻末には“校對官検討”として漢人の名前が挙げられている。

2）なお、以下に挙げる「行走類」は四箇所に見られ、「馬匹馳走類」は二箇所に見られる。いずれも満文表記はそれぞれで同一である。

3）満洲語の日本語訳は筆者による。

4）『现代汉语词典』には“行走”に“[动]走①：～如飞”とある。

5）日本語訳末に添えたのはその語の出現箇所である。例えば1451a2は巻14、51葉、表面、2行目を表す。

6）『现代汉语词典』には“走兽”に“[名]泛指兽类：飞禽～”とある。

7）現代方言に目を向けると場所を後続させる形としては介詞“从”に相当する用例が江淮官話に、介詞“往、到”に相当する用例が西南官話に、介詞“由”に相当する用例が西北官話に見られる。また、官話方言以外では温州に“去”に相当する用例が見られるが、いずれも『御製増訂清文鑑』との関連は見出し難い。（『現代漢語方言大詞典』2002による）

8）emteli moo -i tuhan be dulere de emu bethe fahume fakjin baha manggi. teni jai emu bethe be beneme yabure be. tuhašambi sembi（単独の木の橋を過ぎるのに、一足出し踏み固めた後、ようやくもう一足を送り行くことを、tuhašambiと言う）

9）『现代汉语词典』“走扇”に“[动]门扇或窗扇由于变形等原因而关不上或关不严。”とあり、また“走水”には“〈方〉[名]帐子帘幕等上方装饰的短横幅。”とある。

10）『现代汉语词典』“走时”に“〈方〉[动]走运。也说走时运。”とあり、“走运”には

“〈口〉动所遇到的事情，恰巧符合自己的意愿；运气好“とある。

11）　これらには語釈にsujumbiあるいはその活用形をもって説明される語あるいは、sujumbiそのもの、また、その説明に用いられたsukumbi、およびそれらの派生形を含む。次のH類も同様である。

12）　coohai baita de feksire niyalma be. serki sembi（軍の事でfeksire人を、serkiと言う）あるいは馬を走らせ移動をすると言う意味で、feksimbiが用いられている可能性もある。

13）　feksiku“跑鈎子”には（略）mujuhu nimaha sekefi feksire de. sika lakcafi kūwaca suwaliyame gamara be amcafi jafambi（鯉が釣り針にかかり、[釣り針が]feksireにより、硬い毛が切れ、器が集まり獲物を追い捕まえる）とある。

14）　なお、『普通话基础方言基本词汇集（词汇卷）』（1996）では、“跑猪”との関連は不明ながら“公猪”の項目で長春、瀋陽、丹東において“跑卵子”と記載している。また、満洲語語彙集『大清全書』（1683）にはyeluに“蟻穴。野牡猪。刨卵子。”とある。この“刨卵子”は“跑卵子”と同一の語であろう。

15）　なお、寺村2017によれば、『玉堂字彙』ではgardambiという語も「走る、急ぎ行く」の意で用いられる（pp.1）とあるが、この点については『御製増訂清文鑑』と異なる。gardambiは『御製増訂清文鑑』では、“趨行”の漢字が当てられ、ekšeme hūsutuleme yabure be. gardambi sembi（急ぎ力いっぱい行くことをgardambiと言う・1452b2）とある。

16）　『现代北京口语词典』（1997）では“跑钩漂儿”、“走扇”を、『北京话词典』（2001）では“走水”を北京語語彙として収める。

17）　“大走”は『西游记辞典』（1994）に“出门远行”とある。これは『御製増訂清文鑑』での用例と一致する。また、“走時”は『金瓶梅辞典』（1991）に“走运；交好运”とある。ほかに現代方言の例としては『汉语方言大词典』（1999）では“大走”は江淮官話及び西南官話、“走时”は中原官話および江淮官話として収める。いずれも北京を含まない。

参考文献

早田輝洋・寺村政男編　2004　『大清全書――増補改訂・附満洲語漢語索引』　東京外国語大学アジア・アフリカ言語文化研究所

寺村政男　2017　『満洲語注音・注釈『玉堂字彙』酉集――研究と翻刻・繙訳――』　水門の会

北京话词语〈增订版〉　2001　高艾军・傅民编　北京大学出版社

汉语方言大词典　1999　许宝华・宫田一郎主编　中华书局

金瓶梅辞典　1991　白维国编　中华书局

近代漢語詞典　2015　白維国・江藍生主編　上海教育出版社

普通话基础方言基本词汇集　1996　陈章太・李行健主编　语文出版社

西游记辞典　1994　曾上炎编著　河南人民出版社
现代北京口语词典　1997　陈刚・宋孝才・张秀珍编　语文出版社
现代汉语八百词（增订本）　1999　吕叔湘主编　商务印书馆
现代汉语词典（第6版）　2012　中国社会科学院语言研究所词典编辑室编　商务印书馆
現代漢語方言大詞典　2002　李榮主編　中国社会科学院語言研究所　江蘇教育出版社

すきた・ともひこ――岩手大学人文社会科学部准教授。博士（文学）。専門は中国近世音。主な論文に「『重刊老乞大諺解』三本に見える声調を表す傍点について」（『中国文学研究』第33号、2007年）、「『満文三国志』漢字音の基礎方言」（『中国語学』第262号、2015年）、「朝鮮・満洲資料から見た中国北方語音」（『中国語研究』第56号、2015年）などがある。

『韃靼漂流記』に反映された日本語ハ行子音に関する覚書

早田　清冷

1　はじめに[1)]

日本語のハ行音の子音はもともと両唇音であったが、近世日本語の期間には中央の方言においてuの前を除き唇の狭めが失われたと一般に考えられている。筆者は早田(2016)において『韃靼漂流記』(1646年の口述筆記)を日本語・満洲語の音韻史の資料としてとらえなおし、日本語話者が記録した満洲語の仮名表記を分析して、日本語の濁音の鼻音性が『韃靼漂流記』より約40年前に著されたロドリゲスの『日本大文典』の段階以上には衰退していないことを述べた。Hayata(印刷中)で満洲語の母音弱化について考察した際には、『韃靼漂流記』のハ行の仮名の子音はfで転写したが、当時のハ行音の脱唇音化は簡単な問題ではない。『韃靼漂流記』だけで当時の日本語の脱唇音化について言えることは限られるが、この資料中の関連する表記の特徴をまとめておくことは意義のあることだと思う。満洲文字のf(唇歯摩擦音)、x(軟口蓋摩擦音)、X(口蓋垂摩擦音)とその口語音を表記した仮名の選択とを出発点として、若干の考察を行いたい。

2　資料について

資料の『韃靼漂流記』は、以下の様に、満洲語の資料としてよく知られている。

> 我が国の越前の船乗りが正保初年(清の順治初年)漂流して満洲，北京に渡って帰国した顚末を記した「韃靼漂流記」(「韃靼物語」，「異国物語」などともいう)には，仮名で記した韃靼のことばが載っており，これは満洲語の口語とみられ，口語の最古の資料の一つとして貴重である。(池上1955：453･454、原文旧字旧仮名)

この越前の人々は、清が瀋陽から遷都した直後の北京に約1年滞在し、身分の高い満洲語話者と交流して過ごしている。漂着した地で満洲語話者に接触してから、日本へ送還される途中で清国の勅使と別れるまで、およそ580日間は、満洲語の話し言葉

に接していたと考えられる[2)]。満洲文字は学習せずに帰国しているようである。『韃靼漂流記』の記述を見る限り、漢字を用いて筆談をしたり、現地の漢文を読んだりした様子も無い。現地の漂流者の内2名は帰国後に江戸で取り調べを受けている。この2名の口述内容を書き取ったものが『韃靼漂流記』である。

本稿で用いるのは『韃靼漂流記』新井本である。一部、もとの満洲語の語形から考えて表記がおかしいものは、園田(1991［1939］: 300-305)にある他の伝本の表記も参考にする。『韃靼漂流記』には北京語の単語も仮名表記が記載されている。しかし、日本人漂流者達は北京語が満洲語ほど堪能ではなく、満洲語話者との交流が主であったから、仮に聞いたとおりに北京語を正しく発音できていたとしても、満洲語話者による北京語の発音の特徴が出ている可能性があること、江戸で彼等の発音を仮名表記した人物や書写者に漢字音の知識があったことなどから、分析には慎重を要する。本稿ではもとの語が推定できる満洲語の単語のみを扱う。

3　17世紀の満洲語口語音

満洲語で日本語のハ行子音に類似していた可能性の高い摩擦音として、まず、f(唇歯摩擦音)、x(軟口蓋摩擦音)、X[χ](口蓋垂摩擦音)を挙げることができる。これらは当時の満洲文字において音節頭ではっきりと書き分けられている。xとXは別の音素とする立場も、同一音素の条件異音とする立場もあるが、fは明らかにこれらとは別の音素である。満洲語において、このfはwと対立する環境においてはw([v]に近い音)[3)]の無声音であるが、語中でfの一部が有声音で発音されたことが『韃靼漂流記』の仮名表記からも示唆される。

『韃靼漂流記』が書かれた時期よりも少し前の1632年に、「満洲文字改革」が行われた。これにより、モンゴル文字をもとに書いていたかつての満洲文字(「無圏点満洲文字」と呼ばれる)では正書法上は区別が無かった音韻論的対立が書き分けられるようになり、k対g、q対G[ɢ]等のように破裂音は新しい満洲文字(「有圏点満洲文字」と呼ばれる)で区別されるようになった。その一方で軟口蓋摩擦音xと口蓋垂摩擦音Xは摩擦音を表す書き分けまでの改良に留まり有声摩擦音を表す文字は作られなかった。当時これらの摩擦音において、有声対無声の音韻論的対立は無かったと考えられている。

満洲語の側の音声でやはり問題になるのは、音韻論的に有声対無声の対立が、語中の一部の環境では無かったと思われるfと、全く無かったx, Xの音声であろう。清朝で活躍していたイエズス会士等が、満洲語の文法書を出し始めるのが17世紀の終わるころであり、この17世紀半ばの時代の音声レベルの現象ははっきりした記録がない。むしろ『韃靼漂流記』が、満洲語の共鳴音(無声化せず有声音で発音されている共鳴音)間の摩擦音の一部がこの時代に有声音で発音されていたことの重要な証拠となっ

ているのが現実である。仮名表記を考える上で、共鳴音間のf, x, Xなどの摩擦音は有声音で実現していた可能性を考慮する必要がある。

さらに満洲語のgとGも共鳴音間では摩擦音で実現することがあり、その結果、共鳴音間では、同じ調音位置の有声化した摩擦音音素と同音になることがあったようである。これは17世紀のうちに満洲語の一部の単語では文字表記の揺れとして現れている4)。

4 『韃靼漂流記』仮名表記満洲語のハ行音

4.1 無声f, x, Xの仮名表記

近世日本語の脱唇音化以前の音声に似ている[f]と脱唇音化後の音声に似ている[x]と[χ]について仮名でどう書かれているか確認したい。先述のとおり当時の満洲語のf, x, Xは共鳴音間で有声音として実現した可能性が高いから、明らかな無声音の例は限られる。[χ]も[f]も「ホ」で書かれており、[χ]と[f]の仮名による書き分けは行われていない。[x]と思われる例は1例しかないがカ行音「コ」で書かれている。

非共鳴音間の[f]の例は(1)の1例しかない。feを「ホ」としている。

(1)	仮名表記	推定される満洲語
	ホクセ	feksi「走れ」

非共鳴音間の[x]の例は(2)の1例しかない。xeの部分が「コ」と書かれている。

(2)	仮名表記	推定される満洲語
	ボチコ	betxe「足」

非共鳴音間の[χ]の例は(3)のとおりである。Xaは「ハ」と書かれていてXoは「ホ」と書かれている。

(3)	仮名表記	推定される満洲語
	ハトロ5)	Xadala「轡」
	ハラセ	XaXa jui「息子」6)
	ハルコ	XalXūn「熱い」7)
	ホツ	Xoton「城」

4.2 共鳴音間のf, Xの仮名表記

もとの満洲語で共鳴音間のX [ʁ](～[χ])の例は(4)のとおりである。共鳴音間のXの一部は有声音[ʁ]であった可能性が高い。語頭の明らかな無声の[χ]はXaが「ハ」と書かれたものが3例、Xoが「ホ」と書かれたものが1例あり、全てハ行音で書かれているのに対して、共鳴音間のXは表記が一定していない。日本語に無い有声口蓋垂摩擦音の表記にかなり苦戦していたのかもしれない。語頭の[χ]と異なる表記(ハ行音以外による仮名表記)になっているもののうち、特にハルコの「コ(ゴ)」は有声口蓋垂摩擦音[ʁ]を仮名表記しようとした結果に見える。ハラセの「ラ」も[ʁ]に対する適切な仮名を「ガ」、「カ」とは決めきれずに選択された可能性がある。ヱバと書かれたiXan「牛」、インタホウと書かれたindaXūn、キヤホウと書かれたgiyaXūn、バン子ハと書かれたbaniXaのXも[ʁ]と発音されていた可能性を否定できないが、日本語話者が「ハ」で書いているものは、無声であった可能性が比較的高い。iXanをヱバと表記した例に関しては、当時の日本語で「バ」にまで脱唇音化が広がっていたとは考えられないし、[ʁa]と「バ」[ba](または[^{m}ba])は類似していないから誤写の可能性が高い[8]。シヤシカの「カ」のXは満洲文字の正書法上では共鳴音間であるが、直前の母音ともども無声化していた可能性がある。

(4)	仮名表記	推定される満洲語
	シヤシカ	šasiXan「汁」
	ヱバ	iXan「牛」
	インタホウ	indaXūn「犬」
	キヤホウ	giyaXūn「鷹」
	ハラセ	XaXa jui「息子」
	ハルコ	XalXūn「熱い」
	バン子ハ[9]	baniXa「感謝、ありがとう」

もとの満洲語で共鳴音間のf [v]～[f]の例は(5)のとおりである。濁点の表記が義務的ではなかった以上、はっきりしたことは言えないが、このうちタウフは満洲語と北京語で同音であるとしてタウフという表記が記載されているから満洲語的な発音であるかは不明である。また、この語は日本語の「とうふ」と音声が類似しているから、漂流者の発音、仮名表記した者の仮名の選択において日本語の影響があった可能性がある。

(5)	仮名表記	推定される満洲語
	セブ	jefu「食え」

ヲホロ　　　　　oforo「鼻」
タウフ　　　　　defu「豆腐」

もとの満洲語で共鳴音間のxの例は無い。

4.3　共鳴音間のGがハ行音で書かれた例

共鳴音間のGがハ行音で書かれた例が(6)のとおり1例ある。満洲語の語頭のGは明らかに口蓋垂破裂音だが、そのような例では、Gala「手」という語をカラと表記し、(7)のGabta「放て」という語をカフタと表記しており、Gaに「カ(ガ)」が用いられている。したがって、この(6)のGは破裂音ではなく、摩擦音であろう。これが完全に有声の摩擦音[ʁ]であるならばそれでも「ガ」、「カ」などが用いられそうであるから、ある程度、無声化していた可能性が高い。

(6)　仮名表記　　　　推定される満洲語
　　サルハセ　　　　sarGan jui「娘」

4.4　音節末のbの仮名表記

以下(7)のカフタにおいて、「フ」と表記された音節末のbの音声が[ɸ], [f], [p], [b]のいずれであったのかは不明である。唇音であることは問題が無いという判断に留める。

(7)　仮名表記　　　　推定される満洲語
　　カフタ　　　　　Gabta「放て」

5　考察

『韃靼漂流記』の満洲語仮名表記を考察する上で注意すべき点として、満洲文字を知らない、従って正書法の規範意識が無い人物が口述筆記をしている点がある。この仮名表記は後の時代の『満文考』10)などにある満洲文字にフリガナを振ったものと異なり、満洲文字を知らずに行われていることが一目瞭然である。どの音とどの音は同じ仮名表記でなければならないとか、どの音とどの音は別の仮名で書き分けなければならないといった、文字に基づく判断は働かせようがない。この事が、『韃靼漂流記』の資料的価値を高めていると言える。

『韃靼漂流記』の語彙は多くないが、満洲語の[f]と[χ]について、仮名による書き分けが行われていない点は重要である。明らかな[f]と[χ]について見ても、(1) feksiの[f]も(3) XotonのX [χ]にも「ホ」が用いられている。共鳴音間でも(4) indaXūn、

giyaXūnのXに「ホ」が用いられている。これらのXの音声は「ゴ」(または「コ」)と書かれていない以上、無声音[χ]の可能性が高い。有声音[ʁ]だった可能性も否定しきれないが、いずれにせよ口蓋垂音である。「ハ」が口蓋垂摩擦音を表す満洲文字Xの音声に用いられているのみならず、摩擦音化して実現したと推測されるGにも用いられている点も興味深い。(6)のsarGan juiをサルハセと表記した例は摩擦音化したGを「ハ」と表記したものであろう。摩擦音が有声で実現しやすい共鳴音間であるうえに、もともと満洲語で文字上は語中でもqと対立するGであるから完全に無声化して[χa]になる可能性は一見低そうである[11]が、日本語話者は「ハ」と表記している。摩擦音化したGの音声についてはさらなる研究が必要であるが、これもまた有声・無声いずれにせよ口蓋垂音であることに変わりは無い。

満洲語の無声軟口蓋摩擦音[x]の表記については、(2)のbetxeでxeが「コ」になっている1例しかないから、傾向を判断するには甚だ弱い。

6　結論

日本語のハ行音の脱唇音化という観点から、『韃靼漂流記』中の17世紀半ばの満洲語口語音を表記した仮名の選択を考察した。外国語の文字や音声・音韻に関する規範的な知識をもとに、外国語の音の体系と仮名文字の体系を無理に対応させようとした語学書のような資料の場合、当時の日本語話者の音声の知覚を極端にゆがめる可能性がある。『韃靼漂流記』の口述筆記においては、そのような満洲語側の体系を意識できないから、江戸で漂流者の取り調べをした際に、満洲語の単語は聞こえた音に一番近い仮名で書くことしかできなかった。このような状況下で行われた仮名表記において、f, Xを表記した「ハ、フ、ホ」の傾向は、「フ」を除き、「ハ、ホ」において、両唇音に類似の調音位置の範囲を超えている。満洲文字に基づく規範意識が働かない状態で、唇歯音のみならず口蓋垂音にも用いられているハ行音の表記は、当時の日本語話者の認識を反映しているように見える。

注

1)　本研究は、科研費(16K16819)の支援を受けたものである。本稿では早田(2016)同様、満洲文字のローマ字転写において、一般にk, g, hと転写される文字のうち母音の前のものについては、軟口蓋音(k, g, x)と口蓋垂音(q, G, X)を満洲文字の正書法で実際に書き分けられている通りに区別して表記する。満洲文字の軟口蓋音と口蓋垂音の書き分けは、音節末においては一定しないから、音節末のものは書き分けないものとする。

2)　漂流から帰国までのより詳細な過程は園田(1991［1939］: 262-266)、早田(2016：

60・61)を参照されたい。

3) 満洲語のwは半母音と説明されることが多いと思うが、CVのCに立つ場合(すなわち、fと対立する位置)とCwVのようにCとVの間に立つ場合とでは機能も音声も違いがあったように見える。

4) この問題は早田(2012)で扱った。

5) 新井本では「ト」が抜けてハロとなっている。

6) 『韃靼漂流記』では和訳を「女」としているが、音形やsargan jui「娘」と判断できる語と並べて書かれていることなどからXaXa jui「息子」の誤りであると考えられる。

7) 『韃靼漂流記』では和訳を「湯」としてある。

8) 濁点の有無や位置は写本ごとの違いが特に大きい。

9) 新井本では「ハ」が抜けてバン子となっている。

10) 荻生徂徠による『満文考』(戸川・神田 編 1974：726)では満洲文字のfi(共鳴音間)の部分に「フヒイ」と仮名が振られている。文字による規範に基づく仮名表記である。

11) 摩擦音化すると有声対無声の音韻論的対立が無くなるのだから、無声で発音しても意思疎通の問題が無かった可能性がある。この発音が満洲語を習得した日本語話者によるものであって、満洲語母語話者によるものではない点にも注意が必要である。本稿では、満洲語の主に口蓋垂摩擦音について、音声的に有声だったのか無声だったのかを推測しているが、これは日本語話者による発音であって当時の満洲語の話し言葉の音声そのものではない。日本人漂流者達はかなり満洲語に堪能になって帰国したとはいえ、満洲語において音韻論的対立が無いこのような異音を、母語である日本語の影響を受けずに、単語ごとに正確に再現していたかは疑問である。仮名から推定されるもとの満洲語の音声をそのまま当時の満洲語母語話者による口語音そのものと同一のものと考えるわけにはいかない。

参考文献

早田清冷 (2012)「満洲語における非語頭のg/h表記の時代差について」『地球化時代におけるアルタイ諸語の急速な変容・消滅に関する総合的調査研究』Contribution to the Studies of Eurasian Languages (CSEL), Series 18, 85-91, 九州大学人文科学研究院言語学研究室.

早田清冷 (2016)「言語資料としての「韃靼漂流記」——近世初期日本語・満洲語の鼻音を中心に——」『満族史研究』15：55-71, 満族史研究会.

Hayata, Suzushi (印刷中) 'Phonetic and phonological aspects of the Manchu vowels reflected in the *Dattan hyōryūki', Contribution to the Studies of Eurasian Languages (CSEL)*, Series 20.

池上二良 (1955)「トゥングース語」『世界言語概説　下巻』441-488, 東京：研究社.

園田一亀 (1991 [1939])『韃靼漂流記』東京：平凡社(初出：『韃靼漂流記の研究』南満洲鉄道株式会社鉄道総局庶務課).

資料

新井白石(写)（書写年記載無し)『越前三国浦記』(韃靼漂流記新井本）宮内庁書陵部蔵，函架番号506・122.

戸川芳郎・神田信夫(編)（1974)『荻生徂徠全集　第2巻　言語篇』東京：みすず書房.

キーワード：近世初期日本語、満洲語、仮名、唇音退化、ハ行子音

はやた・すずし――東京大学大学院人文社会系研究科研究員。専門は文献言語学。主な論文に「『満洲実録』モンゴル語の一人称複数形代名詞baとbida」（『満族史研究』第6号、2007年)、「古典満洲語の「同格の属格」について」（『言語研究』第147号、2015年)、「言語資料としての「韃靼漂流記」――近世初期日本語・満洲語の鼻音を中心に――」（『満族史研究』第15号、2016年）などがある。

『四書集注』、『小学』などの満洲語訳の言語の特徴と成立年代について

渡辺　純成

0　はじめに

清代前半の満洲旗人の精神生活を考察するためには、この時期に大量に作成された満洲語儒教書の内容を検討することが不可欠である。そしてその作業が、思想史にせよ文化史にせよ、歴史学の側面を持つ研究の一環であるならば、それら満洲語儒教書のすべてを時間軸上に位置づけることが、まず要求される。しかしながら、官修ではない満洲語儒教書のいくつかは、成立年代が明確ではなく、既存の蔵書目録には問題のある記述が散見する。そこで本稿では、筆者の前稿［渡辺2015］で検討した清初の官修満洲語儒教系書籍における規範的満洲語の通時的変化を前提として、朱熹『四書集注』や高攀龍『朱子節要』などの満洲語訳の成立年代を言語などの特徴に基づいて限定する作業を、おこなう。前者については、康熙16年が上限であり、かつ、康熙末年までには成立していたことが示される。訳文が乾隆年間や道光年間に成立した可能性は、ない。後者については、『満文日講解義』シリーズや『四書集注』の満洲語訳よりは遅く成立したが、おそらく『満文性理精義』よりは早く、康熙年間後半に成立したとみられることを示す。また、成立事情は雍正帝による御製序のなかで明確にされているけれども、初稿の成立から出版まで30年以上経過しているために、どの言語的性質がどの時期の言語状況を反映しているか、分析することが必要な資料として、陳選『小学集注』の満洲語訳がある。本稿では、方法論の有効性を検証することも兼ねて、この資料についても分析する。『小学集注』の満洲語訳の初稿は、康熙帝の重臣であるグバダイ(Gūbadai、顧八代、？～1709)によって作成されており、言語面の特徴と翻訳者の世代とが具体的に結びつくという点でも興味深い事例である。

本稿の構成は、以下のとおりである。第1章では、まず、清初の官修満洲語儒教系書籍における規範的満洲語の通時的変化について筆者の前稿［渡辺2015］で得た結論のうち、本稿で使用するものを確認する。つぎに、前稿の脱稿後に得た結論のいくつか、具体的には、形式名詞ningggeの使用状況とも関連する形容詞ambaの異形態ambanの使用状況についての補足説明と、儒教用語「聖賢」の満洲語訳語の変遷についての新規の説明とを、提示する。後者は、言語学というよりも儒教思想史に属する

事項であるが、儒教書では頻繁に用いられる語彙であるために、成立年代の判定基準のひとつとしては有用であるので、詳しく述べる。なお、漢語名詞「事」の満洲語訳語の変遷についても、補足する。

第2章では、『満文小学合解』として知られている陳選『小学集注』の満洲語訳について、第1章で述べた言語の諸性質を検討した結果を、詳しく述べる。グバダイによって翻訳されたときに生じた可能性が高い特徴と、雍正年間に出版されたときに初稿が改変されて生じた可能性が高い特徴とに分けて、具体的に検討する。この書籍には、『満文古文淵鑑』よりも古い特徴が複数みられるが、グバダイによって翻訳されたのは『満文古文淵鑑』の成立後なので、この古さは、翻訳時期が影響したのではなく、翻訳者の属する世代が影響したものであろう。いいかえれば、『満文古文淵鑑』にみられる特徴が、康熙年間半ばでは、比較的若い世代の言語に限られたものであったことが、推測される。

第3章では、朱熹『四書章句集注』の満洲語訳について、本稿で検討する満漢合璧刊本と満洲文写本の合計3部について、書誌や翻訳の漢文底本や漢文部分の避諱の状況などの基本的事項を述べたあとで、経書本文が『満文日講四書解義』での訳文をほぼ踏襲することを指摘する。つぎに、朱熹による序文や注の訳文について、第1章で述べた言語の諸性質を検討して、それらが、『満文古文淵鑑』よりも古い特徴を示すことを、確認する。このことは、第2章で『満文小学合解』についてみたように、『満文四書集注』が『満文古文淵鑑』以前に翻訳されたことを、結論させるものではないけれども、『満文四書集注』の翻訳者が『満文日講四書解義』の関係者と近い世代にあることを示唆している。なおここでは、成立年代の推定を超えて、満洲語訳文から窺われる『四書章句集注』漢文原文への理解の度合いや翻訳態度についても、いくつか観察する。

第4章では、高攀龍『朱子節要』の満洲語訳の満漢合璧刊本である『満漢朱子節要』について、第1章で述べたもの、およびその他の言語面の諸性質を検討して、『満文古文淵鑑』以後の言語状況が現れていることを指摘する。『満漢朱子節要』に含まれる康熙14年朱之弼序文に基づいて康熙10年代の翻訳であると断定することは、不適切であることが示される。

なお、満洲語儒教書の成立年代について筆者が前稿（[渡辺2010A]、[渡辺2014]）で述べたことのうちには、本稿第1～4章の結論と合致しないものがあるが、それらは本稿をもって廃棄することを、了解されたい。

第5章では、官修満洲語儒教書の成立年代と、本稿の第2章から第4章までで論じた非官修満洲語儒教書の成立年代とを併せて考察し、それらが満洲人の儒教理解にとって意味することがらを指摘する。

本稿の表などのなかでの記号「v.*m*;f.*n*」は、巻*m*の第*n*葉を意味する。また、引用

文で、「/」「//」はそれぞれ利用した版本あるいは写本での改行、改頁を表わすが、複数の版本または写本に依拠したばあいには、これらは省略する。引用文では、電子テキストなどで検索するときの便宜を考え旧字体を用いるが、それ以外では現在の字体を用いる。ただし、現在の字体と旧字体とが1対1対応でないばあいには、引用文以外でも旧字体を用いる。

1　着目する言語的性質

1.1　前稿の結果の概観

筆者の前稿［渡辺2015］では、『洪武要訓』や『満文日講解義』シリーズ、『満文古文淵鑑』1)などを資料として、以下の4点、

(a) 動詞未完了否定形が仮定されるときに、仮定を表わす形態素が融合した融合形-rakūciをとるか、形態素が独立した分離形-rakū ociをとるか、
(b) 開音節終わりの形容詞が名詞化されるときに、名詞化接辞-nggeを伴う融合形をとるか、形式名詞ninggeを形容詞の直後に伴う分離形をとるか、
(c) 動詞未完了連体形または完了連体形に後続し全称「……するすべての」「……したすべての」を表わすものが、接辞-leを伴う融合形をとるか、単語eleを伴う分離形をとるか、
(d) 指示副詞ereniが使用されていないか、使用されているか、

について、使用状況を定量的に検討して、時代変化の在り方を考察した。(b)については特に、形容詞ambaおよびその異形態ambanについて、名詞化されるときの状況を、amban ninggeが用いられるか、amba ninggeのみが用いられるかについても、定量的に検討した。前稿［渡辺2015］での結論は、要約して述べれば、事項によって変化の速さは異なるものの、前者、つまり、融合形の使用やereniの未使用が優勢である状況から、後者、つまり、分離形の使用やereniの使用が優勢である状況へと、変化した。そして『満文古文淵鑑』がひとつの画期であった、というものであった。

その後、筆者はさらに電子テキストを作成して、『満文日講四書解義』は全文、『満文古文淵鑑』は巻11～13・22・33～37・42～64[2)]、『満文資治通鑑綱目』は巻1～4を、調査対象のなかに繰り入れて分析した。その結果、(a)は、紙面の節約など、言語学とは無関係な要因によっても大きく左右された可能性が否定できなくなったので、本稿では(a)を外し、(b)、(c)、(d)の3つの項目について、官修ではない満洲語朱子学書の言語を検討する。前稿［渡辺2015］では、これらの事項以外にも、漢語単語文言文の単語「事」の訳語として、weileとbaitaとのいずれが好まれるかについて

も、時代変化がみられることを指摘した。また、「ふつうのひと」を表わす満洲語単語が、jergi niyalmaからan -i jergi niyalma、そしてan -i niyalmaへとゆるやかに変化していった可能性があることも、指摘した。本稿ではこれらの事項についても、官修ではない満洲語朱子学書の言語を検討する。

1.2　形容詞ambaの異形態ambanについての補足

1.1節の(b)に関連して、形容詞ambaおよびその異形態ambanの使用状況と、それらの名詞化される状況についての補足を述べる。

表1.1　amban ninggeとamba ningge

	amban ninggeの用例数	amba ninggeの用例数
『洪武要訓』全文	2例	0例
『満文大学衍義』序表・巻1～22	1例	11例
『満文日講四書解義』大学～論語	19例	12例
『満文日講四書解義』孟子	23例	31例
『満文日講書経解義』全文	13例	33例
『満文日講易経解義』全文	0例	74例
『満文古文淵鑑』巻45～64	0例	42例
『満文資治通鑑綱目』巻1～4	0例	19例
『満文性理精義』巻1～4・6～10	0例	14例

表1.1は、amban ninggeとamba ninggeの出現回数に関する前稿［渡辺2015］の**表3.2**に、今回、『満文日講四書解義』全文と『満文資治通鑑綱目』巻1～4も調査して判明したデータを加えて、拡充したものである。順治初年から康熙末年にかけて、康熙『満文大学衍義』がやや例外的な挙動をみせるものの、大局的にはamban ninggeが減少しamba ninggeが増大してゆくことは、今回のデータでも変わりがない。ここで注意しておきたいのは、amban ninggeとamba ninggeの使用状況について、『満文日講四書解義』が均質とはいえない挙動をみせていることである。『満文日講四書解義』を通算すれば、amban ninggeが42例、amba ninggeが43例出現しており、ほぼ同じ回数である。そこで、『満文日講四書解義』全巻を通じてamban ninggeとamba ninggeの出現確率が一定であるという仮説を立てると、amban ninggeの出現する確率が0.5、amba ninggeの出現する確率が0.5であるとしてよい。このとき2項分布で、前半(巻1～12)の測定値でamban ninggeが19例以上になる確率を計算してみると、0.14となる。後半(巻13～26)の測定値でamban ninggeが23例以下になる確率を計算してみると、

0.17となる。前半の状況と後半の状況が同時に起こる確率は0.14×0.17=0.024となる。したがって、『満文日講四書解義』全巻を通じてamban ninggeとamba ninggeの出現確率が一定であるという仮説は、有意水準3%で棄却される。つまり、amban ninggeとamba ninggeの出現確率について、『満文日講四書解義』は均質であるとはいえない[3]。この計算結果は、『満文日講四書解義』前半、あるいは後半が均質であると主張するものではなく、出現確率が巻ごとに緩やかに変化している可能性も充分にある。ただ、巻ごとの出現回数が、精密な議論を可能にするほどには多くないために、ここでは、『満文日講四書解義』が均質であるという仮説を否定するだけに留めた。情報量基準[4]などを用いて複数の仮説を比較することは不可能ではないけれども、その前に、着目する言語現象の種類を増やすべきであろう。

康熙『満文大学衍義』は、amban ninggeとamba ninggeの相対頻度については、『満文日講四書解義』よりも新しい傾向をみせている[5]。いいかえれば、康熙『満文大学衍義』で進行した時計の針を、『満文日講四書解義』ではしばし逆行させたかのように、みえる。しかしながら、形容詞ambaの異形態としてのambanの使われかたをみると、康熙『満文大学衍義』の言語は、『満文古文淵鑑』の言語よりも古く、『満文日講四書解義』の言語に近いことが、はっきりとわかる。形容詞ambanの出現回数をみると、『満文古文淵鑑』巻42～64ではまったく現れないが[6]、康熙『満文大学衍義』序表・巻1～22では14例現れ、出現箇所も偏ってはいない。康熙『満文大学衍義』でamban ninggeの用例が少ないのは、『満文古文淵鑑』のように形容詞ambanが使われなくなったことに起因するものではなく、amban ninggeからamba ninggeを出現させた音韻論的な変化のみが突出して進んだためなのではなかろうか。

形容詞ambaの異形態ambanについては、『満文日講四書解義』、乾隆六年『満文四書』[7]、『繙訳四書』[8]の経書本文における形容詞ambanの使用状況も、ここで確認しておく必要がある。

「大小」の「大」や「長幼」の「長」の訳語である形容詞ambanは、『四書』の経書本文の『満文日講四書解義』における訳文のなかでは、45例現れる。これら45例にみえるambanは、乾隆六年『満文四書』における訳文のなかでは、1例がambaに変更された[9]以外は、変更されずに維持された。『繙訳四書』における訳文のなかでは、異なる形容詞に置き換えたものが1例あるが[10]、残りの44例ではambaに変更された。『繙訳四書』では、組織的に形容詞ambanが除去されている。『繙訳四書』の言語感覚では、形容詞ambanはもはや許容されなかったのであった。

筆者がすでに指摘した([渡辺2010A])ように、乾隆六年『満文四書』での経書本文の訳文は、『満文日講四書解義』でのそれらを微調整したものに過ぎない。『満文日講四書解義』での形容詞ambanが乾隆六年『満文四書』でもほぼ維持されたことは、その一環である。『繙訳四書』や『繙訳五経』での改訳に際して乾隆帝が積極的であっ

たことはよく知られており、『繙訳四書』などの訳文には、乾隆帝の言語感覚が大きな影響を及ぼしたものと考えられる。ところで乾隆六年『満文四書』での改訳は微調整に過ぎず、『満文日講四書解義』での訳文への根強い共感がみられるので、乾隆六年『満文四書』には、乾隆帝の言語感覚があまり影響を及ぼさなかったことになる。以下はまったくの推測になるが、乾隆六年『満文四書』での改訳が『満文日講四書解義』の微調整に過ぎなかったことには、当時の満洲人有力者であったオルタイの言語感覚、いいかえれば、雍正帝やオルタイの世代の言語感覚が、最も影響を及ぼしたのではないだろうか。彼らの世代は、康熙20年代に満洲語を習得した。彼らが話したり書いたりした満洲語そのものは、入関前や順治初年の満洲語ではなかったものの、聞いたり読んだりした満洲語のなかには、入関前の面影を残す、祖父母の世代の満洲語が、あったはずである。入関前や順治初年の満洲語を近しいものとして懐かしむ言語感覚があれば、乾隆年間に入ってはすでに古風なものとなりかけていた『満文日講四書解義』の言語を、変更せずに保存しておこう、と考えても、不思議ではないであろう。いっぽう、時間的な隔たりを考えれば、乾隆帝は、入関前の満洲語の話し手に直接接触する機会を、ほとんどもてなかったはずである。また、乾隆帝の満洲語には、『満文古文淵鑑』での標準よりも前には遡らなかったと思われるふしがある。そのために、乾隆帝は、『満文古文淵鑑』よりも古風な要素を含む『満文日講四書解義』の言語に対して、共感をおぼえることがまったくなく、『繙訳四書』で大幅に改訳したのではなかろうか。『繙訳四書』での改訳には、経学上の依拠する学説の変更を考慮する必要が、もちろんあるが、以上のような言語学的な推測も可能であることを、ここで指摘しておきたい。

1.3　「聖賢」の訳語

つぎに、儒教用語「聖賢」の満洲語訳語の時代的変化について検討する。この変化は、言語学固有の問題というよりも儒教思想史の問題としてみるべきであるが、本稿の主題を考察する際には有用であるので、官修満洲語儒教書での使用状況を、ここで定量的に記述しておく。

官修満洲語儒教書では、「聖賢」を、enduringge saisa と訳すばあいと、enduringge mergese と訳すばあいとがある。「賢」を saisa と訳すのは、「賢人」が、全人格的にみて、聖人に次いで優れた存在である、という理解に基づくものであろう。たとえば『論語』子路篇「仲弓爲季氏宰」章の「舉賢才」について、朱熹『集注』では、「賢、有徳者。才。有能者。」といい、賢人を意味する経書の「賢」は、知的能力だけにおいてではなく、倫理性も含めて優れているもの、と規定している。ただ、「君子」を ambasa saisa と訳すのは固定した慣習なので、「賢」を saisa と訳せば、「君子」のクラスが「賢人」の部分クラスになってしまいかねない。もちろん、事実は逆である。「賢」

をmergeseと訳すのは、わかりやすい。満洲語訳語のあいだの相互関係を、漢語における術語のあいだの相互関係に類似させよう、として、mergen(「かしこい」)の派生語で訳したのであろう。**表1.2**では、enduringge saisaやenduringge mergese[11]の出現回数を与える。「聖賢」に対応する名詞enduringge mergenの用例や関連する用例の出現回数も、備考欄に記した。

表1.2　enduringge saisaとenduringge mergeseの出現回数

	成立時期	enduringge saisa	enduringge mergese	備考
『洪武要訓』全文	順治3序	3例	0例	
『御製人臣儆心録』全文	順治12序	1例	0例	
康熙『満文大学衍義』序表・巻1～22	康熙11序	12例	2例	他に、「前聖後賢」に対応するnenehe enduringge amaga saisaが1例ある。
『満文日講四書解義』大学～論語	康熙16序	43例	25例	他に、「聖賢」に対応する名詞enduringge mergenが2例ある。
『満文日講四書解義』孟子	康熙16序	14例	46例	他に、「聖賢」に対応する名詞enduringge mergenが6例ある。
『満文日講書経解義』全文	康熙19序	2例	4例	
『満文日講易経解義』全文	康熙22序	8例	16例	
『満文古文淵鑑』巻11～13・33～37・42～64	康熙20年代半ば	16例	41例	他に、「聖賢」に対応する名詞enduringge mergenが5例ある。
『満文資治通鑑綱目』巻1～4	康熙30序	1例	1例	
『満文性理精義』巻1～4・6～10	康熙50年代	0例	53例	他に、「聖賢」に対応する名詞enduringge mergenが2例ある。
『満文薛文清公要語』全文	康熙53序	2例	13例	官修書ではないが、参考までに挙げた。
『満文孝経合解』全文	雍正5序	0例	0例	
『満文庭訓格言』全文	雍正8序	0例	12例	他に、niyalma enduringge mergen ojorongge が1例ある。

表1.2を一見してわかることは、順治初年にはenduringge saisaが優勢であるものの、『満文日講四書解義』の前半と後半とのあいだで好まれる順序が逆転し、康熙年間半ばにはenduringge mergeseが優勢となった。康熙末年には、enduringge mergeseにほぼ固定した。表1.2では省略したが、雍正年間あるいは乾隆初年[12]における旗人に対

する翻訳試験の模範解答集である東洋文庫所蔵の『翻譯考試題』（請求番号：Ma2-12-2）や、乾隆29年序をもつ、やはり東洋文庫所蔵の『試策法程』（請求番号：Ma2-12-1）でも、「聖賢」の訳語は、enduringge saisaではなくenduringge mergeseであるとみてよい。なお、amban ninggeとamba ninggeの出現状況について『満文日講四書解義』の前半と後半とが不均質であることを、前節で述べたが、「聖賢」の訳語についてもやはり不均質であることを、ここで注意しておく。

1.4 「事」の訳語

官修満洲語儒教系書籍では、順治年間には漢語名詞「事」の訳語として名詞weileが多く使われていたが、康熙年間前半には名詞weileは「罪」（正確にいえば、刑罰とセットになった罪悪を意味する）の意味に限定されるようになり、漢語名詞「事」の訳語としてはbaitaが選ばれるようになったことを、筆者の前稿（［渡辺2015］p.L27）で指摘した。そこで述べた、「天下之事」の訳語のabkai fejergi weileからabkai fejergi baitaへの変化は、早期に起こったものなので、康熙年間のどの年代に翻訳されたかを推定する判断基準には使用できない。しかしながら、「農事」などの特定の熟語以外に現れる「事」をweileと訳すのは、翻訳された年代もしくは翻訳した世代についてある程度の情報を与えることも確かなので、ここでやや詳しく記述しておく。

「事」をweileと訳すのが、乾隆年間においては古風すぎる言語表現であったことは、『四書』などの訳文の変化をみれば、ただちにわかる。たとえば、『論語』八佾篇「哀公問宰我」章の「成事不説、遂事不諫」を、康熙16年の『満文日講四書解義』では

šanggaha / weile be gisurerakū. toktoho weile be tafularakū.

と訳すが、乾隆20年の『繙訳四書』では

šanggaha baita be gisurerakū. toktoho baita be tafularakū.

と訳す。『論語』子罕篇「太宰問於子貢」章の「鄙事」の訳語も、『満文日講四書解義』と『繙訳四書』とで異なり、前者ではbuyarame weile、後者ではbuyasi baitaである。『論語』子路篇「衛君待子而爲政」章の「言不順、則事不成」を、『満文日講四書解義』では

gisun ijishūn akū oci, weile muterakū.

と訳すが、『繙訳四書』では

gisun ijishūn akū oci, baita muteburakū.

と訳す。また、経書本文ではないが、『孟子』尽心下「有人曰我善爲陳」章の漢文『日講四書解義』における解義の「兵凶器、戰危事」を、『満文日講四書解義』では

cooha serengge // ehe agūra. afarangge tuksicuke weile.

と訳すが、康熙20年代半ばの『満文古文淵鑑』巻33・陸贄・論關中事宜状では、「戰危事」の「危事」を、tuksicuke baitaと訳す。諸葛亮『出師表』の「宮中之事」「營中之事」などの「事」の訳語も、順治7年の『満文三国志演義』と『満文古文淵鑑』とで比べると、weileからbaitaへ変更されている。名詞「事」の訳語がweileからbaitaへ変わるのは、ジャンルによらない一般的な傾向である。また、『論語』憲問篇「衛霊公之無道也」章の「王孫賈治軍旅」を、『満文日講四書解義』では

wang sun giya, cooha -i weile be dasambi.

と訳しているが、『繙訳四書』では

wang sun giya, cooha dain be dambi,

と訳し、baitaに置き換えられたわけではないが、やはり、weileを使用することが回避されている。

『満文日講四書解義』でのweileが『満文古文淵鑑』ではbaitaに置き換えられたことは、『満文古文淵鑑』では名詞weileの使用が「罪」に限られていったことの現れでもある。名詞weileの『満文古文淵鑑』巻11～13・22・33～37・42～64での用例数は、615例であるが、「罪」と無関係な文脈のなかで使用されているのは16例のみである。『論語』の一節を典拠として『満文日講四書解義』での訳語や訳文を踏襲したもの[13)]を除けば、13例になる。これら13例は、usin -i weile(「農作業」)のような熟語や、動詞weile-(「製作する」)と直接結びついた「製作結果」「製作作業」などの限定的な意味で使われており、「天下之事」の「事」のような、一般的抽象的な「できごと」「事象」の意味では使われていない。「農作業」を意味することばも、『満文古文淵鑑』巻11～13・22・33～37・42～64ではusin -i weileが3例、usin -i baitaが13例であって、weileを含む表現は少数派になっている。

「できごと」「事件」「事象」の意味でのweileの使用状況をみるために、abkai fejergi weile、abkai fejergi baitaの用例を定量的に観察した結果を述べておく。

『洪武要訓』全文では、abkai fejergi weileは7例現れ、すべて「天下之事」の訳語である。他に、「天下離合之機」の訳語であるabkai fejergi isara facara weileが1例ある（巻1・「論治道」章f.8a）。abkai fejergi baitaは2例[14]であり、「天下之務」の訳語である。baitaは漢語名詞「務」に対応し、「仕事」の意味で使用されている。いっぽう、『明太祖宝訓』で「天下之事」を検索し、『洪武要訓』で対応する満洲語訳語を調べると、上述の7例以外には、『明太祖宝訓』の「恤刑」章・「洪武十六年六月甲戌」条と「諭羣臣」章・「洪武五年二月己卯」条に1例ずつ「天下之事」がみえ、前者は『洪武要訓』でyaya weileと訳されている。後者は、条自体が訳されていない。したがって、用例数が充分にあるとはいえないけれども、「天下之事」の「事」はweileとほぼ1対1に対応しているとみることができる。

いっぽう、康熙11年の『満文大学衍義』序表・巻1～22や康熙20年代半ばの『満文古文淵鑑』巻11～13・22・33～37・42～64には、abkai fejergi weileの用例がまったく存在しない。『満文日講四書解義』全文には、abkai fejergi weileの用例が1例のみある。『満文大学衍義』序表・巻1～22には、abkai fejergi baitaが9例みえ、他にabkai fejergi amba baitaの2例がみえる。『満文日講四書解義』全文や『満文古文淵鑑』巻11～13・22・33～37・42～64には、abkai fejergi baitaの用例が多数存在する。

したがって、「天下之事」の「事」の訳語は、康熙初年にはweileからbaitaに移行していたとみてよい。その他のばあいの「事」の訳語は、やや緩やかにbaitaに変化してゆき、乾隆初年にはいくつかの例外を除いて変化が完了していたように、みえる。weileとbaitaが共存していた時期には、weileが「なされた行為」、baitaが「するべき仕事」に割り当てられていたようである、という感触を筆者はもっているが、この点については、稿を改めて論じたい。なお、満洲語辞書は、基本語彙に対するこのような分析を充分に行なってから編纂されるべきであろう。

2 『満文小学』

2.1 書誌学的事項と言語上の問題点

朱子学に基づく基礎的教育のための教科書である『小学』には、満洲語訳が2種類ある。ひとつは、『満文小学』（満洲語書名ajige tacikū）あるいは『満文小学合解』（満洲語書名ajige tacikū be acabufi suhe bithe）として知られているもので、康熙年間に翻訳され雍正年間に出版された。もうひとつは、『繙訳小学』（満洲語書名ubaliyambuha ajigan tacin bithe）として知られているもので、『満文小学』の語彙を乾隆年間の新造語で置き換えて、咸豊年間に出版された。『満文小学』の書誌の基本的事項と漢文底本、『繙訳小学』との比較については、金周源氏の論文に簡潔にまとめられている（[金2002]）ので、参照されたい。ここでは、本稿で用いた版本を明示するに留める。『満文小学』につ

いて、東洋文庫には、蔵書目録で『小学合解』と記載されているもの(請求番号：Ma2-13-6)と、『満文小学附満文孝経』と記載されているもの(請求番号：Ma2-13-7)との2部が蔵される。いずれも、『小学』本文だけではなく、注も含んでいる。本稿では後者を用いた。

『満文小学』の翻訳の底本となった漢文『小学』の注釈書は、金周源氏がすでに指摘したように、明・陳選の『小学集注』(『小学句読』としても知られている)である。満洲語書名で「合解」と訳される部分に相当するacabufi seheは、漢文書名の中の「集注」を「集めて注した」と解釈したものに対応している。このように判断される根拠については、次節で述べる。

『満文小学』が翻訳され刊行された際の事情は、やはり金周源氏の論文に述べられているが、本稿での議論にとって重要なことなので、以下で改めて述べておく。

『満文小学』冒頭の雍正5年12月3日付けの御製序では、『満文小学』は、康熙帝が礼部尚書グバダイに命じて翻訳させ、3年かけて翻訳し終わったが、出版されなかった。雍正帝が、康熙帝の意志を継いでここに出版させる、と述べている。グバダイの生涯を概観しておくと、『清史稿』巻268によれば、グバダイはイルゲンギョロ氏に属し、父は顧納禅であった。順治16年に戸部筆帖式となり、康熙14年に翰林院侍読学士となり、康熙23年に尚書房に直し、かつ、礼部侍郎となり、康熙28年に礼部尚書となったが、康熙32年に事に坐し官を奪われて、世職を留め、仍、尚書房に直した。康熙37年に病いを以て休を乞うた。康熙47年に卒した。尚書房に直していたときに、皇子時代の雍正帝を教育した。雍正4年に官を復することを詔し、太傅を加えた、とある。雍正帝の序文を疑うべき理由はない。『満文小学』は、康熙30年前後にグバダイ単独で翻訳されたことがわかる。グバダイの生年は不明であるが、経歴からみて、入関前には生まれていたであろう。ドルゴン執政期までの古いかたちを残した満洲語を、直接体験していた世代である。

したがって、『満文小学』の初稿には、順治初年に満洲語を習得した満洲語母語話者が康熙年間半ばに用いていた満洲語が、現れていることになる。また、翻訳事情からみれば康熙帝による添削があってもおかしくはないので、順治年間後半に満洲語を習得した満洲語母語話者が康熙年間半ばに用いていた満洲語の影響があったことも、想定される。ここでの「康熙年間半ばに用いていた満洲語」が、『満文古文淵鑑』や『満文資治通鑑綱目』の言語とどのような関係にあるかは、『満文古文淵鑑』などに依拠して導いた結論が有効である範囲を評価するためにも、確認しておく必要がある。さらに、『満文小学』が出版されたのは雍正年間なので、雍正年間の満洲語の影響もあったことが想定される。つまり、『満文小学』の言語は重層的であると推測されるが、この重層性は、成立年代が明確な他の書籍群と比較しながら解きほぐすしかない。『満文小学』を言語学の資料として用いることは、『満文小学』のみを研究したのでは、

不可能なのである。

2.2 翻訳の底本

『満文小学』の漢文底本について、金周源氏が、明・陳選の『小学集注』あるいは『小学句読』と同定したのは妥当な判断であるが、同氏の論文([金2002])では根拠の細部が省略されている。この節では、同氏の結果への補足として、国立公文書館所蔵の漢文『小学』への各種の注釈と『満文小学』とを、3箇所について比較した結果を述べる。

表2.1は、明・陳選『小学句読』(元禄7年刊、請求番号：子2-4。表では『句読』)と、明・呉訥『小学集註大全』(明(正徳・嘉靖間)刊、請求番号：子2-5。表では『集註大全』)と、明・陳仁錫『小学詳註』(請求番号：子2-9。表では『詳註』)と、清・万経『小学集解』(康熙36年序刊、請求番号：298-233。表では『集解』)の4種[15]を、『満文小学』と、以下の4箇所、

(1) 外篇・巻6・善行・実明倫「朱壽昌」条の割注
朱壽昌の家庭内事情(たとえば、朱壽昌の父親の極官や、朱壽昌の生母の離婚の状況)について細かく説明するか否か、
(2) 外篇・巻6・善行・実明倫の「呂榮公」条の割注
呂舜従についての批評を述べるか否か、
(3) 外篇・巻6・善行・実明倫の「繆肜」条の割注
本文の内容を繰り返して述べるか否か、

について、比較したものである。

表2.1　漢文『小学』の各種注釈と『満文小学』との比較

	『句読』	『集註大全』	『詳注』	『集解』	『満文小学』
「朱壽昌」条、朱壽昌の家庭内事情の詳細	なし	あり(「増註」部分に)	なし	あり	なし
「呂榮公」条、呂舜従についての人物批評	なし	あり(当初の注に)	あり	あり	なし
「繆肜」条、本文の内容の繰り返し	なし	あり(当初の注に)	あり	あり	なし

『満文小学』と一致するのは、明・陳選『小学句読』のみであることが、ただちにわかる。なお、国立公文書館所蔵の他の版本の状況を述べておくと、『小学句読』と

同じ挙動を示すのは、請求番号298-186、請求番号298-187(眉注を無視する)、請求番号298-217、請求番号298-218、請求番号298-220、請求番号298-232(書名は『小学存是詳注』)の6部である。『小学集註大全』と同じ挙動を示すのは、請求番号298-228(これも『小学集註大全』)の1部である。『小学集解』と同じ挙動を示すのは、請求番号298-225(書名は『小学宗註』)の1部である。

2.3　経書の満洲語訳や『満文性理精義』との相互関係

本節では、『満文小学』にみえる経書訳文と、それに先行する『満文日講解義』シリーズや同時期に出版された雍正『満文孝経』における経書訳文とのあいだの関係を観察した結果を述べて、相互関係を確認する。

『四書』からの引用は、『満文日講四書解義』の訳文をほぼ踏襲する。ただ、直接話法での引用形式をそろえたり(hendumeではなく -i henduhenggeを用いる)、句読点を変更したりするなどのたぐいの微小な相違点は、ある。単語を変更した箇所も、極めて稀だが存在する。旗人を教育する際の教科書として使うために、経書の訳文を政府出版書のあいだで統一したとみられるが、これは、翻訳された康熙30年前後でも、出版された雍正5年前後でも、ひとしく起こり得たことである。

『書経』からの引用は、『小学』内篇・巻4・稽古・明倫の冒頭に引用される『書経』堯典の一節、「(虞舜)父頑……不格姦」の訳文を『満文日講書経解義』と『満文小学』とで比較すると、後者での訳文は前者での訳文を踏襲している。

『孝経』からの引用は、同時期に出版された雍正『満文孝経』の本文と、重要な単語の訳語が異なっている。たとえば「愛親」の「愛」は、『満文小学』ではgosi-だが、雍正『満文孝経』ではhaira-である。また、『孝経』庶人章の訳文は、まったく別のものになっている。『満文小学』と雍正『満文孝経』とのあいだで、『孝経』の訳文を統一することは行なわれなかった。『孝経』の訳文は、グバダイによる初稿を尊重している。このことは、『四書』の訳文が、『満文日講四書解義』と『満文小学』とでほぼ一致しているという状況が、雍正年間の刊行時にはじめて成立したのではなくて、康熙30年前後の翻訳時にすでに成立していたことを、強く示唆する。

なお、『満文小学』での動詞「愛」の訳語は、上述の『孝経』からの引用文でgosi-を用いる例のほかに、外篇・巻6・善行・実明倫「朱壽昌」条の割注の訳文でも、「愛母」をeme be gosire、「愛父」をama be gosireといい(巻6・善行f.32b第2-3行割注)、やはりgosi-を用いる。上位者に対してもgosi-を用いるところが、特徴的である。

『満文性理精義』と『満文小学』とに共通してみえる、経書以外からの引用について考える。朱熹「小学題辞」は、漢文『小学』と漢文『性理精義』の双方にみえるが、個々の訳語だけではなく、漢文原文の句読の切り方や時制／アスペクトの解釈が異なる箇所があって、相違点が多い。『満文小学』での訳文と『満文性理精義』での

訳文は、まったく別の訳文となっている。また、『列女伝』からの引用が、『小学』内篇・巻1・立教と『性理精義』小学・真徳秀条との双方にみえるが、『満文小学』および『満文性理精義』にみえる訳文は、動詞の選択が複数箇所で異なっており、たがいに異なる訳文である。

『満文小学』がグバダイによって翻訳されたのは、『満文性理精義』の翻訳に20年以上先立つことなので、『満文小学』が翻訳時に『満文性理精義』を参照していないのは当然のことであるけれども、前者が出版時にも後者を参照しなかったということは、意味をもつ。グバダイによる『満文小学』の訳業が、雍正年間における出版時にも尊重された、ということなのであろう。『満文性理精義』や雍正『満文孝経』に基づいて『満文小学』を書き換えることをしなかった理由には、書き換える作業で出版が遅れることを考慮したのかもしれないが、皇子時代の師であったグバダイに対する雍正帝の敬意がはたらいたことも、考えられる。

2.4 言語の雍正年間的特徴

前節では、『満文小学』にみえる経書の訳文が、出版時にもほとんど変更されなかったことが推定されると述べたが、出版時に変更されたことが確実な事項も存在する。それは、漢字音の満洲文字表記に現れた、雍正帝に関する避諱の影響である。

避諱は、基本的に、漢文で書かれた文書や書籍にみえる現象であるが、雍正年間には、漢字音の満洲文字表記でも雍正帝の御名が避けられたことを、筆者の前稿複数で指摘してあった（[渡辺2010A] p.229、[渡辺2013] p.L117）。「胤禛」の漢字音の満洲文字表記は、康熙年間の標準にしたがえばin jenであるが、雍正帝の即位後には、inと表記された漢字音はyenと表記され、jenと表記された漢字音はjengと表記された。ところで『満文小学』では、「殷」「尹」の漢字音はyenと表記され、真徳秀の姓「真」や、蘇瓊の字である珍之の「珍」や、崔孝芬の叔父の崔振の名「振」や、楊震の名「震」の漢字音が、jengと表記された。これらは、『満文小学』が雍正年間に刊行されたときに改変されたことが、確実である。

その他で、雍正年間の刊行時に改変されたことがほぼ確実なものとしては、「貪欲な」を意味する形容詞dosiあるいはdoosiの綴りがある[16]。『洪武要訓』全文、康熙『満文大学衍義』序表・巻1～22、『満文日講解義』シリーズの全文、『満文古文淵鑑』巻11～13・22・33～37・42～64、『満文資治通鑑綱目』巻1～4に、「貪欲な」を意味する形容詞doosiは、派生語も含めていっさい現れない。これらの書籍では、この形容詞は派生語も含めてdosiと綴られる。いっぽう、『満文性理精義』巻1～4・6～10ではdoosiが1例、『満文庭訓格言』全文ではdoosiが4例現れるが、「貪欲な」を意味するdosiは現れない。ところで『満文小学』では、派生語である動詞doosida-も含めて、「貪欲な」を意味するdoosiが11例現れ、かつ、「貪欲な」を意味するdosiの用例

はない。『満文資治通鑑綱目』は康熙30年付けの御製序をもっており、『満文小学』と同時期に翻訳されているので、doosiという綴りが『満文小学』の翻訳時に採用されていたとは考え難い。つまり、『満文小学』でのdoosiという綴りは、出版時に改変されたものである、ということになる。

「説」字の字音の満洲文字表記も、出版時に改変された可能性がある。『満文小学』外篇・巻6・善行f.13.b第3行割注aで、「崇政殿説書」をcung jeng diyan -i šuwe šu hafanと訳す。『満文古文淵鑑』巻59・朱熹・戊申封事ではこれをcung jeng diyan -i šo šu hafanと訳しており、「説」字の字音の満洲文字表記が異なる。『満文日講易経解義』でも「説卦」はšo guwaというので、『満文小学』でのšuweという表記は、康熙20年代の慣習と一致しない。

2.5　言語の康熙初年的特徴の有無

前節では、雍正年間の刊行時に改変されたとみられる言語面の特徴を述べたが、『満文小学』には、雍正年間にはすでに古いものとなっていたはずの特徴もみられる。これらは、グバダイによる訳語や訳文が、改変されずにそのまま残ったものと考えられる。本節では、第1章で述べた事項の有無についての観察結果を述べる。

まず、漢字音の満洲文字表記についていえば、内篇・巻4・稽古ff.14b-15aでは、人名「楽正子春」の「春」を、cūnではなくcunと表記している。これは、康熙『満文大学衍義』序表・巻1～22や『満文日講四書解義』全文では「春秋」をcun cioと表記することと、一致する。『満文日講書経解義』以降での標準的な表記はcūn cioであるので、古い表記が残っていると判断される。なお、内篇・巻四・稽古f.24a第1行割注aで、衛の霊公の名「元」をiowanと表記しているのは、一見したところ、順治年間の古い方式が残存しているようにみえるが、じつは、同じ行の割注bで蘧伯玉の名「瑗」をyuwanと表記しているので、声調の違いをあらわすために過去の表記法を持ち出したものである。

形容詞ambaの異形態ambanについては、朱熹序f.3a第1行割注b、内篇・巻2・明倫f.35b第1行割注a、同巻f.38b第3行割注b、同巻f.38b第4行割注b、内篇・巻4・稽古f.14b第3-4行の5箇所に、形容詞の述語用法そのもの、または述語用法に関連した用例がみえる。そのうち3例は、amban ninggeとして現れる。本稿の表1.1をみると、『満文日講易経解義』以降にはamban ninggeが現れなくなっているので、『満文小学』でのこれらの用例は、グバダイの訳文がそのまま残ったものと判断される。形容詞ambaの異形態ambanが、『満文古文淵鑑』巻11～13・22・33～37・42～64ででは現れないにもかかわらず、『満文古文淵鑑』よりもあとで翻訳されたことが確実な『満文小学』で用いられているのは、グバダイが、『満文古文淵鑑』の翻訳者たちよりも年長の世代に属していたためであろう。なお、『満文小学』では、amban ningge

の用例は3例あるが、amba ninggeの用例は10例ある。刊行時にamban ninggeがamba ninggeに改変された可能性が排除できないので、この出現比率が康熙30年前後の翻訳時にさかのぼるか否かは、わからない。

動詞未完了／完了連体形に後続する全称接辞-leが分離するか否かについては、分離形、つまり単語eleが用いられているものの用例は、外篇・巻6・善行f.54a第1行にみえるもの1例のみである。分離形よりも古い融合形、つまり接辞-leが用いられているものの用例は、内篇・巻3・敬身f.29a第7行、内篇・巻4・稽古f.14b第3行(2例を含む)にみえるもの3例のみである。単語eleの用例には、刊行時に改変された結果である可能性があり、接辞-leの用例には、慣用句となっているbisireleの用例が含まれており、また、用例数の総数が、関与者の用法を論じるには少なすぎる、という統計上の問題もあって、結論は控えたほうが安全であろう。

なお、分離形eleが指示代名詞ereの直後に続く用例が、『満文小学』には2例ある。漢文『小学』内篇・巻2・明倫・夫婦之別「孔子曰婦人伏於人也」条の割注「凡此皆所以正婦徳而使之正也」を、『満文小学』内篇・巻2・明倫f.56a第6行割注bでは、

ere ele gemu hehei erdemu be tuwancihiyafi, tob oburengge kai.

と訳す。また、漢文『小学』のやはり同じ条で、七去三不去を論じたあとで、「凡此聖人所以順男女之際重婚姻之始也」というものを、『満文小学』内篇・巻2・明倫f.58a第1-2行では、

ere ele gemu enduringge niyalmai haha hehe -i acabun be ijishūn / obure, jui bure, urun gaijara deribun be ujelehengge kai sehebi. /

と訳す。『満文古文淵鑑』巻44・司馬光・請定儲貳疏f.12b第1-3行では、名詞urseの直後に「すべての」を表わすeleが続く例があるので、分離形は融合形よりも統語論的な制約が緩やかなようである。しかし、全称をあらわすeleが指示代名詞や名詞の直後に続くこのような用法は、筆者がこれまでに調べた満洲語儒教系書籍のなかでは、極めて稀なので、これらの用例は、非母語話者による不適切な用法が、翻訳官の増員17)や刊行時における改変作業18)で影響した結果であるのかもしれない。

指示副詞ereniは、『満文小学』にも現れるが極めて稀で、2例しかない。内篇・巻4・稽古・敬身「公父文伯退朝」条の本文「以是承君之官」の訳文にみえるものと、内篇・巻4・稽古・敬身「衛侯在楚」条の本文「以臨其下」の訳文にみえるものとである。これは、『満文古文淵鑑』や雍正『満文孝経』でのereniの現れかたに比べて、はるかに少なく、古さが感じられる。『満文古文淵鑑』の訳文でereniを伴うことの多い

漢語文言文の文字列「以此」「由此」「以是」「由是」「以之」(ここで「此」「是」は指示代名詞に限る)について、漢文『小学』におけるそれらの出現箇所を、電子版『文淵閣四庫全書』所収の『四書集注』で検索し、つぎに、その満洲語訳を『満文小学』で調べると、ere -iで訳されているものが3例あり、ereniよりも用例数がわずかながら多い。これは、断定はできないものの、翻訳時の状況がそのまま残っている可能性がある。

「聖賢」の訳語について検討する。陳選『小学集注』で「聖賢」または、「聖」と「賢」がこの順序で対句になっているものを検索して、『満文小学』で対応する語句を調べると、enduringge saisa系のものが14例、enduringge mergese系のもの[19]が4例ある。enduringge saisa系が優勢である点が、官修書における『満文日講四書解義』前半以前の状況を連想させる。「聖賢」の訳語についても、『満文小学』の満洲語には、『満文古文淵鑑』のそれよりもやや古風な趣が感じられる。

「罪」とは無関係な文脈での名詞weileの用例は、13例ある。そのなかでは、「農作業」「紡織作業」を意味する熟語の一部分が9例ある。残りの4例は、「物、猶事也」「物、事也」の「事」の訳語として現れているが、これらは、朱熹『大学章句』における「格物」の満洲語話者による解釈と密接に関係しているので、稿を改めて論じたい[20]。

「ふつうのひと」を意味するjergi niyalmaは、雍正年間に使われていなかったとは断定できないが、儒教書では稀であったようである。ところで『満文小学』では、内篇・巻1・立教f.4a第2行割注aと外篇・巻5・嘉言f.74a第7行に、用例がみえる。これらは、翻訳時の状況がそのまま残っている可能性が、高い。

2.6 言語についての問題点

前節では、『満文小学』におけるamban ninggeやamba ninggeの使用状況について検討したが、『満文小学』では、形容詞ambaに名詞化接辞-nggeが直接付着したambanggeというかたちも現れる。内篇・巻2・明倫f.22a第6行割注aでは「禮之大者」を訳してdorolon -i ambanggeといい、外篇・巻5・嘉言f.14a第2行では「其失尤大者」を訳してufaracun -i umesi ambanggeという。筆者がこれまでに電子テキストを作成した清初の官修満洲語儒教系書籍には、ambanggeの用例はない。康熙庚寅年(1710年)に訳されたという『満文孫子』の東洋文庫所蔵満洲文刊本(請求番号:Ma2-1-28)のf.22b第3行には、ambanggeの用例がみえる。ただ、この本のf.28aには、乾隆年間の新造語であるはずのmeimeniの用例があって、後年に語句が改変された可能性があるので、ambanggeにも、1710年の用例としてよいか、疑問の余地がある。また、『四本簡要』国立公文書館所蔵本のひとつ(請求番号:子245-5)には、ambanggeが5例現れるが(巻1・f.5b、同巻f.11b、巻2・f.32a、巻3・f.13a、同巻f.38a)、これらも改変作業を経ているために、乾隆年間までしかさかのぼれない。結局のところ、『満文小学』に

みえる用例が、たとえそれが雍正年間の刊行時に改変されたものであったとしても、ambanggeの、現時点では確実な初出である。満洲語における形容詞の名詞化を論じる際には、不可欠な用例であろう。

筆者の前稿［渡辺2016］では、順治・康熙年間の規範的な満洲語において、いわゆる文末のinuが、知覚／認識動詞の知覚／認識内容をあらわす補文節のなかでは好まれないことを、官修満洲語儒教系書籍ではそのような用例が極めて稀なことに基づいて、推論した。例外となる用例は、『満文古文淵鑑』巻57・楊万里・論神威疏ff.68b-69aに2例あるのみであった。ところで『満文小学』には、知覚・認識動詞の目的語となる補文節の末尾にinuが残る用例が、4例ある。ただし、これらの用例は、漢文『小学』外篇・巻6・善行・「安定先生」条の本文「其言談舉止、遇之、不問、可知爲先生弟子。其學者相與稱先生、不問、可知爲胡公也」を、『満文小学』外篇・巻6・善行ff.9a-9bで

terei gisurere leolere aššara arbušara be (f.9a)// sabuci, fonjirakū uthai siyan šeng ni šabi inu be / saci ombi. tacire urse gemu siyan šeng seme / tukiyeci, fonjirakū uthai hū gung inu be saci / ombi. /

と訳すもののなかの対句を構成する2例と、この本文への注で、似たような内容を繰り返すものの2例とであるので、事実上、1箇所に限られており、稀な用例であることには変わりがない。『満文小学』のこれらの用例は、非母語話者が関与したために生じた現象ではないであろう。これらのinuを、文末詞の残存とみるべきか、「弟子（であるという同定）が然り」などと形容詞としてみるべきか、品詞分類と構文解析に問題が残る。なお、これらの補文節では、inuがなければ、uthaiがsambiに係り、さらに、「先生の弟子を知る」「胡公を知る」などの意味になって、センテンスの意味がすっかり変わるので、そのためにinuが補文節のなかに維持されている、とも考えられる[21]。

3 『満文四書集注』

3.1 書誌学的事項

朱熹『四書章句集注』の満洲語訳としては、満漢合璧の刊本『満漢字合璧四書集注』sy šu ji juがよく知られており、国内外の多数の図書館に蔵されている。本稿では、東洋文庫所蔵本（請求番号：Ma2-1-23）と東京都立中央図書館所蔵本（請求番号：青529）を検討する。また、東洋文庫には、満洲文のみの精写本『満文四書』（請求番号：Ma2-1-24）が存在するが、これは『四書章句集注』の満洲語訳であって、しかも、『満漢字合

璧四書集注』の満洲文部分と同一の書籍である。本稿では、この満洲文精写本も援用する。この満洲文精写本の書名は、朱熹の注を含むことを明示するために、東洋文庫の蔵書目録にある『満文四書』ではなく、『満文四書集注』とよぶことにする。テキストについていえば、満漢合璧刊本に多数存在する誤刻や印刷不良による判読困難な文字が、この精写本『満文四書集注』では正しく写されており、後者のテキストのほうが圧倒的に優れている。しかしながら、本稿で『四書章句集注』の満洲語訳の特定の箇所を指定する際には、満漢合璧刊本の頁数と行数とを基準とした。通行本であり頁数が版心に明示されている満漢合璧刊本に依拠したほうが、読者が満洲文原文を確認しやすく、また、漢文原文との比較もしやすいためである。立論に際しては、満漢合璧刊本のテキストを、精写本『満文四書集注』のテキストで確認して用いた。訂正箇所はいちいち明記する。やや煩雑になるけれども、上記のような事情に基づくものなので、了解されたい。

なお、朱熹『四書章句集注』の漢文テキストとしては、明・正統司礼監本のテキストなども参照できる、上海古籍出版社／安徽教育出版社2001年刊の『四書章句集注』の本文と校記を用いた。

まず、満漢合璧刊本の東洋文庫所蔵本と東京都立中央図書館所蔵本について、書誌学的事項を述べる。刊記は、いずれも

sy šu ji ju. /
満漢字合璧｜京都瑠璃廰文光堂梓行 /
四書集註 //

であり、これら各行の枠は単辺である。刊記の匡郭は四周双辺であるが、外郭のサイズは、東洋文庫所蔵本が東京都立中央図書館所蔵本よりもやや小さいように見受けられる。都立中央図書館本の『論語』巻七・子路篇には、縦17cm×横19cmの紙片がおりたたまれて挟まれおり、そこには、姓名も所属も不明なある旗人の、道光24年2月中の金銭出納に関する詳細なメモが、記されている。他人から受け取ったり栞として保存したりするようなものではないので、これはこの本の所有者によるメモであって、かつ、この本は道光24年2月以前に印刷され取得されたとみるのが、自然である。

東洋文庫所蔵本と東京都立中央図書館所蔵本とは、いずれも、版木がかなり摩滅していたらしく、複数頁で印刷状態が極めてよくない点が、類似している[22)]。ところで、『論語』雍也篇「弟子孰爲好学」章への朱熹の注で、程頤『顔子所好何学論』を省略して引用する箇所について、この2つの刊本を比較してみると、東洋文庫所蔵本では、句読点と文字の区別がついていなかったり、満洲語単語mergen[23)]を意味不明な綴り[24)]に置き換えていたりする。満洲語を知らない刻工が、印刷不鮮明な既存の

刊本を版下にして版木を彫った際に起きるような誤りが、みられる。いっぽう東京都立中央図書館所蔵本の版面では、この単語mergenは正しく判読できるので、東洋文庫所蔵本は、都立中央図書館所蔵本よりもあとの、改修(改悪というべきか)された版木を使って印刷されたことが、わかる。

満漢合璧刊本の漢文部分での清代の避諱の現れは、以下のとおりである。東洋文庫所蔵本と東京都立中央図書館所蔵本の双方で、康熙帝の御名を避けた形跡がある。しかし、乾隆帝の御名はほとんど避けていない。たとえば、『論語』郷党篇「羔裘玄冠」、堯曰篇「敢用玄牡」や『孟子』滕文公章句下の「匪厥玄黄」「實玄黄于匪」の「玄」字には、経書本文と集注の双方で欠画が施される。これらは、明朝体の横画の最後のうろこが観察されるので、版木の破損や印刷不良の結果として欠画のようになってしまったものではない。ところが、『論語』泰伯篇「士不可以不弘毅」、衛霊公篇「人能弘道非道弘人」、堯曰篇「堯曰……天之暦數……」の「弘」字や「暦」字には、改字や欠画を施した形跡がない。『論語』子張篇「執徳不弘」の「弘」字で、字画の最後が欠けるのみである。これらは、満漢合璧刊本の版木のかなりの部分が、康熙帝即位以後、かつ乾隆帝即位以前のある時期に、刊刻されたことを示している。

満漢合璧刊本の満洲文部分や満洲文精写本での避諱については、『論語』本文の「殷」「尹」字の満洲文字表記が、すべてinであってyenではないので、雍正帝即位以前に刊刻された可能性が高い。ただしこの避諱は、乾隆六年『満文四書』のような例外[25]が官修書にもあるので、刊刻時期について断定することはできない。

満漢合璧刊本の満洲文部分、および満洲文精写本での経書本文は、『満文日講四書解義』でのそれとほぼ同文である。最も大きな違いは、『論語』の「子曰」の「子」が、『満文日講四書解義』ではほとんどkungdzと訳されているのに対して、『満漢字合璧四書集注』にせよ『満文四書集注』にせよ、『四書章句集注』の満洲語訳ではfudzと訳されている点である。その他の違いは、訳文の微調整が散発的に行なわれたものに限られている。したがって、『四書章句集注』のこの満洲語訳の成立年代の上限は、『満文日講四書解義』が成立した康熙16年となる。なお、満洲語辞書『大清全書』には、『大学』『中庸』の訳文であって、『満文日講四書解義』での経書本文とは異なるものが複数みえるが[26]、それらは『四書章句集注』のこの満洲語訳での経書本文とも異なることを、注意しておく。『満文日講四書解義』と『満文四書集注』とのあいだの類似性が両者に先行する訳文に由来する可能性は、小さい。

満漢合璧刊本の満洲文部分、および満洲文精写本での経書本文は、『繙訳四書』での経書本文とは大きく異なっているが、これは、『四書章句集注』のこの満洲語訳が成立した時期が乾隆20年以降ならば、あり得ないことである。したがって、『四書章句集注』のこの満洲語訳が成立したのは乾隆20年以前と結論されるが、これは、満漢合璧刊本の漢文部分の避諱から導かれた結論と両立する。

3.2　翻訳の底本

『滿漢字合璧四書集注』や満洲文精写本『滿文四書集注』の翻訳の底本になった漢文『四書章句集注』のテキストは、明・正統司礼監本の系統に属する。本節では、このように判断される根拠を述べるが、『四書章句集注』前半(『大学』『中庸』『論語』への注)だけに限ってみても、上海古籍出版社／安徽教育出版社2001年刊『四書章句集注』の本文テキスト[27)]とは異なるが明・正統司礼監本の系統のテキストと一致するのは、『滿漢字合璧四書集注』の漢文部分に関して30箇所以上、満洲文部分や満洲文精写本『滿文四書集注』に関しては翻訳の自由度を考慮しても約20箇所[28)]存在し、すべてを列挙すればいたずらに紙数を費やすだけである。そこで以下では、漢文部分と満洲文部分の双方に関して根拠となりうる典型的な実例を、8箇所挙げるに留める。漢文部分は、東洋文庫所蔵『滿漢字合璧四書集注』の漢文部分を用いた。満洲文部分は、『滿漢字合璧四書集注』東洋文庫所蔵本の満洲文部分と東洋文庫所蔵『滿文四書集注』精写本とを用いた。以下の引用箇所についていえば、両者の違いは、句読点の有無や属格助詞を分綴するか否か程度の違いしかない。

(1)『大学』経文「古之欲明明徳……致知在格物」への集注「欲其一於善」が、『滿漢字合璧四書集注』では「欲其必其自慊」になっている。満洲語訳は

urunakū beye elehun ome, beyebe holtorakū oki serengge,

であり、「欲其必其自慊」に対応する。

(2)『中庸』第一章「天命之謂性……脩道之謂教」への集注「蓋人之所以爲人道之所以爲道聖人之所以爲教原其所自無一不本於天而備於我學者知之則其於學知所用力而自不能已矣」が、『滿漢字合璧四書集注』では「蓋人知己之有性而不知其出於天知事之有道而不知其由於性知聖人之有教而不知其因吾之所固有者裁之也」になっている。じつは、「所固有者」の「者」が「著」になっているのだが、満洲語訳文は「所固有者」に対応するので、漢文部分の誤刻である。満洲語訳は

ainci niyalma beye de banin bisire be sara gojime, terei abka ci tucike be sarkū, baita de, doro bisire be sara gojime, terei banin ci jihe be sarkū. enduringge niyalma de tacihiyan bisire be sara gojime, terei musei daci bisirengge be dahame dasara be sarkū.

であり、「蓋人知己之有性……所固有者裁之也」に対応する。

(3)『中庸』第一章「天命之謂性……脩道之謂教」への集注「讀者所宜深體而默識也」が、『滿漢字合璧四書集注』では「而董子所謂道之大原出於天亦此意也」になっている。満洲語訳は

dung dz -i doro -i amba fuleh, abka ci tucimbi sehengge, inu ere gūnin kai.

であり、「而董子所謂道之大原出於天亦此意也」に対応する。

(4)『中庸』第一章「道也者……恐懼乎其所不聞」への集注「則爲外物而非道矣」が、『満漢字合璧四書集注』では「則豈率性之謂哉」になっている。満洲語訳は

yala aljaci oci banin be dahaha seci ombio.

であり、「則豈率性之謂哉」に対応する。

(5)『中庸』第九章「子曰天下國家可均也……中庸不可能也」への集注「然不必其合於中庸則質之近似者皆能以力爲之若中庸則雖不必皆如三者之難」が、『満漢字合璧四書集注』では「然皆倚於一偏故資之近而力能勉者皆足以能之至於中庸雖若易能」になっている。満洲語訳は

tuttu seme gemu emu ergi de urhume nikehebi. tuttu ofi salgabun hanci, hūsutuleme kiceme mutere urse, gemu cihai muteci ombi. damu dulimba an, udu muteci ja adali ocibe,

であり、「然皆倚於一偏……雖若易能」に対応する。

(6)『論語』為政篇「爲政以徳」章「子曰爲政以徳……衆星共之」への集注「得於心而不失之謂也」が、『満漢字合璧四書集注』では「行道而有得於心也」になっている。満洲語訳は

doro be yabume mujilen de bahangge,

であり、「行道而有得於心也」に対応する。

(7)『論語』述而篇「志於道」章の「據於徳」への集注「徳則行道有得於心而不失之謂也」が、「徳則行道有得於心者也」になっている。満洲語訳は

erdemu serengge, doro be yabume, mujilen de baha ba bisire be.

であり、「徳則行道有得於心者也」に対応する。

(8)『論語』子張篇「陳子禽謂子貢」章「夫子之得邦家者……如之何其可及也」への集注「蓋不離於聖而有不可知者存焉」が、『満漢字合璧四書集注』では「蓋不離於聖而有不可知者存焉聖而進於不可知之之神矣」になっている。満洲語訳は

ainci enduringge ci tucirakū bime, saci ojorakū ba bisirengge, enduringge bime saci ojorakū -i ferguwecun de dosinahangge kai.

であり、「蓋不離於聖而有不可知者存焉聖而進於不可知之之神矣」に対応する。

なお、『四書章句集注』にみえる経書本文の漢字音に関する注は、満洲語訳では意味をもたないので、『満漢字合璧四書集注』の満洲文部分や満洲文精写本『満文四書集注』では省略されている。その結果として、『満漢字合璧四書集注』の漢文部分でも省略されていることを、ここで注意しておく。

3.3 『満文古文淵鑑』や『満文性理精義』との相互関係

『満漢字合璧四書集注』[29]の「大学章句序」「中庸章句序」は、『満文古文淵鑑』所収の朱熹「大學章句序」「中庸章句序」とは、漢文原文の解釈に際して、センテンスの切れ目、時制／アスペクトの解釈、動詞の選択などで異なる箇所が多い。『満漢字合璧四書集注』所収のものと、『満文古文淵鑑』所収のものとは、異なる翻訳とみなしてよい。

『論語』雍也篇「弟子孰爲好学」章について、『四書章句集注』では、程頤『顔子所好何学論』を省略して引用する。『満漢字合璧四書集注』は、東洋文庫所蔵本も東京都立中央図書館所蔵本も印刷不良で判読困難な箇所が多いので、東洋文庫所蔵の精写本『満文四書集注』を用いて比較した。結論のみを述べると、『満文四書集注』「顔子所好何学論」は、『満文古文淵鑑』「顔子所好何学論」とも、『満文性理精義』「顔子所好何学論」とも、共通して含まれる部分の漢文原文の解釈に際して、センテンスの切れ目、時制／アスペクトの解釈に関して、異なっている箇所が複数ある。三者とも、相異なる訳文とみてよい。

『四書章句集注』の「讀論語孟子法」「論語序説」の各節で、満洲語訳が『満漢字合璧四書集註』にも『満文性理精義』にもみえるものの訳文を、比較すると、漢文原文の時制／アスペクトの解釈、語順、動詞の選択などで異なる箇所が多い[30]。『満漢字合璧四書集注』所収のものは、『満文性理精義』所収のものと異なる翻訳とみなしてよい。

『満文古文淵鑑』にせよ『満文性理精義』にせよ、あるいは『四書章句集注』の満洲語訳にせよ、関与したのは宮廷周辺の旗人知識層であったと考えられる。限られたサークル内のできごとであったので、関係者は、先行する訳業について承知していたはずである。すると、独立に翻訳されたのは、先行する訳業の規範性が弱かったためか、あるいは、そもそも先行していなかったためでなければならない。『満文古文淵鑑』「顔子所好何学論」は、確実に『満文性理精義』「顔子所好何学論」に先行しているが、両者は異なる翻訳である。このことは、『満文古文淵鑑』の規範性が、『満文性理精義』を翻訳する時点では強くなかったことを、意味している。『古文淵鑑』が集部に属する書籍であったので、さまざまな面で経学に対する拘束力はなかった、という事情が基本的にはあったであろうが、『満文古文淵鑑』の翻訳水準にも問題があった。漢語文言文の文法よりも満洲語文法のほうが自由度が低いので、朱子学上の概念規定が満洲語訳では強制的に精密に明示されることになるが、『満文古文淵鑑』「顔子所好何学論」での概念規定よりも『満文性理精義』「顔子所好何学論」での概念規定のほうが、より適切かつ精確に、朱子学が理解されている。『満文性理精義』を適切に訳すためには、『満文古文淵鑑』を無視することが必要であった。もし、これらと同じような事情が『四書章句集注』の満洲語訳に際しても作用したならば、『満文古

文淵鑑』が先行したにも関わらず無視されていても、不思議ではない。

いっぽう、『満文性理精義』が『四書章句集注』の満洲語訳に先行した可能性は、どうであろうか。［翁2007］の康熙50年代の部分に収録される『満文性理精義』（［翁2007］の訳文では『性理奥』として言及される）に関連する檔案をみれば、『満文性理精義』の翻訳と出版に康熙帝が注力したことがわかる。このような状況では、旗人官僚ならば、朱子学書については、『満文性理精義』での訳文を、『満文日講解義』シリーズでの訳文と同じ程度に尊重せざるを得なかったはずである。また、本稿1.3節で言及した東洋文庫所蔵の『翻譯考試題』では、そこに含まれる「志書館考試翻譯官題」において『朱子語類』読書法の一節が出題されているが、模範解答は、『満文性理精義』での訳文を一字一句そのままに丸写ししたものになっている。この事実は、雍正年間あるいは乾隆初年には、『満文性理精義』の規範性が強かったことを、示唆している。3.1節で述べたように、『満漢字合璧四書集注』に雍正年間の避諱がみられないという事実も考えあわせれば、『四書章句集注』の満洲語訳が『満文性理精義』に先行した可能性は高い。

以上は、思想史的な観点からの考察であって、言語面からの考察も行なわなければならないが、それは次節以降の主題である。

3.4　形容詞ambaの異形態ambanの使用状況

本節から3.8節にかけては、第1章で述べた言語的性質を中心に、『満漢字合璧四書集注』の満洲文部分と東洋文庫所蔵精写本『満文四書集注』（請求番号：Ma2-1-24）の言語を観察する。『満漢字合璧四書集注』は、東洋文庫所蔵本（請求番号：Ma2-1-23）を用いる。

表3.1は、これらの書籍の経書本文以外の部分で共通して、amba ninggeやamban ninggeの出現する箇所を、列挙したものである。これらの書籍についてはまだ電子テキストの作成が完了せず、検索が容易にはできないので、検証しやすいように、用例数だけではなく出現箇所も挙げた。出現箇所は、『満漢字合璧四書集注』Ma2-1-23で相当する箇所である。『大学章句』『中庸章句』『論語集注』では、Ma2-1-23とMa2-1-24とでamban ninggeとamba ninggeの使用状況が一致しているが、『孟子集注』ではMa2-1-23とMa2-1-24とで1箇所異なっている。異なる箇所は、表3.1ではamba ninggeの用例に組み入れているが、異なる旨を注記した。他に、『孟子集注』巻2・公孫丑章句f.6a第6行割注b[31]にtušan amban, afaha ba ujen ninggeという用例がある。

表3.1 『満漢字合璧四書集注』でのamba ninggeとamban ninggeの出現状況

	amban ninggeの出現箇所	amba ninggeの出現箇所
『大学章句』	f.7b第4行割注b	なし
『中庸章句』	f.19a第6行割注b	f.28b第4行割注b、f.32b第1行割注a
『論語集注』	v.8;f.12a第5行割注a	v.1;f.3a第5行 割 注a、v.1;f.6a第5行 割 注b、v.7;f.1b第3行割注b、v.7;f.23b第3行割注a、
『孟子集注』	v.2;f.30b第1行 割 注a、v.2;f.32b第1行 割 注a、v.6;f.49a第6行 割 注b、v.7;f33b第2行 割 注b、v.7;f.60b第5行割注b	v.1;f.3b第5行 割 注b、v.1;f.3b第6行 割 注b、v.3;f.22a第3行 割 注b、v.3;f.26a第6行 割 注b、v.4;f.5b第5行割注b、v.4;f.43b第4行割注b(Ma2-1-24。Ma2-1-23で はamban ningge)、v.6;f.24a第6行割注b、v.6;f.49a第6行割注b、v.7;f.13a第4行割注a、v.7;f.24a第5割注a

集注での使用状況が、経書本文における使用状況に影響されている可能性も考えられるので、**表3.1**についての注意として観察結果を述べておけば、『孟子集注』巻2・公孫丑章句f.32b第1行割注a[32)]の用例では、その章の経書本文に形容詞ambanが2例ある。『孟子集注』巻6・告子章句f.49a第6行割注b[33)]の用例では、同じセンテンスにamba ninggeとamban ninggeが共存している。これは、Ma2-1-23とMa2-1-24とで変わりがない。また、これら2例の経書本文では形容詞ambanが1例あるが、集注ではamba ninggeも用いられている。『孟子集注』巻7・尽心章句f.24a第5行割注a[34)]の用例は、経書本文ではamban ninggeが2例あるが、集注ではamba ninggeを用いている[35)]。

東洋文庫所蔵精写本『満文四書集注』での用例数を数えれば、amban ninggeが8例、amba ninggeが16例である。表1.1と比べれば、amban ninggeの出現比率の測定値は、『満文日講四書解義』「孟子」でのそれよりも小さく、『満文日講書経解義』全文でのそれよりも小さい。この値は、もちろん、翻訳者グループの人数などにも大きく影響されるので、『四書章句集注』が満洲語に翻訳された時期が、『満文日講四書解義』の成立年代と『満文日講書経解義』の成立年代との中間にある、とただちに結論することはできないが、『満文日講四書解義』「孟子」よりもやや新しい傾向を示していることは、経書本文からみて『満文日講四書解義』「孟子」以降に成立したことと判断されることと、整合的である。

つぎに、『満文古文淵鑑』と比較する。本稿1.2節で述べたように、『満文古文淵鑑』巻11～13・22・33～37・42～64では、amba ninggeの用例が存在しない。amba以外の開音節終わりの形容詞が名詞化される状況については、『満文古文淵鑑』巻11～13・22・33～37・42～64ではoyonggonggeが現れず、oyonggo ninggeが27例現れるのであるが、『満漢字合璧四書集注』の経書本文以外の部分では、oyonggonggeが3例

現れ、oyonggo ninggeは現れない。『満文古文淵鑑』巻11～13・22・33～37・42～64では、mangganggeは1例のみであるが、mangga ninggeは42例現れる。『満漢字合璧四書集注』の経書本文以外の部分では、mangganggeが7例現れ、mangga ninggeは現れない36)。このように、『満漢字合璧四書集注』は『満文古文淵鑑』よりも古い傾向を示しているが、本稿第2章で『満文小学』についてみたように、『満漢字合璧四書集注』の成立年代が『満文古文淵鑑』の成立年代よりも新しい、と結論することは、できない。『満漢字合璧四書集注』あるいは『満文四書集注』の翻訳者が、『満文古文淵鑑』の翻訳者たちよりも古い世代――『満文日講四書解義』の翻訳者たちに近い世代――に属する、といえるのみである。

つぎに、amban ninggeの一部分とは限らない、形容詞ambaの異形態ambanの使用状況について、観察する。『満漢字合璧四書集注』の経書本文以外で、形容詞ambaの異形態ambanの用例は、筆者が気づいた範囲内では**表3.2**のようになる。東洋文庫所蔵精写本『満文四書集注』と違いがあるばあいは、備考欄に注記したが、いずれの版本／写本のテキストを採用するにせよ、以下の論旨には影響しない。

表3.2　形容詞ambaの異形態ambanの使用状況

出現箇所	漢文原文	満洲語訳文	備考
『大学』章句序(f.4b第2行)	「外有以及其規模之大」	tulergi de oci, durun kemun -i amban de isibuhabi.	
『大学』伝第三章章句(f.7b第4行割注b)	「五者乃其目之大者也」	ere sunja tere ton -i amban ningge,	
『大学』伝第六章章句(f.14a第3行割注b)	「則廣大寛平」	onco amban, necin sulfa ofi,	
『大学』伝第十章章句(f.22b第2行割注a)	「截然高大貌」	lakcame den amban -i arbun.	
『中庸』第六章「子曰舜其大知也與……其斯以爲舜乎」章句(f.16a第4行割注a)	「其廣大光明」	terei onco amban iletu genggiyen	
同上(f.16a第5行割注a)	「如大小厚薄之類」	ajigen amban, jiramin nekeliyen -i hacin -i adali.	
『中庸』第十章「故君子和而不流……強哉矯」章句(f.19a第6行割注b)	「君子之強孰大於是」	ambasa saisa -i etenggi, ereci amban ningge akū,	
『中庸』第十二章「君子之道費而隱……莫能破焉」章句(f.21b第2行割注a)	「其大無外」	terei amban de tulergi akū.	経書本文とそろえた可能性

『中庸』第十六章末尾「右第十六章」章句(f.28b第4行割注b)	「此前三章、以費之小者而言。此後三章、以費之大者而言。」	ere -i julergi ilan fiyelen de leli -i ajigen ningge be gisurehebi. ere -i amargi ilan fiyelen de leli -i amba ningge be gisurehebi.	
『中庸』第十六章末尾「右第十六章」章句(f.28b第5行割注a)	「此一章、兼費隱包小大而言。」	ere emu fiyelen de leli somishūn be kamcifi amban ajigen be baktambume gisurehebi.	
『中庸』第二十六章「今夫天斯昭昭之多……貨財殖焉」章句(f.53b第3行割注b)	「以致盛大」	wesihun amban de isiname	
同上(f.53b第4行割注b)	「實非由積累而後大」	yargiyan -i iktame isahai, teni amban ohongge waka.	
『中庸』第二十七章「發育萬物峻極於天」章句(f.54b第2行割注b)	「峻、高大也」	colhoropi serengge, den amban be,	
同上(f.54b第3行割注a)	「此道之極於至大而無舛也」	ere doroi umesi amban de isinafi cala akū be henduhebi.	
『中庸』第二十七章「故君子尊徳性……敦厚以崇禮」章句(f.55b第2行割注a)	「道體之大」	doroi beyei amban	
『中庸』第三十一章「溥博淵泉而時出之」章句(f.62a第2行割注b)	「廣潤」	onco amban	
『中庸』第三十一章「是以聲名洋逸乎中國……故日配天」章句(f.62b第6行割注b)	「言其徳之所及廣大如天也」	terei erdemu -i isinaha ba, abkai adali onco amban be henduhebi.	
『中庸』第三十二章「浩浩其天」章句(f.63b第6行割注a)	「廣大貌」	onco amban -i arbun	
『中庸』第三十三章「詩云予懐明徳……無聲無臭至矣」章句(f.67b第1行割注b)	「正以其不大聲與色」	tob seme terei jilgan boco -i amban de akū -i turgun kai.	経書本文とそろえた可能性
同上(f.67b第2行割注a)	「今但言不大而已」	te damu amban akū seme henduci,	
『論語』八佾「管仲之器小哉」章集注(v.2;f.15a第6行割注b)	「夫子大管仲之功而小其器」	fudz, guwan jung ni gung be amban, tetun be ajigan sehengge,	
『論語』公冶長「雍也仁而不佞」章集注(v.3;f.3b第1行割注b)	「仁道至大」	gosin -i doro umesi amban.	
『論語』泰伯「大哉堯之爲君」章(v.4;f.3b第5行)	「天道之大、無爲而成」	abkai doro amban, faššarakū bime šanggambi.	経書本文とそろえた可能性

『論語』子罕「子罕言利」章集注（v.5;f.1a 第4行割注b）	「命之理微、仁之道大」	hesebun -i giyan narhūn, gosin -i doro amban,	
『論語』顔淵「顔淵問仁」章集注（v.6;f.19b 第4行割注b）	「極言其效之甚速而至大也」	terei acaburengge alimbaharakū hūdun umesi amban be ten de isibume henduhengge.	
『論語』顔淵「司馬牛問仁」章集注（v.6;f.23a 第6行割注b）	「仁道至大」	gosin -i doro umesi amban,	
『論語』顔淵「樊遅從遊於舞雩之下」章集注（v.6;f.35b 第3行割注b）	「知一朝之忿爲甚微、而禍及其親爲甚大」	emu erin -i jili umesi ajigen, niyaman de isinarangge umesi amban be saci	
『論語』子路「子夏爲莒父之宰」章集注（v.7;f.10a 第3行割注a）	「所就者小而所失者大矣」	muterengge ajigen, ufararangge amban ombi.	
『論語』憲問「曾子曰君子思不出其位」章集注（v.7;f.30b 第1行割注b）	「君臣上下大小、皆得其職也」	ejen amban, dergi fejergi, amban ajigen gemu teisu be bahambi	
『論語』衛霊公「子曰賜也」章集注（v.8;f.2a 第4行割注b）	「聖人之道大矣」	enduringge niyalmai doro amban kai.	
『論語』衛霊公「臧文仲其竊位者與」章集注（v.8;f.8b 第4行割注b）	「不明之罪小、蔽賢之罪大」	genggiyen akū weile ajigen, saisa be daliha weile amban,	
『論語』衛霊公「吾猶及史之闕文也」章集注（v.8;f.12a 第5行割注a）	「時變之大者可知矣」	fon -i kūbulika amban ningge be saci ombi.	
『論語』陽貨「君子尚勇乎」章集注（v.9;f.14b 第2行割注a）	「其勇也大矣」	terei baturu amban kai.	
『論語』子張「陳子禽謂子貢曰」章集注（v.10;f.11a 第6行割注a）	「大可爲也、化不可爲也」	amban be yabuci ombi. wen be yabuci ojorakū.	
『孟子』梁恵王下「問交鄰國有道」章集注（v.1;f.35a 第5行割注a）	「大之字小」	amban -i ajigen be gosire,	経書本文とそろえた可能性
同上（v.1;f.35a 第5行割注a）	「小之事大」	ajigen -i amban be weilerengge,	経書本文とそろえた可能性
『孟子』梁恵王下「問交鄰國有道」章集注（v.1;f.35b 第4行割注a）	「故不能事大而恤小也」	tuttu amban be weileme, ajigen be gosime muterakū	経書本文とそろえた可能性
『孟子』梁恵王下「問人皆謂我毀明堂」章集注（v.1;f.45a 第3行割注a）	「以光大其國家」	gurun boo be eldembume amban obure	

『孟子』公孫丑上「問夫子加齋之卿相」章集注(v.2;f.6a第6行割注b)	「任大責重如此」	tušan amban, afaha ba ujen ningge uttu de,	
『孟子』公孫丑上「問夫子加齋之卿相」章集注(v.2;f.11a第5行割注b)	「浩然盛大流行之貌」	hoo sembi serengge, etuhun amban selgiyere yaburei arbun be.	
『孟子』公孫丑上「夫子加齋之卿相」章集注(v.2;f.19a第3行割注a)	「其根本節目之大者、惟在於此」	terei fulehe da, ton hacin -i amban. damu ede bi.	tonはMa2-1-24にしたがった。
『孟子』公孫丑上「子路人告之有過則喜」章集注(v.2;f.31b第5行割注a)	「言舜之所爲又有大於禹與子路者」	šūn -i yabun, geli ioi, dz lu ci amban sehengge,	経書本文とそろえた可能性
『孟子』公孫丑上「子路人告之有過則喜」章集注(v.2;f.32b第1行割注a)	「君子之善孰大於此」	ambasa saisa -i sain, ereci amban ningge geli bio.	
『孟子』公孫丑下「孟子將朝王」章集注(v.2;f.40a第1行割注b)	「非欲自爲尊大也」	beye be wesihun amban obuki sehengge waka.	
『孟子』滕文公上「有爲神農之言者」章集注(v.3;f.22b第2行割注b)	「其恩惠廣大」	tere kesi fulehun onco amban	
『孟子』滕文公上「有爲神農之言者」章集注(v.3;f.23a第1行割注a)	「蕩蕩、廣大之貌」	deserepi, onco amban -i arbun,	
『孟子』滕文公上「有爲神農之言者」章集注(v.3;f.23a第2行割注a)	「巍巍、高大之貌」	colhoropi serengge, den amban -i arbun,	
『孟子』滕文公下「陳代曰不見諸侯」章集注(v.3;f.30a第6行割注b)	「所屈者小、所伸者大也」	tere gocirengge ajigen, saniyarangge amban sehengge.	
『孟子』滕文公下「陳代曰不見諸侯」章集注(v.3;f.31a第6行割注a)	「夫所謂枉小而所伸者大則爲之者」	ikūrengge ajigen bime sindarangge amban oci yabumbi sehengge.	
『孟子』離婁上「樂正子從於子敖」章集注(v.4;f.27b第4行割注b)	「其失身之罪大矣」	terei beye be ufaraha weile amban bime,	
『孟子』離婁上「不孝有三」章集注(v.4;f.28a第6行割注b)	「無後爲大」	enen akūngge amban	経書本文とそろえた可能性
『孟子』離婁下「王者之迹熄」章集注(v.4;f.43b第4行割注b)	「孔子之事莫大於春秋」	kungdz -i baita, cun cio ci amban ningge akū.	Ma2-1-24ではamba
『孟子』離婁下「公都子問匡章」章集注(v.4;f.55b第2行割注a)	「則其罪益大」	terei weile ele amban ombi	Ma2-1-24ではamba

『孟子』告子下「曹交問曰」章集注(v.6;f.34a第4行割注b)	「堯舜之道大矣」	yoo šūn -i doro amban bicibe	
『孟子』告子下「宋牼將至楚」章集注(v.6;f.38a第4行割注a)	「其志可謂大矣」	terei gūnin be amban seci ombi,	経書本文とそろえた可能性
『孟子』尽心上「孟子曰覇者之民」章集注(v.7;f.9a第2行割注a)	「此則王道之所以爲大而學者所當盡心也」	ere wang ni doro be amban obure, tacire urse mujilen be akūmbuci acarangge kai.	
『孟子』尽心上「仲子不義」章集注(v.7;f.24a第5行割注b)	「信其大節」	amban jurgan be akdafi,	Ma2-1-24も同じ。連体修飾用法
『孟子』尽心上「孟子自范之齊」章集注(v.7;f.25b第5行割注a)	「人之居所所繫甚大」	niyalmai tere bade holbobuhangge umesi amban,	
『孟子』尽心上「君子所以教者五」章集注(v.7;f.30a第3行割注b)	「各因其材、小以成小、大以成大」	meni meni muten be dahame, ajigen oci ajigen be mutebumbi. amban oci amban be mutebumbi.	
『孟子』尽心上「知者無不知也」章集注(v.7;f.33a第3行割注b)	「而其爲知也大矣」	terei mergen amban ombi.	
『孟子』尽心上「知者無不知也」章集注(v.7;f.33b第2行割注b)	「不敬之大者也」	ginggun akū -i amban ningge.	
『孟子』尽心下「由堯舜至於湯」章集注(v.7;f.60b第5行割注b)	「賢者識其大者」	mergen niyalma tere amban ningge be ejehebi.	

この他に、経書本文での用例として、『中庸』第二十七章「大哉聖人之道」が、『満漢字合璧四書集注』東洋文庫所蔵本でも東洋文庫所蔵精写本『満文四書集注』でも、

enduringge niyalmai doro amban kai.

と訳されているものがある。これは、『満文日講四書解義』の経書本文で

enduringge niyalmai doro amba kai

と訳されていることと異なっているので、ここで挙げておくが、『満文日講四書解義』の解義ではambanなので、『満文日講四書解義』経書本文ではambaと誤刻された可能性が考えられる。なお、「優優大哉」の「大」は、『満文日講四書解義』でもambanを用いて訳されている。

表3.2からわかるように、『満漢字合璧四書集注』や『満文四書集注』では、形容詞ambaの異形態ambanが、『満文日講四書解義』においてと同様に、まんべんなく現れている。『満漢字合璧四書集注』や『満文四書集注』の言語は、この点においても、『満文古文淵鑑』の言語とははっきりと異なっている。

3.5 全称接辞-leとその分離形eleの使用状況

ざっとみたところでは、『満漢字合璧四書集注』全巻を通じて、動詞連体形に後続して全称を表示するeleの用例はみえないが、融合形の-leの用例も極めて少ない37)ので、『四書章句集注』の満洲語訳においてどちらが好まれたかについては、断定できない。

3.6 指示副詞ereniの使用状況

『満漢字合璧四書集注』や東洋文庫所蔵精写本『満文四書集注』の電子入力が完了していないので、『四書章句集注』の満洲語訳におけるereniの出現回数を直接数えることはできなかった。そこで、以下の便法を用いた。

『満文古文淵鑑』では、指示副詞ereniは、慣用句「由是觀之」「由此觀之」などの訳文のなかに現れることが、多い。この事実に着目して、『満文古文淵鑑』の訳文でereniを伴うことの多い漢語文言文の文字列「以此」「由此」「以是」「由是」「以之」(ここで「此」「是」は指示代名詞に限る)および「觀之」について、漢文『四書集注』におけるそれらの出現箇所を電子版『文淵閣四庫全書』所収の『四書集注』で検索し、つぎに、その満洲語訳を『満漢字合璧四書集註』で調べた。『満漢字合璧四書集註』の経書本文は、これまで検討したところでは、『満文日講四書解義』の経書本文に極めて近いので、ここでは、分注での出現箇所のみを調べた。その結果は、表3.3のとおりである。

表3.3 「以此」「由此」「以是」「由是」「以之」「觀之」と関連して現れるereni

出現箇所	漢文原文	満洲語訳文	備考
『論語』子路「子貢問士」章集注	「以是警之」	ereni serebumbi	
『論語』憲問「子路宿於石門」章集注	「以是譏孔子」	ereni kungdz be darihabi	
『論語』憲問「子路問君子」章集注	「以此事天」	ereni abka be weileme	
『論語』陽貨「君子尚勇乎」章集注	「以此救其失也」	ereni terei ufaran be tuwancihiyahabi	

『孟子』梁恵王上「寡人之於國」章「孟子對曰王好戰……多於鄰國也」集注	「不可以此而笑彼也」	ereni tere be basuci ojorakū	
『孟子』公孫丑下「孟子將朝王」章「曰豈謂是與……以慢其二哉」集注	「安得以此慢於齒」	ereni adarame sengge erdemu be heoledeci ombini	
『孟子』万章下「萬章曰敢問不見諸侯」章集注	「以是招之」	ereni ganahabi	
『孟子』告子上「生之謂性」章集注	「孟子以是折之」	mengdz ere ni mohobuhangge	Ma2-1-24による。Ma2-1-23ではere-i
『孟子』告子上「性無善無不善」章「詩曰天生蒸民……故好是懿徳」集注	「以此觀之」	ereni tuwaha de	
『孟子』告子下「淳于髡曰先名實者」章「」集注	「以此譏孟子」	ereni mengdz be darihabi	

この他に、『論語』里仁篇「人之過也」章の集注で、「愚按此亦但言人雖有過猶可即此而知其厚薄」を、

mentuhun bi tuwaci, ere inu damu niyalma de udu endebuku bi seme, kemuni ereni terei jiramin nekeliyen be saci ombi sehengge dabala,

と訳すもので、ereniが使われている。

ereniの用例が少なくとも11例は存在する点で、『満漢字合璧四書集注』は、ereniが極めて稀な『満文日講解義』シリーズよりも、新しい傾向を示している。しかし、この新しさは、『満文古文淵鑑』ほど完全なものではなかった。『満漢字合璧四書集注』では、erei tuwahade（erei tuwaha deも含む）の用例が『論語』里仁篇「子曰參乎」章集注や『論語』公冶長篇「子張問曰令尹子文」章集注にみえる。また、『論語』八佾篇「與其媚於奥」章集注では「以諷孔子」をerei kungdz be darihabiと訳し、『論語』為政篇「孟懿子問孝」章集注では「以是警之」をerei serebuhebiと訳す。表3.3の用例と比較すると、ereniとereiが混用されていることがわかる。ところで『満文古文淵鑑』巻11～13・22・33～37・42～64では、ereniとereiのこのような混用はみられない。

『満漢字合璧四書集注』あるいは『満文四書集注』の翻訳者は、『満文古文淵鑑』の翻訳者グループよりも古い世代に属することが、ereniの使用状況からも示唆される。

3.7 「聖賢」の訳語

本稿1.3節で考察した「聖賢」の満洲語訳語について、『満漢字合璧四書集注』や東洋文庫所蔵精写本『満文四書集注』での状況を検討する。漢文『四書章句集注』の経書本文以外で、「聖賢」または、「聖」と「賢」がこの順序で対句になっているもの[38]を、電子版文淵閣四庫全書を用いて検索し、ついで『満漢字合璧四書集注』での対応箇所を調べた。東洋文庫所蔵の精写本『満文四書集注』での対応箇所は、属格助詞を分綴するか連綴するかの違いしか、ない。「聖賢」は、すべてで46例みえる。また、「聖」と「賢」がこの順序で対句になっているものは、

(1)『大学章句』序「聖經賢傳」、
(2)『中庸章句』第二十一章章句「聖人之徳……賢人之學……」、
(3)『論語集注』述而篇「述而不作」章集注「作非聖人不能、而述則賢者可及」、
(4)『論語集注』子罕篇「吾有知乎哉」章集注「聖人之道……賢人之言……」

の4例がみえる。これら4例のうちの(2)以外の3例と、「聖賢」46例のうちの42例は、『満漢字合璧四書集注』ではenduringge saisa系の訳文が対応している。たとえば(4)の用例は、

enduringge niyalmai doro, …… saisa niyalma -i gisun ……

と訳されている。いっぽう、(2)と、「聖賢」46例のうちの以下の4例、

(5)『論語』学而篇「弟子入則孝」章集注「聖賢之成法」、
(6)『孟子』梁恵王章句下「問人皆謂我毀明堂」章集注「聖賢之所以盡其性也」、
(7)『孟子』梁恵王章句下「滕文公問滕小國也」章集注「非聖賢之道也」、
(8)『孟子』滕文公章句上「滕文公問爲國」章集注「聖賢至公無我之心」

の「聖賢」は、『満漢字合璧四書集注』ではenduringge mergeseと訳されている。enduringge mergenと訳す箇所は、ない。以上から、『満漢字合璧四書集注』は、「聖賢」の訳語についてはenduringge saisa系であると結論される。

1.3節において、「聖賢」の訳語が、康熙末年にはenduringge mergeseにほぼ固定したことを観察した。『満漢字合璧四書集注』には「聖賢」をenduringge saisaと訳す強い傾向があるので、康熙末年に翻訳された可能性は低い。3.3節では、訳文の相互関係にもとづいて、『満漢字合璧四書集注』が『満文性理精義』に先行した、と推測したが、本節では、それとは独立な議論にもとづいて、この推測を補強することができた。

『満漢字合璧四書集注』におけるenduringge mergese系の訳語の出現比率の測定値は、『満文日講易経解義』や『満文古文淵鑑』におけるそれよりも小さくみえるが、『満漢字合璧四書集注』の満洲文の翻訳者の総数が『満文日講易経解義』や『満文古文淵鑑』のそれらよりも小さければ、このような変動は充分に起こりうることなので、これ以上の細かい推測は行なわないほうが、賢明である。

3.8　その他の言語面の特徴

『満漢字合璧四書集注』の満洲文に現れる、「罪」とは無関係な文脈での名詞weileのなかで、筆者が気づいたものを、表3.4に挙げる。

表3.4　「罪」とは無関係な文脈での名詞weileの用例

出現箇所	漢文原文	満洲語訳文	備考
『論語』顔淵「顔淵問仁」章集注	「故爲仁者、必有以勝私欲而復於禮、則事皆天理、而本心之徳復全於我矣」	tuttu ofi, gosin ojorongge, urunakū cisu buyen be etefi, dorolon be dahūre oci, weile / tome gemu abkai giyan ofi, da mujilen -i erdemu, dahūme muse de yooni ombi.	「事」は「なされた行為」
同上	「事、如事事之事」	weilembi serengge, weile be / weilere weilei adali be.	
『論語』顔淵「子張問士」章集注	「内主忠信而所行合宜、審於接物而卑以自牧、皆自脩於内、不求人知之事」	dolo tondo akdun be da obure, yabun giyan de acanara. gūwa de guculere de kimcire, beye be fusihūn ararangge, / gemu beyei dorgi be dasarangge, niyalma be sakini sehe weile waka.	「事」は「なす行為」
『論語』子路「子路曰衛君待子」章集注	「事得其序之謂禮」	weile, giyan be baha be / dorolon sembi.	「事」は「なす行為」
同上	「迂、遠於事情。言非今日之急務也」	calhari serengge, weile turgun ci goro be. / te -i oyonggo baita waka kai sehengge.	「事」は「できごと」。「務」をbaitaで訳す
同上	「事不成、則無序而不和」	weile muterakū oci, giyan akū dade hūwaliyasun akū ofi,	
同上	「其事之本末」	tere weilei da dube	「其事」は衛の霊公没後の混乱を指す
『論語』憲問「爲命」章集注	「是以應對諸侯鮮有敗事」	tuttu goloi beise de karulame acabure de, / ufarara weile komso bihebi.	「事」は「(失敗した)行為」
『孟子』滕文公上「滕文公問爲國」章集注	「農事」	usin -i weile	usin -i baitaとも訳される

『孟子』万章上「問或日百里奚」章集注	「鄙賤之事」	buya weile	「事理」をbaita giyanと訳す。「伊尹百里奚之事、皆聖人出處之大節」をi in, be li hi -i baita, gemu enduringge saisai tucike bihe amba ba, と訳す。
『孟子』告子下「魯欲慎子爲將軍」章集注	「當道、謂事合於理」	doro de acabure serengge, weile giyan de acanara be henduhebi.	「事」は「なされた行為」
『孟子』尽心上「王子墊問日」章集注	「農工商賈之業」	usin weilere, faksisa hūdai niyalmai weile	

『論語』顔淵篇の集注で、「事」の訳語がweileとなっているものが3例あるが、いっぽう、『論語』顔淵篇「司馬牛問仁」章の集注では、「蓋心常存、故事不苟」を

ainci mujilen kemuni bici, tuttu baita be / oihorilarakū.

と訳し、「事」の訳語がbaitaとなっている。これは、「仕事をゆるがせにしない」という意味なので、訳語を変えたのであろうか。**表3.4**でのweileの用法には、『満文古文淵鑑』にはみられない古さがあるように感じられる。

つぎに、「ふつうのひと」の、『満漢字合璧四書集注』の満洲文における訳語について、検討する。電子版文淵閣四庫全書の『四書章句集注』で文字列「常人」「庸人」を検索して、『満漢字合璧四書集注』で対応する訳語を調べると、**表3.5**のようになる。東洋文庫所蔵精写本『満文四書集注』での対応箇所をみても、結果は変わらない。

表3.5　「常人」「庸人」の訳語

出現箇所	漢文原文	満洲語訳文	備考
『大学』伝八章章句	「常人之情」	jergi niyalmai gūnin	
『論語』学而「道千乗之國」章集注	「常人之言」	an -i niyalma -i gisun	「聖人言」と対句
『論語』学而「貧而無諂」章集注	「常人溺於貧富之中」	jergi niyalma bayan yadahūn -i dolo lifaci	
『論語』泰伯「篤信好學」章集注	「碌碌庸人」	lu lu sere jergi niyalma	

『論語』憲問「子撃磬於衞」章集注	「則亦非常人矣」	inu jergi niyalma waka kai.	
『孟子』公孫丑上「伯夷非其君不事」章集注	「郷人、郷里之常人也」	gašan -i niyalma serengge, gašan falan -i jergi niyalma be.	
『孟子』滕文公下「公都子問好辯」章集注	「是以常人之心而度聖賢之心也」	tere jergi niyalmai mujilen -i enduringge saisai mujilen be bodohobikai	
『孟子』離婁上「伯夷辟紂」章集注	「大老、言非常人之老也」	amba sakda serengge, jergi niyalma -i sakda waka sehengge.	
『孟子』離婁上「人之易其言」章集注	「常人之情」	jergi niyalmai gūnin	
『孟子』離婁下「君子所以異於人者」章集注	「郷人、郷里之常人也」	gašan -i niyalma serengge, gašan falan -i jergi niyalma be.	
『孟子』万章上「問舜往于田」章集注	「常人之情」	jergi niyalmai gūnin	

これらの他に、『孟子』尽心章句上「待文王而後興者」章の集注では、「凡民、庸常之人也」を、

jergi irgen serengge, an -i jergi niyalma be.

と訳す。ここで「凡民」は、「豪傑之士」colhorome tucike urseと対比されている。また、「庸君」の訳語として、『孟子』梁恵王下「爲巨室」章の集注で、「而世之庸君亦常患賢者不能從其所好」を

jalan -i jergi ejete inu kemuni mergese be ini beye be dahame muterakū de jobohobi.

と訳す。ここで「世之庸君」は、「古之賢者」と対比されている。『孟子』公孫丑章句下「孟子將朝王」章の集注で、「大有爲之君、大有作爲非常之君也」を

ambarame faššara ejen serengge, ambarame deribume faššara, / an -i jergi ejen waka be.

と訳す。jergi irgenやjergi ejeteは、jergi niyalmaと同列の表現であるので、『満漢字合璧四書集注』の満洲文では、an -i niyalmaやan -i jergi niyalmaよりも、jergi niyalma系の表現が好まれたとみてよいであろう。

筆者の前稿［渡辺2015］の**表7.1**で与えた、さまざまな官修満洲語儒教書におけるjergi niyalma、an -i jergi niyalma、an -i niyalmaの用例数と比較すると、an -i jergi niyalmaが最も多い『満文古文淵鑑』巻45～64や、an -i niyalmaが最も多い『満文性

理精義』巻1～4・6～10とは、異なる傾向をみせていることが、わかる。『満漢字合璧四書集注』の満洲文が『満文性理精義』よりもあとで成立したとは、考え難い。

前稿［渡辺2015］の表7.1の直後で注意したように、jergi niyalmaからan -i jergi niyalmaへ、an -i jergi niyalma からan -i niyalmaへの変化は緩やかで、単独では成立年代を限定できないのであるが、これまで本稿で述べてきた、『四書章句集注』の満洲語訳の言語面の他の特徴からの推論に関して、傍証のひとつには充分になりうる。

3.9　朱子学理解や翻訳態度について

全文を翻訳することは、注をつけるよりも深い理解を必要とする。「未詳」ではすませられないからである。朱子学に関するさまざまな論点が、朱子学書の満洲語訳ではどのように解釈されているかを観察し、清初の満洲旗人の理解水準と現代の儒教研究者の理解水準とを比較することは、いささか刺のある話題ではあるものの、興味深い課題である。かつて木下鉄矢氏が精力的に提起した、朱熹の『四書』解釈に関するいくつかの論点（［木下2009］、［木下2013］）は、もちろん『四書章句集注』の解釈結果と密接に結びついているので、『四書章句集注』の満洲語訳においても、やはり問題となる。たとえば、『大学』「格物」の「物」[39]は、どのように満洲語に翻訳されてきたか。そしてそれは、満洲旗人の朱子学へのどのような理解を反映したものであったか。このことについては、稿を改めて論じる予定である。

ただ、『大学』「格物」への朱熹の注「格、至也。物、猶事也」についてのみ、簡単に触れておく。この注は、『満漢字合璧四書集注』あるいは東洋文庫所蔵精写本『満文四書集注』でも省略されずに、

jaka serengge, baita be.

と訳されている。ここで、「事」の訳語としては、weileではなくbaitaが用いられている[40]。前節で述べたように、『満漢字合璧四書集註』あるいは『満文四書集注』では、「事」の満洲語訳語としてはweileとbaitaのふたつがあるが、1.4節で推測したように、基本的にはweileは「行為」、baitaは「仕事」を意味していたらしいので、この満洲語訳文は、「「物」というものは、仕事をいう」と受け取られた可能性が高い。また、『孟子』告子章句上「富歳子弟多頼」章の集注で、程子の発言「在物爲理、處物爲義、體用之謂也」を引用するが、『満漢字合璧四書集註』でも『満文四書集注』でも、これを

baita de oci, giyan obumbi. baita be icihiyara be jurgan obumbi. beye baitalan be henduhengge.

と訳す。「物」はjakaではなくbaitaと訳されており、「物猶事也」を踏まえていることは確かである。baita be icihiya-のなかでのbaitaは、「できごと」「事件」ではなく、明らかに「仕事」を意味する。「格物」の「物」に関して、翻訳者は朱子学を着実に理解していたといえる。

「物猶事也」に関連して、『満漢字合璧四書集註』あるいは『満文四書集注』の翻訳者は、漢語文言文の2つの構文「A、B也」と「A、猶B也」とを、多くのばあいに訳し分けていることを、注意しておこう。『四書章句集注』の前半をみると、『大学章句』では「A、B也」も「A、猶B也」も、「A serengge, B be.」という構文で訳しており、区別がない。しかし、『中庸章句』『論語集注』では、たとえば、『中庸』第一章章句の「命、猶令也」「道、猶路也」や『論語』為政篇「詩三百一言以蔽之」章集注の「蔽、猶蓋也」を、「A serengge, B (-i) adali.」（属格助詞-iは、動詞未完了／完了連体形の直後では略される）という構文で訳しており、厳格ではないものの、「猶」の有無を訳し分ける傾向がある。adaliは、類義語のgeseと比べた際に、量的側面の一致や質的側面の完全な一致を含まない、弱い類似性を意味する[41]（[渡辺2010B]）。つまり、「A serengge, B (-i) adali.」という構文は、「猶」のもつ細かいニュアンス（[木下2013] pp.11-13）に注意を払った訳文である。

なお、「……之爲言、……」と単なる「……、……也」とを訳し分けている形跡は、『論語』学而篇まで調べたが発見できなかった。

4 『満漢朱子節要』

4.1 書誌学的事項と問題の概観

本章で検討する『満漢朱子節要』は、国内外のあちこちの図書館に所蔵される、ありふれた書籍である。それらは満漢合璧の刊本であり、漢文部分は、冒頭にみえる清・朱之弼の序文によれば、明・高攀龍が朱熹の著作から抜粋して編纂したという『朱子節要』である。康煕14年付けの朱之弼の序と万暦壬寅年付けの高攀龍の原序を載せ、ついで目録と、「巻一・論道体」から「巻十四・総論聖賢」までの全14巻とが続いている。満洲文部分の内容と言語の特徴、成立時期については、以下で論じる。本稿では、国立公文書館所蔵本（請求番号：298-269）と東洋文庫所蔵本（請求番号：Ma2-13-1）を使用した。国立公文書館所蔵本は高橋景保旧蔵本であって、序文には、満洲文のかたわらに小さく和文（漢字と片仮名）で訳が記されているが、これは高橋景保によるものであろう。

各所蔵機関の蔵書目録では「康煕14年朱之弼序」とあって、この記述自体は正しいけれども、じつは、この序文は翻訳作業についてはまったく言及していない。そこ

では、朱之弼は、かつて朱熹の著作の膨大さにくるしんで抜粋を作ったが、やがて高攀龍『朱子節要』が同じ目的に基づいて適切に編纂されていることを知って、『近思録』とともに刊刻した、と述べている。さらに、朱熹の学術を紹介するものとしての『朱子節要』の概要と意義とを述べて、終わる[42]。したがって、『満漢朱子節要』の満洲文部分については、成立年代の上限が康熙14年であることしか、わからない。成立年代を推定するためには、その言語の特徴を、成立年代がすでに知られている満洲語書籍のそれらと比べてみるしか、方法がないのである。

なお、漢文部分の避諱については、巻13・辨別異端f.12bで「固無此等玄妙之談」の「玄」字を欠画しており、康熙帝の御名は避けている。しかし、原序f.4aの「萬暦壬寅秋七月己卯」や巻8・治体f.23aの「慶暦之宏規」や巻10・居官処事f.16aの「旁通暦」の「暦」字には、改字も欠画もなく、乾隆帝の御名を避けていない。したがって、乾隆帝即位前に刊刻されたと断定できる。乾隆20年以降に作成された新造語の影響が満洲文部分にみえないことから、乾隆20年以前に翻訳されたことがわかるが、漢文部分の避諱から、成立年代の下限をさらに限定することができた。

4.2　漢字音の満洲文字表記

筆者の前稿([渡辺2013]、[渡辺2014])では、官修満洲語儒教系書籍における漢字音の満洲文字表記が、順治帝の親政が開始されるとほぼ同時に、組織的かつ大規模に変化したことを述べた。『満漢朱子節要』での漢字音の満洲文字表記は、基本的に、この変化ののちの状況を反映しているが、口蓋化に関連する子音の表記で、混乱しているばあいが、ふたつある。ひとつは、巻1・論道体f.18a第3行で、「盡心説」をgin sin šu bitheと訳しているものである。もうひとつは、巻3・致知f.24b第1行で「近思録」をjin sy lu bitheと訳しているものである。「近思録」は、朱之弼序や高攀龍原序では康熙年間の標準どおりにgin sy lu bitheと訳されているので、表記が揺らいでいたことになる。これらの混乱は、漢語の音韻に対する翻訳者の理解が不足していたことによるものではなかろうか。4.9節で述べるが、『満漢朱子節要』には、翻訳者の漢文読解力や漢籍の素養に問題があったことを窺わせる誤訳が、少なくとも3箇所はあるので、漢語の音韻に対する理解に充分ではないところがあったとしても、ふしぎではない。

『満漢朱子節要』の成立年代を考えるうえで重要なことは、書名「春秋」の満洲文字表記が、『満文日講四書解義』での慣例よりも新しい標準にしたがっていることである。康熙11年の『満文大学衍義』序表・巻1～22や康熙16年の『満文日講四書解義』全文では、書名「春秋」は、cun cioと表記された。いっぽう、康熙19年の『満文日講書経解義』以降では、書名「春秋」は、cūn cioと表記されるのが標準となった。ところで『満漢朱子節要』では、書名「春秋」は、cūn cioと表記されている。この事実は、『満漢朱子節要』が翻訳されたのが、朱之弼の序文の日付である康熙14年では

なく、早くとも康熙20年前後であることを、示唆している。

雍正帝即位後の避諱については、巻3・致知f.18bの「尹氏」をin šiと訳し、巻3・致知f.24bの「尹和靖」をin ho jingと訳し、巻8・治体f.14aの「伊尹」をi inと訳しており、いずれも、「尹」字の字音はyenではなくinと表記されている。雍正帝の御名を避けた形跡がない。この避諱には例外もあるので、断定はできないけれども、『満漢朱子節要』が雍正帝即位後に刊刻された可能性は、低い。

4.3. 形容詞ambaの異形態ambanの使用状況

形容詞ambaの異形態ambanが現れるのは、巻1・論道体f.33a第3行と巻13・辨別異端f.2a第3行の2箇所のみで、いずれも、『周易』の一節「大哉乾元」の「大」の訳語としてである。康熙『満文大学衍義』巻6や『満文日講易経解義』乾卦での定訳をそのまま使ったものであって、『満漢朱子節要』の翻訳者の言語の特徴にはならない。これら2例以外には、形容詞ambanは現れない。したがって、もちろん、amba ninggeと同等な意味で用いられるamban ninggeの用例も、『満漢朱子節要』にはない。amba ninggeは3例みえる（巻2・論学f.9a第5行、巻3・致知f.17b第7行、巻8・治体f.10b第1-2行）。

康熙10年代に翻訳された康熙『満文大学衍義』や『満文日講四書解義』では、形容詞ambaの異形態ambanの用例が少なくないことを、本稿1.2節で述べた。ところで『満漢朱子節要』では、形容詞ambaの異形態ambanが事実上現れない。このことも、『満漢朱子節要』が翻訳された時期が、康熙10年代ではなく康熙20年代以降であることを、示唆している。amban ninggeは現れないがamba ninggeは現れることも、同じことを示唆している。

4.4 全称接辞-leとその分離形eleの使用状況

つぎに、動詞の未完了連体形または完了連体形などに後続し全称「……するすべての」「……したすべての」を表わすものが、接辞-leか、単語eleかについて検討する。『満漢朱子節要』でのいずれかの用例は、以下の表4.1で与えられる。

表4.1 『満漢朱子節要』での全称接辞の使用状況

出現箇所	漢文原文	満洲語訳文	融合形／分離形
巻一・論道体f.21b第1行	「凡其未発者皆其性也」	tucinjire unde elengge gemu banin inu.	分離形
巻一・論道体f.21b第6行	「觸處」	teisulehe ele bade	分離形
巻一・論道体f.32b第3-4行	「觸目之間」	yasa de tunggalabuha / ele,	分離形

巻二・論学f.4a第6行	「過化存神」	dulekele ba wempi, tehele ba ferguwecuke,	融合形2例
巻三・致知f.5a第5-6行	「眼前凡所應接底都是物」	yasai juleri yaya teisulebuhe ele gemu jaka / inu,	分離形
巻四・存養f.21a第2-3行	「望之者」	sabuha ele / urse	分離形
巻四・存養f.21a第6行	「聽之者」	donjiha ele urse	分離形
巻七・出処f.1b第5行	「隋所寓」	ucaraha ele bade	分離形
巻九・治法f.6b第6行	「所至」	isinaha ele bade	分離形
巻九・治法f.9b第5行	「所部粛然」	ini kadalaha ele ba cib seme oho.	分離形
巻十・居官処事f.7b第3行	「其所在」	terei bisire ele bade	分離形
巻十一・教人之法f.6b第1行	「所聞誨語」	donjiha ele tacibuha / gisun be	分離形

巻1・論道体f.21b第1行の用例は、動詞未完了連体形または完了連体形などの直後に続くものではないが、この事項に強く関連する用例なので、挙げている。巻1・論道体f.32b第3-4行の用例は、改行が影響した可能性がある。巻2・論学f.4a第6行には、2例ある。

表4.1をみると、全13例のうち11例が分離形である。『満漢朱子節要』全文では分離形が優勢になっており、これは、『満文古文淵鑑』以後の言語状況を強く連想させる。

4.5 指示副詞ereniの使用状況

指示副詞ereniは、『満漢朱子節要』全文では5例みえる。うちわけは以下の**表4.2**のとおりである。

表4.2 『満漢朱子節要』でのereniの使用状況

出現箇所	漢文原文	満洲語訳文
原序f.2b第2行	「以之而明聖人之道」	ereni enduringge niyalmai doro be genggiyelembi.
原序f.2b第3-4行	「以之而晦聖人之道」	ereni / enduringge niyalmai doro be burubumbi.
巻一・論道体f.20a第5	「以此求之」	ereni baime tuwaci
巻八・治体f.26b第2行	「以是矯之」	ereni tuwancihiyaha de
巻十・居官処事f.29a第3-4行	「無不以是裁之」	ereni / hirharakūngge akū oci, /

対応する漢文原文は、「以之」「以此」「以是」であって、『満文古文淵鑑』で観察した範囲内に入っている[43]。ereni tuwaha de[44]の用例は、ない。また、康熙『満文大学衍義』序表・巻1～22や『満文日講書経解義』全文や『満文日講易経解義』全文で、ereni tuwaha deと同様な状況で、あるいはereni tuwaha deの代わりに用いられることの多いerebe tuwaha de、ere be tuwaci、erei tuwaciの用例を『満漢朱子節要』のなかで検索すると、巻1～12・14にはみえず、巻13・辨別異端f.9a第3–4行に「看來」をerebe / tuwaha deと訳すものが、1例ある。

ereniはすでに康熙『満文大学衍義』で用いられており、また、同義語／類義語と比べてereniが好まれた、と結論するには全体の用例数が少なすぎるので、『満漢朱子節要』が『満文古文淵鑑』以降に成立した、と断定することは、できない。しかしながら、ereniの使用状況が、『満文古文淵鑑』以降に成立したという仮説とは整合的であることは、いえる。

4.6 「聖賢」の訳語

『満漢朱子節要』の漢文部分に、「聖賢」は29例現れる。満洲文部分では、それらはすべてenduringge mergenまたはenduringge mergeseと訳されており、enduringge saisaと訳されることはない。もっとも、「賢者」をsaisaと訳す例が巻8・治体f.16a第7行にあり、「求賢」をsaisa be baimeと訳す例が同巻f.17a第3行にあり、「賢能」をsain muterenggeと訳す例が同巻f.21a第6行にあり、「賢否」をsain eheと訳す例が同巻f.21b第3行にある。「賢」字を機械的にmergenやmergeseで訳しているわけではないらしい。「聖賢」をつねにenduringge mergese系の訳語で訳すことは、表1.2の傾向をみる限りでは、康熙10年代に成立したという仮説と、両立し得ないわけではないが[45]、整合性はあまり高くない。

4.7 その他の言語的性質

本稿第2章で『満文小学』の言語の特徴について論じた際に、「貪欲な」がdosiと綴られるかdoosiと綴られるか、という論点について触れた。『洪武要訓』全文、康熙『満文大学衍義』序表・巻1～22、『満文日講解義』シリーズの全文、『満文古文淵鑑』巻11～13・22・33～37・42～64、『満文資治通鑑綱目』巻1～4に、doosiという綴りは、派生語も含めていっさい現れない。ところで、『満漢朱子節要』では、巻10・居官処事f.23b第7行で「姦贓」をjalingga doosiと訳している。この綴りがみえることは、この箇所が康熙年間後半以降に刊刻されたことを、示唆している。

いっぽう、順治年間または康熙初年に特徴的な言語表現であるが『満漢朱子節要』にはみられないもののうち、今までに触れなかったものを挙げれば、「にくむ」を意味する動詞ibiya-、「格物」の訳語であるai jaka be hufu-がある。動詞ibiya-は、『満文

日講四書解義』や『満文古文淵鑑』ではubiya-と綴られており、ibiya-という綴りは、順治・康熙年間に作成された官修満洲語儒教系書籍では、『洪武要訓』と『御製人臣儆心録』のみ、つまり、順治年間に作成されたもののみにみえる。『満漢朱子節要』では、巻1・論道体f.6a第2行、同巻f.14b第6行、同巻f.15a第3行、同巻f.15a第5行、巻2・論学f.20a第2行などでubiya-がみえるが、ibiya-はみえない。また、康熙『満文大学衍義』では「格物」をai jaka be hafu-と訳すが、『満漢朱子節要』では、『満文日講四書解義』のほとんどのばあいと同じく、jaka be hafu-と訳す。第2章で検討したように、『満文小学』には順治年間の満洲語の痕跡がいくつか残っているけれども、『満漢朱子節要』でそのような痕跡を探しだすことは難しい。

上述した事実は、いずれも、『満漢朱子節要』が『満文古文淵鑑』以降に成立したことを示唆していたり、あるいは、そのような仮説と整合的であったりする。

4.8 『満文日講書経解義』、『満文古文淵鑑』、『満文性理精義』との相互関係

『満漢朱子節要』は、経書や、朱熹の著作集および語録から引用でなりたっているので、『満漢朱子節要』の満洲語部分を、『満文日講解義』シリーズや『満文古文淵鑑』、『満文性理精義』にみえるそれら引用箇所の満洲語訳文と、比較することができる。ここでは、『満文日講書経解義』、『満文古文淵鑑』、『満文性理精義』と比較してわかるとを、いくつか述べる。

『満漢朱子節要』巻8・治体ff.4a-bで『書経』湯誓の「惟皇上帝降衷于下民若有恒性克綏厥猷惟后」を

ferguwecuke dergi di, fejergi irgen de kemun salgabufi, dahaci acara enteheme / banin bi.

と訳すが、これは『満文日講書経解義』での訳文

amba / dergi di, fejergi irgen de dulimba be salgabufi, dahara enteheme banin bi.

と複数箇所で異なっている。

また、『満漢朱子節要』では、『書経』泰誓上「惟天地」、説命中「惟天聰明」「惟聖時憲」などの「惟」を、fulinggaと訳す。たとえば前者はfulingga abka naと訳され、後者はfulingga abka sure genggiyenやfulingga enduringge terebe alhūdambiと訳される。いっぽう『満文日講書経解義』では、これらの「惟」をfulinggaと訳すことはなく、単なる強意の辞とみて訳文では省略している。単語fulingga自体、『満文日講書経解義』には現れない。fulinggaの用例を『満漢朱子節要』以外の文献で充分に確保していないため、『満漢朱子節要』の訳文が誤訳であるか否かについては判断を差し控

えるが、『書経』の訳文について『満漢朱子節要』と『満文日講書経解義』とが異なることは、確かである。

『満漢朱子節要』巻8・治体ff.1a-3aの「先生言於孝宗曰」以下は、朱熹『戊申封事』の要約であるが、訳文は、『満文古文淵鑑』巻59・朱熹・戊申封事の訳文と、たとえば、「邪正」の訳語などに関して、はっきりと異なっている。『満漢朱子節要』での訳文は、『満文古文淵鑑』での訳文とは無関係に作成されている。もっとも、3.3節で述べたように、『満文性理精義』の翻訳者グループも『満文古文淵鑑』の訳文を無視しているので、『満漢朱子節要』の翻訳者が『満文古文淵鑑』の訳文を無視していても、ふしぎではない。

『満漢朱子節要』と『満文性理精義』のあいだの関係を考える。『満文性理精義』巻1～4・6～10と『満漢朱子節要』とに共通してみられる、『朱子語類』などからの引用箇所で気づいたものを、**表4.3**に挙げた。表のなかの『満文性理精義』の欄の漢文は、国立公文書館所蔵の『御纂性理精義』(請求番号：子6-5)にみえるテキストを用いた。

表4.3 『満文性理精義』と『満漢朱子節要』に共通する引用

『満漢朱子節要』	『満文性理精義』	満洲語訳文の相違点
巻一・論道体f.2a「天地別無勾當只是以生物爲心」	巻十・理気類・天地日月・朱子1「天地別無勾當只是以生物爲心」	「物」で異なる。
巻一・論道体ff.7a-7b「問形而上下如何以形言……」	巻九・性命類・雑論経書名義・朱子3「問形而上下如何以形言……」	「最的當」「設若……言之」「便是」「間斷了」「只是」などで異なる。
巻一・論道体f.10a「敬而無失即所以爲中」	巻七・学類一・存養・程子8「敬而無失便是喜怒哀樂未發……但敬而無失即所以爲中也」	「(但)敬而無失」が動名詞か条件節か。
巻一・論道体f.10a「入道莫如敬未有致知而不在敬者」	巻七・学類一・存養・程子4「入道莫如敬未有能致知而不在敬者」	「能」の訳語の有無の他に、「不在」の訳語が異なる。
巻一・論道体f.10b「涵養須用敬進學則在致知」	巻七・学類一・総論為学之方・程子4「涵養須用敬進學則在致知」	「須用敬」で異なる。
巻一・論道体ff.12a-12b「仁爲四端之首……故不貞則無以爲元也」	巻九・性命類・五常・朱子17「仁爲四端之首……故不貞則無以爲元也」	漢文原文の共通する部分でも、「交際」「機軸」「脗合」など、異なる箇所が複数ある。
巻一・論道体ff.17b-18a「性猶太極也……所謂一而二二而一也」	巻一・太極図・「太極動而……両儀立焉」集説2「性猶太極也……所謂一而二二而一也」	「只在……之中」「非……也」「自是」「一」で異なる。
巻一・論道体f.18b「心者氣之精爽」	巻九・性命類・心性情・朱子12「心者氣之精爽」	「精」で異なるが漢文原文の校勘が必要。

巻二・論学ff.2a-3a「書不記熟讀可記……大有事」	巻七・学類一・立志・朱子2「書不記熟讀可記……大有事在」	「不精」「細思可精」から「積累功夫」まで多数の箇所で異なる。
巻二・論学ff.12a-12b「知與行常相須……行爲重」	巻八・学類二・力行・朱子2「知行常相須……行爲重」	「目無足」「足無目」で異なるが、『満文性理精義』のほうが論理的。「論」のも異なる。
巻二・論学ff.15a-15b「嚴立功程……不可求欲速之功」	巻七・学類一・総論為学之方・朱子7「嚴立功程……不可求欲速之功」	「功程」「不可求欲速之功」で異なり、構文解析も1箇所異なる
巻三・致知ff.9b-10a「先須熟讀……皆若出於吾之心」	巻八・学類二・読書法・朱子5「觀書先須熟讀……皆若出於吾之心然後可以有得」	「先須……吾之口」「繼以……吾之心」が、命令文か条件節か。
巻七・出処ff.10a-10b「問既明且哲……不如此説」	巻八・学類二・言行出処・朱子7「問既明且哲……不如此」	「既明且哲」「分明」「順理而行」「不及」「偸以全軀」などで異なる。
巻八・治体ff.17b-18b「天地之間……而亦豈得而逃哉」	巻八・學類二・言行出處・朱子2「知人之難……蓋天地之間……而亦豈得而逃哉」	「剛必明明則易知」「難測」「作易」など多数の箇所で異なる。
巻十・居官処事f.11b「凡天下疲癃殘疾……皆吾兄弟之顚連而無告者也」	巻二・西銘「凡天下疲癃殘疾……皆吾兄弟之顚連而無告者也」	「疲癃殘疾」などで異なり、「皆……無告者也」も『満文性理精義』のほうが凝った構文。
巻十一・教人之法ff.1a-1b「劉元城有言……此言極有味」	巻七・学類一・小学・朱子4「劉元城有言……此言極有味」	「近小人」「極有味」で異なる。
巻十一・教人之法ff.13b-14a「白鹿洞規曰……反求諸己」	巻八・学類二・師道・朱子3「白鹿洞規曰……反求諸己」	原文の構文解析が複数箇所で異なる(節かセンテンスか)。
巻十二・警戒改過ff.2a-3a「人須有廉恥……所以百事非」	巻八・学類二・力行・朱子17「人須有廉恥……所以百事非」	原文が共通する箇所でも、訳文が一致しない。
巻十四・総論聖賢f.4b「程先生有功於後學者最是敬之一字有力」	巻七・学類一・存養・朱子7「程先生有功於後學者最是敬之一字有力」	「功」「有力」などで異なる。

『朱子語類』巻5・性理二・性情心意等名義の「心者氣之精爽」を引用した箇所では、満洲語訳文の違いが漢文原文の違いを反映した可能性があるが46)、それ以外の引用箇所では、漢文原文が一致していても満洲語訳文は、『満漢朱子節要』での訳文が『満文性理精義』での訳文に微調整を施して得られた、とはいえないほどに、異なっている。『満漢朱子節要』での訳文は、『満文性理精義』での訳文を参照せずに、あるいは無視して作成されている。

朱子学について、欽定の解説書である漢文『性理精義』が出版されたあとでは、旗人官僚にとって、高攀龍『朱子節要』を流通させなければならない動機は、ほとんどなかったはずである。『満文性理精義』が政府によって翻訳され出版されたあとでは、

高攀龍『朱子節要』を満洲語に翻訳し出版する必要性も、やはりほとんどなかったはずである。さらに、3.3節で述べた、雍正年間や乾隆初年に『満文性理精義』の規範性は強かったであろう、という推測が正しければ、もし、雍正年間に高攀龍『朱子節要』を翻訳したならば、『満文性理精義』を参照したはずであるのに、参照されてはいない。4.2節では、満洲文部分の避諱の状況から、『満漢朱子節要』が雍正帝即位後に刊刻された可能性が低いことを、推測したが、それとは独立に『満文性理精義』との関係から、やはり同じ推測が得られたことになる。

4.9 『満漢朱子節要』の訳文の特徴と問題点

筆者が電子入力した、清初の官修満洲語儒教系書籍[47]にはみえないが、『満漢朱子節要』では頻繁に現れる単語としては、fulinggaとafanggalaがある。前者についてはすでに述べた。『満漢朱子節要』の翻訳者と官修満洲語儒教系書籍の翻訳者グループとのあいだには、語彙レベルでの違いがあるようである。また、『満漢朱子節要』では、朱之弼序f.2a第6行、同f.2b第2行で「大儒」をamba baksi、amba baksisaと訳し、巻8・治体f.6a第7行で「腐儒」をušun baksiと訳す。baksiが、肯定的なばあいでも否定的なばあいでも用いられている。ところで『満文古文淵鑑』巻11～13・22・33～37・42～64ではbaksiは極めて稀で、巻50・蘇軾・策略七f.19a第7行で「腐儒」をniyaha baksiと訳すものがあるのみである。「大儒」の「儒」は、ふつうbithei niyalmaと訳される。『満漢朱子節要』ではbaksiを肯定的なばあいにも用いる点が、官修満洲語儒教系書籍とは異なっている。

また、『満漢朱子節要』には、誤訳であることが確実な箇所が、3箇所ある。ひとつは、朱之弼序f.3bで、「一如文公之纂集四子粲然明備」[48]を、

yooni ju wen gung ni sy šu bithe be / acabume suhe adali filtahūn getuken bime yongkiyahabi. /

と訳した点である。「四子」は周敦頤、程顥、程頤、張載を指しており、漢文原文は、朱熹が周敦頤、程顥、程頤、張載の学術を集大成した（とされている）ことを述べているが、訳文では、朱熹が『四書集注』を著して『四書』の意味が解明されたことにすりかわっている。もうひとつは巻2・論学f.24で、「先生疾革」を

siyan šeng ni nimeku yebe oho manggi

と訳した点である。危篤状態で遺言として弟子たちを戒めた、というのが、「先生疾革」を含む段落の内容であるけれども、「先生の病いが快復したあとで」と訳してし

まっている。最後のひとつは、巻9・治法f.7aで、「後差發遣南康軍事」を

amala nan k'ang de coohai / baita de takūrafi unggihe manggi

と訳した点である。「南康軍」は固有名詞であるので、「南康軍の事で」と解釈するのが正しいが、「南康へ軍事で」と訳してしまっている。『満漢朱子節要』の翻訳者の漢文読解力には、問題があった。

5　思想史的観察と、結びにかえて

本稿の結論を述べる。『満漢字合璧四書集注』の満洲文部分、あるいは『満文四書集注』のテキストは、『満文日講四書解義』の刊行された康熙16年以降、『満文性理精義』の翻訳された康熙50年代半ば以前に、『満文日講四書解義』の翻訳グループと世代が近く、『満文古文淵鑑』の翻訳グループより年長の世代に属する誰かによって、翻訳された。康熙40年ごろまでには翻訳されていた可能性が、高い[49)]。そして、『満漢字合璧四書集注』の版木は、長年にわたって使い回された。『満漢朱子節要』の満洲文部分のテキストは、康熙30年以降、康熙50年代半ば以前に、『満文古文淵鑑』の翻訳グループと同じ、または年少の世代に属する誰かによって翻訳された可能性が、高い。朱之弼の序文の日付である康熙14年は、翻訳された年代とは無関係である。

以上の結論が正しければ、まず、漢文『日講四書解義』が先行して翻訳され、ついで『四書章句集注』が現在残るかたちで翻訳され、つぎに、『晦庵集』や『朱子語類』からの抜粋が翻訳され、そして『性理大全』からの抜粋である漢文『性理精義』が翻訳された、ということになる。歴史記録の述べるところによれば、訳業がまとまったかたちで残っているということはないものの、『大学』『論語』の翻訳がさらに以前に行なわれていた。また、『大学衍義』も、漢文『日講四書解義』よりも早く翻訳されていたが、『大学衍義』は経書や史書の為政者のための要約なので（[渡辺2014]）、結局、

(i)『四書』の入門的部分、
(ii)『四書』を含む経書の要約、
(iii)『四書』全文、
(iv)『四書章句集注』、
(v)『四書章句集注』以外の朱熹の著作の抜粋、
(vi)『性理大全』の抜粋、

という順序で満洲語に翻訳されていったことになる。これは、儒教や朱子学を学習す

る順序として、極めて妥当なものである。

最後に、今後の研究課題をふたつ述べて、本稿を終えよう。ひとつは、本稿でも『大学』「格物」の「物」の訳語に関連して言及したことであるが、満洲語儒教系書籍の満洲語訳文に反映されているはずの、旗人知識層の経学や朱子学に対する理解の水準を、解明することである。これは、言語学ではなく儒教思想史の研究課題であるが、問題の性質からいって、まず、古典学に応用できる水準で、満洲語言語学を深く理解していなければならない。基本語彙について充分な研究を行ない、語義の変遷を明らかにしたモノグラフを多数準備しておくことが、前段階として要求される。文脈から切り離した訓詁の無秩序な集積を「辞書」と名づけるだけでは、済まないのである。

もうひとつの課題は、『四書』以外の儒教書や、『四書章句集注』以外の朱子学書にも、本稿で行なったような言語に関する分析を実施することである。翻訳者や翻訳年代がわからない、官修ではない満洲語儒教系書籍は、多数存在する。それらに対しても、言語学的な分析は有効であろう。たとえば、フランス国立図書館では、蔡沈『書集伝』の部分訳の画像をインターネット公開しているが[50)]、その成立年代は、はっきりしていない。この『満文書集伝』では、漢字音の満洲文字表記が順治帝親政以前の標準にしたがっている。また、古い語彙や綴りの混乱もみられ、『満文日講解義』シリーズ以前の状況を連想させる。『書集伝』の満洲語訳がフランスにあるのは、おそらく、『書経』の年代学がイエズス会士や西欧の年代学者の興味の対象となった（[新居2015]）ためであろうが、彼らの資料源の性格を考えるうえで、言語に関する分析とそれに基づく成立年代の推定は有益である。

また、朱子学書には属さないが『満文孔子家語』も、研究されるべき資料である。じつは、『満文孔子家語』を言語資料として用いるためには、『満文孔子家語』東洋文庫所蔵本（請求番号：Ma2-13-10）と同程度の分量があって、しかも、もっと早期に作成された写本あるいは刊本を発見することが、必要である。東洋文庫所蔵本は、写本の末尾にみえる奥書によれば乾隆庚午年（1750年）に写されたものであるが、作成された際に、乾隆年間の慣習にしたがってテキストを改変した形跡がある。フランス国立図書館所蔵本は短縮本であり、統計的な分析を行なうには分量が足りない。したがって、『満文孔子家語』に対して本稿で行なったような分析を確実に行なうためには、写本／版本を足で探す地道な作業が、まず必要である。

研究者の新規参入を、期待する。

注

1）　具体的には、『洪武要訓』全文（順治3序）、『御製人臣儆心録』全文（順治12序）、『満文大学衍義』序表・巻1～22（康熙11序）、『満文日講四書解義』序表・巻1～3（康熙

16序)、『満文日講書経解義』全文(康熙19序)、『満文日講易経解義』全文(康熙23進呈疏)、『満文古文淵鑑』巻45～64(康熙20年代半ばに翻訳)、『満文資治通鑑綱目』周威烈王二十三年(康熙30序)、『満文性理精義』巻1～4・6～10(康熙50年代に翻訳)、『満文孝経合解』全文(雍正5序)、『満文庭訓格言』全文(雍正8序)を調査した。

2) 巻数では、『満文古文淵鑑』全巻の半分にあたる。

3) 『満文日講四書解義』では経書本文よりも解義の部分のほうが分量が多いので、この不均質さは、解義の部分の訳文が均質でないことを意味している。つまり、『大学』、『中庸』、『論語』の経書本文について昔の訳文を流用したことによってこの不均質さが生じた、とは考え難い。

4) 情報量基準については、参考書として［小西・北川2004］を挙げておく。

5) 前稿［渡辺2015］で指摘したが、指示副詞ereniの用例がみえる点でも、康熙『満文大学衍義』は『満文日講四書解義』よりも新しい傾向がある。

6) 『満文古文淵鑑』巻11～13・22・33～37では、形容詞ambanは、巻三十七・柳宗元・段太尉逸事状の2箇所で「大人」の訳語amban niyalmaのなかに現れるもののみである。本稿のこの節で議論している形容詞ambanは、述語用法あるいは述語用法から派生した名詞化のなかで用いられているのであるが、段太尉逸事状での2例では連体修飾用法で用いられている点が、異なる。

7) 東洋文庫所蔵本(請求番号：Ma2-1-22)を用いた。蔵書目録の書名は『満文四書』であるが、紛らわしいので「乾隆六年『満文四書』」とよぶ。経書本文のみを含んでいる。

8) 文淵閣四庫全書本を用いた。

9) 『孟子』滕文公章句上「有爲神農之言者許行」章の「長幼有序」の訳文。

10) 『論語』子張篇「執徳不弘」章の「執徳不弘」の訳文。

11) 「聖賢」が「聖」と「賢」との並列であることを明示するために、enduringgeの直後に読点を挿入することが多いが、ここでは読点の有無は区別しない。

12) 嘉慶『欽定八旗通志』学校志八によれば、翻訳考試は、「順治八年定、……十四年停止考試」であったものが、雍正元年に復活している。儒学用語が、『日講四書解義』の訳語に準拠しており、『繙訳四書』の訳語は採用していないので、結局、雍正元年以降、乾隆20年以前に成立したことがわかる。雍正5年11月8日(日付は『世宗憲皇帝上諭八旗』、『世宗憲皇帝上諭内閣』によった)の上諭によって、『八旗通志初集』編纂のために八旗志書館が設置されているが、この八旗志書館の採用試験問題である「志書館考試翻譯官題」を含むので、上限を雍正5年以降にさらに限定することができる。なお、この「志書館考試翻譯官題」は、『朱子語類』の宋元白話文から出題されている点が、旗人知識層に対して期待された学力水準を示唆していて、興味深い。

13) 『満文古文淵鑑』巻44・f.97aにみえる1例は、『論語』憲問「衛靈公之無道也」章の「王孫賈治軍旅」の引用文である。巻49・f.24bにみえる2例は、『論語』衛霊公「子貢問爲仁」章の「工欲善其事、必先利其器」を典拠とする。

14） 巻二・教太子諸王f.15aと巻三・求言f.5b。ただ、後者の用例は、『明太祖宝訓』では「上下之務」の訳語となっているが、ここでは『明太祖実録』における「天下之務」の訳語であると判断した。『洪武要訓』は、『宝訓』の日付と『実録』の日付とが異なるばあいには、必ず後者にしたがっている。また、巻三・求言f.45aでは『宝訓』にはないが『実録』にはあるセンテンスを訳すなど、『実録』に依拠していることが随処に窺えるからである。

15） これら4種の書籍の刊年は、国立公文書館の蔵書目録の記述に拠っている。

16） なお、順治年間や康熙初年の、満洲語単語の綴りが確定していない時代には、漢語由来ではない固有語の語彙の綴りでも、文字列-o-と文字列-oo-が混用されているばあいが、少なからずみうけられる。この事実は、これら2種類の文字列であらわされる発音がたがいに近いことを意味しているので、-oo-が二重母音[ao]をあらわしているという学説は、疑わしい。

17） 『満文古文淵鑑』のばあい。

18） 『満文小学』のばあい。

19） mergeseの他に、mergenも含む。

20） 本稿3.9節でも少し触れる。参照されたい。

21） 『満文古文淵鑑』での2例は、inuを除去しても、センテンスの論理的な意味は変わらない。

22） どの頁の印刷状態がよくないかについては、単純な関係はなりたっていない。

23） 「其未發也、五性具焉、曰仁義禮智信」の「智」の訳語。

24） あえて読むならば、eborginとしか読めない綴りである。

25） 経書本文のみの満洲語訳である乾隆六年『満文四書』は、御製序をもつ官修書であるが、「殷」「尹」字の満洲文字表記はinであってyenではない。

26） 年代的にみて、これらの異なる訳文は、『満文日講四書解義』に先行する訳業の結果であろうと考えられる。

27） 中華人民共和国国家図書館所蔵の宋・当塗郡齋刻本を底本として、他の宋・元の版本を参照して本文を定めている。

28） 宋・元の版本のテキストの翻訳としても、明・正統司礼監本の系統のテキストの翻訳としても可能な箇所は除外して、厳格に数えている。

29） 『満漢字合壁四書集註』は、東洋文庫所蔵本Ma2-1-23によった。「大学章句序」については、満洲文精写本Ma2-1-24も、句読点の違いを除けば同文である。「中庸章句序」については、句読点の有無や属格助詞を分綴するか否かの些少な違いを除けば、「繼天立極」の「立」をMa2-1-23ではilibuhabiとするがMa2-1-24ではilibuhaciとする点、「皐陶伊傅周召之爲臣」の訳文のなかでMa2-1-23ではšoo gung -i geseとするがMa2-1-24ではšoo gung ni geseとする点だけが異なる。Ma2-1-23の誤刻であろう。いずれを採用するにせよ、『満文古文淵鑑』所収の「大学章句序」「中庸章句序」とは、はるかに多数の箇所で異なる。

30）『滿漢字合璧四書集註』は、東洋文庫所蔵本Ma2-1-23によった。満洲文精写本Ma2-1-24も、句読点の違いを除けば同文である。

31）『孟子』公孫丑章句上「夫子加齋之卿相」章「公孫丑問曰夫子……我四十不動心」集注。

32）『孟子』公孫丑上「子路人告之有過則喜」章「取諸人以爲善……與人爲善」集注。

33）『孟子』告子下「五覇者三王之罪人」章「長君之悪……今之諸侯之罪人也」集注。

34）『孟子』尽心下「仲子不義」章「孟子曰……奚可哉」集注。

35）もっとも、表3.2からわかるように、この箇所の集注では、「大節」の訳語としてamban jurganもみえる。

36）oyonggoとmanggaに着目している理由については、［渡辺2015］の表3.1を参照されたい。

37）bisireleのような慣用表現を含む。dulekeleもみえる。

38）つまり、「賢聖」や、「賢」と「聖」の順序で対句になっているものを除いた。

39）木下氏は、「格物」の「物」が、「物体」ではなく「事物」、正確にいえば、「感覚によって具体的に把握される対象」であることを、朱熹の注「物猶事也」の典拠と「物」「事」の用法を分析しつつ、断定している（［木下2013］）。

40）2.5節では、「物、猶事也」の「事」が『満文小学』ではweileと訳されていることを述べた。「物、猶事也」の「物」は、『満文小学』ではbaitaと訳されている。つまり、『満文小学』では、「物、猶事也」という語釈を前提として訳したために、本文と注とで一貫して、「物」をbaitaと訳した。その結果、注の「物、猶事也」の「事」を、weileと訳さざるを得なくなった、ということらしい。

41）ただし、修辞を豊富にするためにgeseと対にして用いられるばあいには、geseとの意味の違いは、ない。

42）原文は以下のとおりである。句読点は、満洲語訳にしたがって付けた。

近思録、文公所手訂。節要、載文公語。學者讀近思録而不讀文公語録、未有不以爲闕如者也。文公集四子之大成也、廣大精微行之篤而説之詳。蓋日星爲昭、而莫可紀極。學者苦其載籍浩繁而不得其要領。往余讀文公傳註文集諸書 稍有所見、隨即劄記、以防遺忘。日久浸成卷帙、欲倣近思録編次、分類抄寫、以付家塾、與近思録竝藏之。後得高景逸先生朱子節要讀之、與予相脗合者、十之七八。先生一代大儒、其所輯彙、無庸増損、今付梓人、與近思録合刻、公諸同志。蓋以宋代大儒、自孟氏之後、有濂渓關洛之學、而列聖之道備。有考亭之學、而列聖之道明。是集也、先生蓋掇其大指、擇其精粹。其曰道體、曰論學、曰致知、曰存養、曰克治、曰家道、曰出處、曰治體、曰治法、曰居官處事、曰教人之法、曰警戒改過、曰辨別異端、曰總論聖賢、凡皆先生之所論定者、一如文公之纂集四子粲然明備。首卷論陰陽變化性命之理、欲學者知所從入而載記獨詳。六卷論家道、申明祭祀之典、不啻再三、以爲家之重事而人所易略、尤見苦心焉。至於餘卷所載講學之方與日用躬行之實、別理欲於微

芒。明道器於一致、深求乎無極太極之妙、而實不離乎匹夫匹婦之所知。大至於位天地育萬物、而實不外乎暗室屋漏之無媿。蓋至遠而近、至微而顯、合前聖後聖而會之一堂、俾學者有所依據而易於誦習、有益於後學。功不在近思録下矣。康熙十四年歳在乙卯夏至日、北平朱之弼識。

43）『満文古文淵鑑』巻45・59では、「以之」がereniと訳されることがある

44）この段落で、連綴tuwahadeと分綴tuwaha deの違いは無視する。

45）『満漢朱子節要』の翻訳者数がいちじるしく少なければ、揺らぎの影響として起こりうる。

46）漢文『性理精義』には、「精爽」を「清爽」とする版本があるらしいが、『満文性理精義』での訳語bolgo getuken ninggeは、「清爽」に対応する。

47）細目は、注1と1.1節を参照されたい。

48）この「文公之纂集四子」は、さきに「文公集四子之大成也、廣大精微、行之篤而説之詳、蓋日星爲昭而莫可紀極」と述べていたことを、受けている。つまり、漢文部分の誤刻によって見かけ上の誤訳が生じた可能性は、ない。

49）筆者は以前、『満文小学』にみえる漢文『四書章句集注』の満洲語訳文と、『満漢字合璧四書集註』の満洲文部分とが、偶然の一致にしては似すぎている、と述べた（[渡辺2014] p.233）。この判断は、今でも変わっていない。類似点が、共通の原資料をもつことに由来するのではなく、『満文小学』が『満漢字合璧四書集註』の満洲文部分または『満文四書集注』を参照したことに由来するのならば、『満漢字合璧四書集註』の満洲文部分または『満文四書集注』は、康熙10年代の末から康熙20年代にかけて、翻訳されたことになる。この推測は、本稿で検討した言語についての諸性質と、矛盾しない。

50）先頭画像のアドレスは、gallica.bnf.fr/ark:/12148/btv1b9002814q/f1.imageである。

引用文献

金2002 金周源（大塚忠蔵訳）「満文小学研究」（『満族史研究』1号、pp.1-15）

木下2009　木下鉄矢『朱子　〈はたらき〉と〈つとめ〉の哲学』、岩波書店

木下2013　木下鉄矢『朱子学』、講談社新書メチエ555、講談社

小西・北川2004　小西貞則、北川源四郎『情報量基準　シリーズ〈予測と発見の科学〉2』、朝倉書店

新居2015　新居洋子「在華イエズス会士による中国史叙述」（川原秀城編『西学東漸と東アジア』、岩波書店、pp.267-290）

渡辺2010A　渡辺純成「満洲語思想・科学文献からみる訓読論」（中村春作ほか編『続訓読論　東アジア漢文世界の形成』、勉誠出版、pp.220-259）

渡辺2010B　渡辺純成「『満文性理精義』にみる満洲語文語の論理表現」（『満族史研究』9号、pp.75-140）

渡辺2013　渡辺純成「『満文天主実義』の言語の特徴と成立年代について」（『水門　言

葉と歴史25』、勉誠出版、pp.L107-L156）
渡辺2014　渡辺純成「多言語世界の中国」（中村春作編『東アジア海域に漕ぎだす5　訓読から見なおす東アジア』、東京大学出版会、pp.83-98）
渡辺2015　渡辺純成「清初の官修儒教系書籍にみる満洲語の通時的変化について」（『水門　言葉と歴史26』、勉誠出版、pp.L1-L31）
渡辺2016　渡辺純成「満洲語の文末のinuはコピュラか？」（『満族史研究』15号、pp.73-80）
翁2007 翁連渓『清内府刻書檔案史料彙編』、広陵書社

わたなべ・じゅんせい――東京学芸大学教育学部助教。専門は近世東アジア科学史、清朝考証学、数学（関数解析・作用素環）。主な著書に『関流和算書大成』（共著、勉誠出版、2008～2011年）、『東アジア海域に漕ぎ出す5　訓読から見なおす東アジア』（共著、東京大学出版会、2014年）、『東アジア海域に漕ぎ出す6　海がはぐくむ日本文化』（共著、東京大学出版会、2014年）、『西学東漸と東アジア』（共著、岩波書店、2014年）、「清初の官修儒教系書籍にみる満洲語の通時的変化について」（水門の会編『水門』二十六号、2015年）などがある。

近代における皇族報道メディアの成立

――『皇族画報』の意義――

青木　淳子

1　はじめに

明治維新以降、天皇の藩屛として存在した皇族達の「御写真」が、明治後期、『皇族画報』という雑誌に一堂に掲載された。天皇の「御真影[1]」を巻頭に掲げたこの雑誌は人気を呼び、版を重ねた[2]。内容を時系列的に追うと、発行初期の明治時代には、肖像写真を中心に雲上人としてのイメージが伝えられた。また、政府の方針で率先して西洋化を体現した皇族妃は、洋行の際に誂えたトップファッションを身に纏い、その肖像写真を掲載した。『皇族画報』はある時期、海外の当時の最先端のファッションを日本に伝えるメディアでもあった。大正後期から昭和にかけては、日常の生活をかい間見ることのできるスナップ的な写真が掲載され、大衆にとって身近な存在としての皇族の姿が伝えられた。現在認められる昭和9年最終号には、皇族だけでなく軍人や軍艦の写真も掲載され、誌面は時代の影響を色濃く写しだしている。

『皇族画報』は前半部分に写真を掲載するグラフィック中心の雑誌である。近代のメディアにおける天皇・皇族像の視覚表象[3]については、明治天皇についての多木浩二、明治の美子皇后像についての若桑みどりの研究がある。明治天皇の図像とそのイメージに関して多木浩二は、天皇が可視化されていく過程を読み解き、「御真影」下付は天皇を頂点とする階層性社会において、民衆が天皇制国家に組み込まれていくシステムであった[4]と述べている。皇后の肖像については、若桑みどりが、天皇の御真影が国外にむけての文明先進国としての日本の創出であったとすれば、皇后のそれは天皇とセットとして、「近代国家の近代的夫妻」像の内外への展示であり、また「女性の国民化」を狙ったものであった[5]、と述べている。両人の研究は、それぞれ一枚の御真影とそれに関連した図像を渉猟し、近代社会成立における天皇・皇后の肖像写真の意味を明らかにする論考である。しかし明治という時代区分に留まり、また天皇・皇后のみを見つめたものである。本稿では、『皇族画報』に掲載された皇室・皇族の写真を、明治・大正・昭和と時代をまたいで対象とし、皇族は天皇・皇后を支える立場としてどのようなイメージを示してきたのかを検討する。

また戦前期の新聞雑誌における皇室・皇族の写真についての先行研究としては、右田裕規が「皇室グラビア」と「御真影」を採り上げ、分析を行なっている[6]。右田は

雑誌の口絵や、新聞等に掲載された「皇室グラビア」[7]を年代順に揚げ、それらがどのように受容されたのかを、当時の著作物や、後の邂逅の著述から明らかにしている。右田は1895(明治28)年創刊の雑誌『太陽』がいち早く「皇族グラビア」を巻頭口絵に掲載したことに着目し、それが雑誌への「皇室グラビア」の登場であったとし、販売戦略において重要な役割を担っていたとしている。1900年代には写真版印刷の発達により、新聞に「皇室グラビア」が掲載されるようになり、日常生活に浸透していき、20年代には平民主義的「皇室グラビア」が流行する、と述べる。右田は、新聞雑誌の「皇室グラビア」に対する政府の方針というのは「御真影」と同様、皇室崇拝のための聖像として国民に崇めさせるというものであったが、民衆にとっては皇室にたいする「親愛の念」あるいは「憧れ」を多くの人々の中にはぐくませるもので、「スターとしての天皇家」を民衆が支持するという、「下からの天皇制」の確立に寄与した、としている。右田論稿は、司法省刑事局の取調べの書類等から、メディアに掲載された皇室・皇族のイメージを当時の人々がどのように受容していたかを明らかにした優れた受容研究といえる。

右田は論文中で『皇族画報』が1908(明治41)年に東京社から発行され、この雑誌が営業難の救世主となり、後の会社の隆盛の礎を築いたと窪田空穂の邂逅文[8]をもとに指摘している。右田によれば『皇族画報』は「日本初の皇族写真集」[9]と位置付けられ、その内容について具体的にはほとんど触れられていない。しかし筆者は『皇族画報』は写真集ではなく、出版状況や内容から雑誌であると判断する。さらに、基本的にはすべて皇族関連の記事であるという点で、皇族に特化した、従来にない「皇族報道メディア」であったと考えられる。

本稿では、明治初期に施行された出版条例、讒謗律という法律のもと、天皇・皇族についての報道が規制されていた時代にあって、皇室・皇族の情報に特化したこの雑誌が発行され成立した経緯を明らかにする。そして掲載する写真や皇族に関する情報の入手方法といった背景をふまえながら、内容を時系列的に分析し、「皇族」の姿がどのように人々に伝えられたのか、記事内容とイメージの変遷を明らかにした上で、皇族報道メディアとしての『皇族画報』の意義を考察する。

2 『皇族画報』の歴史的文脈

2.1 前史：矢野龍渓と『婦人画報』

近代において明治新政府は新聞というメディアを使い、政府が発表した太政官達を人々に周知させた。当時文人、ジャーナリスト、政治家として知られていた矢野龍渓[10]が社長を務めた『郵便報知新聞』も一時期立憲改進党の広報紙的役割を持ったものだった。このように、政治と密接な関係であった出版の世界を代表する人物、矢

野は画報をメインとする雑誌を出版するための近事画報社を1903（明治36）年に興した[11]。矢野は写真やイラストを多用することが、情報伝達の方法としてより効果的であることを提唱した[12]。後、国木田独歩を編集長とし[13]、1905（明治38）年7月、『婦人画報』を創刊した。『婦人画報』は創刊当初から皇族の写真や記事を掲載した。矢野は洋行後新聞社時代に、文字にルビを打ち、口語調の読みやすいテクストを使用した紙面づくりを提唱したが、この方針も画報に活かされている。

1906（明治39）年7月号からは国木田が独歩社を興し「発行及び発売権を借りる[14]」という形でその経営を引き継いだ。しかし1907（明治40）年倒産。その後を編集の鷹見久太郎[15]、営業の島田義三[16]が引き継ぎ、8月から『東洋婦人画報』を出版した[17]。

2.2 『皇族画報』誕生

会社の赤字解消のために窪田空穂[18]が提案した『婦人画報』の臨時増刊『皇族画報』が1908（明治41）年1月に出版された[19]。それは天皇、皇后の御真影と同じ写真を巻頭に挙げ、皇族の写真を満載した雑誌だった。1891（明治24）年、政府が皇室写真販売許可を出した[20]とはいえ、不敬罪が規定され、出版物は出版法によって内務省に厳しく検閲されていた時代において、皇族を中心にした出版物は慎重を要するものであったと推察できる。実際『皇族画報』が出版されるまで、「皇族ばかりを集めた読物は他になかった」と、その発案者である窪田空穂は述べている[21]。以下にその発刊のいきさつを述べる。

東京社と名前を改め、鷹見久太郎を編集長とし、島田義三が発行者となった会社は、島田の母親が経営する下宿、神田区小川町の2階と定められた[22]。『婦人画報』は明治40年8月号から『東洋婦人画報』と改題されていたが、明治42年4月号から『婦人画報』と再度改題されている。窪田によると、東京社設立の明治40年当初、売り上げが伸びず経済的に困窮した。そこで窪田が「最後は天子様に縋るより外はない。画報とすると、をりをりお貸下げを願ふ皇族のお写真、あれを徹底的にやって特別号をつくる」と発案した。

それまでにも、『婦人画報』には数々の皇族の写真が掲載されていた。創刊号1905（明治38）年7月号には洋装の「梨本宮妃殿下」、1906（明治39）年2月号には「皇太子妃殿下最近の御尊影」として、節子妃の大礼服姿の肖像写真が掲載されている。その背景やポーズから、写真館などで撮影されたものを宮家から「御貸下（おかしさげ）[23]」られ、雑誌に掲載されたと推察できる。

『皇族画報』発行にあたっては、窪田と新聞社時代に同僚だった沢田撫松[24]という人物の活躍がある。沢田は独歩社から出版された野口男三郎事件に関する本[25]の執筆者でもある。沢田は、読売新聞の「宮廷録事」に記事を寄せており[26]、この前後宮廷関連の記者であった。窪田が企画について話すと沢田は「これは余程堂々とやら

ないと駄目だね」と答えた。窪田は沢田の語気に「相応の決心と相応の不安」を感じた。窪田は「皇族の御写真の全部を集めて、営利を旨とする画報から出版するということは、今日(筆者注：昭和9年5月8日「日本短歌」著述)とちがって、一般国民と皇室との距離の遥かに遠かった当時にあっては、畏れ多い事として想像するだに憚るべき事としていた」のであり、「そうした刊行物は、一部もなかった[27]」と述べている。このような不安はあったが、沢田はこうも述べている。「幾らでも堂々とできるよ。国民教育の上に好い影響を及ぼすべき事だからね。それに『婦人画報』は、従来その方面をかなりまで開拓していて、信用を持続している雑誌だ。」つまり沢田には、編集者として「国民」に向かっての雑誌という意図があったことをここに確認できる。

信用に関しては国木田治子[28]も次のように述べている。「『近事画報』は割合に高級な雑誌で宮内省あたりでも宮様のお写真ができると知らせてくれました。それですから種はよく取れました[29]」と、御貸下の事情を語っている。矢野が1890(明治23)年に設立した通信社、新聞用達会社[30]の会社説明で「新聞社の為用達を為す事項」の筆頭に行幸啓の御模様、皇室の御慈恵其他宮廷の御事とある[31]。明治のジャーナリズムの中心人物であり宮内省伺候の経歴のある矢野が近事画報社のルーツにいたからこそ、後の東京社において皇室皇族関連の記事入手も有利であった。

沢田はある宮家の別当[32]にこの話を願い出て、全宮家の家来の筆頭である別当が揃う会議で、それを審議してもらう算段をつけた[33]。間もなく了承され、沢田が各宮家から、御写真を借受け会社に届けることとなった。しかし勿論各宮家では、気安く貸し出したわけではない。写真を持ち皇族邸を出る沢田に対し、「人力車に乗るまで、宮家の役人が玄関へ立って最敬礼」を続けた。これについて窪田と沢田は下記のように語っている。

「どういふ訳だい？まさか君にするわけじゃあるまい」
「冗談いっちゃいけない、無論御写真に対してさ。あちらからいうと前例のない事で、畏れ多い事をしているんだ」

窪田は、「皇族方の御写真というものを尊ぶ心持、随って門外へお出しになる事の稀な事は、今日(筆者注：昭和9年)とは余程ちがったものであった。」と述べている。写真は「お貸下げになると、すぐに製版所へ廻し、複写が出来るとすぐに御返し[34]」していた。

『皇族画報』は本の構成の前半部分は写真を中心としていたが、後半は「読物」が掲載されていた。その「読み物」の責任は窪田空穂が担っていた[35]。これらテクスト部分の情報収集についても、随筆から知ることができる。

皇室関係の読物は、得難いものである。理由はまず、情報源となる人を見つけるの

が困難であり、またその人が責任を問われることを恐れて、あまり話したがらない。東京社としても直接の情報源がみつからなかった。しかし、毎日電報(東京毎日新聞の前身)の紙上に両陛下の日常を記した記事が掲載され、それを流用した。これに関し、以下のように述べている。

「大体は、両陛下の御日常を、輪郭的に叙したもので、謹厳な文語体をもってしたものであった。そこはさして特殊なものはなく、どれも読むとさもあろうかと思われる事ばかりであったが、しかし我々国民は、両陛下の御日常を、まのあたり拝するような記事を読みたいとは思っていない。遙かなる距離を置き、大凡を想像するだけで、十二分の満足をもっている。[36]」

そしてそれを口語体に書き直して掲載したという。ここに当時の人々の、「両陛下」に対する「遙かなる」距離感と、「想像する」対象としての興味の在り方が表出している。興味はあるが、生々しい人間としてではなく、崇拝する対象として、国民から遥かに距離を置いた場所に位置する皇室・皇族という立場を考えて、編集された。

『毎日電報』[37]には明治39年12月21日から三面に「竹の園生」と題し「聖上陛下の御近事」という記事が記載され、25日からは「皇后陛下の御近事」、29日からは「東宮陛下の御近事」と連載されている。『皇族画報』と文章を比較してみると、新聞の方がやや文語体である。内容は新聞の方が日々の事につき詳細に語られており、『皇族画報』の記事は、それを一般的にしたものである。実際の記事は、それまで『婦人画報』巻末の頁に掲載されてきた「宮廷だより」等の情報なども入れ、書かれたものと推察できる。毎日電報からの流用の言い訳として窪田は、「現に新聞に連載されつつあるものを、黙記事にも署名はない。又こうした記事は誰の著作とすべきものでもない。」と述べている。

このような経緯で写真とテクストが集められ『皇族画報』が出版された。今回調査の結果、初版は1908(明治41)年1月10日発行、38銭である。『皇族画報』は「当初の予測の通り」に売れ、東京社は起死回生した。

1927(昭和2)年12月警保局の「新聞雑誌通信ニ関スル調」[38]によると『婦人画報』の発行数は約3万部である。『皇族画報』は『婦人画報』の増刊号であるので、印刷・売捌の流通規模から推察すると一度期の発行部数はこれに準じると推察できる。この時期爆発的に売れていた『主婦之友』は20万部であるが、『婦人公論』が2万5千部、『女性』(プラトン社)も同じく2万5千部であり女性誌としては、一般的な発行部数であった。しかし、『婦人画報』1912年2月号に記載された『皇族画報』の17版広告頁には初版以来「改訂十六版を発行したるに、旬日にして十数万部を頒布し尽し」とある。本調査において、現時点で明らかにできた『皇族画報』の出版状況を表1にま

とめた[39]。これから推察すると、1908年1月初版のものを、そのまま版を変えずに8月まで7版発行し、1910(明治43)年訂正8版を出し、それから1912(明治42)年2月20日発行の17版まで版を重ねた。また、読売新聞1914年1月21日朝刊3面、皇族画報の広告に「皇族画報を発行したるに忽ち数十万部を頒布せし由」とある。

表1　皇族画報 発行状況リスト(※m：明治　t：大正　s：昭和　19080110＝1908年1月10日)

	発行年月日			号数	副題	出版社	編集者	値段
1	m410110	19080110	初版	7	無	東京社	鷹見久太郎	38銭
2	m410125	19080125	再版					
3	m410205	19080205	三版					
4	m410229	19080229	四版					
5	m410425	19080425	五版					
6	m410627	19080627	六版					
7	m410800	19080800	七版					
8	m430525	19100525	訂正八版	42-2	無	東京社	鷹見久太郎	38銭
9	m430528	19100528	九版					
10	m430602	19100602	十版					
11	m430610	19100610	十一版					
12	m430720	19100720	十二版					
13	m431010	19101010	十三版					
14	m431015	19101015	十四版	42-2	無	東京社	鷹見久太郎	38銭
15			十五版					
16			十六版					
17	m450220	19120220	十七版	66-2		東京社	鷹見久太郎	38銭
18	m450410	19120410		書籍	無	東京社	鷹見久太郎	1円80銭
19	t030115	19140115		91	無	東京社	鷹見久太郎	38銭
20	t040905	19150905		112	無	東京社	鷹見久太郎	38銭
21	t041125	19151125		116	御大典記念画報	東京社	鷹見久太郎	60銭
22	t070515	19180515		147	無	東京社	鷹見久太郎	60銭
23	t090515	19200515		172	無	東京社	鷹見久太郎	1円20銭
24	t100915	19210915		189	皇太子殿下御渡欧記念画報	東京社	鷹見久太郎	1円
25	t110510	19220510		199	無	東京社	鷹見久太郎	1円20銭
26	t130201	19240201		220	摂政殿下御成婚記念	東京社	鷹見久太郎	1円50銭

27	t140501	19250501		236	無	東京社	鷹見久太郎	1円50銭
28	s020105	19270105		257	無	東京社	鷹見久太郎	1円50銭
29	s031025	19281025		279	御即位御大礼記念	東京社	鷹見久太郎	1円50銭
30	s051103	19301103		305	教育勅語煥発四十周年記念	東京社	鷹見久太郎	1円50銭
31	s090415	19340415		348	皇太子殿下御降誕奉祝記念	東京社	鉄村大二	1円50銭
32	s091120	19341120		無	皇太子殿下御降誕奉祝記念	忠誠堂	鉄村大二	1円50銭

これは初版から17版までの累計と一致する。また書籍形式の1912年4月10日発行号は5000部以上発売されている。これらから基本的には1号につき3万部前後[40]、総合すると数10万部発行されたと判断できる。この雑誌が爆発的に売れたという記述は残っている。杉本邦子は「臨時増刊号として発行した『皇族画報』(1908.1)は、明治末には17版を重ねるほどの人気を博した。」[41]と述べ、小川菊松は「果然大当たり、大ベストセラーとなって一躍社運をばん回して、大正、昭和と出版界に地歩を築く基礎を据えた。」と窪田の著述から引用し、「その後社業が余り振るわなくなると『皇族画報』を企画発行して危機を切り抜けたという話である[42]」と述べている。

2.3　編集長　鷹見久太郎

国木田から『婦人画報』の編集を引き継ぎ、『皇族画報』の編集長も兼任した鷹見久太郎[43]は、鷹見思水という雅号も持ち、本来は文人を目指していた。窪田とは、実家の古河で教師をしていた間も手紙のやり取りをしていた[44]。編集者としての鷹見について国木田は、推薦者の窪田に「鷹見君、駄目だね、働けないね」と評している[45]。窪田は国木田のこの言に続き、鷹見の働きぶりを、「勤励ではあるが、編集事務には不慣れで、気が利かなかったのである。しかし風采が重厚なので、外交をすると事を果たしているように見えた」と述べている。文士といえども、国木田も窪田もそれまでに記者として、生計をたてる日々を過ごしてきた。一方鷹見は地方の名家に生まれ、父が早逝したため、その跡を継ぐべく学業の半ばで中退を余儀なくされ、故郷で小学校の教員をしていた。鷹見家はもと茨城県古河藩の家老の家系で、曾祖父の鷹見泉石[46]は幕末の知識人のひとりである。そんな家柄に生まれ育った鷹見は、戦場から記事を送り、世間の荒波をわたり辛酸をなめてきた編集人達の間にあっては、「働けない」「気が利かない」と評された。

しかし、鷹見の真面目さや、名家に育ったことで養われた風采の重厚感は出版社を主宰するにあたり重要であったともいえる。皇室、皇族を対象とするとすれば尚更で

ある。東京社の経済的危機を救った『皇族画報』の発案者は窪田であったが、編集長として対外的に責任を果たし、業務にあたったのは鷹見だった。また鷹見は、児童文学の世界で、現在評価を受けている雑誌『コドモノクニ』(大正11年創刊)も刊行した[47]。『コドモノクニ』も合わせて、鷹見の編集による『婦人画報』そして増刊『皇族画報』の出版は続いたが、1931(昭和6)年、『皇族画報』に掲載された皇族の名が誤ったまま発行され、すべての回収を余儀なくされ資金繰りに支障を生じた[48]と、後に親族が語っている。

2.4 終焉

会社は倒産同様になり、武侠社という出版社を押川春浪[49]とともに創立したメンバーのひとり柳沼澤介[50]に、『婦人画報』にイラストを描いていた画家小杉放庵の関係[51]で、東京社の経営権を譲ることとなった。『武侠世界』はナショナリズムとつながる少年文学を樹立した雑誌[52]で、1911(明治44)年に創刊された。武侠社はまた、昭和初期のエログロの風潮にのったともいえる出版物『犯罪場面写真集』(昭和5年犯罪科学研究同好会発行)の実質の発行所でもある[53]。この『犯罪場面写真集』は内務省警保局より検閲を受け、昭和5年9月19日に禁止処分を受けている[54]。

本誌である『婦人画報』の奥付で確認すると、1931(昭和6)年9月1日発行の315号までが編集者鷹見久太郎、発行者島田ツタであり、同年10月1日発行316号は、編集者今田謹吾、発行者根本力三となっている。そしてその号の編集後記に以下のように新メンバーの記述がある。

> 「九月から編集部に鉄村大二、南澤礼三の二君を迎へ十一月号の編集から一大改革を断行することになりました。従来も、婦人雑誌中最高級の立派な雑誌、美しい雑誌として定評のありました本誌は、今後更に読者諸姉の御要求に応じ、読む雑誌よりも見る雑誌としてますます充実させ、高級雑誌としての本領を発揮させる可く努力して居ります。」

さらに会社が「事業拡張のため」京橋区京橋三丁目から、芝区佐久間町二丁目十番地に移転し、旧住所には分室が置かれると説明されている。新しい住所は武侠社と同じ住所である。同昭和6年12月1日発行318号の奥付に、編集者今田謹吾、発行者柳沼澤介と記載されており、柳沼が実際に表に現れるのはこの号からである。

現在出版が確認できる『皇族画報』は**表1**の通りである。鷹見久太郎編集のものは1930(昭和5)年11月3日発行305号『教育勅語煥発四十周年記念　皇族画報』が最後である。親族によれば、この後1931(昭和6)年に発行された皇族名誤記掲載の号は回収されていることもあり、現在その所在の確認は困難だと推察できる。その後1934(昭

和9)年4月15日に、昭和天皇の長男継宮明仁殿下(平成天皇)誕生を祝した『皇太子殿下御降誕祝記念　皇族画報』が発行された。編集者は鉄村大二[55]、発行者は八柳吉治郎、発行所は婦人画報社となっているが、奥付の最後に株式会社東京社代表者柳沼澤介の名前が見られる。またその後、『皇太子殿下御降誕日祝奉記念　皇族画報』が忠誠堂というところから発売されている。内容、体裁ともに先の東京社から出版のものとほぼ同じで、編集者も鉄村大二、発行人も八柳吉治郎である。

以上のように、『皇族画報』は編集長交代劇を交え27年間にわたって発行された。宮内庁に伺候した経験もある出版界の重鎮矢野龍渓が興した会社をルーツとし、文人でもある国木田独歩が編集長を務めたこともある『婦人画報』を本誌とし、『皇族画報』は出版された。

倒産寸前の会社を受け継いだ鷹見久太郎等の苦肉の策として出版された『皇族画報』ではあったが、従来にない皇室・皇族の情報量から人気を呼び再版を重ね、会社の経営は持ち直した。しかし、回収騒動のために経営は傾き、ナショナリズムと強く結びつき、またそれまでの「品位」ある『婦人画報』とはおよそイメージが乖離した武侠社の創立者の一人、柳沼澤介に引き継がれ、編集長も交代した。この間に日本は日露戦争の勝利国として、「一等国」となり、一般庶民も西欧文化を享受する大正モダニズムの時代を経、1931年には満州事変、1933(昭和8)年には国際連盟脱退という道を辿っている。

3　時系列的内容分析

『皇族画報』の前半部分は、天皇・皇后の御真影をはじめとし天皇家、宮家別に殿下・妃殿下・王子・王女の肖像写真[56]が掲載された。冊子の大きさは現在のB5判であり本誌の『婦人画報』と同じであった。当時の一般的な婦人雑誌『主婦之友』や『女性』等はA6判である。前半の写真の頁には光沢があり滑らかで写真製版に適しているアート紙が使用されており、他の女性雑誌と比較して誌面の大きさや紙質など、掲載する写真の効果は大きかった。しかし、その分高価であった。

後半部分は、「天皇陛下の御日常」をはじめとした、各宮家の情報を伝えるテクスト[57]である。文字は文字を拾う活版(凸版)印刷[58]である。文章は漢字とひらがなで、漢字のすべてにはルビが打たれており、読みやすい表現となっている。

表紙は菊や桐など格調高い図柄で、口絵の書道やイラストなどとあわせ、石版刷りである。この他に広告も掲載された。

3.1　明治：雲上人としての皇室・皇族

明治期に発行された『皇族画報』に掲載された天皇・皇族の写真はすべて、写真館

で撮影された肖像写真である。

巻頭頁には明治天皇の軍服正服姿で勲章を佩用した御真影が掲載されている。明治21年にキヨッソーネが描いた図を、丸木利陽が撮影したもの[59]である。宮内庁の記録『御写真録』にこの「御真影」の御貸下に関する記録は記載されていないことから、この「御真影」はいずれかの宮家から東京社が「御貸下」されたものと推察できる。キャプションは上に「天皇陛下」下に「H. I. H. the Emperor」と記載されている。写真は見開き向かって左ページに掲載され、右ページは白紙である。次の見開き左ページに「皇后陛下」の洋装のマント・ド・クール(大礼服)姿の写真で、下には「H. I. H. the Empress」とある。これは1889(明治22)年、鈴木真一・丸木利陽によって撮影されたもの[60]である。

当時、天皇と皇后の「御真影」は、教育勅語とともに全国各地の教育施設に「下賜」された。祝祭日には御真影への最敬礼、教育勅語奉読など、国家神道的儀礼が定められた。「御真影は事実上、国家神道の最高の礼拝対象であり、聖像[61]」だった。それは「奉安殿」に設置され、児童生徒は常々目にすることはできない図像でもあった。『皇族画報』の消費に関することとして窪田空穂は「地方の読者の中には、『皇族画報』を披くときには、先ず戴いてから開く者が少なくないという事を聞いて、それも私どもの予測の中にあった事だと思い、その事を聞く時には明るい嬉しさを感じるのであった。」と述懐している。巻頭ページに明治天皇の御真影を掲載する『皇族画報』は、皇族の権威を地方の読者、「国民」に伝えるメディアであった。

天皇・皇后の「御真影」の後に「皇太子殿下」「皇太子妃殿下」が、軍服、マント・ド・クール姿で左頁に掲載され、「迪宮裕仁親王殿下」「淳宮雍仁親王殿下」「光宮宣仁親王殿下」「常宮昌子内親王殿下」「周宮房子内親王殿下」「富美宮允子内親王殿下」「泰宮聰子内親王殿下」と天皇をはじめとした皇室一家が掲載された。

天皇・皇后以外のキャプションとして写真の横に生年月日、年齢が記されている。また妃の場合その出自も「皇太子妃殿下は御名節(サダ)子と申し、従一位大勲位公爵九条道孝氏四女に在しまし、御誕生、明治十七年六月二十五日、御年二十三年七月」と、詳細に記されている。親王は詰襟で半ズボン姿、内親王は中振袖に袴姿、庇髪にリボン、指輪とお洒落である。読者は天皇一家のそれぞれの生年月日や年齢、妃の出自を知り、写真でその容貌、装いを詳細に見ることができた。

天皇一家に続き、伏見宮家、華頂宮家、有栖川宮家、閑院宮家、東伏見宮家、小松宮家、山階宮家、北白川宮家、竹田宮家、賀陽宮家、久邇宮家、朝香宮家、東久邇宮家、梨本宮家、と当時のすべての14宮家の「殿下」「妃殿下」「王子」「王女」の肖像写真や家族写真がその班位[62]に従い、掲載されている。「殿下」は勲章を佩用した軍服姿、「妃殿下」はティアラを冠に頂き、ネックレスや指輪、腕時計、など煌びやかなアクセサリーを付けた夜会用のローブデコルテ姿、もしくはオーストリッチの羽

飾りの付いた帽子を被った昼の外出用の洋装である。「王子」「王女」は洋服姿が多い。1872（明治5）年の大礼服令[63]により、宮廷における男性の服装は洋装の大礼服とすると規定された。そして1886（明治19）年、大日本帝国憲法発布を前に宮内大臣の達[64]により、女性も宮廷では正式の衣服を洋装とした。その規定に則った皇族妃達のマント・ド・クールやローブ・デコルテといった洋装は、当時の庶民が始めて目にするものであっただろう。

『皇族画報』に掲載された皇族男子の写真の衣服の詳細をみていくと、その殆んどが軍服の正装である。『皇族身位令[65]』第17条では皇太子および皇太孫の軍人としての身分が規定されている。また明治6年12月10日に出された「達」[66]に基づき、男子皇族は徴兵令の適用を受けることなく、天皇の命によって陸海軍人に任ぜられた。この達に先立つ明治5年11月28日に四民を対象とした徴兵令が公布された。軍服を着用した男子皇族の姿は、皇室・皇族の軍人としてのポジションを示した。

天皇の日常や各宮家に関して記述されたテクストの頁は、先の窪田が述べたような、さもありなんという内容である。「殿下」は軍人として、「妃殿下」は赤十字社の活動など、社会的な存在であり、「王子」は勉学に励み、「王女」達は心優しく健やかといった内容である。掲載された写真と読物から、読者は家族としての天皇一家。その一族としての皇族たちを読み取ることができる。

広告は明治以降全般を通して小林時計店、クラブ化粧品、大丸呉服店等、富裕層の女性を対象としたものが多い。

3.2 大正時代　海外の情報を伝える皇族

大正時代に入って副題が付いたものが発行された。1915（大正4）年の『御大典記念画報』と1921（大正11）年『皇太子殿下御渡欧記念画報』、そして1924（大正13）年の『摂政殿下御成婚記念』号である。これらの号には、肖像写真以外の記録としてのスナップ写真的なものが掲載されはじめる。

『皇太子殿下御渡欧記念画報』には、1921年3月3日に乗船のため、横浜駅に降り立つ皇太子の姿をはじめとして、5月にケンブリッジ大学に行啓した際の「名誉博士」としてのガウン姿、パリ大使館前でのシルクハットにモーニング姿など、軍服以外の海外での若き皇太子の写真が満載されている。他に、読者は皇太子が巡った海外の風景も情報として取り込み、楽しむことができるほど、多種多用な写真が掲載されている。

『摂政殿下御成婚記念』号には、皇太子のみならず、妃となった久邇宮家良子の幼少の頃や、日本赤十字「病院御慰問」など皇族としての活動を写したスナップ的な写真も多々掲載されている。

またこの号には突出してハイセンスな装いをした皇族妃の肖像写真が掲載されてい

る。それは「朝香宮鳩彦王殿下妃允子内親王殿下」である。朝香宮允子妃は明治天皇第8皇女であり、朝香宮鳩彦王と結婚した。この号に掲載されている写真は夫妻で滞在したパリのアンリ・マニュエ写真館で1923(大正12)年7月に撮影されたもので、着用している衣服もパリで誂えられたものである[67]。夫妻はこの号が発売された1923年2月はまだパリに滞在中であった[68]。帰国前にパリの流行の衣服に身を包んだ姿の写真が、日本の大衆の目に映ることとなった。読者は皇族に対する興味からこの雑誌を読んだわけだが、そこには意図せずして、流行のファッション情報も盛り込まれていた。

1925年5月の銀座街頭で、道行く婦人の洋装はわずか1パーセントだったという調査[69]がある。この時代、洋装は一般の人々には受けいれられ難いものであったことを表している。特に上流階級や富裕層の保守的な女性にとって、正装以外の流行のファッションとしての洋装は、新奇なものとして受容しにくいものであっただろう。しかし、このような皇族妃のファッションを『皇族画報』という雑誌で目にすることで、流行の洋装に対する印象が変わったのではないだろうか。

3.3　昭和　大衆に歩み寄る皇族

昭和に入ると、1928(昭和3)年に『御即位御大礼記念』号、1930(昭和5)年に『教育勅語煥発四十周年記念』号が発刊された。これらは勿論、それぞれ昭和天皇の即位、教育勅語記念というテーマを持つものではあったが、皇族に関する、より多くのスナップ写真が掲載された。スポーツの宮様秩父宮はテニス、スキー、ボート、勢津子妃と登山を楽しむ様子が生き生きと写されている。愛国婦人会の会合に出席した各宮家妃達は、膝下丈までのワンピースにクロシェ帽という軽快な流行のトップファッションに身を包んで、並んでいる。梨本宮伊都子妃は、明治期は渡航先で誂えたローブ・デコルテを着用した肖像写真で掲載されたが、この号のスナップ写真では着物姿で、自宅で和歌を揮毫する姿が撮られており、公式の場では洋装であっても、自宅では当時一般の女性と同じように着物で寛ぐ、という事が読み取れる。宮家から華族へと降嫁したもと王女達も「御降嫁の方々」として洋間での一家団欒の様子や、ピアノの前で夫婦仲睦まじく写っている。そこには、肖像写真にはない緊張感の解けた表情を見てとることができる。

また、この号に掲載された皇后・皇太后の「御真影」はローブ・デコルテに勲章佩用という姿であるが、他の殆どの皇族妃の肖像写真は膝下丈の軽快なアフタヌーンドレスである。明治期に幼かった皇族が成長し、この時代の気風を持った若い世代の皇族が育ったことも影響している。このような写真が掲載されたことで、皇族が大衆の身近な存在として人々にイメージ付けられたのではないだろうか。これらの写真は、取材写真を除き宮家からの「御貸下」であった。すなわち各宮家が、大衆に対して見

られたい「イメージ」に即した写真を提供した、と考えることができる。ちなみに、『皇族画報』は内務省警保局と宮内省に納本されていた[70]ことから、勿論宮家にも納本されていたと考えることができる。宮家では毎回、自分達の提供した写真の掲載を確認していたと推察できる。

編集が鷹見から鉄村に替わった1934(昭和9)年4月発行『皇太子殿下御降誕奉祝記念』号では、皇族に加えて「陸海軍将星と特命全権大使」の顔写真や、「空と海と陸の精鋭」として重爆撃機、高射砲陣地、戦艦「陸奥」などの写真が掲載された。そして同年11月、ほぼ同様の内容で忠誠堂という出版社から同じ編集人で出版されたのを最後に、『皇族画報』の現存するものを確認することはできない。

宮内省の『御写真録』に東京社代表柳沼澤介が、上記1934年4月発行号のために、御写真の貸下げ願いを出し、許可された書類[71]がある。従来東京社は宮家とのつながりが深く、天皇家に関する写真も宮家から貸下げられていたが、編集が鉄村に変わった時点で、信頼関係が以前ほどの結びつきを得ることができなかった、とも推察できる。それで柳沼が正式な手続きを踏み、東京社として宮内省に「御貸下」を願い出たのではないだろうか。

昭和9年に発行された号で終焉を迎えたのは、宮家との信頼関係の変化なのか、軍事色の強い9年発行の号の内容に対しての宮家の反発なのかは、現時点では推測の域を出ない。

4　おわりに

本稿では、まず『皇族画報』成立の経緯を明らかにし、その後、内容を時系列的に検討した。

発行元の東京社のルーツには、出版界の重鎮である矢野龍渓という存在があったが、『皇族画報』そのものの発行は、東京社の経済的困窮を立て直すための発案だった。しかし、矢野がルーツにいたからこそ、宮家からの「御写真」の「御貸下」が可能だった。

『皇族画報』は、当時のすべての宮家の情報を網羅した従来にない、皇室・皇族情報に特化した「皇族報道メディア」だった。高価で、読者対象は富裕層の女性であった。

皇族の名、生年月日、年齢、婚姻による関係など、プライベートな事柄を知ることができたが、これが27年間発行され続けたということは、当時の皇族は、自分達が公的な存在であることを自覚していた、と考えることができる。また、写真は原則として「御貸下」という形で宮家側から情報管理されたので、そこに掲載された写真は、そのようなイメージを大衆に向けて発信したい、という皇族側の意図があったと解釈

できる。

明治時代には、皇室・皇族は雲上人としての威厳を保ち、崇拝される対象であった。また、政府の方針に沿って西洋文化の摂取を進んで行なった皇族の「洋装」の肖像写真や、海外を行啓する皇太子の写真は、国際社会において海外と対等の関係であるかのような日本の立場を、読者に提示した。そしてデモクラシーやモダニズムの気風を背景にした大正から昭和初期には、皇族はスポーツや趣味などを行なう日常の姿を提示し、一般大衆にとって、より身近な存在であることを印象付けた。また時には流行の最先端のファッションも提示した。しかし、『皇族画報』の巻頭には毎回かわらず、「御真影」が掲載され、近代国民国家の頂点には、天皇・皇后が存在することをアピールし続けた。

『皇族画報』は1908(明治41)年1月に初版が発行されたが、『皇族画報』のように皇室・皇族の情報に特化した冊子がそれ以降、次々と発行された。1909(明治42)年に『皇室及び皇族』(帝国図書普及会)、1912(大正元)年9月『明治天皇御大葬御写真帖』(新橋堂書店)、1915(大正4)年12月『御大礼記念写真帖』(日本電報通信社)他、昭和9年までに現時点で「皇室・皇族御写真帖」が22件確認できる。皇族を網羅した『皇族画報』の存在が、後の「皇室・皇族御写真帖」の発行を可能にしたと考えることもできる。厳しい検閲制度のもとで、あえて皇室、皇族についての情報を掲載した『皇族画報』はその後の皇族の写真掲載の範囲をより広げたという意味で、皇族報道メディアとして、画期的な雑誌であったといえるだろう。

人々は皇室・皇族を崇敬しながらも、興味の対象とした。皇室・皇族自体も、公的な存在としての認識を持っていたとおもわれるが、27年の長きにわたって『皇族画報』に掲載される自分達「皇族」の姿を見ることで、さらにその自覚を深めていったのではないだろうか。皇族に、国民に対して情報を発信することの意味をフィードバックした、ということにも『皇族画報』の存在意義があるといえるかもしれない。

注

1) 後に「御真影」と呼ばれる天皇または皇后の「御写真」を下賜した記録が『御写真録』(宮内庁蔵)として残されている。また、『御写真記』明治6～8年　宮内省文書課作成(宮内庁)には撮影の記録が残っている。初期の『御写真録』『御写真記』では「御真影」という言葉は使用されていない。しかし、明治8年6月3日朝野新聞に掲載された論説(遠山茂樹校注1988年『天皇と華族　日本近代思想体系2』岩波書店　pp41-43)の題名に「真影の禁を論ず」となっている。

2) 『皇族画報』について現在発行が認められるのは1908年から1934年まで。青木淳子2003年「肖像写真における皇族妃の装い――梨本宮伊都子妃と朝香宮允子妃――」東横学園女子短期大学女性文化研究所紀要　第12号　pp64-66

また掲載された写真に関して、ムック版の雑誌、鹿島茂編著2006年『宮家の時代　セピア色の皇族アルバム』朝日新聞社　に紹介されている。

その出版元であった東京社と『皇族画報』の成立については黒岩比佐子 2007年『編集者　国木田独歩の時代』pp290-292でも触れられている。

3）　天皇・皇后像は錦絵や石版画にも描かれたが、ここでは雑誌に掲載された肖像画という視点に絞る。

4）　多木浩二1988(2002)年『天皇の肖像』岩波書店　pp176-188

5）　若桑みどり2001年『皇后の肖像』筑摩書房　pp128-140、pp338-344

6）　右田裕規2001年「「皇室グラビア」と「御真影」――戦前期新聞雑誌における皇室写真の通時的分析――」『京都社会学年報』8巻9号　京都大学文学部社会学研究室　pp93-114

7）　増尾信之編集1955年『印刷インキ工業史』日本印刷インキ工業連合会発行には1910年1月『印刷雑誌』に「輪転グラビアの始められた」のは1920～21年にかけてである、と記述されている。今日、雑誌における写真の頁を「グラビア」と称してしまうが、技術的にみると、凹版であるグラビアが用いられたのは大正後期以降である。よって本稿では、右田の言う皇室グラビアはあえて「」でくくることとする。

8）　右田裕規　前掲　p100、窪田空穂1965年「皇族画報出版の顛末」『窪田空穂全集　第六巻』角川書店

9）　右田裕規　前掲　p100

10）　矢野(文雄)龍渓の生い立ちに関しては次の資料を参考にした。野田秋生1999年「龍渓矢野文雄年譜」『大分県先哲叢書　矢野龍渓』大分県立先哲資料館編集　pp330-352

11）　野田秋生1999年　前掲書 p266

12）　窪田空穂1958年1月「思い出す作家達(短歌六十年切抜帖・2)――国木田独歩」『短歌研究』15巻3号63

13）　巌谷大四1980年7月「創刊者・国木田独歩と『婦人画報』創刊75周年企画」『婦人画報』p317に矢野が携わっていた敬業社に国木田独歩が1902年入社した事が語られている。

14）　国木田治子・国木田独歩1910年「破産」『黄金の林』p78　日高有倫堂、国木田治子1956年「折り折りの思い出」(『日本古書通信』21巻11号通号382)

15）　鷹見久太郎(1875-1945)　茨城県古河市生まれ。早稲田大学中退。

16）　島田義三(1881-1924)新潟県生まれ。東京雑誌協会会長を務めた。

17）　窪田空穂1965年「皇族画報出版の顛末――明治時代の営業雑誌記者としての思い出――」『窪田空穂全集』第六巻　紀行・随筆、角川書店　pp162-163

18）　窪田空穂(1877-1967)　歌人。長野県出身。早稲田大学卒業。一時期独歩社に在籍。

19）　窪田空穂1965年　前掲書pp162-163

20）　右田裕規　前掲論文p95、宮内庁(1968)『明治天皇紀　第1-12巻』吉川弘文館　p77

21）　窪田空穂1965年　前掲書pp162-163
22）　窪田空穂　前掲書　p163
23）　皇室の写真は宮内庁からも「御貸下」された。マスコミに対する御貸下について、注1で述べた宮内庁所蔵『御写真録』に記録がある。
24）　澤田撫松（1871-1929）京都生まれ。明治大学卒業後、二六、国民、読売各新聞の記者となる。のち司法記者の経験を生かし、作家として活動する。（澤田撫松　昭和2年『現代大衆文学全集　第21巻　人獣争闘』平凡社　「巻後に」村松梢風　著　を参考とした）
25）　沢田撫松編　花井卓蔵閲　明治39年9月『獄中之告白』独歩社
26）　1915（大正4）年11月6日朝刊3面「宮廷録事」の「大嘗宮」の項目に「特派員　澤田撫松」の記名記事が掲載されている。
27）　窪田空穂　前掲書『窪田空穂全集　第六巻』p165
28）　国木田治子（1879～1962）国木田独歩の妻
29）　川田浩　1962年11月「国木田治子未亡人——独歩の思い出を中心に——」立教大学日本文学　9号p58
30）　矢野は1890年1月新聞用達会社を創設し、従来「報知新聞」が改進党系の中央機関紙として同系の地方新聞と交換していた通信事務を代行することにした。（1958年『通信社史』財団法人通信社史刊行会15）
31）　『通信社史』財団法人通信社史刊行会　1958年p31、1880年1月10日付「時事新報」所載広告文より
32）　筆者はこの別当といわれる人物は花房義質（1848-1917）ではないかと考えているが、まだ推察の域をでない。花房は外交官で、1886年伏見宮別当、1896年男爵、1899年に小松宮別当、1901年兼宮内次官、1907年子爵、1911年枢密顧問官、という経歴（国立国会図書館リサーチ・ナビ花房義質関係文書2017年10月1日調査）である。
33）　窪田空穂　『窪田空穂全集　第六巻』165
34）　窪田空穂　前掲書　p166
35）　窪田空穂　前掲書　p168
36）　窪田空穂　前掲書　p167
37）　マイクロフィルム　国会図書館蔵
38）　1981年『新聞雑誌社匿名秘調査』大正出版（近代女性文化史研究会1996年『大正期の女性雑誌』年　大空社8より再引）
39）　現在確認できる現物、DVD-ROM『婦人画報』、その他当時の雑誌や新聞広告をもとに判断した。日本国内に現存する『皇族画報』から発行状況を把握し、表1にした。発行年月日は明治＝m、大正＝t、昭和sで表記。2-7、9-13、15、16の存在は当時の広告など、資料記述からの推察である。
40）　印刷や取次、販売といった製作や販売のルートの可能性を鑑み、基本的には月間の本誌と同様の部数が発行されたと推察する。

41）　杉本邦子1999年『明治の文芸雑誌——その軌跡を辿る——』明治書院　p171
42）　小川菊松1962年『日本出版界のあゆみ』誠文堂新光社　p77
43）　鷹見久太郎（1875-1945）
44）　古河歴史博物館には、久太郎が東京専門学校を中退し帰省、再び上京するまでの明治29年から36年頃に、窪田空穂（濁水）から送られてきた書状が多数存在し、そこには詩歌が記述され、文学的な手紙のやり取りが行われていたことがうかがえる。
45）　窪田空穂　昭和40年『窪田空穂全集　第六巻』　p412
46）　鷹見泉石（1785-1858）
47）　『コドモノクニ』については「久太郎は独自の児童雑誌の刊行を考え、当時東京高等師範学校の教授で同付属幼稚園主事もつとめていた、倉橋惣三郎に相談した」とその契機についてのべられている。（鷹見本雄「鷹見久太郎の「コドモノクニ・コドモノラクテンチ」出版関係資料について」1995年9月号　日本古書通信pp5-6
48）　鷹見本雄　前掲書　p6
49）　押川春浪（1876-1914）明治時代の小説家。キリスト教教育家押川方義の息子。本名方存。早稲田出身。巌谷小波の推薦で1899年処女作「海底軍艦」を出し冒険小説家として知られる。以後「武侠の日本」など冒険小説を書き、博文館の雑誌『冒険世界』主筆を経て、1912年『武侠世界』を創刊。日露戦争前後の数年間が全盛期だった。
50）　柳沼澤介（1888 ～ 1964）福島県生まれ。16歳で上京、再興文社入社。1911年押川春浪らと共同で武侠社創業。
51）　小田光雄「古書屋散策（56）武侠社・柳沼澤介」2006年11月号『日本古書通信』928号　p16
52）　小田光雄　前傾書　p16
53）　小田光雄　前掲書　p16
54　）昭和5年11月号『出版警察報』内務省警保局　25号　pp26-141
55）　鉄村は広島出身、早大独文科卒、昭和21年6月20日享年40歳で亡くなっている。そのときの肩書きは生活社社長である。（参考資料昭和22年『文化人遺芳録』日本出版共同株式会社　p367、昭和21年6月22日『読売新聞』訃報欄、昭和18年『出版文化人名辞典　第一巻』共同出版社　p589
56）　青木淳子　2013年4月「雑誌『皇族画報』にみる近代皇族ファッションのイメージ：軍服とドレス」『コンテンツ文化史研究』8号pp69-87で、掲載された肖像写真について、ファッションを視点に詳細に検証している。
57）　青木淳子2015年「雑誌『皇族画報』の記事テクストにみる西洋化」『大東文化大学語学教育研究所創設30周年記念フォーラム』大東文化大学語学教育研究所　pp195-208で、記事テクストの分析をより詳細に行なっている。
58）　印刷技術の検証は昭和2年1月5日発行『皇族画報』東京社を試料とし、印刷博物館のご協力を得た。
59）　1998年『明治天皇の御肖像』明治神宮　p32

60）　1998年『明治天皇の御肖像』明治神宮　p32

61）　編者代表南博『近代庶民生活誌　第11巻　天皇・皇族』三一書房　1990年（口絵頁「御真影拝殿　記念写真帖より　田尻国民学校」　解説）

62）　『皇室令』第二号『皇族身位令』第一章に班位の規定がなされている。それは皇統を遵守する意味で重要だった。親王家が上位とされた。

63）　明治5年　11月12日　太政官布告　373号

64）　官報第897号　明治19年6月29日　婦人服制に関する大臣の達

65）　国会図書館　明治43年3月3日「朕皇族会議及枢密顧問ノ諮詢ヲ経テ皇族身位令ヲ裁可シ茲ニ之ヲ公布セシム　御名　御璽」宮内大臣公爵岩倉具視

66）　遠山茂樹　前掲書　p19　（『法規分類大全』兵門一）

67）　青木淳子　前掲論文　p61

68）　朝香宮夫妻は1925年10月にパリを発ち、サンフランシスコ、ホノルル経由で12月に帰国した。

69）　今和次郎・吉田謙吉1930年『モデルノロジオ・考現学』春陽堂　p24

70）　1928年　読売新聞　10月17日朝刊

71）　宮内省『御写真録』昭和9年「御写真御貸下願」柳沼澤介　回答4月4日発表　宮内庁書陵部所蔵

あおき・じゅんこ――大東文化大学特任准教授。専門は比較文化学、歴史情報論。主な著書、論文に『パリの皇族モダニズム』（2014年、角川学芸出版）、『皇族妃のファッション』（2016年、中央公論新社）、「モダンガールのファッション――大正末から昭和における洋装化の過程にみる」（『際服飾学会誌』16号、1999年）などがある。

『唐話纂要』所収「和漢通俗奇談」の訓読と翻訳

北川　修一

1　はじめに

『唐話纂要』[1]は日本における中国近世通俗文学紹介の先駆的、牽引的役割を担った岡島冠山の手になる唐話[2]教材である。1716年(享保元年)に5巻で『纂要』を出版したが、2年後の1718年(享保3年)には、「孫八救人得福事」「徳容行善有報」の2編の唐話物語を増補し、6巻として増補し出版した。

岡島冠山は長崎に生まれ、長州藩の通事となったが、その後、荻生徂徠に請われて1711年(正徳元年)から1724年(享保9年)まで唐話学習会である訳社で唐話を教えた。そして、前述の『纂要』を初めとして1726年(享保11年)に『唐音雅俗語類』『唐訳便覧』、死後の1735年(享保20年)に『唐話便用』など、数種の唐話教材が出版された。

新しい教材の出版には当然、教学経験に基づいて、自己で必要であると感じたこと、或いは学習者からの要望など、幾つかの目的によってなされたものであろう。本稿で検討する『纂要』は冠山の最初の唐話教材であり、またその2年後の1718年(享保3年)には、巻之六「奇談」を増補して、6巻で再版された。上記の意味で、この6巻本『纂要』は、訳社での教学の中での必要性に応じて行った最初の教材の見直しであると言える。5巻本『纂要』が冠山の教材作成の原点であるとすれば、6巻本『纂要』は5巻本の不足を補う、或いはもともとあった要素を強調するという意味で、唐話教学の方向性を1つ限定するものであるとも言えよう。

拙稿は『纂要』の巻之六「奇談」の2編の唐話物語の増補の意図を探ろうとするものである。意図を探るとなれば、当然、著者自身が記した動機、目的、意義なども重要な資料となるべきであろうが、冠山には手記、伝記の類が少なく、本人、或いは他者の述懐のみによりこれを求めることは困難である。拙稿ではこれが唐話教材であることから、この巻之六に現れる、その言葉がいかなるものかを検討することによって、増補の意図、更には冠山が求めたものについて探ってみたい。

2　『纂要』「巻之六」について

『纂要』は前述のように、5巻本の出版から2年後、巻之六を加え、6巻本として出

版された。まずはこの一般に称される「和漢奇談」という名称について確認しておきたい。「和漢奇談」という名称は巻之六の表紙に書かれており、また版心にも「和漢奇談巻」と書かれていることによる[3)]。但し、最初の1篇「孫八救人得福事」の日本語訳では、タイトルの前に「奇談通俗」と書かれ、その版心にも「奇談通俗巻」と書かれている。また、6巻本と確認できるもののうち、長澤規矩也編『唐話辞書類集』第6集に所収のものなどにはなく、今のところ、愛媛大学鈴鹿文庫所蔵本(同じく1718年(享保3年)に出版)に見られるのみであるが[4)]、序の前の1丁の裏に「〇漢通俗奇談」の文字が書かれている。〇部分はシールによって覆われているが、「和」であろう。6巻本の『纂要』が1718年(享保3年)に数度出版されたという指摘はこれまでになく、この1丁がどのようなものか不明であるが、版心に「和漢奇談巻」、「孫八救人得福事」日本語訳のタイトルの前に「奇談通俗」と書かれていることを考えると、「和漢通俗奇談」が包括したテーマであるように思われる。この時代の資料にタイトルが複数あることは珍しくないが、拙稿では『纂要』巻之六に収められる唐話物語とその日本語訳を併せて「和漢通俗奇談」とし、「奇談」と略称する。

「奇談」には「孫八救人得福事」「徳容行善有報」という2編の唐話物語と、その日本語訳が掲載されている。本文には、唐話の右側に片仮名で発音が示され、また全ての文字の四隅に〇を打つことによって「平(左下)、上(左上)、去(右上)、入(右下)」の声調を表している。この声調符合は最初に出版された巻之五までは付されておらず、6巻本『纂要』以降の冠山の唐話教材に見られるものである。これも、訳社での教学上で補足が必要と考えられた結果であろう。「奇談」には全編に渡って返り点が施され、更に後半に進むに従って少なくなる傾向が見られるが、原則としてほとんどの部分に送り仮名もふられている。さらに唐話の後には、ほぼ全文の日本語訳が付されている。この訳文は、ほぼ訓読体の文章で、一見すると、唐話の物語の訓読を踏襲したものであるように想像され、実際、ほぼ訓の通りである部分もある。杉本つとむ(1987：172)では、「短文には唐音と訓読とを同時に示す方式をとっている点、確かに直読式(唐音による)ではあっても、翻訳の一方式としての訓読法の利点もいかしていることが判明する」と述べる[5)]。

日本語訳に漢文訓読調の文体が用いられているのは、それが当時の文学言語の1つであったことを考えれば、必然的なことであったと言る。後述のように、訓読調を用いながらも、翻訳が必ずしも訓読と同一ではないのであるが、実際には当時、漢文が教養の中心であった知識人から見れば、日本語訳を参照せずとも、唐話に附された訓点の読みによって容易に理解し得たと思われる。とするならば、この日本語訳をどのように考えるべきであろうか。このような日本語訳がなぜ必要であったかを考えるために、まず次節では、日本語訳がどのように行われているかを、唐話の訓読との比較を通して見ることにする。

3　翻訳の方法

「奇談」でどのような翻訳が行われているかを概観するには、ある1節を引き、そこに用いられた差異に説明を加えるということもできるが、ここではできるだけ多くの言語現象を挙げるために、まず文法構造に見られるケース、語彙に見られるケースの2つに大別し、そこに含まれない訳例を意訳、及び減訳・増訳として、都合4つに分けて見ることにする[6)]。

（一）文法構造

文法構造で見るのは語順の移動、文末、節末の複雑化、接続表現、表現の転換の4つである。当時の文学言語の1つである訓読体を用いながらも、実際には本文に対する訓読とは、必ずしも一致しない表現が多々見られる。

1. 語順の移動

中国語である唐話と日本語の語順は多くの部分で異なるが、訓読という方法が作られた1つの大きな意義は中国語の語順を日本語に合わせるためのものであり、訓読により日本語の語順で読めるようになっているはずであるが、訓読と日本語訳では尚ズレのあるところがある。

(1) 副詞の移動[7)]

(イ)「後、事故有テ、《而テ官ノ被メニ逐放セラレ》、【遂ニ】干隔涝漢ト為テ…(6-1-1) ／後、事故有テ、【遂】、《逐放セラレ》、遂ニ干隔涝漢トナリテ…(6-9-1)」、(ロ)「《京師ノ繁華》、【誠ニ】天下ニ比ヒ無シ(6-1-2)／【誠ニ】《京都ノ繁華》、天下ニ比ヒナカリケリ(6-9-1)」

(2) 修飾関係の変化

(イ)「【官人】《ノ状貌端厳、衣冠整斉ナル者》(6-1-2) ／《衣冠整斉《タ々シ》キ》【官人】(6-9-1)」

(3) 動詞の移動

(イ)「我レ特ニ【来テ】《汝ヲ煩ス》(6-1-2) ／我レ今《汝ニ煩《タノミ》タキコト有テ》、特《ワザト》コレマテ【来リタリ】(6-9-1)」

(4) 目的語の移動

(イ)豊娘夫妻及ヒ両家ノ父母、特ニ【大筵ヲ】《桜馬場雲龍寺ノ客庁ニ》設ケテ(6-20-1) ／豊娘夫婦幷ニ両家ノ父母、《桜馬場雲龍寺ノ客庁ニ於テ》【大筵ヲ】設ケテ(6-26-2)

どの例も、訓読、日本語訳どちらも日本語として可能ではあるが、訓読がもともと漢文で先に現れる語を先に読むことになっているのに対し、日本語訳ではその規則に

とらわれていない例であるということができる。

2. 文末、節末の複雑化

日本語は文末表現が非常に複雑で、時制、否定、敬語など多くの成分を持つ。ここでは次節に述べる接続表現以外の訳し方について見てみる。

(1) 敬語

(イ)「之ヲ【救ヒシ】コトヲ(6-3-2)／彼ヲ【救ヒ玉ヒシ】コト(6-11-1)」、(ロ)「【忘不ル】(6-3-2)／【忘レガタク候フト】(6-11-1)」、(ハ)「危ヲ【救フ】ノ事(6-5-1)／危キヲ【救ヒ玉ヒシ】コト(6-12-1)」、(ニ)「敢テ足下ニ【托セン】(6-5-1)／足下ヲ【托ント候フ】(6-12-2)」

(2) 敬語以外

(イ)「京師ノ繁華、誠2天下2比ヒ【無シ】(6-1-2)／誠2京都ノ繁華、天下2比ヒ【ナカリケリ】(6-9-1)」、(ロ)「小節2拘ルコト【有ルコトアラス】(6-1-1)／小節2拘ルコト【アラザリケリ】(6-9-1)」、(ハ)「非命ニ【死セントス】(6-4-2)／非命死ヲ【致ントシタリ】(6-12-1)」、(ニ)「【送リ去ラル】(6-4-1)／【送リ届クベキコトナリ】トテ(6-11-2)」

仏典の釈尊の言葉の訓読をはじめとして、敬語が読み足されることはあるが、漢文訓読全般では必ずしも一般的とは言えない。訓読でできるだけ簡略な送り仮名で処理しているところを、日本語ではその制限にとらわれず、敬語をはじめとして様々な付加的成分を用いている[8)]。

3. 接続表現

日本語と中国語の接続表現は大きくことなるが、訓読という技術によって、ズレはほぼ埋められており、また、唐話を訓読する場合にも漢文のそれを流用すれば済むはずである。しかし、日本語訳では訓読を踏襲していない部分がかなり見られる。

(1) 接続詞的表現

(イ)「孫八、連作トシテ扶起シ、又好言ヲ将テ安慰ス。【×】忽チ聞ク、許多ノ脚歩ニシテ来テ其ノ門ヲ敲ク。／(6-3-2)孫八慌作扶起シ、又好言ヲ以テ慰ケル。【然ル処ニ】忽チ大勢ノ人の脚歩ニテ、来テ孫八カ門ヲ敲ク。(6-8-2)[9)]」、(ロ)「【是ニ於テ】孫八治平ヲ延、内ニ入リ(6-4-1)／【此時】孫八治平ヲ延《ヒイ》テ、内ニ入リ(6-11-2)」、(ハ)「【所以ニ】分撥シテ人ヲ各処ニ尋覓セシム(6-4-1)／...【故】、人ヲ分テ方々ヲ尋覓シメル処ニ(6-11-2)」、(ニ)「【倘シ】疎失有ラハ(6−7−1)／【万一】疎失アラハ(6−14−1)」

(イ)は訓読で何も用いられていないところに、日本語訳で語が補われており、(ロ)(ハ)(ニ)では違う語を用いて表現している。

⑵ 接続助詞的表現

（イ）「毎ニ少シ許リノ銭鈔【有レハ】（6-1-1）／毎ニ少許ノ銭【アルトキハ】（6-9-1）」、（ロ）「…【故】、父母コレヲ愛スルコト（6-12-1）／…、【因テ】父母之ヲ愛スルコト（6-12-1）」

（ロ）は前述⑴の（ハ）と逆で、接続助詞が接続詞に書き換えられている。。

⑶ 長文化

（イ）「時ニ7月十3夜ノ盂蘭盆ニ【値フ】（6-1-1）／去ル程ニ7月十3夜ノ盂蘭盆ノ時節ニ【至リ】（6-9-1）」、（ロ）「【瞌睡ス】。（6-1-2）／【瞌睡ケル処ニ】（6-9-1）」、（ハ）「其ノ活命ノ恩、心ニ銘シテ【忘レ不ル耳ミ】（6-3-2）／誠ニ救命ノ恩、心ニ銘シテ【忘レガタク候フト、未タ云モ了ラザルニ】、（6-11-2）」、（ニ）「事已ニ此ニ【至リ】（6-5-1）／事已ニ此ニ【至リシ上ハ】（6-12-2）」、（ホ）「客中ニ【在リ】（6-6-1）／客中ノ【コトナレハ】（6-13-1）」、（ヘ）「死ストモ之ヲ【放不ス】（6-21-2）／命ニカケテ之ヲ【放タザルナリケルモ】（6-17-2）」

唐話の訓読では、動詞を主に終止形で終わらせ、短めの文で処理しているのに対し、日本語訳ではそのような制限にとらわれず、連用形を用いて節として連ねている。

4. 表現の転換

ここでは意訳ほど表現を変えているものではないが、受身文を能動文に、平叙文を疑問文にするなど、相対する1対の表現のうち、別の一方の表現を用いて訳し変えている例を挙げる。

⑴ ヴォイス

（イ）「足下ニ【救ヒ去被ルト】（6-4-1）／足下ノ救ヒ【玉フト】（6-11-2）」、（ロ）「人ヲ令シテ【欽羨已不ラシム】（6-5-2）／人々コレヲ【羨ミケリ】（6-13-1）」、「衆ノ為メニ敬所被（ル）（6-16-1）／諸人コレヲ敬ヒケル（6-22-2）」

（イ）は受身文が能動文へ、（ロ）は使役文が能動文へ、（ハ）は受身文が能動文へと書き換えられている。

⑵ 否定文・肯定文

（イ）「亦敢テ【辞不ン】（6-5-1）／【承允セズンハアルベカラズ】（6-12-2）」、（ロ）「未嘗テ来歴有不スト云コト（6-17-1）／来歴分明ナルコト（6-23-2）」

（イ）は反語による強調から二重否定による強調へ、（ロ）は二重否定から肯定文へと書き換えられている。

⑶ 平叙文・疑問文

（イ）「神恩ノ大トル【得テ報ス可不】（6-5-1）／誠ニ神恩ノ大ヒナル、【何ヲ以テ之ニ報ン】（6-12-1）」、（ロ）「何ヲカ疑ハン（6-17-1）／別ニ疑フコトハナケレドモ（6-23-2）」

（イ）は平叙文から疑問を用いた反語による強調へ、（ロ）は疑問による反語から平叙文へと書き換えている。

これらも、訓読で意味を理解することは十分可能であろうが、日本語訳ではわざわざ形を変えて訳を行っている。

（二）語彙

次に語彙について訓読と日本語訳の差異を見ることにする。大別して、訳文でも字音語を用いているものの内、訓読と日本語訳で違う語を用いているものと、和語で訳しているものの2つに分けて見ることにする。

1. 字音語訳

(1) 単音節から複音節へ

（イ）「金（6-6-1）／金子（6-13-1）」、（ロ）「字（6-8-1）／文字（モンジ）[10]（6-15-1）」、（ハ）「公（6-17-1）／貴公（キコウ）（6-24-1）」、（ニ）「郷（6-17-2）／故郷（コキャウ）（6-24-2）」、（ホ）「称シ（6-19-2）／称美（ショウビ・シ）[11]（6-26-1）」

(2) 複音節から単音節へ

（イ）「銭鈔（6-1-1）／銭（6-9-1）」、（ロ）「嗟嘆（6-5-1）／嘆（タン・シケル）（6-12-2）」、（ハ）「豊筵（6-5-2）／筵（エン）（6-13-1）」、（ニ）「金子（6-8-2）／金（6-15-1）」、（ホ）「大恩（6-19-2）／恩（ヲン）（6-26-1）」

(3) 音節数は同じ別の語

（イ）「京師（6-1-1）／京都（キャウト）（6-9-1）」、（ロ）「窮居（6-1-2）／旅宿（リョシュク）（6-9-1）」、（ハ）「活命（6-3-2）／救命（イ《ママ》フメイ）（6-11-1）」、（ニ）「出接（6-3-2）／対面（タイメン）（6-11-2）」、（ホ）「錯愛（6-5-2）／愛憐（アイレン）（6-13-1）」、（ヘ）「当時（6-16-1）／当代（6-22-2）」、（ト）「累日（6-16-2）／数日（ス）（6-23-1）」

2. 和語訳

もちろん、和語で訳されているところもあり、多くが唐話の語を用いて傍訓で意味を示している。

（イ）「干隔澇漢（6-1-1）／ヒカゲモノ（6-9-1）」、（ロ）「光捆（6-1-2）／イタヅラモノ（6-9-2）」、（ハ）「性命神／ウジガミ、マモリ（6-10-2）」、（ニ）「宿資蓄貨（6-17-2）／タクハヱ（6-24-2）」、（ホ）「落魄（6-18-2）／オチブレ・タル（6-25-1）」、（ヘ）「客庁（6-20-1）／ザシキ（6-26-2）」、（ト）「遊侠（6-1-1）／ヲトコダテ（6-9-1）」、（チ）「自得（6-1-1）／タノシミ・ケル（6-9-1）」、（リ）「流落（6-1-1）／オチブレ（6-9-1）」、（ヌ）「宿資蓄貨（6-17-2）／タクハヱ（6-24-2）」

（三）意訳

それほど多くはないが、ほぼ訓読に則った直訳的な訳を用いず、意訳を行っているところがある。

（イ）「何ンソ我家ニ移搬シテ小児ト完聚シテ常ニ教誨ヲ施不ンマ[12)]（6-6-1）／願クハ我方ニ移リ候ヒテ亀松ト一処ニ住シテ常ニ教訓ヲモ施シ玉ハンヤト（6-13-1）」、（ロ）「倘シ疎失有ラハ之ヲ何ンソ及ハン（6-7-1）／万1疎失アラハ怎生シ玉ハンヤト（6-14-1）」、（ハ）「孫八カ曰、「吾、心定リ意決シテ、必ス往テ之ヲ試ント欲ス。請フ、阻コト有ルコト勿レ」（6-7-1）／孫八意已ニ決シケレハ、耳ニモ聞入レス（6-14-1）」

（イ）は疑問を用いた勧めが希望を表す表現に、（ロ）は会話の文が地の文へと書き換えられている。

（四）減訳・増訳

「奇談」には、中国白話小説にならって、それぞれ詩を挿入しているが、日本語訳ではそれを地の文に含めて訳したり、或いは省略したりしている。この他に、故意にであるか、迂闊にであるか、判別つかないが、唐話及びその訓読の方には表記があるが、日本語訳にはないもの（減訳）、或いはその逆（増訳）が数か所見られる。

1. 減訳

（イ）「因テ以ヘラク海外ニハ真ノ美人有不スト、【厥ノ後復至ルコト無シ】。且ツ市郎兵衛ニ謂テ曰…（6-16-1）／コレニ因テ海外ノ国ニハ美人アラズト思ヒ【×】、乃チ市郎兵衛ニ対シテ云ケルハ（6-23-1）」、（ロ）「初メ些ノ宿資蓄貨有テ、【十分ノ艱難ヲ知不スト雖、然レトモ奈セン】坐シテ食ハ山崩レ、坐シテ飲ハ海乾ク（6-17-2）／初ハ少シキ宿資蓄貨モ之アリ候ヘトモ【×】坐シテ食ハ山崩レ、坐シテ飲ハ海乾クノ理リニテ（6-24-2）」、（ハ）「吾モ亦其ノ孝念ヲ感シ、【敢テ悲ミテ敢テ阻不ス。】但彼レカ欲スル所ニ由ル耳ノミ（6-18-1）／吾其ノ孝念ヲ感シテ、【×】只彼ガ欲スル所ニ托セ候フナリ（6-24-2）」、（ニ）「家家ニ灯ヲ張リ、処処ニ戯ヲ作フ。【若男若女、或老或少、皆、縦観ヲ得テ、共ニ優遊ヲ為ス。】京師ノ繁華誠ニ天下ニ比ヒ無シ（6-1-1）／家々ニ灯籠ヲカケ、処々ニ戯文ヲヲドル。【×】誠ニ京都ノ繁華、天下ニ比ヒナカリケリ（6-9-1）」

2. 増訳

（イ）「孫八カ曰、「是ナリ。」（6-3-2）／孫八カ曰ク、「【我シサイ有テ少年ヲ救ヒシガ、何故コレヲ問ヒ候ゾ】」（6-11-1）」、（ロ）「遂ニ相ヒ抱テ【×】哭ス（6-8-2）／孫八ニ抱ツキ【涙ヲ流シテ】哭シケル（6-15-1）」、（ハ）「我レ都テ【×】依従セン

(6-8-2) ／我レ都テ【汝父子ノ了簡ニ】従フベシ(6-15-2)」

4 「奇談」の日本語訳

前節で具体的に唐話物語に付された訓点と唐話の後に置かれた日本語訳を、全例についてではないが、具体的に比較した。唐話物語の日本語訳は、訓読体的な文章を用いながらも、実際には唐話に施された訓点による読みとはかなり違った日本語が出来上がっていることが分かる。これらのうち、遊侠(ヲトコダテ) (6-1-1-3)自得(タノシミ・ケル) (6-1-1-3)のように、傍訓などによって和語によって訳した部分については、唐話学習者が唐話を読み進める上で、意味の理解に役立つこともあるであろう。また一方で、「(4) 減訳・増訳」で挙げた例については、なぜこのように訓読と日本語訳で内容的に不対応が生じているのか判断しがたい。

但し、総じて言えば、唐話の学習者、特に荻生徂徠が主宰した訳社で唐話を学ぶものは、直読を主張していたとはいえ、伝統的な漢文訓読の高い知識は持っていたと見るのが一般的であり、訓点があれば、ほとんどの部分は理解できたはずである。上述の特殊な口語語彙に関しては、高い漢文の知識を持つとはいえ容易に理解し得るものではないかもしれないが、これとて唐話原文に傍訓として処理すれば済むことである。訓読と全く同じではない日本語訳は恐らく冠山にとって、より日本語らしいと感じられる表現であったのであろう。このような日本語訳が附れた理由は、一般的に我々が想像する、学習対象である外国語に対して、その理解を助ける補助としての訳文として見るだけでは、その存在する意義が明確ではない。

5 唐話物語本文の言葉

前節までで、訓読と日本語訳の差異について述べたが、ここから唐話そのものの言葉について検討する。「奇談」に収められた唐話物語を読めば直ちに感じられることであるが、2編とも非常に文言的な要素が強い、或いは非常に硬い表現が多い。ここではまず全体を覆う文言的表現を挙げ、ほかに僅かに若干例見られる白話的表現を挙げる。

(一) 文言的表現

個別の語彙については生活や個々の場面を反映して新しいものを用いざるを得ない場合もある。ここでは文法機能をになう助詞、介詞、否定詞及び代名詞によって、「奇談」の文言的な性格を見てみる。

1．語気助詞

（イ）「李公将不信【矣】（6-16-2）」、（ロ）「郎将払然而去【矣】（6-17-1）」、（ハ）「不亦惜【乎】（6-16-2）」、（ニ）「遂来住【焉】（6-17-2）」、（ホ）「但由彼所欲【耳】（6-18-1）」（ヘ）「不忘【耳】（6-3-2）」、（ト）「此等兵器与我同休者【耶】（6-18-2）」、（チ）「日後必有重報【也】（6-1-2）」、（リ）「此必天満神現霊而托夢者【哉】（6-3-1）」

文言の語気助詞が多用されるのと逆に、白話でも現代中国語でも見られる「了」「麼」「哩」などの語気助詞（『纂要』巻之五までに、上記の語はいずれも用いられている）、或いは当時の同時代の中国では恐らくは用いられていなかったであろうが（多用されたのは元明のころである）、冠山はじめ江戸の資料には条件する「則箇」なども見られない。

2．介詞

（イ）「頃有一美人願典身為妾【以】救父母之困者（6-16-2）」

節と節を結ぶ「以」は、前の行為を行うことによって、次のことを行う、次のことの実現を求める文に用いられる。

（イ）「報【以】其実而勧以其宜。（6-17-1）」（ロ）「進【以】村酒（6-17-2）」、（ハ）「無【以】施薬（6-18-1）」

動詞の後に置かれた「以」はその目的語であったり、その方法であったりする。

3．否定詞

（イ）「【未】之遇耳（6-16-2）」、（ロ）「【未】敢勧解（6-2-1）」

白話では単独では用いない「未」などが見られ、（イ）は「否定詞＋目的語＋動詞」という古い形をとる。

4．人称代名詞

（イ）「【爾等】無用恐懼（6-22-1）」、（ロ）「【子等】何知（6-19-1）」、（ハ）「煩【汝】也（6-1-2）」、（ニ）「【汝】可速往救之（6-1-2）」

近世中国語の人称代名詞は現代中国語よりはバリエーションに富んでいるが、特に2人称では現代中国語の「你」などは用いられず（『纂要』巻之五までには用いられている）、文言の語を用いている。

5．指示代名詞

（イ）「【厥】後無復至焉（6-16-1）」、（ロ）「【是】3隻（6-20-2）」

（イ）例の「厥」は詩書にもっぱら用いられる非常に古い語である。

6. 疑問代名詞

(イ)「然則【何】疑(6-17-1)」、(ロ)「子等【何】知(6-19-1)」、(ハ)「吾子引客来【何】教(6-17-2)」、(ニ)「是【奚】難乎(6-17-1)」、(ホ)「【悪乎】蔵此鎧弓(6-18-1)」、(ヘ)「【孰是】玉蘭与豊娘矣(6-19-2)」、(ト)「【安】敢欺負幼弱(6-2-1)」、(チ)「尊寓【伊処】(6-2-2)」

(ニ)の「奚」、(ホ)の「悪乎」、(チ)の「伊処」は文言の中でも古い表現である。この他、「何」も見られるが、これに対して、近世中国語で既に用いられていた「甚麼」などは一切用いられていない(『纂要』巻之五までには用いられている)。

(二) 白話表現

先に文言的な表現の例を挙げてみたが、「奇談」は、唐話という話し言葉を志向し、羅列された会話の後に、しかも5巻本出版の後、わざわざ増補されたものであるのにも関わらず、白話的な表現は非常に限られている。また18世紀の中国語を基準とした場合、現代の研究による分類では白話と称されはするものの、実はすでに古語であった可能性のある語も含むが、できるだけ多く揚げてみたい。

(イ)「許多(6-2-1)」、(ロ)「1斉(6-2-1)」、(ハ)「此間(6-2-2)」、(ニ)「又【将】好言安慰(6-3-2)」、(ホ)「【適】救少年者(6-3-2)」、(ヘ)「元来(6-4-2)」、(ト)「雖然(6-4-2)」、(チ)「幾個(6-4-2)」、(リ)「此【一個孩児】(6-4-2)」、(ヌ)「便是(6-5-1)」、(ル)「不知【十分】艱難(6-17-2)」、(ヲ)「【看看】待死(6-18-1)」、(ワ)「【方】知武夫之落魄者(6-18-2)」、(カ)「【一様】無二(6-19-2)」、(ヨ)「【時常】有餽銭米(6-19-2)」、(タ)「【因此】風神龍王已【都】退矣(6-22-1)」、(レ)「言【訖】望後而倒(6-22-1)」、(ソ)「【縁何】被光捆逼迫(6-2-2)」

上述のように、白話の基準にもよるであろうが、ほぼ以上で全てある。(ハ)の「此間(6-2-2)」、(レ)「言【訖】望後而倒(6-22-1)」などをはじめとして、唐宋までで用いられなくなったであろう語、すなわち冠山の時代の中国では既に古い言葉となっていたであろう語を除けば、更に少なくなるであろう。

(三)「奇談」の言語的特色

ここまでで見てきたように、「奇談」で用いられた唐話は上記のように白話的な成分は非常に限定的で、寧ろ非常に古めかしい文言表現を使っている。これは、最初に出版された巻之五まで13)、とりわけ巻之三までの二字話から六字話は、近世中国語として見た場合、さまざまな意味で言語的に不均質ではあるものの、白話的な表現を中心にしていたのに対して、この巻之六「奇談」の言語は、非常に文言に傾いており、巻之五までと言語的特徴に隔絶が見られる。前の「(1) 文言的表現」で一部指摘したように、「1. 語気助詞」「4. 人称代名詞」「6. 疑問代名詞」などでは、それぞれ対応

する白話的な表現が『纂要』巻之五まではある程度用いられているのに対し、巻之六「奇談」では用いられていない。

たとえば北川修一(2017)において、命令、依頼、許可、勧めなど、相手に何らかの動作をさせたり、させないようにする「祈使句」について検討したが、二字話から六字話までで、禁止を表す口語的な「不要」が十1例、「休要」が2十9例、「休」が1例用いられているのに対し、「奇談」で禁止の表現が見られる1例では、「不要」「休要」「休」のいずれも用いず、「無用…」という表現がより硬い正式な表現として用いられていることも、巻之五までと巻之六の言語的特徴の違いの1例として挙げられるであろう[14)]。

もちろん、言語が文言的であることが、所謂「白話小説」ではないということを言うものではない。中国においても三言二拍の中には文言的なものも幾つかある。例えば、『醒世恒言』の第四十巻「馬当神風送滕王閣」などは、恐らくそれが王勃という唐代の文人を描いていること、また編者の馮夢龍が執筆、或いは改編の時に用いた資料の言語の影響であろうが、ほぼ全体を通して、平易な文言で書かれていると言ってもいい。

しかし、『纂要』更に次に挙げる用例の内(特に二字話から六字話まで)が口語的であるのに対して、「奇談」で急に文言的な要素を多く含み、白話的な表現を寧ろ排除するような文章を用いるのは、先にも述べたように、隔絶を感じざるを得ない。唐話の教学として見た場合、ここには、二字話から六字話までにおいて白話を中心とした用例を順に学んで、その結果行きつくことができるのと異なった成果を期待していることが感じられる。

では、なぜ『纂要』でこのように非常に文言的な唐話物語を選択し、或いは特に執筆し、載せたのであろうか。現代において、外国語教材に原語の読み物が付されている場合、一般的には読解力を高めると同時に、表現力の幅を広げるためであると考えるであろう。「奇談」にも、このような目的がなかったとは言えない。例えば、岩本真理(2004：23)においても「奇談」について、「読解訓練用と思われる長文」と称されており、また杉本つとむ(1987：172)では「唐話のあとに読み下しの日本文をあげているので、具体的な翻訳のサンプルを示していることにな」るといい、日本語訳の方法の例示であると見做している。日本語訳は訓読調を基調としながらも、訓読文そのままではないことは、拙稿でも述べた通りであるが、かといって、当時の知識人にとって、訓読文から日本語訳への移行に、技術的なものを必要としたとは考えにくい。また、唐話を日本語に訳した場合のサンプルであるのなら、唐通事も唐話学習に用いたという『今古奇観』など中国近世白話小説[15)]、なかでも、あまり文言に偏らないものを用いた方が順当かつ有効であろうに、実際にはそれを用いていない。「奇談」の日本語訳には、上記以外の目的があるのではないかと想像される。

6 「奇談」の目的

では、これまでに述べた『纂要』に見られる言語的な特徴はどのように解釈することができるであろうか。ここに志村良治氏によりなされた非常に啓発的な指摘を紹介したい。志村良治(1990：382)は「奇談」について、「これは「訳社」の需要に応じて作成され、課本として添えられたいわば唐話実習の模範例である」という。この「唐話実習」という言葉は、あるいは杉本つとむ(1987：172)で述べられるように、唐話を日本語訳した場合の「翻訳のサンプル」と理解することも可能であるかもしれない。しかし、もう1つの考え方も持ちうる。「実習」とは、唐話を学び理解、吸収するだけではなく、寧ろ主体的に表出する営みであると考えることができる。当然、唐話物語であるから、「話す」ことではなく、「書く」ことによる表出である。つまりこの唐話物語は唐話の読み物として読解により表現力を高める、或いは、唐話の日本語訳の方法を教えるというよりも、唐話作文或いは唐話訳として、日本人が唐話を書面において表出する場合の例として挙げられているのではないだろうか16)。

また、こう考えることにより、以下の数点について、説明をすることができる。第1点は、たとえ当時の知識人が、唐話理解の際には、唐話に付された訓点のみで理解できたとしても、唐話作文、或いは唐話訳を目的とした場合、そのもととなる、或いは比較の対象となる日本語が必要であった。第2点は、唐話物語の2編とも、どちらも舞台が日本であることも、様々な背景は考えられるが、日本人が日本を唐話で語るという目的のためであろう。第3点に、唐通事の養成には、『今古奇観』などが読まれたと言われるのに、『纂要』にはあえてそれらを採って訓点を施して掲載しなかったことにも説明がつく。

7 おわりに

上記のように考えると、冠山は、日本人が行う本来的には口語、白話であるはずの唐話による作文、翻訳に、非常に文言的な表現を許容したことになる。このことは、冠山の唐話観を考えるうえで非常に重要であると思われる。冠山についての事績を記した記録は多くないが、『先哲叢談後編』巻3に「冠山始以訳士仕于萩侯、受其月俸、自慙為賤役、辞而家居、専修性理学、独以此鳴於西海」と記されている。この言葉により、志村良治(1990：381頁)は「江戸にいる時期に冠山は世に知られる「唐話纂要」「唐音雅俗語類」などの辞書、手引書を著したが、実は彼の本心は辞書作りにはなかった」といい、西原大輔(1992：14頁)「冠山は実用のためだけの唐話には満足できなかったようだ」と述べる。

『纂要』には、貿易に関する表現も散見し、実践的、実用的な唐話の教授も目的の

1つであったかもしれない[17]。しかし、巻之六「奇談」の増補の意味を考えた場合、冠山の目的は通訳者の養成に主眼が置かれていたわけではなく、また必ずしも唐話による会話を自由に操れるものを養成しようとしているだけでもなかったと考え得る。この巻之六「奇談」により目指したものは、文を書くことをも含めた教養としての唐話を教えることであると見做すことができるのである。そして、その「唐話実習の模範例」として挙げられた「奇談」が文言に傾いていることから見ると、冠山にとっての唐話とは、或いは冠山が訳社などの学習者に求めた唐話とは、『纂要』の全ての文字に唐音が付されていることから、唐音で発音することは要求するものの、その文法、語彙については、必ずしも2字話から6字話までで伝授したような口語的なものではなく、学習者が伝統的な漢学の中で培ってきた漢文の表現も包含するものである。

冠山は『通俗皇明英烈伝』(1706年)、『忠義水滸伝』(1742年)の日本語訳者として、『太平記演義』(1719年)の中国語訳者として名を馳せ、江戸文学に大きな影響を与えた。これらの活動は、唐話教師としての冠山とも無関係ではなく、その教養としての志向、傾向が『纂要』の巻之六「奇談」の2編の唐話物語にも見られると言えるであろう。

注

1) 以下『纂要』と略称する。

2) 江戸時代に日本で扱われた音声言語としての中国語を、拙稿では当時にならい唐話と読んでおく。拙稿本文でも述べるように、唐話は必ずしも口語、白話に限られるわけではない。

3) 但し拙稿で主に用いた長澤規矩也(1970)では表紙が掲載されておらず、早稲田大学図書館などのデジタルアーカイブスにより確認した。

4) 愛媛大学図書館のデジタルアーカイブ(http://www.lib.ehime-u.ac.jp/SUZUKA/477/)による。ただし、鈴鹿文庫本は巻之五までである。この他、これまでにネットオークションに出品されたものの中には「和漢通俗奇談」の部分に「享保丙申秋新編」と書かれたものがあるようである。

5) 杉本つとむ(1987)で挙げられる例は、「身ニ1縷ヲ披ハ、織女ノ労ヲ思へ、日ニ3飡ヲ食ハ、農夫ノ苦ヲ念へ。／身ニ1縷ヲ着ハ、常ニ織女ノ労ヲ思フベシ。日ニ3度ノ飯ヲ喫セバ、毎ニ農夫ノ苦ミヲ念フベシ。」であるが、この用例は「奇談」のものではないようである。

6) この他に、唐話原文とその訓、及び日本語訳を対照すると、唐話原文に唐話として誤った表現がかなりの数見られる。これについては別稿で述べたい。

7) 以下引用の際には、先に唐話原文に付された訓点により読み下したもの、スラッシュを引き、次に唐話の後に付された日本語訳を挙げる。用例の後の括弧内の数字は(巻・丁・表(1)、裏(2))を表す。拙稿で注目したい部分を【　】で括り、用例に

は(イ)（ロ）（ハ)の順で挙げる。傍訓については、読みにくいもの、特殊なものについてのみ附す。また「1. 語順の移動」の用例を挙げる場合についてのみ、移動された語を【　】でくくり、また移動をより明白にするために、それに前後する語を《　》で括った。

8)　『纂要』に用いられる唐話と日本語の敬語表現については、別稿でさらに論じるつもりである。

9)　唐話の訓読、日本語訳の一方に該当する箇所が見られない場合は、【×】と表記する。

10)　日本語訳でふりがながあるものは括弧内に書き、字音語であることを示す。

11)　送り仮名は・で区切って表記した。

12)　この用例はやや分かりにくい。「何ンソ」は「ナンゾ」と読むのであろうが、「施不ンマ」は「施サザランヤ」と読むのであろうか。

13)　巻之五までで も、巻之三に収められる会話集「長短話」は、必ずしもそれ以前の二字話から六字話までとスムーズな繋がりをもつとは言えないようである。「長短話」については別稿で論じたい。

14)　但し、これは「…は無用である」という日本語の影響を受けて成った可能性が高い。

15)　武藤長平(1927：51)に「(前略)唐通事編輯にかかる写本を卒業すると此に今古奇観、水滸伝、三国志演義、西廂記などを師に就きて学び(後略)」とある。

16)　拙稿「3. 翻訳の方法」では、便宜上、先に唐話があり、それに日本語訳を与えたものとして処理してきたが、実は必ずしもそうではなく、唐話を表出することこそ、その目的であったと考える。

17)　奥村佳代子(2007：230-231)では「長崎の貿易用語であり、実際の実務的な会話に役立つ用語も採られて」おり、鹿児島の唐通事にも『纂要』が重視された記録があることから、「『唐話纂要』の言葉が、全部が全部でないにしても、唐通事の唐話をある程度再現していると認識されていた」と説かれる。

参考文献

岡島冠山1718『唐話纂要』(6巻本)（長澤規矩也(1970)『唐話辞書類集』巻6集、汲古書院に所収)

奥村佳代子2007『江戸時代の唐話に関する基礎研究』関西大学出版部

北川修一2017「『唐話纂要』の祈使句」『多元文化交流』9、92-124

志村良治1990「唐話と洒落本」『江戸後期の比較文化研究』ぺりかん社370-418

杉本つとむ1987『江戸の言語学者たち』雄山閣出版

東条耕子藏1827『先哲叢談後編』(国立国会図書館デジタルコレクションによる)

西原大輔1992「江戸時代の中国語研究: 岡島冠山と荻生徂徠」『比較文学・文化論集』9、13-19

武藤長平 1927/1978〈鎮西の支那語学研究〉《西南文運史論》同朋舎 42-63

きたがわ・しゅういち——東海大學（台湾）日本語言文化学系副教授兼系主任。専門は漢語語法史、日本漢字文献、日漢翻訳。主な論文に、「日本京都金光寺蔵『仏説目連救母経』の文法——動詞に後置する助字、介詞を中心として——」（『黄檗文華』133号、2014年）、「旧本『老乞大』の選択疑問文について」（『中国語研究』58号、2016年）、「日本江戸期唐話教材『唐話纂要』の祈使句」（『多元文化交流』9号、2017年）などがある。

『名物六帖』語彙出処考
——『水滸伝』との関連において——

于　増輝

はじめに

17世紀20年代に『水滸伝』、『西遊記』などの中国白話小説が日本に流入した記録があるものの、しばらくの間、この類の作品を読めなかったと言われる。江戸前期、やはり文言文を基調とする中国の講史小説を訓読で翻訳してきた。時が立つにつれ、唐話(明清の口頭語)学習の草創期に入り、荻生徂徠、伊藤東涯らなどの活動によって、漢文学の新思潮たる白話小説学、唐話学の成果がどんどん出され、唐話学が興隆になり、『水滸伝』や三言二拍(『喩世明言』『警世通言』『醒世恒言』及び『初刻拍案驚奇』『二刻拍案驚奇』)などの中国白話小説についての和刻、字書類、翻訳、翻案が相次いて作られた。伊藤東涯が宝永二年から七年にかけて『紀聞小牘』中の「釈詁随筆」、「釈詁録」に蒐集し、『応氏六帖』(早い手本には宝永三年の識語がある)として整理し、さらに『応氏六帖』を増補整理し、漢籍や唐土の小説を典拠として、『水滸伝』や『拍案驚奇』などの語彙を集め、読み出された白話小説の知識を導入し、現代でも有益な中国近世語の辞書『名物六帖』(享保十二年刊)を編纂され、その後の漢和辞書類に大きな影響を与えた[1)]と言われる。

1　編纂者について

伊藤東涯(寛文10[1670]-元文元年[1736])は、江戸時代中期の儒学者。名は長胤字は原蔵・源蔵・元蔵、東涯と號し、又慥々齋と号す、諡は紹述先生。温厚な性格の長者で古義学の興隆の基礎を築いた。中国語・中国の制度史・儒教の歴史などの基礎的な分野の研究にも力を入れていた。また、新井白石、荻生徂徠らとも親交が深かった。著作には「名物六帖」、「用字格」、「制度通」、「古今学変」、「弁疑録」などがある。

2 『名物六帖』について

江戸時代の漢学者東涯の手になる、中国文献に出典を求めた語彙集である。現在七本あまりの伝本が知られており、後述するように語は六帖十二箋の意味分類に基づい

て収められている。この語彙集は東涯の生前から増補の努力の結果で、東涯が死後は門人の奥田士亨、更に東涯の子の東所に引き継がれ、一部が刊行されている。古義堂をあげての完成への努力続けられたわけで、『名物六帖』の名は刊行以前からすでに名高かったようである。辞書として、『名物六帖』を見るときに、意義分類を貫いているという点で他書とは袂を分かつ。江戸時代に刊行された辞書には意味分類を施しているのがあるが、しかしその内部は傍訓のイロハ順に配列されている。また、見出し語の表記に排列の基準として、見出し語の頭字の画数順に語を排列したり、頭字の音をイろハ順に語を排列したり、見出し語の文字数による分類もあるが、意味分類を貫いた『名物六帖』の排列方法は空前であり、以後の書にもほとんど受け継がれていない[2)]といわれる。

現存版本について、以下のものが見つけた。

(1)『名物六帖』別名『鼎鍥名物六帖』(日本)伊藤長胤纂輯、(日本)奥田士亨校訂、享保11 [1726] 跋(東京大学東洋文化研究所図書室所蔵)

吉野屋仁兵衛、須原屋茂兵衛、山城屋佐兵衛、須原屋新兵衛、岡田屋嘉七、和泉屋吉兵衛、和泉屋金右衛門、岡村屋庄助、永樂屋東四郎、萬屋東平、菱屋藤兵衛、菱屋平兵衛、河内屋喜兵衛

序目：天文箋，時運箋　地理箋上-下　人品箋1　人品箋2　人品箋3　人品箋4　人品箋5　宮室箋上　宮室箋下　器財箋1　器財箋2　器財箋3　器財箋4　器財箋5　飲膳箋　服御箋　人事箋1　人事箋2　人事箋3　人事箋4　人事箋5　身體箋　動物箋上-下　植物箋上　植物箋下　襍載箋

(2)『名物六帖』伊藤長胤纂輯、奥田士亨校訂、奎文館 瀬尾源兵衛、享保10 [1725]-寶暦5 [1755](佛教大学付属図書館所蔵)

第2帖　人品箋1人品箋2人品箋3人品箋4人品箋5

第3帖器財箋1器財箋2器財箋3器財箋4器財箋5

(3)『名物六帖』伊藤長胤纂輯、奥田士亨校訂、瀬尾源兵衛，享保10 [1725] -安永6 [1777] [刊]　乾坤巽艮(九州大学付属図書館所蔵)

(4) 伊藤長胤纂輯、瀬尾源兵衛、享保10 [1725]-安政6 [1859](東京大学史料編纂図書室所蔵)

第1帖　天文箋　時運箋　地理箋上　地理箋下

第2帖　人品箋1人品箋2　人品箋3　人品箋4　人品箋5

第3帖　宮室箋上　宮室箋下　器財箋1　器財箋2　器財箋3　器財箋4　器財箋5　飲饌箋・服章箋

第4帖　人事箋1　人事箋2　人事箋3　人事箋4　人事箋5

第5帖　身體箋・第6帖 動物箋　植物箋・雑載箋

(5)『名物六帖』伊藤長胤纂輯、奥田士亨校訂　奎文館、寶暦5 [1755] -安永6 [1777]

（お茶の水女子大学付属図書館所蔵）

人品箋1　人品箋2　人品箋3　人品箋4　人品箋5　器財箋1　器財箋2　器財箋3　器

財箋4　器財箋5　人事箋1　人事箋2　人事箋3　人事箋4　人事箋5

(6)『名物六帖』伊藤長胤纂輯、久恒雍、明和7 [1770]（書写資料東京大学大学院人文社会系研究科文学部図書室所蔵）

第五帖 身體箋、第六帖 動物箋 植物箋　襍載箋

(7)『名物六帖』伊藤長胤纂輯、奥田士亨校訂　昭和54 [1979]　朋友書店影印

刊行板本四帖分に未刊部分を稿本によって補ったもの。天理図書館複製第58号。影印版を貴重書室に所蔵されるため、便宜上、版本(7)の刊行された享保10年刊の複製である『名物六帖』という版本について検討することを許されたい。

『名物六帖』(1979)の総目に、以下の通り分けて。

第一帖　天文箋　時運箋　地理箋上　地理箋下

第二帖　人品箋一　人品箋二　人品箋三　人品箋四　人品箋五

第三帖　宮室箋上　宮室箋下　器財箋一　器財箋二　器財箋三　器財箋四　器財箋五　飲饌箋　服章箋

第四帖　人事箋一　人事箋二　人事箋三　人事箋四　人事箋五

第五帖　身體箋

第六帖　動物箋　植物箋

各箋にまた門で分ける。例えば、天文箋を五門、「天度運行」、「日月星辰」、「雨露霜雪」、「風雷雲霞」、「陰陽祥變」に分ける。

各見出し語について、右側に注釈が付され、左右両側に注釈が付される例がある。下に引用文献名が明記され、原文も並んで、訓読も施されていた。しかし、原文についての更に具体的な情報がない。例えば、

化人場(ヒトヤキバ) 水滸伝 衆大-家自来テ絵扛(二)-擡棺材(一)ヲ也有(二)幾家隣-舎(一)街-坊相送来到(二)城-外——使(二)教テ挙(レ)火ヲ焼-死(一)セ

用例から『水滸伝』のどの版本を参考したか、引用回数までも分からない。

3　先行研究

日本論文検索サイトCINIIに「名物六帖」を入力すると、六つの論文しか出てこなく、何れも古いものである。

(1) 花房英樹「名物六帖の引用書籍について」東方学報 (16), p161-175, 1948-09京都大学人文科学研究所

以下のものが指摘された。

「四帖の刊本に於いてさへ、一万六千八十条に上る膨大な量が記録される。この一万六千八十条の引用文を整理し、次の如き書目を得る。書目を大きく分ければ、経部、史部、子部、集部四大部が分けられ、それぞれの部にまた何類に含まれる。経部に易類、書類、詩類、礼類、春秋疎類、四書類、諸経総義類、小学類が含まれ、史部に正史類、編年類、紀事本末類、古史類、別史類、雑史類、載記類、詔令奏議類、伝記類、時令類、地理類、職官類、政書類、書目類、金石類、史評類が含まれる。又子部に儒家類、兵家類、法家類、医家類、天文算法類、術数類、芸術類、雑家類、類書類、小説家類、釈家類、道家類が含まれ、集部に楚辞類、別集類、総集類、詩文評類、詞曲類、小説類が含まれる。集部の小説類に剪燈新話、剪燈餘話、龍図公案、拍案驚奇、古今小説、五色石、珍珠衫、燕居筆記、鐘情麗集、珍珠舶、西湖佳話、雲合奇蹤、西遊記、水滸伝、八仙東遊記が並べられてある。」

(2) 中村幸彦「名物六帖の成立と刊行」ビブリア天理図書館報(17) 1960-10天理大学出版部
「版本として刊行されたのは、器財箋が享保十二年、人品箋が宝暦六年、人事箋が安永六年、天文・時運・地理・宮室・飲餞の諸箋が安政六年に長期に亘ったのであるが、享保十二年ごろに出回っていた。」と指摘された。

(3) 荒尾禎秀「『雑字類編』と『名物六帖』: 人事門(箋)を中心に」東京学芸大学紀要. 第2部門, 人文科学 25, p199-211, 1974-01
「人事箋の漢字見出しを中心に見る限り、『雑字類編』は『名物六帖』のかなりの部分を含みこんでいる。『六帖』が掲げる引用書目、引用文がその漢字や、仮名の見出しの性格を明らかにする上で有効であることを考えるとき、両書の間に見られる、この事実は、『類編』の性格を考察する上で重要なことであろう」と指摘された。

(4) 徳田武「北里懲毖録」白話語彙出拠考—特に「名物六帖」との関連において(洒落本研究〈特集〉)国語と国文学 66(11),p54-67, 1989-11
「『名物六帖』から多数の中国近世語(宋元以降の諸書に多く見え、俗語をも含む語彙。今、それを白話語彙と称しておく)を採って、それを点綴という方法で、『北里懲毖録』を書いている」と指摘された。

(5) 近藤尚子「『名物六帖』と『学語編』と」文化女子大学紀要. 人文・社会科学研究 5, p19-29, 1997-01

(6) 近藤尚子「「応氏六帖」と「名物六帖」——器用箋・器財箋を中心に」文化女子大学紀要. 人文・社会科学研究 1, p1-11, 1993-01

中国側の先行研究について、CNKIという論文検索サイトに『名物六帖』を入力してみると、論文一つも検索し出されなかった。

以上のように、高く評価されていながら、あまり研究されないことが伺える。

4 『水滸伝』からの用例

前四帖に引用書目が『水滸伝』と明記される用例があわせて三十七例。表のようにまとめた。

番号	ページ	帖数・部	語彙	傍訓	解釈(回数明記なし)
1	38	1・地理箋・陵墓墳塋	墳庵	ハカノイホリ	這ノ庵ハ是レ奴カ家ノ祖上ノ——
2	38	1・地理箋・陵墓墳塋	化人場	ヒトヤキバ	衆大-家自来テ絵扛(二)-擡棺材(一)ヲ也有(二)幾家隣-舎(一)街-坊相送来到(二)城-外——使(二)教テ挙(レ)火ヲ焼-死(一)セ
3	39	1・地理箋・土石泥沙	土布袋	ドヒヤウ	把(二)テ這ノ——(一)塡(二)-住両-溪的ノ水(一)
4	57	2・人品箋・将校兵卒	探子	モノシ	早有(二)——(一)来(二)幽-州城裏(一)ニ報(二)-知ス宋-兵(一)ヲ
5	57	2・人品箋・将校兵卒	探細人	モノシ	那ノ梁-山-泊ノ——得(二)了這-箇ノ消-息(一)ヲ
6	65	2・人品箋・典司職掌	守把浮橋人役	フナハシノヤクニン	分-付ス——
7	79	2・人品箋・隠倫僧道	解魔法師	ヤマフシ	楊-林便-道我自打(二)-扮シ了——
8	90	2・人品箋・舟車輿馬	車脚夫	クルマツカヒ・シャリキ	王-英ハ——
9	94	2・人品箋・梓匠輪輿	打船匠	フナタイク	孟-康山-西真定州ノ人——
10	103	2・人品箋・賈儈 典當	販生薬	キクスリヤ	呂-方ハ潭州ノ人——
11	131	2・人品箋・漁獵屠割	魚牙子	ナヤ・ウオトヒヤ	張-順小-孤山-下ノ人——
12	131	2・人品箋・漁獵屠割	獵戸	レウシノカフ	解-珍ハ山-東ノ人登-州ノ——
13	135	2・人品箋・僕隷奴婢	鈴下卒	スヽハンノシカル	——モ闞内侯
14	136	2・人品箋・僕隷奴婢	梯己人	テヒト	有(二)幾-個ノ——又這ノ——相陪-著シ閑(二)-邀宋-江(一)ニ去ヲ市-井上ニ間翫ス
15	139	2・人品箋・訴訟囚徒	帯傷的人	テヲヒ	自救(二)-了シ——(一)ヲ夫

16	148	2・人品箋・人品汎稱	東人	アルシ・タンナ	投(二)ス弊-荘ノ——(一)ニ又只求(二)——ノ親-筆書緘(一)ヲ
17	149	2・人品箋・人品汎稱	直漢	シャウジキモノ	武-松ハ是個ノ硬-心ノ——
18	170	3・宮室箋・市肆店舗	油醬舗	アフラショウユヤ	却便似(三)タ開(二)了箇——(一)ヲ
19	171	3・宮室箋・坊場戯臺	賭坊	バクチハ	一-箇開(二)——(一)ヲ的閑漢柳大郎名喚(二)柳世権(一)
20	171	3・宮室箋・坊場戯臺	拘欄	シハイ	那ノ清風鎮上ニ也有(二)幾座——幷ニ茶坊酒肆(一)自不(二)必説(一)
21	184	3・宮室箋・厩圏畜養	馬院	ウマヤ	却テ是一箇ノ——
22	193	3・器材箋・印章符牌	紙招兒	カミノカンハン	桃(二)著シ箇ノ——(一)ヲ上寫(二)着ス講-命談天卦金一-両(一)
23	214	3・器材箋・甲冑干櫓	副衣甲	カヘクソク	且説呼-延-灼借(二)テ——(一)ヲ穿-了ス
24	253	3・器材箋・喪葬祭祀	遺念	ユイモツ	自(二)父親将レ危之日(一)存(二)付二錠蒜子二十両(一)ヲ與(二)哥哥(一)作——
25	266	3・器材箋・鎖鑰佩墜	搭膊	サイフ・ウチカヘ	腰ニ繋(二)七-尺ノ攢-線——(一)ヲ坐(二)騎一-疋ノ高-頭白-馬ニ又只見王-四——裏突(二)-出銀-子(一)ヲ来
26	268	3・器材箋・屛障簾幕	蘆簾	ヨシスタレ	林-中看遆(二)ワ入那酒店裡(一)ニ来テ揭起ヲ——転レ身入-去
27	288	3・器材箋・茶蕩酒油	酒葫蘆	サカヘウタン	把(二)テ花-鎗(一)ヲ挑(二)-了ス——(一)ヲ
28	301	3・器材箋・燈燭炬烽	火刀	ヒウチ	衆-人身辺都テ有(二)——火石(一)随テ即チ發(二)出シ火来テ點(二)起ス五-七-箇火把(一)ヲ
29	327	3・器材箋・方外道具	法環	シャクジャウ	例なし
30	403	4・人事箋・武備戦闘	發喊	トキヲアクル	両-軍一ス一ヲ
31	405	4・人事箋・射御銃刀	跳下馬	ムマヨリトンテオリル	右-陣-裡周-謹聴(二)得呼-喚ヲ躍到ニ廳-前(一)ニ——
32	446	4・人事箋・犒贖雇費	信賞銭	ソクタクチン	道-店村-坊画レ(キ)影ヲ圖レ形ヲ出(二)三-千-貫ノ——(一)ヲ捉(二)-拿ス正犯(一)ヲ
33	447	4・人事箋・犒贖雇費	茶銭	チャノセン	例なし
34	447	4・人事箋・犒贖雇費	房金	ヤーチン	欲(下)投(二)貴-荘(一)ニ借(中)宿一-宵ヲ明-日-早行(上)トン依レ例ニ拜-納ス——ヲ萬望(二)周-全方便(一)ヲ
35	460	4・人事箋・服食便利	解手	ウラヘユク	王慶曰我要(レ)スト——登(二)東厠(一)ニ
36	479	4・人事箋・禳禱神鬼	泥神	ツチノンケンノカミ	却是両-箇ノ——

37	487	4・人事箋・行郵報旅	起程	ハツソク	例なし

用例の量が膨大であるからか、引用文が短いのは多いし、引用文がまったくない用例もある。名詞例がほとんどで、傍訓のほうもほぼ中国近世漢語の意味と一致しているが、面白い例に二つがある。一つは「探子・探細人」で、「モノシ」と傍訓されたが、日本語において、「物事に熟練した人、世事に慣れている人」になるが、中国近世漢語の意味として、現代の「偵察兵」みたいな人なのである。もう一つは「解手」で、「ウラヘユク」と傍訓されたが、中国近世漢語の意味として、「トイレに行く」である。

5 水滸辞書との比較研究

『名物六帖』(以後『名物』と略する)の最初出版より二年後に作られた『水滸伝訳解』[3](以後『訳解』と略する)、約四十年近く遅れて作られた『忠義水滸伝解』[4](以後『伝解』と略する)、『忠義水滸伝鈔譯』[5](以後『鈔譯』と略する)と比較し、同じ見出し語の傍訓の異同及び変遷を探求してゆく。

◎化人場
『名物』ヒトヤキバ
『訳解』人ヤキバ
『鈔訳』人ヲヤク場所ナリ本邦ニテ云火屋ナリ
◎守把浮橋人役
『名物』フナハシノヤクニン
『鈔訳』ウキハシヲカケル(搭得完浮橋)
◎販生薬
『名物』キクスリヤ
『伝解』スンヤウブウ・薬種店也
◎梯巳人
『名物』テヒト
『訳解』家内ニテ用ニタツホ子キリノ人
『鈔訳』官吏自分家来ナリ唐山ノ官吏ハ府尹等ニモ多ク組付ノ役人ヲ召使フナリ自分家来ハ少ソノ自分の家来ヲ梯己ハ内證ト云コトユヘ内証ノ話ヲ梯己話ト云　内証ノ事務ヲ梯己事ト云　内証ノフルマイヲ梯己筵席ト云
◎魚牙子

『名物』ナヤ・ウオトヒヤ
『訳解』ウヲドヒヤ
『鈔訳』サカナ問屋ナリナヤノコト
◎東人
『名物』アルシ・タンナ
『伝解』トンジン・ダンナノコト左傳東道ノ主人ト云ヨリ転用シテ主人ト云コトヲ略シテ東道ト云又亭主ヲモ東道ト云
◎油醬舗
『名物』アフラショウユヤ
『伝解』ユウチャンフウ・醬油店也
◎賭坊
『名物』バクチハ
『訳解』バクチヤト
◎拘欄
『名物』シハイ
『訳解』ミダリニ人ノ入ラヌヤフニクルリニ欄ヲコフケタルナリ
『鈔訳』芝居ナリ處ニヨリテ茶ヤ町ニモ用
◎馬院
『名物』ウマヤ
『訳解』ムマヤ
『鈔訳』厩ナリ
◎紙招兒
『名物』カミノカンハン
『訳解』カンバンツケテ(貼招兒)
『鈔訳』カンバンヲダスコト(貼招兒)
◎搭膊
『名物』サイフ・ウチカヘ
『訳解』搭膊ト同シコシオビタリ
◎火刀
『名物』ヒウチ
『訳解』ヒウチ(火刀火石)
『鈔訳』火打ノ石トカ子ナリ(火刀火石)
◎信賞銭
『名物』ソクタクチン
『伝解』シャンヅエン・公儀ヨリノソクタク也(賞銭)

◎房金
『名物』ヤーチン
『伝解』ワンキン・ヤド賃ナリ
◎起程
『名物』ハツソク
『鈔訳』刻目シテ打立ナリ（勒限起程）

水滸辞書にも確認できる16例について、『名物』と大体同じ時期にできた『訳解』、40年近く遅れてできた『伝解』、『鈔訳』の解釈と照合したところ、ほぼ同じだということが分かった。「搭膊」について、『名物』に「サイフ・ウチカヘ」、『訳解』に「コシオビタリ」と付され、違うように思われるが、中国近世漢語の意味として、「一つの意味は布製の長方形袋、真ん中に口が開いて、両端に袋があり、肩にかかるもので、財布として使われる。もう一つは絹或いは布の腰帯、財布として使われることもある」であり、両辞書は異なる側面を解釈したことが分かった。

終わりに

『名物六帖』における諸語彙の出所を探し求めてきたのは、辞書を編纂した際の方法を知るためである。引用文献を見ると、ほとんどが『論語』、『隋書』、『法苑珠林』、『晋書』、『大明律』のような文言文たる中国文献名が並べられていたが、『水滸伝』、『驚案拍奇』、『三国志』などという白話小説にも引用したことが分かる。とはいえ、白話の文献数の数が少なく、『名物六帖』が唐話学の草創期（だんだん興隆していく時期）に編纂されたという実態も把握ことができる。数が少ない白話文献の中に、『驚案拍奇』から十何箇所、『三国志』から何箇所用例を引用したのに対して、『水滸伝』から何十箇所用例を引用したことが分かる。当時、やはり『水滸伝』がもっとも読まれていた白話小説の証拠になろう。

注

1） 徳田武「北里懲二録」白話語彙出拠考――特に「名物六帖」との関連において（洒落本研究<特集>）国語と国文学 66(11), p54-67, 1989-11
2） 近藤尚子「『応氏六帖』の資料性」研究紀要 23, 355-370, 1992-01
3） 岡田白駒口授、艮齋口述校正1727（享保12）。唐音表記はない。序から120回までに採択した語句に釈義を付す。百二十回本の『水滸全傳』を底本にしたと思われる。
4） 陶山冕1757（宝暦7）。唐音表記あり。「百二十回本忠義水滸伝」陶山冕の注解一回か

ら十六回までを一冊としている。「宝暦七年丁丑仲秋上澣南海陶冕識」の識語をもつ「自叙によると、三十年来の講義の結果、難解語句などをまとめたものとする。

5）陶山冕、1760以降宝暦期か。唐音表記はない。首題に「忠義水滸伝鈔訳　土佐　陶冕撰」とあって、宝暦七年刊行本の続きとみられる。長澤は「陶山本の刊本及び続稿の写本」とするが、自筆稿本であるか写本であるかは不詳。十七回から百二十回に及びこれで陶山は全巻注釈をなしたものと考えられる。

参考文献

長澤規矩也『唐話辞書類集』古典研究会,1969-1976

吉川幸次郎,清水茂校注『日本思想大系』伊藤仁齋；伊藤東涯 東京：岩波書店,1971.10

胡竹安『水滸詞典』漢語大詞典出版社,1989.4

徳田武『近世近代小説と中国白話文学』汲古書院,2004.10

附記　本論文は教育部留学帰国人員科研始動基金項目（【2015】1098）「日本江戸時代水滸語彙受容研究」、広東省哲学社会科学「十三五」計画項目（GD16YWW02）「日本近世中国白話語彙受容研究」の研究成果である。

う・ぞうき――中国肇慶学院外国語学院日本語準教授。博士（日本言語文化学）。専門は日中言語接触。主な論文に「『雨月物語』における白話語彙研究」（『水門――言葉と歴史』第25号、2013年）、「日本現存水滸辞書研究」（『言語文字学』2016年）、「南総里見八犬伝における白話語彙再考」（『当代日本語教育と日本学研究』2016年）などがある。

『通俗赤縄奇縁』における近世漢語受容の実態
――傍訳を手掛かりに――

A Study on Kanji Reception through Tuzoku Sekijyokien: focusing on side notes of Chinese vocabularies

鐘　一沁

1　はじめに

江戸時代初期から明治時代初期にかけて、日本において漢学及び漢語口頭語主体とした唐話学が盛んであった。唐話学の中心になったのは「唐通事」と呼ばれる、「事に通じる」役割を持ち、長崎において清国との貿易実務に従事した人達であった。対清貿易の盛行で、当時明代から清の時代にかけて出版・作成された白話小説も日本に大量に流入し、日本近世文学に莫大な影響をもたらした。「四大奇書」と呼ばれる『三国志演義』、『西遊記』、『水滸伝』、『金瓶梅』の類は無論、宋代から明代までの短編小説を収録した「三言二拍」も日本に伝入し、日本近世文学に影響をもたらした。「三言二拍」は宋代以来の説話・話本であり、馮夢龍が著した『喩世明言』、『警世通言』、『醒世恒言』と凌蒙初が著した『初刻拍案驚奇』、『二刻拍案驚奇』の総称である。このような説話・話本は元来歴史や伝説を元に、街頭で語るものであり、宋から明の時代の中国社会の実相が写されている。このような白話通俗小説は当時唐通事の唐話学習にも、重要な役割を果たしている。

武藤長平が著した『西南文運史論』においては、長崎における唐通事の唐話学習について以下のように記されている。

> 長崎における唐通事の支那語稽古の順序を畧説するが、唐通事は最初發音を學ぶ爲に『三字經』『大學』『論語』『孟子』『詩經』等を唐音で讀み、次に語學の初歩即ち恭喜、多謝、請坐等の短き二字を習ひ、好得緊、不曉得、吃茶去などの三字話を諳んじて更に四字以上の長短話を學ぶ、その教科書が『譯詞長短話』五冊である、それから『譯家必備』四冊『養兒子』一冊『三折肱』一冊『醫家摘要』一冊『二才子』二冊『瓊浦佳話』四冊など唐通事編輯にかかる寫本を卒業すると此に唐本『今古奇観』『三國志』『水滸傳』『西廂記』などを師に就きて學び進んで『福惠全書』『資治新書』『紅樓夢』『金瓶梅』などを自習し難解の處を師に質すといふのが普通の順序である。[1)]

上記『今古奇観』は抱甕老人と称する蔵書家が「三言二拍」全198編から40篇を選択し、刊行したものである。よって、当時唐通事は唐話学習において「三言二拍」を用いたことが明らかである。そして、「三言二拍」などの短篇白話通俗小説を翻訳した作品が多く刊行され、本稿で用いる『通俗赤縄奇縁』のほか、石川雅望による『通俗醒世恆言』や服部誠一による『勸懲繡像奇談』などが見られる。このような短篇小説は「沈滞しきった八文字屋本の讀者階級に、全く新奇な怪異奇談即ち讀本といふ新世界への案内役をしてゐる。」2)と言われている。

2　研究対象

『通俗赤縄奇縁』は『醒世恒言』第3巻に収録されている白話小説「売油郎独占花魁」を翻訳した作品の一作であり、そのほかにも『通俗古今奇観』に収録される淡齋主人訳『売油郎独占花魁』と睡雲菴主訳『通俗新繡新裁奇史』の二種類が見られる。

岡田袈裟男によると、「売油郎独占花魁」は宋代、女真族の国家金に敗走した第8代徽宗皇帝の時の戦乱期を舞台とした物語である。1127年に起きた靖康の変で、金の侵攻を防ぎきれなかった宋朝はいったん滅びた。詩文に浸り、酒色に耽り、政治を疎かにしたことが因をなしたとするのが定説である。3)

西田維則について、石崎又造は『近世日本に於ける支那俗語文學史』において、以下のように述べている。

> 著述は奚疑齋風月堂の跋文によれば、巻頭に「口木子」とあるが、本名は西田維則といひ、近江の人、奚疑齋の友人で明和二年歿したと云ふ。按ずるに白駒の門人ではあるまいか。「近江の贅世子」と云ふのも彼のことである。4)

よって、西田維則は近江(滋賀県)の人で、岡白駒の弟子で、江戸中期の儒者であることが明白である。西田維則は『通俗赤縄奇縁』の他、「豔史」より『通俗隋煬帝外史』を編訳し、『西遊記』を翻訳し『通俗西遊記』や、『金雲翹傳』を翻訳し『通俗金翹伝』等を著した。

本稿で扱う『通俗赤縄奇縁』は宝暦11年4月に出版されたもので、全4巻4冊あり、外題は「赤縄奇縁」であり、見返しに「風流快史　赤縄奇縁　友松軒蔵」と書かれ、「宝暦辛巳之春　無愧散人書」と書かれている序が付いている。原文は漢字片仮名混じりで、漢語に字音を振られる上、補足説明として、多くの漢語語彙に傍訳が付されている。

本稿は『通俗赤縄奇縁』における傍訳が振られている漢語語彙を研究対象とし、漢語語彙の近世漢語としての語義と傍訳の対応関係を探求し、その間の語義的「ずれ」

があるかどうかを検討する事を目的とする。更に、他のすでに定着していた漢語語彙を傍訳として付される可能性も視野に入れて語彙を採取し、分析を加え、『通俗赤縄奇縁』が作成された宝暦11年、江戸中期頃における近世漢語の日本語に影響を与えている実態を明らかにすることを目的とする。

3　先行研究及び問題点

『通俗赤縄奇縁』に関する先行研究はまず、荒尾禎秀による「『通俗赤縄奇縁』の熟字(承前)：原典によらない熟字の性格」[5]と「『通俗赤縄奇縁』の熟字(承前)：原典によらない熟字の性格」[6]が見られる。

荒尾禎秀氏は論述で『通俗赤縄奇縁』における「熟字」を原典と照らし合わせ、原典との一致性を検討しながら大きく4類に分類し、細かく7類に分類して一覧表にした。一方、荒尾禎秀氏が研究対象している「熟字」は『通俗赤縄奇縁』に現れる漢語語彙全般であり、その漢字語彙と近世漢語としての語意との比較はなされていないため、本稿に於いては、荒尾禎秀氏の論述に於ける原典との比較結果を参考しながら、検討していくつもりである。

また、荒木典子による荒木典子「江戸期の文献における漢語語彙の段階的定着：『通俗赤縄奇縁』の例」[7]と「『通俗赤縄奇縁』について」[8]が見られる。

荒木典子氏は論述で、『通俗赤縄奇縁』に於ける漢語語彙と原典との差異を検討し、荒尾禎秀氏が述べられた漢語語彙の不一致の原因の他、「物語細部に変化を与える操作」という翻訳者が意図的に漢語語彙の不一致を起こした実例を取り上げて検討した。

その他、中村綾による、「『通俗赤縄奇縁』と『今古奇観』:「和刻三言」との関係から」[9]が見られる。

一方、本稿においては『通俗赤縄奇縁』に現れる左に振り仮名(左サビ)が振られている漢字語彙を研究対象とし、上記『通俗赤縄奇縁』における漢字語彙をその原典と照らし合わせて研究された論述を踏まえて、漢字語彙の近世漢語としての語意とその左に振られる「傍訳」の間、ずれがあるかどうかを検討する。これにより、江戸中期頃における近世漢語の日本語に影響を与えている実態を詮索することができると考える。

4 『通俗赤縄奇縁』における漢字受容の実態

『小説字彙』は『畫引小説字彙』の略称であり、天明四年(1784年)序刊、秋水園主人輯。編集者の秋水園主人については未詳である。日本最初の白話小説や通俗小説などから言葉や文書などを集めた唐話辞書として出版された。『小説字彙』の「援引書

目」では『今古奇観』と、『醒世恒言』が見られる。よって、『今古奇観』や『醒世恒言』に於ける白話字彙が収録されているかと考えられる。

『通俗赤縄奇縁』の本文より採取した傍注が振られている495語彙のうち、『小説字彙』で検索出来た74語を、逸文と一致する部分が見られる24語（附表1）と全く一致しない50語（附表2）に分けてまとめた。

各言葉における初歩的分析によると、傍訳が『小説字彙』と同じ記述を使っていたのは12語あり、意味的に合致するのは33語あり、意味は多少異なるのは27語あり、意味が不明なのは1語ある。本稿ではこれらの言葉より例を5つ取り上げて、分析を加える。

本稿では、『醒世恆言』における原文を楊家駱編『影印珍本宋明話本叢刊』に収録されている印影本より採取する。序文によると、底本としたのは内閣文庫所蔵明天啓丁卯葉敬池刊本である。

1）只是（シカシ・タタコレ）

a. 四媽曰。從良ハ客ヲ接テ後ノ事ナリ。怎ンゾ你ガ詞ノ憨ナルヤ。只是從良モ也幾個ノ同ジカラザルアリ。　〈『通俗赤縄奇縁』巻一　十葉ウ〉

b. 劉四媽道、我兒從良是個有志氣的事怎麼說道不該、只是從良也有幾等不同。〈『醒世恆言』巻三　十一葉オ〉

上記の例文で、西田維則は「只是」を「ただ（只）これ（是）」と訓読し、「しかし」と意味づけて逆接と判断している。一方、『小説字彙』においては「バカリ」と記されている。原文から見ると、四媽はまず從良する（受け取られる）ことはいい事だと言い、その後、受け取られることも何種類かがあると説明した。よって、接続詞である「只是」は逆接であり、「しかし」と訳されるのは適切である。

一方、漢語として、「只是」は8つの意味を包含している。

i　唐代劉肅が著した『大唐新語』（『欽定四庫全書』子部十二、小説家類）巻七容恕第十五においては、「天下本自無事，只是愚人擾之，始為煩耳。」という記述が見られる。この場合は「天下は元々事情がなく、ただ愚か者がから騒ぎをするが故に、初めて煩悩が現れた。」という意味で、「只是」は「ただ」を意味し、原因を指している。

ii　元代高明が著した『琵琶記』第四出「蔡公逼試」において、「爹爹、孩兒去則不妨、祇是爹媽年老、教誰看管。」という記述が見られる。この場合は「お父、私は行っても大丈夫だが、両親はもう年を取ったから、誰が面倒を見ってくれる。」という意味で、「只是」は逆接の役割を果たし、「しかし」の意味を持つ。

iii　元末施耐庵による『水滸傳』明容與堂刻本第三十五回においては「客人休怪說。我這裡嶺上賣酒、只是先交了錢、方酒。」という記述が見られる。この場合は「私はこの嶺で酒を売り、いつもお金をもらってから、お酒をわたすの」という意味で、

「只是」は「通常、いつも」という意味で使われている。

ⅳ　元末施耐庵による『水滸傳』明容與堂刻本第六十二回においては、「只是節級嫌少、小人再添五十兩。」という記述が見られる。この場合は「もし貴方が少ないと思っていらっしゃるのなら、私はもう五十両を出します。」という意味で、「只是」は「もし」などの仮定する意味で使われている。

ⅴ　明代王守仁による『傳習錄』においては「聖人述六經、只是要正人心。只是要存天理、去人欲。」という記述が見られる。この場合は「聖人が六経を述べたのは、人の心を正し、天理の残し、人の欲望をなくすことだ」という意味で、「只是」は「つまり、確定する」意味で使われている。

ⅵ　明代馮夢龍によって編纂された『醒世恆言』巻二十二においては、「緣何只度得弟子一人。只是俺道門中不肯慈悲。度脫衆生。」という記述が見られる。この場合は「どうして私一人を導いて頂いたの？或いは、我が仏門では衆生に慈悲を与えず、救えないの？」という意味で、「只是」は「或いは・若しくは」という意味である。

ⅶ　清代吳雯撰『蓮洋詩鈔』に収録されている詩、『題禹尚基鴻臚卜居圖三首』においては、「年來百藥瘦崚嶒也似仙儒也似僧只是魚鰕都愛惜」[10]という記述が見られる。この場合は「魚や海老までも大切にしている」という意味で、「只是」は後記の範囲全部を表している。

ⅷ　清代曹雪芹による『紅樓夢』程乙本桐花鳳閣批校本、第十三回においては、「襲人見他如此，心中雖放不下，又不敢攔阻，只得由他罷了。」という記述が見られる。この場合は「襲人が彼の様子をみて、心配しているが、架け止めることをおそれ、仕方なくそのままにさせた。」という意味で、「只是」は仕方なく、やむを得ないという意味である。

上記の各用例から、『通俗赤縄奇縁』における「只是」を「しかし」と訳したのは文脈で考えると適切なもので、数多くの意味から原典を充分理解した上で振られた適訳だと判断できる。また、『小説字彙』においては「バカリ」と記されているため、ほかの漢文小説や漢訳小説においても適訳されているかどうかはまだ検討すべきだと考える。

2）受用（シヤウクハン・シユヨウ）

a. ツニハ風花雪月ノ事。年少ノ寸ニ受用シ。〈『通俗赤縄奇縁』巻一　十三葉ゥ〉

b. 一來風花雪月、趁着年少受用。　〈『醒世恆言』巻三　十五葉オ〉

上記の例文で、西田維則は「受用」を「シヤウクハン」と解釈し、「シユヨウ」と読んでいる。「シヤウクハン」は「賞翫・賞玩」と言う意味であり、物の美しさや良さを味わい、楽しむこと、若しくは尊重し、大切にすることを指している。一方、『小説字彙』では、「ヱヨウスキ」と訳している。「ヱヨウスキ」は「栄耀ズキ」であ

ろうと考え、「贅沢好き」を指しているのであろう。

漢語として、「受用」は5つの意味を包含している。

i　宋の詩人である陳著による七言律詩、『似鄭宗平』においては「宦遊受用家庭訓、公退尋盟湖海吟。」という記述が見られる。この場合は「官吏となって故郷を遠く離れたとしても、家訓を従う」という意味で、「受用」は「従う」という意味である。

ii　宋代黎靖徳により編纂された『朱子語類』（『欽定四庫全書』子部）巻九においては、「今只是要理會道理。若理會得一分，便有一分受用；理會得二分，便有二分受用。」という記述が見られる。この場合は「一つ理解できれば一つ得する」という意味で、「受用」は「利を得る、得する」という意味である。

iii　宋代黎靖徳により編纂された『朱子語類』（『欽定四庫全書』子部）巻十一においては、「不活，則受用不得。須是玩味反覆，到得熟後，方始會活，方始會動，方有得受用處。」という記述が見られる。この場合は「（言葉を）生かさないと使えない。何回も吟味し、充分理解してから初めて生かせ、使えるようになる。」という意味で、「受用」は「使う、活用する」という意味である。

iv　宋の書画家である葛長庚による詞、『水調歌頭』では「隻把隨身風月、便做自家受用、此外復何求。」という記述が見られる。この場合は「この身につけている風月を自分だけで楽しむ以外、何が必要？」という意味で、「受用」は『通俗赤縄奇縁』に現れた用例のように「享受、楽しむ」という意味である。

v　清代西周生による『醒世姻緣傳』第九十一回においては「大奶奶當時沉下臉來，就不受用。」という記述が見られる。この場合は「お祖母様はすぐ顔色を変え、気持ちよくなくなった。」という意味で、「受用」は「気持ち良い」という意味である。

上記の各用例から、『通俗赤縄奇縁』における「受用」を「賞玩」と訳したのは極めて適切なもので、数多くの意味から原典を充分理解した上で振られた適訳だと判断できる。また、この場合は、「賞玩」という別の漢語語彙を用いて、新しく伝来してきた「受用」を解釈している。

3）偷漢（マヲトコ）

a. 万事我ママヲナシ。或ハ公然トシテ偷漢シ、ソノ家終ニコテヲ堪カ子、一年半年ノ中ニ又逐出シテ舊ノ娼トナス。　〈『通俗赤縄奇縁』巻一　十一葉ウ〉

b. 小則撒潑放肆大則公然偷漢。人家容留不得。多則一年少則半載。依舊放他出來爲娼接客。　〈『醒世恆言』巻三　十五葉オ〉

上記の例文で、西田維則は「偷漢」を「マヲトコ」と傍訳し、漢字に改めると、「間男」である。「間男」は江戸期からの俗語で、夫がある女性が他の男性と男女関係を持つこと、または、その浮気相手のことを指す。『元禄歌舞伎傑作集』上巻、江

戸之部に収録されている「薄雪今中将姫」という作品では、「主ある女にかかる振舞下々にてハ間男といふ者ぢや」という記述が見られる。よって、浮気又は浮気相手を指す「間男」は江戸時代の俗語であることが明らかである。また、『小説字彙』においても、「偷漢」を「マヲトコ」と解釈されている。よって、江戸期に於いては、「偷漢」は「マヲトコ」であることが一般的な理解であることが考えられる。

一方、漢語としては、明代蘭陵笑笑生が著した『金瓶梅詞話』第四回では「好呀好呀。我請你來做衣裳。不曾交你偷漢子。」という用例が見られる。この場合は、「いんじゃないですか！あなたを雇って服を作らせるのだ、浮気させるわけでもないのよ！」という意味で、「偷漢」は浮気をすることを意味です。

よって、「偷漢」の場合は、江戸時代当時一般的に使用している口頭語、俗語を用いて白話通俗小説に現れる語彙を翻訳した適訳である。

4）孤老（ダイジン）

a.偶老成ノ孤老ニ遇ヒ。他ハ我ヲ憐ミ。我ハ他ヲ愛シ。

〈『通俗赤縄奇縁』巻一　十二葉ウ〉

b.剛好遇個老成的孤老。兩下志同道合。　〈『醒世恆言』巻一　十四葉オ〉

上記の例文で、西田維則は「孤老」を「ダイジン（大臣）」と解釈している。「大臣」が江戸期の俗語では、「遊里で多く散財する人」を指す。

江戸時代田舎老人多田爺が著した短編遊里小説であり、江戸洒落本の第一傑作でも言われている『遊子方言』では、「山本は。まだおれを大臣とおもつてゐる舟宿がある。」という記述が見られる。よって、江戸時代の俗語では、「大臣」を「遊里で大金を費やす人」と意味で使用されていることが明らかである。

『赤縄奇縁』の文脈によれば、「孤老」は四媽が王美に「了従良」（さっぱりした受取）について説明した所に現れる。a.で提示したように、「丁度長年付き合ってきた孤老に逢い、彼が私を憐れ、私が彼を愛し、お互い気持ちが通じ合ったら…」という意味で、「孤老」は「花柳界で遊ぶ客」のことを意味する。また、『小説字彙』においても、「孤老」を「ダイジン」と解釈されている。よって、江戸期において、遊里における「孤老」は「ダイジン」、即ち、「遊び客」や「遊里で多く散財する遊び客」だと理解することが一般的であると考えられる。

一方、漢語として、「孤老」は5つの意味を包含している。

i　戦国から漢代にかけて完成された法家の著作、『管子』の「幼官」の巻では、「再會諸侯。令曰。養孤老。食常疾。收孤寡。」という記述が見られ、「又諸侯に会い、孤老を養い、長患いをしている人を食べさせ、孤児や寡婦を収容せよう、と命じた。」という意味である。この場合、「孤老」は「身寄りのない、孤独な老人」という意味である。

ⅱ　元末施耐庵による『水滸傳』明容與堂刻本第四回においては「就與老漢女兒做媒。結交此間一個大財主趙員外。養做外宅。衣食豐足。皆出於恩人。我女兒常常對他孤老說提轄大恩。那個員外也愛刺鎗使棒。常說道。怎地得恩人相會一面也好。」という記述が見られる。この場合、「孤老」は「趙員外」を指し、「妻以外の女性と密かに情を通じる男」を指す。また、清代朱駿声による古音辞書『説文通訓定声』、「豫部第九」の「婟」という項目では、「婟嫪戀惜不能去也。按今俗謂女所私之人曰孤老。其遺語也。」という語釈が見られ、「今、俗に女が私通する相手を孤老と呼ぶ。」という意味である。

ⅲ　元末施耐庵による『水滸傳』明容與堂刻本第二十一回では、「唐牛兒道、我喉急了要尋孤老、一地裡不見他。眾人道、你的孤老是誰。唐牛兒道、便是縣裏宋押司。」という用例が見られる。この場合、「孤老」は「商売のお得意様」を指している。

ⅳ　清代呉敬梓が著した『儒林外史』第五十三回では、「那些妓女們相與的孤老多了。卻也要幾個名士來往。覺得破破俗」という用例が見られる。この場合、「孤老」は「嫖客、妓楼の遊び客」という意味である。

更に、現代日本語において「孤老」は一般的「孤独な老人」を指し、「身寄りのない老人」という意味で使用される。一方、現代中国語においても、一般的に「孤寡老人」の略で「孤独な老人」を意味する。よって、「孤老」の場合、意味が時代によって変化し、現在に至って語義の一部だけが残されたことが明らかである。

5）亡八（テイシユ・ボウ）

①a.劉四媽ソノ寸。亡八ヲ叫。一張ノ婚書ヲ寫セ。王美ヲ叫デ與フレバ。

〈『通俗赤縄奇縁』巻四　十四葉ウ〉

b.劉四媽見王九媽收了這主東西，便叫亡八寫了婚書，交付與美兒。

〈『醒世恆言』巻三　五十葉ウ〉

②a.先亡八ト九媽ヲ拜シ。又姊妹行中ニ。子ンゴロニ告別シ。

〈『通俗赤縄奇縁』巻四　十五葉オ〉

b.收拾已完、隨著四媽出房、拜別了假爹假媽、和那姨娘行中、都相叫了。

〈『醒世恆言』　巻三　五十一葉ウ〉

上記①は原典と同じ言葉を使い、「亡八」に「テイシユ」（亭主）と振っていたが、②は原典の「假爹」を、翻訳者が自らの理解で「亡八」に訳したものだと考えられる。

一方、漢語として、「亡八」は4つの意味を包含している。

ⅰ　清代初期、袁於令による『西樓記』第十三齣、「疑謎」では、「畜生狗亡八強盜賊烏龜。交絕不出惡聲。你欺我是個秀才。只管亂罵麽。我拉些朋友。打得你家片瓦無存。」という記述が見られる。この場合、「亡八」は罵語である。

ⅱ　清代中期華廣生によって編纂した俗曲集、『白雪遺音』巻一「馬頭調」の「偷

情」「其二」では、「情人不必你害怕。有的是奴家。外邊叫門。原是俺家的他。是個老亡八。」という用例が見られる。この場合、「亡八」は「妻に浮気された男」を指す。その原因に関して、明代謝肇淛による随筆、『五雜俎』巻八では、「今人以妻之外淫者，目其夫為烏龜。蓋龜不能交，而縱牝者與蛇交也。隸於官者為樂戶，又為水戶。國初之制，綠其巾以示辱。蓋古赭衣之意，而今亡矣。然裏尚以綠頭巾相戲也。」という記述が見られる。遊女の夫を亀と呼び、緑の頭巾を冠せる制度があった。今になってこの制度が無くなったが、人々はまだ裏に「綠頭巾」と呼びかけているという。また、『七修類稿』では、「吳人稱人妻又有淫者為綠頭巾」[11]という記述が見られる。その由来については、「春秋是有貨妻女求食者。謂之娼夫。以綠巾裹頭。皆此意從來。」[12]と述べている。

iii　同じく華廣生によって編纂した、『白雪遺音』巻二「馬頭調」における「豈有此理」という曲では、「豈有此理那裡話、也不疼你也不疼他、疼只疼、疼俺那亡八。」という用例が見られる。この場合、「亡八」は「旦那」を指している。

iv　同じく華廣生が編纂した俗曲集、『白雪遺音』巻二「銀鈕絲」における「婆媳頂嘴」という曲では、「臉上合那挖了棗的窩窩是的、身子像個二棱子、罐裡養亡八、越養越抽抽。」という用例が見られる。この場合、「亡八」は亀の俗称である。

従って、『通俗赤縄奇縁』の場合、遊女である王美の仮の父親、四媽か九媽の夫である人を「亡八」と訳し、「亭主」と傍訳されるのは適切である。

5　終わりに

上記の分析から、『通俗赤縄奇縁』における傍訳と近世漢語語義との比較を通して、以下の特徴を判明した。

①例1)のように、言葉に対する単純語釈で、近世漢語語彙を充分理解した上に、漢語としての数多くの意味から、文脈に相応しい意味を選択した傍訳が多く見られる。

②例2)、例3)と例4)のような、別の漢語語彙を用いて解釈を施す傍訳も見られる。一方、その中にも、例2)のような経史子集等で勉強した漢語語彙を持って、近世漢語語彙を訳す場合がある。また、例3)と例4)のような、江戸時代当時の口頭語、俗語としての意味で捉える漢語語彙を用いて白話通俗小説に現れる語彙を注釈した例も見られる。且つ、例4)のような中国においては近世漢語としての語義や日本にておいては江戸期慣用的な俗語としての語義が脱落し、語義の一部だけが現代中国語や現代日本語に残されたと考えられる例も見られる。

③例5)のような、文脈を十分理解した上で、一番相応しい傍訳を振り、漢文のほうも、原典とは違うがとても適切な近世漢語語彙に翻訳した場合が見られる。

上記の用例全て、西田維則が中国古典文献で習得した知識で、新たに伝来してきた通俗白話小説に現れる近世漢語語彙を読み解く能力がかなり優れている証拠である。また、漢語語彙を用いて白話語彙の傍訳と成す場合が間々見られる。その中にも江戸期ならではの意味を用いた、即ち、当時の口頭語あるいは俗語としての意味を用いた用例も見られる。

よって、『通俗赤縄奇縁』における傍訳は西田維則が中国古典文献に基づき、文脈によって近世漢語語彙を充分理解した上で、読者に分かりやすくする為に振られたものである。また、江戸期の世情を踏まえた口頭語や俗語に訳したものも含まれていることが明らかである。

参考文献

1） 武藤長平『西南文運史論』(岡書院　1926)

2） 石崎又造　『近世日本に於ける支那俗語文學史』　(光明社　1840.09.15)p.219

3） 岡田袈裟男　「翻刻　西田維則訳『通俗赤縄奇縁』」(『立正大学大学院紀要』32号　立正大学大学院文学研究科　2016)

4） 石崎又造　『近世日本に於ける支那俗語文學史』　(光明社　1840.09.15)p.152

5） 荒尾禎秀　「『通俗赤縄奇縁』の熟字：原典との比較を通して」(『東京学芸大学紀要　第2部門　人文科学』44号　東京学芸大学　1993)

6） 荒尾禎秀　「『通俗赤縄奇縁』の熟字(承前)：原典によらない熟字の性格」(『東京学芸大学紀要　第2部門　人文科学』45　東京学芸大学　1994)

7） 荒木典子　「江戸期の文献における漢語語彙の段階的定着：『通俗赤縄奇縁』の例」(『開篇：中國語學研究』30号　好文出版　2011.09)

8） 荒木典子　「『通俗赤縄奇縁』について」　(『水門――言語と歴史――』　25号　勉誠出版　2013.11.08)

9） 中村綾　「『通俗赤縄奇縁』と『今古奇観』：「和刻三言」との関係から」(『和漢語文研究』14号　京都府立大学国中文学会　2016.11)

10） 呉雯撰　『蓮洋詩鈔』巻七　十一葉裏(『欽定四庫全書』集部『蓮洋詩鈔』巻八至十)

11） 郎瑛著　楊家駱編　「七修類稿(上)」巻二十八　(『讀書劄記叢刊第二集』第十冊　世界書局　1963.04　p.430)

12） 郎瑛著　楊家駱編　「七修類稿(上)」巻二十八　(『讀書劄記叢刊第二集』第十冊　世界書局　1963.04　p.431)

附表１　『通俗赤縄奇縁』の傍訳が『小説字彙』の語釈と一致する部分が見られる語彙

	所在	語彙	左サビ・傍訳	小説字彙
1	一5オ	過活	スギハイ	スギワヒ
2	一8ウ	恭喜	メデタイ	メダタシメデタシ
3	一11ウ	故意	ワザト	ワザト
4	一11ウ	偷漢	マヲトコ	マヲトコ
5	一12ウ	孤老	ダイジン	ダイジン
6	二1オ	老婆	ニヤウボウ	女房ノコト
7	二1ウ	夥計	ナカマ	ナカマ又店ノ支配人
8	二7オ	碟	サラ	【碟子】皿シ
9	二11オ	等子	ハカリ	ハカリ
10	二11ウ	法馬	フンドウ	フンドウ
11	二11ウ	剛々	チヤウト	チヤウト
12	二11ウ	齊整	リツハ	リツハ
13	二15オ	作成	トリモツ	オトリモチ
14	二15オ	典舗	シチヤ	シチヤ
15	二15ウ	府裏	ヤシキ	【府裡】ヤシキ
16	二15ウ	見成	テキアイ	デキアイ
17	三1ウ	慢々	ユルユル／三11ウユクリト	ユルユルナリ
18	三3オ	熱鬧	ニキヤカ	ニギヤカ
19	三10ウ	中人	キモイリ	キモイリノコト
20	四5ウ	奉承	チソウ	チソウブリ
21	四9オ	幫間	タイコモチ	タイコモチ
22	四16オ	管理	シハイ	シハイスルコト
23	四17オ	活計	スギハイ	スギワイ
24	四17オ	過継	ヤウシ	養子スルコト

附表２　『通俗赤縄奇縁』の傍訳が『小説字彙』の語釈と全く一致しない語彙

	所在	語彙	左サビ・傍訳	小説字彙
1	一1ウ	針線	ヌヒハリ	【針線筐】ハリハコ
2	一3オ	本分	モチマヘ	リチキ
3	一5オ	長成	セイジン	【長成了】ヲホキフナツタ
4	一6オ	財主	カネモチ	ブゲンシヤ

5	一6ウ	行戸	チャヤ	【行戸家】トイヤ 【行戸中】トイヤナカマ
6	一7オ	不是	ワルイ	イヤイヤ
7	一8オ	伶俐	リコン	リハツモノ
8	一10オ	要緊	ダイジ	大事ノコト
9	一10ウ	只是	シカシ	バカリ
10	一11オ	表子	アイカタ	遊女ノタグヒ
11	一12オ	官司	コウギ／四9オクジ	【官司完結】公ギノスム
12	一12ウ	高興	キゲン／二12オヨイキゲン	オモシロイ
13	一13オ	臭嘴臭臉	クソカラヒキダシタヨウナモノ	ミグルシイ男
14	一13ウ	受用	シヤウクハン	ヱヨウスキ
15	一13ウ	私房	ヘンクカネ	内證ノコト
16	一14オ	感激	カタジケナガル ／二6オカタジケナイ	【感激不尽】タダジケナイ
17	二1ウ	小官人	ワカダンナ	ワタクシ
18	二1ウ	老實	ジツテイ／三11ウヲトナシク	【老實頭兒】リチギナアイテ
19	二3オ	親兒	ウミノコ	ホンマノ子
20	二3ウ	家火	ドウグ	【家伙】セタイダウグ
21	二4オ	另外	カクヘツ	シングワイ
22	二4オ	便宜	カツテ	【便宜東西】 チヤウトヨロシキモノ
23	二4ウ	衙門	ヤンキ	【衙門中散了】役所ヨリカヘル
24	二5ウ	請了	サラバ	フルマフ
25	二5ウ	丫鬟	ゲジヨ	兒女頭上作兩髻也コシモトナリ
26	二6オ	油瓶	アブラツホ	ツレコ
27	二6オ	小可	ソレガシ	ワタクシ
28	二7ウ	適間	イマガタ	サキホド
29	二9オ	扣除	ヒイテトリ	サン用シテ引クトコ
30	二9オ	打點	コシラヘ	トトノヘルコト
31	二12オ	愧心	ハヅカシン	キミワルキココロ
32	二12オ	小官	ワカタンナ	小姓ヲ云フ
33	二12ウ	丫頭	メロ	呉中呼女子賤者為丫頭也コシモト 又コモノナド婢ヲ云
34	二12ウ	鬮	カフ	茶屋ノ帳面ナリ
35	二12ウ	探望	ミマヒ	オミマイ申ス
36	二13ウ	歇錢	アケセン	遊女ヤノトマリ代

37	二14ウ	東道	サカダイ	テイジユ
38	二15オ	斯文	ヨイシウ	学者ノコト
39	二16オ	下次	ツギノタヒ	カサネテ又ツギトモ
40	三1ウ	瀴風酒	カゼノセギ	寒気ヲシノグサケ
41	三2ウ	行燈	チヤウチン	ボンホリ
42	三3オ	夾七夾八	トリツキヒツツキ	イロイロサマサマ
43	三3オ	風話	ヲドケバナシ	テンガウグチ
44	三6ウ	腌臢的	キタナイモノ	【腌臢】ムサイコト
45	三7ウ	唐突	リヨグハイ	ツツカケテヒヨツト出ル
46	三8オ	市井	イチマチ	甼ノコト
47	三9ウ	席巻	ヒツサラヘ	【席捲】ヒンマロメル
48	四5ウ	推托	ジタイ	【推托不過】 ジタイスルニセラレヌナリ
49	四7ウ	年紀	トシバイ	【年紀後生】トシワカシ
50	四16オ	一套	ヒトククリ	同上(狂言ノ段ヲ云)

しょう・いっしん――大東文化大学外国語学研究科日本言語文化学博士後期課程在学。専門は日本言語文化学、日中言語接触。主な論文に「『勧懲繡像奇談』における漢字受容の実態――傍訳を手掛かりに――」(『語学教育研究論叢』第33号、二〇一六年)、「外国地名の漢字表記から見た漢字享受の一考察――幕末・明治初期の文献を中心に――」(『外国語学会誌』第45号、二〇一六年)、「林文月による『源氏物語』の漢訳について――注釈を手掛かりに――」(『外国語学会誌』第46号、2017年)、「『和名類聚抄』と中古漢語語彙の比較研究――『太平廣記』を中心に――」(『外国語学研究』第18号、二〇一七年)などがある。

『南天竺婆羅門僧正碑幷序』翻訳と解題

Eulogy of Bodhisena, High Monk from South India, with its Preface

オレグ・プリミアーニ

本稿は、藏中しのぶ編『「婆羅門僧正碑幷序」注釈』(『水門——言葉と歴史——』第21号)の校訂本文に拠り、全文の英訳を試みたものである。

『南天竺婆羅門僧正碑幷序』は、インド僧・婆羅門僧正菩提僊那の事跡を記した碑文体の伝である[1)]。識語によれば、師・菩提僊那の遺言にしたがって弟子僧たちが「八大菩薩像」を作り、没後十年目に師の「形像」「遺影」、すなわち肖像を完成させたのを機に、神護景雲四年(770)四月二十一日、菩提僊那の弟子の修栄が撰述したという。

碑文本文は、菩提僊那の「遺影」「形像」に寄せた「像贊」六篇とその「序」から成る。しかし、これに該当する肖像も碑石も今日に伝存しない。

本碑文によれば、婆羅門僧正菩提僊那は、インドのバラモン階級のバーラドバージャ Bhāradvāja姓の出身で、名をボーディセーナ Bodhisenaといい、菩提僊那は音写である。菩提僊那は、史料で確認される日本に渡来した最初のインド人として注目される。菩提僊那は、唐で遣唐大使・多治比広成と学問僧・理鏡の招請に応じ、唐僧・道璿、林邑僧・仏徹(哲)とともに、天平八年(736)大宰府に到着し、難波で行基の出迎えを受け、平城京の大安寺に住した。天平勝宝三年(751)僧正となり、翌年、東大寺の大仏開眼供養会では導師をつとめた。碑文によれば、『華厳経』に学殖が深く、陀羅尼など、古密教の呪術に秀でていたという。

日本古代の伝は、氏族内部での墓誌・墓記・誄等に発祥し、国家レベルの伝として『続日本紀』官人薨卒伝にまとめられるが、一方、寺院では仏教特有の仏伝・高僧伝の伝統のもと、独自の伝が生成していた[2)]。藏中しのぶ氏は本碑文の出典考証をおこない、日本において「序」を備え、詳細な伝記叙述をともなう本格的な「伝」は、八世紀後半、平城京の大安寺に住した渡来僧の伝に始まるとする。本碑文は、唐僧・道璿の「碑文」(散佚)、淡海三船撰『大安寺碑文』と並ぶ大安寺三碑のひとつであり、唐招提寺の唐僧・鑑真の伝『大唐伝戒師僧名記』『唐大和上東征伝』『延暦僧録』に先立つ高僧伝として注目される[3)]。

注

1）藏中しのぶ『「南天竺婆羅門僧正碑幷序」と高僧伝——仏教漢文伝の文学的意義』（『水門——言葉と歴史——』第16号、1986年11月、水門の会。『奈良朝漢詩文の比較文学的研究』所収、2003年7月、翰林書房）

堀池春峰編『霊山寺と菩提僧正記念論集』（1988年5月、大本山霊山寺）。

藏中しのぶ編、赤塚史・朱一飛・土佐朋子・松山匡和・山口卓也・李満紅「『南天竺婆羅門僧正碑幷序』注釈」、山口卓也「語釈索引」（『水門——言葉と歴史——』第21号、2009年4月、水門の会）。

新川登亀男編『古代における南西アジア文化とヤマト文化の交流に関する調査・研究——（総集編）『南天竺婆羅門僧正菩提僊那をめぐって——』（2013年度早稲田大学・奈良県連携事業成果報告書、2014年3月）。

2）藏中しのぶ「氏族の伝・国家の伝・寺院の伝——大安寺文化圏成立以前の僧伝——」（古代文学と周辺諸学2『古代の文化圏とネットワーク』、2017年11月、竹林舎）。

3）藏中しのぶ「『シルクロードの東と西をむすぶ——文学・歴史・宗教の交流——』を終えて——伝と肖像・鑑真和上と婆羅門僧正菩提僊那——」『文学語学』216号、2016年3月、全国大学国語国文学会大会）。同「『南天竺婆羅門僧正碑幷序』の沈黙——菩提僊那の「阿弥陀浄土」と光明皇后追善事業——」（『文学語学』218号、2017年3月、全国大学国語国文学会大会）。同「大安寺の三つの碑」（『仏教文学』42号、2019年4月刊行予定、仏教文学会）

The following is an English translation of the preface to Bodhisena's eulogy, based on the work of Kuranaka et al. *Critical Edition of "Eulogy of Bodhisena, High Monk from South India, with its Preface"* published on the 21st volume of *Minato, Languages and History*, by Bensei in 2009.

The *Eulogy of Bodhisena, High Monk from South India, with its Preface* (Nantenjiku Baramon Sōjyō Hi narabi Jo) is the eulogy and biography of the Indian monk Bodhisena (704-760) [1]. It was compiled ten years after his death, on the 21st of the 4th month of 770 (4th year of the Jingo Keiun era) by the monk Shūei, one of his Japanese disciples. It was to be inscribed onto a memento of Bodhisena, allegedly made by his disciples after they had completed the Great Eight Bodhisattva statues in order to fulfill his last will.

This eulogy consists of a preface followed by six poems written in classic Chinese. However, today there are no gravestones nor paintings or statues which can be considered to be the Bodhisena's memento made by his disciples at that time.

According to the preface, Bodhisena was an Indian Brahmin, and his family name was Bhāradvāja. He was the first Indian monk to have reached Japan and to have been recorded in

official history books. He came to Japan from China with the Chinese monk Daoxuan and the Vietnamese monk Phat Triet (in Japan known as Buttestu), following the request of Japanese scholars Tajihi no Mahito and Rikyō. He arrived at Dazai (Fukuoka) in 736 (8th year of the Tenpyō era) and was welcomed by the renowned Japanese monk Gyōki at Naniwa (Ōsaka), then he was lodged at Daian Temple in Heijōkyō (Nara) by the order of Sovereign Shōmu (701-756, 724-749). He was conferred the rank of High Monk in 751 (3rd year of the Tenpyō Shōhō era) and supervised the great sitting Buddha statue eyes-opening ceremony at Tōdai Temple in the following year. The preface states that Bodhisena had a deep knowledge of the *Flower Garland Sutra* (Kegonkyō), and was a master in the art of Dharani and Mantra recital.

Japanese biographic accounts trace their origin in the eulogies of local clan members, and the Annals of Japan Continued (Shoku Nihongi) is the first official history book that contains such biographies. On the other hand, an original style of biographic writings was developed at Buddhist temples on the basis of a centuries-long tradition of anecdotes in classic Chinese about Siddhartha Gautama Buddha and many famous monks[2)]. Kuranaka Shinobu has analyzed the language and the structure of Bodhisena's eulogy, and has found that its preface can be considered as a properly compiled biography; for this reason, Kuranaka has claimed that the eulogies of foreign monks who were active at Daian Temple in the late 8th century, such as that of Daoxuan (currently lost) and Ōmi no Mifune's *Anthology of Daian Temple Eulogies* (Daianji Hibun), are to be considered the earliest biographic accounts ever written in Japan. In fact, the *Eulogy of Bodhisena, High Monk from South India, with its Preface* was compiled even before the three accounts on the Chinese monk Jianzhen of Tōshōdai Temple: *Great Tang Monks Preaching the Precepts of Buddhism* (Daitō Denkaishi Sōmeiki), Biography of the Great Tang Monk Who Ventured East (Tō Daiwajō Tōseiden), and Record of Monks until the Enryaku Era (Enryaku Sōroku)[3)].

初	仏法東漸	Opening : The teachings of Buddha spread eastwards
二	僧正西来	2 : Bodhisena's journey to China
三	来朝本国	3 : Bodhisena's journey to Japan
四	行基迎接	4 : Gyōki's welcome
五	嘆僧正徳	5 : Praising Bodhisena's virtue
六	入滅遺嘱	6 : His death and testament
七	述撰賛意	7 : On composing his eulogy

Opening: The teachings of Buddha spread eastwards

1. In the very moment he reached Parinirvana, Buddha was lying in bed facing westwards

like the setting sun, but his teachings spread eastwards and became very popular among the people.

2. Even though they have already attained the enlightenment, the Bodhisattvas, those who have reached the first of the Ten Grounds, appear in this world to save all sentient beings, while the Arhats preach the Dharma according to the faculties of those who listen.

3. In this way, the unchangeable and deepest truth was revealed by different means to the people of every part of India, and the perfect teachings of Buddha were manifested to the eight beings of Astasena.

4. Monks are those who realize the deepest truths by investigating the substance of all things; they break the concepts of existence and void by cultivating the seven factors of enlightenment, and teach the difference between the truth and vanity by the power of higher knowledge.

2: Bodhisena's journey to China

5. The High Monk, his posthumous name being Bodhisena and his family name Bhāradvāja, was a Brahmin.

6. The sixteen kingdoms of India adored his virtue, and the adepts of the ninety five religions looked up to his righteousness.

7. But India is very far from us, and our history books lack sufficient accounts, so it is very difficult to tell the story of his life in his homeland.

8. His heart was still and pure, and he was clever and full of wisdom. Truly, his spirit was to be relied on to, but never to be fully comprehended; his knowledge, vast and deep like the sea, was to be poured onto us, but never we could contain it all.

9. Following the excellent examples of Lokaksema and An Shigao, he crossed the snowy heights of Himalaya and flew across the clouds of the Malaysian sea.

10. Fearlessly, he faced many hardships throughout his long journey, and finally arrived in the great kingdom of Tang.

11. There, the people praised his willingness to make such a long journey, and the respect they paid to him was extremely great.

3: Bodhisena's journey to Japan

12. At that time, Sovereign Shōmu was ruling our kingdom; he was in good relationships with the Tang Kingdom and he often sent messengers there.

13. Two of these, Tajihi no Mahito Hironari and the monk Rikyō, heard of Bodhisena's fame, and requested him to come to our Kingdom with them.

14. Bodhisena was moved by the sincerity of their desire, and did not refuse to go with them.

15. On the thirteenth day of the twelveth month, in the eighteenth year of Emperor Xuanzong of Tang (730), they sailed towards our kingdom with the monks Phat Triet from Champa and Daoxuan from Tang.

16. In the middle of the sea they were caught by a storm. Waves were reaching to the height of the sun; the sky became gloomy and the path was lost.

17. Survival was in the hands of fate like a flag hangs to the flagpole, and death could have come at any time.

18. Everyone on board was writhing in fear, as there was nothing more left to do.

19. Then Bodhisena sat up straight, entered the state of Dhyana and contemplated the nature of Buddha in his heart. Soon, the winds stopped and the waves disappeared.

20. Everyone was amazed by that miracle.

21. On the eighteenth day of the fifth month, in the eighth year of Tenpyō era (736), their ship arrived at Dazai in the Kyūshū Island.

22. In ancient times, the Dharma was preached in China by Kasyapa Matanga and Zhu Falan, who came from India, or by Buddhacinga and Kumarajiva, who came from the western regions, but it did not go eastwards and never reached our kingdom, the land where the sun rises.

23. Considering the length of the journey and its hardships, even these four cannot equal Bodhisena's virtue.

24. Who could have withstood those severe trials without having proceeded through the Ten Grounds, and having practiced relentlessly for many and many years?

4: Gyōki's welcome

25. On the eighth day of the eighth month of the same year, their ship arrived at Naniwa, in the region of Settsu.

26. The former High Monk Daitōkō Gyōki, whose heart was like a flame lightened by wisdom, and who could reach perfection in the state of Dhyana, being able to concentrate his mind and soul like the freezing water, was manifesting his virtue in this world of vanity and preaching the Dharma in this final era.

27. When he heard of Bodhisena's arrival, he was overjoyed by this unprecedented event.

28. He then felt like the King of Yan, who, as a sign of respect, took the broom to clean at the gate when Guo Wei was about to appear before him; or like Bojie, who was so impatient to meet Wan Can than he put up his footwear upside down before him.

29. When Gyōki and Bodhisena met, it was like they had knew each other for a long time. They found a kindred spirit in each other like two friends who seem to have aged together, in spite of having just met.

30. Then, Gyōki said to his brother in faith: “the Dharma never changes, and has not died yet”.

31. In fact, even if the physical appearance of Buddha hid his achievements under the Camelia trees before entering Parinirvana, the truth itself spread his light into this world of vanity.

32. This was what the *Flower Garland Sutra* actually says: “Truly, Brahmins will appear and preach the Dharma before those who need them to follow the path to liberation”.

33. For no Brahmin from India had crossed the mountains and gone through the sea to reach our kingdom and preach the Dharma before Bodhisena, despite hundreds of reigns and thousands of years have passed since the universe came to existence.

34. But then, finally, a great miracle occurred and a Brahmin from India came to us; the fortune turned in our favor and the Dharma was going to flourish in our kingdom.

35. However, that was not only by the earnest wish of the enlighted. It was also a reward for our Sovereign Shōmu; in fact, he had always been faithful and respectful to the Dharma.

36. We have had already determined this fate when we met Bodhisena. Why should not we have welcomed him together with a sincere heart?

37. That day, not only those following the path to enlightenment, but also common people gathered there; the fortress was so filled that its walls could not contain them all. Side by side, the people, their sleeves being like a flowing curtain, and their sweat like the rain, saw Bodhisena off to Nara, the Capital.

38. The Sovereign was greatly pleased; he lodged Bodhisena at Daian Temple, and provided him with everything he needed.

39. No one of the nobles, of all ranks, refused to pay respect to him.

40. After that, Gyōki gathered more than fifty people from all the regions around the Capital, and went to see Bodhisena three more times.

5: Praising Bodhisena's virtue

41. Bodhisena used to recite the *Flower Garland Sutra*, which was the pillar of his faith, and excelled in the recital of Dharani.

42. His teachings are still passed on by his disciples now.

43. Bodhisena practiced self-control; he was strict to himself but magnanimous toward others, and he never let his emotions show in his face. He kept his virtue and intelligence

inside of him so that no one could ever understand how deep they were.

44. The high rank and gifts, along with the honors he received, could never twist his mind, nor could powers or laws put fear into his heart.

45. He shed his light into this world, but the world did not darken it; he shared his heart with the dust, but the dust could not fully comprehend its truth.

46. In the second year of Tenpyō Shōhō era (750), he was appointed High Monk by the Sovereign.

47. Because of this, the excellent teachings of Buddha flourished and the people converted their hearts.

48. Even though the fruits of enlightenment were not mature yet, all the wise men of that time agreed that the kingdom had already achieved the highest level of enlightenment.

6: His death and testament

49. But as Zhuang Zi said, "During the night even valleys change their shape, and everything in the land of janbu trees is bound to fade away",

50. on the twenty fifth day of the second month in the fourth year of Tenpyo Hōji (760), at midnight, Bodhisena sat facing westwards with his palms joined together as he was going to enter the state of Dhyana and, without a word or a change in his expression, suddenly passed away.

51. On the second day of the third month of the same year, he was cremated at Mount Tomi.

52. He was fifty seven years old.

53. Before passing away, he said to his disciples: "I have always contemplated the pure nature inside my heart and trained my mind and body to follow the path to enlightenment which is in me; I have always worshipped Amitabha, and have always adored Avalokiteśvara. Take my robes from my room and make a representation of the Amitabha Pure Land".

54. He also said: "During my life I have built a statue of the Bodhisattva Cintamanicakra for my father and my mother, for the kings, for those who follow the path to enlightenment, and for all the people. It was my intimate desire to build the statues of the Eight Great Bodhisattvas, and to put them on both sides of the Bodhisattva Cintamanicakra, but the time of my departure has come and I cannot do it myself. Do not forget the time we were together, cooperate and complete this work".

55. His disciples fulfilled his will and built all the statues.

7: On composing his eulogy

56. Now we grief because our pillar has fallen apart, and we will never hear the precious

sound of his voice again.

57. A magnificent memento of him is the only way to revere his great teachings and to make his virtue shine, so that his memory is passed on generation after generation.

58. This is why we built this memento.

59. Although his wisdom and teachings are gone forever with him, his virtue and mercy will remain in the figure of this solemn representation.

60. Having received the Sovereign's order, I, who am nothing more than a humble scribe, have composed his eulogy.

61. It says:

付記　本稿をなすにあたって、藏中しのぶ先生、マリア・キアーラ・ミリオーレ先生、アントニオ・マニエーリ氏に多大な御教示をいただきました。ここに記して、深く御礼申しあげます。

I would like to thank professors Kuranaka Shinobu of Daitō Bunka University (Japan), Maria Chiara Migliore and Antonio Manieri of Universita degli Studi di Napoli L'Orientale (Italy) for their firm guidance, without which this article would never have seen the light of day.

なお、本稿は日本学術振興会科学研究費助成事業(学術研究助成基金助成金)基盤(C)(課題番号16K02373)の成果です。

Oleg Primiani ——大東文化大学外国語学部講師。主な論文に「江戸初期の東照宮三十六歌仙扁額における歌仙絵の装束」(大東文化大学大学院外国語学研究科『外国語学研究』16、二〇一五年三月)、「江戸初期の東照宮三十六歌仙扁額の歌仙和歌本文——日光本系統・久能山系統を中心に」(水門の会編『水門　第二十六号——言葉と歴史』勉誠出版、二〇一五年)などがある。